EGS-TEXTE

EGS-TEXTE
Erziehung • Gesellschaft • Schule
herausgegeben von Wilhelm H. Peterßen

Helmut Fox • Wolfgang Pauly

Glauben lernen heute

Der »Katechismus der Katholischen Kirche« auf dem Prüfstand

Ehrenwirth

Die Deutsche Bibliothek – CIP-Einheitsaufnahme

Fox, Helmut / Pauly, Wolfgang:
Glauben lernen heute / Helmut Fox, Wolfgang Pauly. –
1. Aufl. – München: Ehrenwirth, 1994
(EGS-Texte)
ISBN 3-431-03348-2

Die Verfasser dieses Bandes:
Dr. Helmut Fox, Professor für Katholische Theologie und Religionspädagogik und
Dr. Wolfgang Pauly, Akademischer Oberrat;
beide am Institut für Katholische Theologie der Universität Koblenz-Landau, Abteilung Landau.

ISBN 3-431-03348-2

Einbandgestaltung: Rainald Schwarz, München
Umschlagfoto: Elke Walford, Hamburger Kunsthalle
Umschlagmotiv: Wilhelm Leibl, Drei Frauen in der Kirche, 1882
Druck: Schoder Druck, Gersthofen
Printed in Germany

INHALT

Zweiter Teil

Der »Katechismus der Katholischen Kirche«

Vorwort

Der seit gut einem Jahr in deutscher Sprache vorliegende »Katechismus der Katholischen Kirche (KKK) erhebt den Anspruch, »Eine Darlegung des Glaubens der Kirche und der katholischen Lehre, wie sie von der Hl. Schrift, der apostolischen Überlieferung und vom Lehramt der Kirche bezeugt oder erleuchtet wird«, zu sein (JOHANNES PAUL II.). Als Adressaten gelten in erster Linie die Bischöfe als die Hauptverantwortlichen für die Katechese und die örtlichen bzw. regionalen Katechismen. Der Vorsitzende der Deutschen Bischofskonferenz, Bischof Dr. Karl Lehmann, machte auf der Pressekonferenz anläßlich der Präsentation des KKK in Leipzig am 17. Mai 1993 darauf aufmerksam, daß man nicht erwarten darf, daß dieses Buch »unmittelbar in der Glaubensunterweisung als Hand- oder Arbeitsbuch dient«.

Dennoch will vorliegende Arbeit den Katechismus befragen, ob und inwiefern er eine Hilfe bei der konkreten Katechese in der Gemeinde oder beim Religionsunterricht in der Schule sein könnte.

Nach einer kritischen Darlegung der Geschichte des katechetischen Handelns der Kirche stellt die Untersuchung jeweils den Inhalt der Hauptteile vor: Glaubensbekenntnis, Sakramente, sittliches Handeln und christliche Spiritualität. Es folgen die Bewertung dieses Inhaltes vor dem Hintergrund des aktuellen theologischen Forschungsstandes sowie didaktische Überlegungen, die Anregungen bieten, zentrale Glaubensinhalte in die schulische bzw. katechetische Praxis umzusetzen. Der didaktische Dreischritt »sehen«, »urteilen«, »handeln« ist in der Anlage des Buches unschwer zu erkennen.

Der Umfang des Katechismus (816 Seiten, 2865 Abschnitte) wie auch der vorgegebene Umfang der Arbeit machten eine Stoffauswahl und eine Beschränkung auf die wichtigsten Inhalte unausweichlich.

Wir danken der zuverlässigen und stets hilfsbereiten Sekretärin Frau Sieglinde Straub für ihre Hilfe bei der Erstellung des Bandes.

Landau in der Pfalz, Oktober 1994

Helmut Fox
Wolfgang Pauly

Verzeichnis der Abkürzungen

AT	Altes Testament
atl.	alttestamentlich
Bd.	Band
Can	Canon
CIC	Codex Iuris Canonici
DBK	Deutsche Bischofskonferenz
DKV	Deutscher Katechetenverein
ebd.	ebenda
EKD	Evangelische Kirche Deutschlands
EKK	Evangelisch-Katholischer Kommentar
EL	Ethiklehrer
Ep.	Epistula
EU	Ethikunterricht
GS	Gaudium et spes
KatBl	Katechetische Blätter
KKK	Katechismus der Katholischen Kirche
LG	Lumen gentium
LThK	Lexikon für Theologie und Kirche
NT	Neues Testament
ntl.	neutestamentlich
PL	Patrologia Latina
QD	Quaestiones Disputatae
rhs	Religionsunterricht an höheren Schulen
RL	Religionslehrer
RpB	Religionspädagogische Beiträge
RU	Religionsunterricht
Sp.	Spalte
StdZt	Stimmen der Zeit
WuD	Wort und Dienst. Jahrbuch der theol. Schule Bethel

Erster Teil

Geschichte und Aufbau der Katechese

Wolfgang Pauly

Wolfgang Pauly

1 Katechese als Antwort auf die Erfahrung von Freiheit und Heil

Das 2. Vatikanische Konzil beschreibt die Katechese in der Welt von heute wie folgt: »Zur Erfüllung ihres Auftrages obliegt der Kirche allzeit die Pflicht, nach den Zeichen der Zeit zu forschen und sie im Lichte des Evangeliums zu deuten. So kann sie dann in einer jeweils einer Generation angemessenen Weise auf die bleibenden Fragen der Menschen und den Sinn des gegenwärtigen und des zukünftigen Lebens und nach dem Verhältnis beider zueinander Antwort geben« (Gaudium et spes, in: RAHNER/VORGRIMLER, 1966, S. 451).

Nach dieser Beschreibung soll die Katechese also zwei Bereiche miteinander in Verbindung bringen. Das Evangelium mit seiner Botschaft auf der einen Seite soll den Hörern in ihre jeweilige Gegenwart mit ihren Verstehensbedingungen übersetzt werden. Damit ist implizit auch der Anspruch erhoben, daß die Fragen und Hoffnungen, von denen das Evangelium spricht, auch die Fragen sind, die die heutige Generation letztlich bewegen. Auch die Menschen von heute sollen sich im Kontext des Neuen Testamentes wiedererkennen.

Dabei geht es aber nicht um ein abstraktes Wissen, das in einem Lehr- und Lernsystem von Generation zu Generation unverändert weitergegeben werden kann. Angesprochen ist vielmehr die Sinnfrage des Menschen, die Frage also, wie sein Leben sinnvoll, gut und heil werden kann. Die Menschen, von denen das Evangelium berichtet, fühlten sich individuell und als Gruppe angesprochen von dem Wort und der Tat Jesu Christi. Im Zusammensein mit ihm machten sie die Erfahrung der Befreiung. Es ging ihnen gut, in seiner Nähe fühlten sie sich wohl. Indem sie seinen Lebensstil, seine Haltung zu Gott und ihrem Nächsten nachvollzogen, drängte es sie, auch anderen von dieser Erfahrung zu erzählen.

Die jesuanische Botschaft sollte gleichsam wie ein Echo an ihnen widertönen und somit auch für spätere Menschen hörbar werden. Um diese Erfahrung auch ihren Nachkommen zu ermöglichen, schrieben die Christen der zweiten Generation das, was ihnen erzählt wurde, auf. Das Neue Testament gebraucht für diesen Vorgang – zwar nicht häufig, aber doch sehr einprägsam – das Wort »kat-echeo« – ein Echo hören, etwas wiedergeben, jemandem etwas mitteilen, erzählen. Der Gebrauch dieses Wortes in den einzelnen Schriften des Neuen Testamentes ist recht unterschiedlich. So berichtet z. B. die Apostelgeschichte von einem Gespräch zwischen Jakobus und Paulus über die Heidenmission: »Nun hat man den Heiden erzählt (katechethesan), du, Paulus, würdest alle Juden, die unter den Heiden leben, den Abfall von Moses lehren, indem du sagst, sie sollen die Kinder nicht beschneiden und nicht nach der Tradition leben« (Apg 21, 21). Das hier verwandte Wort bedeutet allgemein »erzählen, berichten«.

Von Paulus selbst ist eine etwas eingeschränktere Bedeutung dieses Wortes bekannt. So heißt es z. B. im ersten Korintherbrief im Zusammenhang des Zungenredens: »Doch in der Gemeinde will ich lieber fünf Worte mit meinem Verstande reden, um auch andere zu unterweisen (katecheso), als zehntausend Worte in Zungen« (1Kor 14, 19; vgl. auch PAUL 1993, S. 40). Die Verwendung des Begriffes wandelt sich also bereits bei Paulus von »erzählen« zu »unterweisen«. Ein ähn-liches Beispiel findet sich im Galaterbrief: »Wer sich unterweisen läßt (der zu Katechisierende) im Wort, gebe dem, der ihn unterweist (dem Katecheten) Anteil an allen Gütern« (Gal 6, 6). Ähnliches findet sich im Römerbrief, wo im Gesetz »unterwiesen« werden soll (vgl. Röm 2, 18). Für den zweiten Clemensbrief bedeutet dieses Wort dann bereits eindeutig die Unterweisung des Katechumenen in Form eines kirchlichen Katechismusunterrichts (2. CLEMENS, 17, 1).

Inhaltlich ist diese frühchristliche Katechese beschrieben wiederum im ersten Korintherbrief, der quasi das Grundcredo, das Urdogma des Christentums formuliert: »Überliefert habe ich euch vor allem, was ich überkommen habe: der Messias starb für unsere Sünden gemäß der Schrift. Er wurde begraben, und auferweckt am dritten Tag gemäß der Schrift« (1 Kor 15, 3-5).

Bereits im Alten Testament waren solche Kurzformeln des Glaubens bekannt. So z. B. im Buch Deuteronomium, das berühmte »Sch'ma Israel«: »Höre, Israel, Jahwe, unser Gott Jahwe ist einzig. Darum sollst du den Herrn, deinen Gott, lieben mit ganzem Herzen, mit ganzer Seele und mit ganzer Kraft« (Dtn 6, 4-9). Das Credo, die Grundaussage des Glaubens, verbindet sich in diesem Grunddogma bereits mit den ethischen Konsequenzen aus diesem Glauben. Der Text fährt fort mit dem Auftrag zur Katechese: »Du sollst diese Worte deinen Söhnen wiederholen« (Vers 7). Die Weitergabe des Empfangenen gehört also bereits für den alttestamentlichen Menschen unabdingbar zum Glauben selbst. Inhaltlich wird dieser Glaube erläutert, indem auf die Heilsgeschichte, besonders auf den Exodus und die Gesetzgebung verwiesen wird (vgl. Dtn 6, 21-25). Dabei ist die Weitergabe des Glaubens nie individualistisch zu verstehen. Immer gehört die Gesamtgemeinde dazu. »Versammle das Volk, Männer, Frauen, Kinder und Greise, dazu die Fremden, die in deinen Stadtbereichen Wohnrecht haben, damit sie zuhören und auswendig lernen, und den Herrn, euren Gott, fürchten und darauf achten, daß sie alle Bestimmungen dieser Weisungen halten. Vor allem ihre Kinder, die das alles noch nicht kennen, sollen zuhören und lernen, den Herrn, euren Gott, zu fürchten« (Dtn 31, 10f.).

Wolfgang Pauly

2 Das katechetische Handeln der Kirche in Geschichte und Gegenwart

Die Vermittlung der Heilserfahrung mit Jesus, dem Christus, konkretisierte sich im Laufe der nun fast zweitausend Jahre alten Theologie- und Kirchengeschichte recht unterschiedlich. Die biblische Botschaft und die »Zeichen der jeweiligen Zeit« traten dabei in immer neue Wechselbeziehungen. Einige exemplarische Stationen seien im folgenden genannt, nicht zuletzt deswegen, um den neuen KKK geschichtlich einordnen und damit auch kritisch würdigen zu können.

2.1 Geschichtlicher Überblick

2.1 »Die Didaché«

Die »Didaché«, die Lehre der zwölf Apostel, entstand etwa in den Jahren von 80 bis 100 im syrisch-palästinensischen Raum. Obwohl diese Schrift, als deren Autoren zwar immer die Apostel angesehen wurden, die aber anonym ist, eine große Rezeption und Wirkungsgeschichte hatte und in der Patristik ebenso häufig zitiert wurde wie die Hl. Schrift selbst, blieb der Originaltext lange Zeit verschollen. Erst 1873 entdeckte man das Original einer Abschrift aus dem Jahre 1056. Die literarische Gattung der »Didaché« ist keine systematisch-theologische Darlegung, sondern eher eine kompilatorische Sammlung von Anordnungen eines Lehrers (Doktor genannt) für seine Gemeinde. Die moralische Katechese (Kap. 1-6) erfolgt nach dem Schema der in der Antike beliebten Zwei-Wege-Lehre (vgl. LEHRE DER ZWÖLF APOSTEL, 1991). »Zwei Wege gibt es, einen des Lebens und einen des Todes. Der Unterschied zwischen den beiden Wegen aber ist groß« (Kap. 1.1). Der Weg des Lebens ist inhaltlich geprägt vom Doppelgebot der Gottes- und Nächstenliebe. Die Alternative, der Weg des Todes, ist geprägt von Fluch, Tötung, Ehebruch, Diebstahl usw. Im zentralen 7. Kapitel steht die Taufe und die Katechese als Hinführung zu ihr im Mittelpunkt. Als Taufformel wird die Aussendungsformel von Matthäus (Mt 28, 19) genannt: »Im Namen des Vaters, des Sohnes und des Heiligen Geistes«. Zur Vorbereitung auf diese Taufe soll ein ein- bis zweitägiges Fasten eingehalten werden. Bereits diese Einrichtung des Fastens ist ein deutliches Indiz dafür, daß die Taufe hier in erster Linie den Erwachsenen und nicht den Kindern gespendet wurde. Kapitel 8 bringt Ausführungsbestimmungen für das Fasten. Hier haben wir gleichzeitig eine inhaltliche Füllung der Katechese. Neben der Kenntnis des Dekalogs wird als zweites Element der Katechese das Gebet Jesu, das »Vater unser«, genannt. Religionsgeschichtlich interessant ist es, daß wir hier dieses Gebet Jesu erstmals mit der Endformel »Denn Dein ist das Reich und die Kraft und die Herrlichkeit in

Ewigkeit« vorfinden. Die Kapitel 9 bis 12 beschäftigen sich mit Gebetsformeln für die Eucharistie, wobei allerdings nicht von einer Einsetzungsformel die Rede ist. Die Kapitel 13 bis 15 erörtern Fragen über den Propheten, über die Einrichtung des Amtes der Bischöfe und der Diakone, die übrigens wie selbstverständlich von der Gemeinde selbst gewählt werden. Dazu gehören auch Anordnungen für den Sonntag: »Wenn ihr am Herrentag zusammenkommt, brecht das Brot und sagt Dank, nachdem ihr zuvor eure Übertretungen bekannt habt, damit eure Opfer rein seien. Keiner, der einen Streit mit seinem Nächsten hat, komme mit euch zusammen, bis sie sich wieder versöhnt haben« (Kap. 14, 1-2). Das Kapitel 16 schließt die »Didaché« mit einigen Ermahnungen zur Wachsamkeit und der Warnung vor falschen Propheten.
Die »Didaché« verbindet also dogmatische und ethisch-praktische Elemente in ihrer Katechese. Katechese ist für die »Didaché« hingeordnet auf die Erwachsenenkatechese und diese wiederum ist verstanden als Vorbereitung zum Sakrament der Taufe.

2.1.2 Die »Traditio apostolica«

Auch der Text der »Traditio apostolica«, der apostolischen Überlieferung, war lange Zeit verschollen. Erst 1848 entdeckte man eine Reihe koptischer Texte, darunter auch den Text der »Traditio apostolica«. Sie war aus anderen literarischen Quellen nicht bekannt. Allerdings hatte man bereits im Jahre 1558 eine Skulptur gefunden, die in ihren Händen eine Liste von bekannten Werken des *Hippolyt von Rom* hielt. Darauf stand auch der Titel unserer Schrift. *Hippolyt* war ein einflußreicher Kleriker in Rom an der Wende vom 2. zum 3. Jahrhundert (APOSTOLISCHE ÜBERLIEFERUNG, 1991).
Zentrales Motiv der »Traditio apostolica« ist es, zu klären was eigentlich die rechte Überlieferung ist. Das Ziel besteht dann darin, die Unwissenden durch Kenntnis zu festigen in ihrem Glauben und in der Rückbindung auf die apostolische Tradition. Kognitives Wissen verbindet sich dabei mit ethischen Konsequenzen daraus.
Ab Kapitel 15 haben wir konkrete Hinweise auf den Ablauf einer urchristlichen Katechese. »Diejenigen, die erstmals zum Hören des Wortes kommen, sollen, bevor das ganze Volk eintritt, zuerst vor die Lehrer geführt werden, damit man sie nach dem Grund frage, weshalb sie sich dem Glauben zugewandt haben« (Kapitel 15). Auch haben wir an dieser Stelle die ersten Hinweise auf eine Patenschaft bei der Katechese: »Jene, die sie herbeigeführt haben, sollen Zeugnis für sie ablegen, ob sie auch fähig sind, das Wort zu hören«. Die Paten sollten dabei Auskunft geben über den Lebensstand und die Lebensweise, aber auch über den Beruf der Täuflinge. Besonders Bildhauer und Maler, Schauspieler und Bordellbesitzer galten als problematische Berufsgruppen, aber auch ein Soldat, »der unter Befehl steht, soll keinen Menschen töten. Erhält er dazu den Befehl, soll er diesen nicht ausführen, auch soll er keinen Eid leisten« (Kapitel 16). Das Katechumenat dauert im Idealfall drei Jahre. Bei besonderem Eifer des Taufbewer-

bers kann eine Verkürzung herbeigeführt werden, wobei aber immer die Lebensführung mit zu berücksichtigen ist.
Das Kapitel 20 berichtet vom exemplarischen Ort der Taufliturgie, nämlich der Osternachtsliturgie. Die konkrete Taufvorbereitung findet mit der Karwoche ihren Höhepunkt. Der Donnerstag gilt dem Baden und Waschen, der Freitag ist ein Fasttag. Am Samstag versammelt sich die Gemeinde im Gebet und leistet den Exorzismus über die Täuflinge. Der Bischof haucht dabei ihr Gesicht an und bezeichnet ihre Stirn mit einem Kreuz. Die Nacht auf den Sonntag wird gestaltet mit Lesungen und Unterweisungen. Am Sonntag in der Frühe findet die Wasserweihe statt, die Täuflinge legen ihre Kleider ab, Kinder werden zuerst getauft, wobei auch hier Paten für die Kinder die entsprechenden Antworten geben. Nach vielen detaillierten Hinweisen auf das Leben einer christlichen Urgemeinde schließt die »Traditio apostolica« ihre Katechese mit einem zusammenfassenden Epilog, der gleichzeitig eine Hilfe gegen jede abweichende, als ketzerisch empfundene Lehre dienen soll: »Wenn man dies alles mit Dankbarkeit und rechtem Glauben annimmt, bewirkt es den Aufbau der Kirche und das ewige Leben für die Glaubenden. Ich rate allen Einsichtigen, dies zu bewahren. Denn wenn alle die apostolische Überlieferung hören, sie befolgen und beachten, wird euch kein Häretiker noch irgend ein anderer Mensch in die Irre führen. Denn die vielen Häresien sind dadurch hochgekommen, daß die Vorsteher sich über die Lehre der Apostel nicht haben belehren lassen wollen, sondern nach eigenem Gutdünken gehandelt haben und nicht, wie es sich geziemt« (Kapitel 43).
Der ganze Aufbau der »Traditio apostolica« sieht also den Idealfall der Katechese in der Unterweisung der Erwachsenen. Wir finden keine speziellen Angaben zu einer Kinderkatechese. Im übrigen stellt die »Traditio apostolica« eine Idealvorstellung dar, die wohl im einzelnen Fall sehr variabel gestaltet worden ist. Im 4. und 5. Jahrhundert hat man z.B. wegen der steigenden Anzahl der Taufbewerber ein verkürztes Aufnahmeverfahren praktiziert.

2.1.3 Clemens von Alexandrien

Um das Jahr 140 als Kind heidnischer Eltern in Athen geboren, verbringt *Clemens* den größten Teil seines Lebens in Alexandrien, dem damaligen Mittelpunkt jüdisch-hellenistischer Kultur und einer Wiege der christlichen Theologie. In Alexandrien leitet er lange Zeit eine Schule, er kann also seinen pädagogisch-katechetischen Ansatz aus der Praxis ableiten und dort verifizieren. Exemplarisch dargestellt findet sich dieser Ansatz in seinem Werk »Der Erzieher« (Peidagogos, vgl. MÄRZ, 1988, S. 13-29). Dieses Werk ist nicht zuletzt schon deswegen ein kulturhistorisches Dokument, weil es den Tagesablauf eines Menschen in der Antike sehr plastisch schildert: Essen, Trinken, Schlafen, Sexualität, Körperpflege und Haartracht werden sehr schön beschrieben. *Clemens* stirbt im Jahre 215 in Jerusalem auf der Flucht vor den Christenverfolgungen.
Prämisse seines pädagogischen Ansatzes ist die Gottebenbildlichkeit des Menschen. Schon der Blick auf die Schöpfungsgeschichte sagt ihm, »daß alle Men-

schen das Werk eines einzigen Gottes sind und das gleiche Bild, den gleichen Stoff eingeprägt an sich tragen, wenn auch das Bild bei den einen mehr, bei den anderen weniger getrübt ist« (CLEMENS, 1966, S. 68). Diese Ebenbildlichkeit des Menschen mit Gott ist nun allerdings für *Clemens* durch vielfache menschliche Schwachheit und Krankheit getrübt, der Mensch wird dieser Ebenbildlichkeit nicht immer gerecht. Einen Ausweg aus dieser Diskrepanz von Möglichkeit und Wirklichkeit stellt für ihn die Menschwerdung Gottes in Jesus Christus dar. Hier bietet sich ihm ein Modell gelungenen Lebens, in dessen Nachfolge der Mensch sein eigentliches Ziel erreichen kann. Dabei ist es für *Clemens* deutlich, daß das Erziehungsziel für Mann und Frau in völliger Gleichberechtigung gilt: »Daß der Logos in gleicher Weise Erzieher von Männern und Frauen ist..., daß die Tugend für Mann und Frau die selbe ist... Denn wenn beide nur einen Gott haben, so haben beide auch nur einen Erzieher; eine und dieselbe ist die Kirche, die Sittsamkeit, das Schamgefühl ist eines, die Nahrung ist gemeinsam, die Ehe verbindet beide, atmen, sehen, hören, erkennen, gehorchen, lieben, alles ist gleich. Bei welchem aber das Leben gemeinsam ist, die Gnade gemeinsam und auch das Heil gemeinsam ist, bei dem ist auch die Tugend und die Lebensführung gemeinsam... Männer und Frauen haben nun auch einen gemeinsamen Namen: der Mensch« (CLEMENS, 1966, S. 9).
Wenn immer wieder beklagt wird, daß es erst seit der Renaissance Gedanken über den Eigenwert eines Kindes gibt (vgl. ARIES, 1992, S. 92 f.), dann finden sich bei *Clemens* interessante Gedanken über das Bild eines Kindes in der Antike und seine Wertschätzung. »So haben wir die herrlichsten und vollkommensten Lebensgüter mit einer vom Wort »pais« (Kind) abgeleiteten Bezeichnung geehrt und sie »paideia« (Bildung) und »paidagogia« (Erziehung) genannt.« Der häufige Umgang Jesu mit den Kindern impliziert für *Clemens* nun allerdings nicht die Idealisierung einer biologischen Lebensphase: »Denn wir rollen doch nicht mehr als unvernünftige Kinder auf dem Boden herum und kriechen nicht mehr auf der Erde nach der Weise von Schlangen, indem wir uns mit dem ganzen Körper im Schmutz nach den unvernünftigen Begierden herumwälzen, sondern strecken uns mit unseren Sinnen nach oben, haben der Welt und den Sünden entsagt.« Zentral dagegen scheint *Clemens* die Haltung zu sein, die sich mit der Lebenshaltung der Kinder verbindet: »Kinder sind in Wahrheit die, welche Gott allein als Vater kennen, die einfältig und kindlich und unschuldig sind... Der Unmündige ist also sanft und deshalb auch mehr zart, mild und einfältig und arglos und ohne Heuchelei, geraden Sinnes und aufrecht.« Diese kindliche Lebenshaltung hat für *Clemens* auch Konsequenzen für das Gottesverhältnis: »Alles Schwache und Zarte ist nun, weil es wegen seiner Schwachheit Hilfe nötig hat, gern gesehen und angenehm und erwünscht, wobei Gott einem solchen seine Hilfe nicht versagt. Denn wie die Väter und Mütter besonders gern ihre Sprößlinge sehen, die Pferde die Füllen, die Rinder die kleinen Kälber, und der Löwe sein Junges, und der Hirsch das Hirschkalb und der Mensch sein Kind, so nimmt auch der Vater aller Geschöpfe die zu ihm Geflüchteten gern bei sich auf; und nachdem er sie durch den Geist zur Kindschaft wiedergeboren hat, weiß er, daß sie sanft sind,

und diese allein liebt er und hilft ihnen und streitet für sie, und deswegen gibt er ihnen den Namen Kind« (CLEMENS, 1966, S. 15 f.).
Gegen eine auch in der Antike anzutreffende kognitive Verengung des Menschenbildes stellt *Clemens* nicht eine kindische sondern eine kindliche Haltung: Staunen, ein positives Verhältnis zum Körper, innere Unabhängigkeit, Gelassenheit, Lernbereitschaft, eine Klugheit, die nicht gleichzusetzen ist mit Gescheitheit. Dies alles bildet für ihn die Lebenshaltung eines Kindes. Insofern kann man den »Erzieher« des *Clemens* »als den ersten Versuch und Entwurf einer selbständigen und zusammenhängenden christlichen Erziehungslehre« nennen (MÄRZ 1988, S. 25).

2.1.4 Irenäus von Lyon

Im Jahre 140 in Smyrna an der Westküste Kleinasiens geboren, entfaltete *Irenäus* seine Lehrtätigkeit besonders, als er im Jahre 177 Bischof von Lyon wurde. Hier starb er im Jahre 202. Neben seiner Schrift »Adversus häreses« (Gegen die Häresien) ist heute besonders sein Buch »Epideiksis« (Darlegung der apostolischen Verkündigung) bekannt. Doch auch diese Schrift war lange verschollen. Erst 1904 entdeckte man eine Handschrift aus dem 13. Jahrhundert in Eriwan. Darin lag die armenische Übersetzung der Epideiksis vor. 1907 erfolgte die Edition und die deutsche Übersetzung.
Die »Epideiksis« (vgl. IRENÄUS 1993) verfährt mit den Themen der Heilsgeschichte selektiv, viele Themen, wie z. B. Eschatologie, Eucharistie, Liturgie, und kirchliche Disziplin fehlen vollständig. Der literarische Charakter der »Epideiksis« ist sowohl katechetisch als auch apologetisch. Auch *Irenäus* geht von einer Zwei-Wege-Lehre aus, deren eine in das himmlische Licht, deren andere in das Dunkel führt. Deshalb ist es das ethisch-praktische Ziel jeder Katechese für *Irenäus*, sich um das Heil zu sorgen, damit die Menschen nicht »nachlässig geworden und aus dem Gleis gekommen, in materiellen Begierden steckenbleiben oder auch irregeleitet das Richtige verfehlen« (Nr. 1). Die Notwendigkeit des Glaubens begründet *Irenäus* soteriologisch: »Weil nun der Glaube der immerwährende Erhalter unserer Erlösung ist, so ist es notwendig und wert, ihm viel Pflege zuzuwenden, damit wir die wahre Einsicht in das, was ist, gewinnen« (Nr. 3). In einer sehr einfachen Sprache erzählt *Irenäus* wichtige Stationen aus der Heilsgeschichte. Er beginnt mit der Paradieserzählung, in der er den ersten Menschen als ein Kind schildert, für das es erforderlich war, heranzuwachsen und zur Vollkommenheit zu gelangen (Nr. 11). Der Mensch entspricht insofern dem Kind, »da er keine vollkommene Einsicht hatte, weswegen er auch leicht von dem Betrüger verführt wurde« (Nr. 12). Das Kind gilt bei *Irenäus* also einerseits als unreif, als anfällig für das Böse, aber andererseits auch als unbefangen: »Und Adam und Eva, denn so ist der Name der Frau, waren nackt und schämten sich nicht, denn sie hatten einen unschuldigen und kindlichen Sinn und kamen nicht dazu, an irgend etwas von dem zu denken und zu verstehen, was einmal in Bosheit durch weichliche Gelüste und durch schändliche Begierden in der Seele geboren wird« (Nr. 14). Es folgen die weiteren Stationen der Heilsgeschichte über Abraham, den Exodus durch die Wüste, die Davidgeschichte und die Propheten.

Die ganze Heilsgeschichte läuft für *Irenäus* auf ihren Höhepunkt in Jesus Christus zu. Jesu Kreuz steht im Zentrum seiner Erlösungslehre. Dabei werden Glaubensinhalte ohne Gewichtung nebeneinandergestellt, eine Hierarchie der Wahrheiten kennt *Irenäus* nicht: »Und wenn einer seine Geburt von der Jungfrau nicht annehmen wollte, wie könnte er seine Auferstehung von den Toten annehmen?« (Nr. 38). Wichtig ist *Irenäus* auch der Schriftbeweis. Alttestamentliche Aussagen gelten als Hinweise auf die Erlösung der Menschen in Jesus Christus. Dabei ist die ganze Erlösungslehre trinitarisch ausgestaltet: »Denn der Sohn nimmt, da er Gott ist, vom Vater, d. h. von Gott, den Thron des ewigen Reiches und das Salböl wie keiner seiner Genossen. Und das Salböl ist der Geist, mit dem er gesalbt ist, seine Genossen aber sind die Propheten, die Gerechten und die Apostel, und alle, die teilhaben an der Genossenschaft seines Reiches, d.h. seine Jünger« (Nr. 47). Altes und Neues Testament werden dabei oft schroff antithetisch einander gegenübergestellt. »Darum haben wir auch das Gesetz nicht als Erzieher nötig - schau, wir sprechen mit dem Vater und stehen ihm von Angesicht zu Angesicht gegenüber, Kinder geworden an Bosheit und stark an Gerechtigkeit und Frömmigkeit« (Nr. 96).
Die Garantie für die Echtheit des christlichen Glaubens ist für *Irenäus* die Rückbindung an das Amt, die Sukzession. Bei Glaubensstreitigkeiten entscheidet letztlich der Bischof, der sein Amt in einer ununterbrochenen Tradition bis auf die Apostel zurückführen kann. Zusammenfassend gilt also als Inhalt der frühchristlichen Katechese bei *Irenäus* das Credo, die Heilsgeschichte und die gesamte Ausrichtung des christlichen Glaubens auf die christliche Praxis im Alltag.

2.1.5 Augustinus

Im Jahre 354 in Thagaste im heutigen Nordalgerien geboren, widersetzt er sich den zahlreichen Versuchen seiner Mutter Monika, ihn für das Christentum zu gewinnen. Statt dessen studiert *Augustinus* ab 370 in Karthago, einer Stadt, die trotz zahlreicher früherer Zerstörungen nochmals eine geistige und kulturelle Blüte erlebte. Er belegte insbesondere das Fach Rhetorik und lernte so die Autoren der Antike kennen und schuf damit die methodischen Grundlagen für seine späteren Ausführungen zur religiösen Unterweisung. Im Jahre 386 konvertiert er zum Christentum und wird in der Osternacht 387 durch den Mailänder Bischof *Ambrosius* zusammen mit seinem Sohn *Adeodatus* getauft (*Augustinus* selbst gibt Rechenschaft über seinen ersten Lebensabschnitt und seine Bekehrung in seinen eindrucksvollen »Confessiones«, seinen Bekenntnissen aus den Jahren 397-398). Nach seiner Priesterweihe 390 und seiner Bischofswahl in Hippo, dem heutigen Bicerte in Tunesien, 395 wird *Augustinus* durch seine zahlreichen Schriften aber auch durch seine Teilnahme an zahlreichen Synoden, einer der wichtigsten Vertreter der lateinischen Patristik.
Das Thema der religiösen Unterweisung behandelt *Augustinus* in besonderer Weise in seinem Werk von 399 »De catechizandis rudibus« (vgl. AUGUSTINUS, 1985). Nach einem kurzen Prolog (Kap. 1-4) erörtert *Augustinus* die theoreti-

schen Grundlagen der Katechese (Kap. 5-22). Es folgen zwei Musterkatechesen (Kap. 23-50 und Kap. 51-55).

Neben methodischen und inhaltlichen Aspekten der frühchristlichen Katechese beschreibt *Augustinus* auch sehr einfühlsam das Problem jedes Verkündigers. Insofern vermag er auch manchem heutigen Katecheten Trost in einer schwierigen Situation zu spenden. So antwortet er dem *Deokratias*, der ihn mit seinen Fragen zur Katechese zu dieser Schrift veranlaßt hat, auf dessen Fragen nach dem Redestil: »Sei unbesorgt, wenn du deinen Redestil immer wieder als ungepflegt und unerträglich empfandest. Es kann nämlich sehr wohl sein, daß der, dem dein Unterricht galt, ganz anders empfunden hat« (Kap. 3). *Augustinus* kennt das Problem, daß der Lehrer oft gute Erkenntnisse, Ideen, Geistesblitze hat, daß aber »das Ausformulieren mühsam und langwierig und ganz und gar andersartig ist« (Kap. 3). Zum Trost sagt er: »Aber immer wieder zeigt mir das Interesse der Leute, die mich hören wollen, daß die Art meines Vortrages doch nicht so langweilig ist, wie ich es selbst empfinde. Und daß die Hörer daraus einigen Nutzen ziehen, erkenne ich aus ihrer Zufriedenheit« (Kap. 4). Zentral für *Augustinus* ist aber, daß jeder Katechet mit Freude an seine Aufgabe herangeht – je besser ihm dies nämlich gelingt, umso mehr Anklang wird er finden (Kap. 4).

Der Inhalt der Katechese ist prinzipiell die gesamte Heilsgeschichte von der Schöpfung bis zur Gegenwart. Dabei muß der Katechet eine bestimmte Auswahl der Stoffes treffen: »Wir wollen vielmehr den ganzen Inhalt kurz und exemplarisch zusammenfassen, in der Form, daß wir einige bemerkenswerte Ereignisse herausgreifen, welche beim Hörer besonderen Anklang finden und die an den Wendepunkten der Geschichte liegen« (Kap. 5). Die Auswahlkriterien entnimmt *Augustinus* dem Zustand des Adressaten einerseits und der Bedeutung des Stoffes andererseits. Das Alte Testament hat für den Bischof *Augustinus* primär die Funktion, das Kommen des menschgewordenen Gottessohnes vorzubereiten: »Vor der Ankunft des Herrn ist nämlich alles, was wir in den Hl. Schriften lesen, nur zu dem Zweck geschrieben worden, um uns mit seiner Ankunft vertraut zu machen und uns die zukünftige Kirche, das Volk Gottes unter den Völkern, seinen Leib, sinnbildhaft anzuzeigen. Mit eingeschlossen und mitgezählt in dieser Kirche sind auch alle Heiligen, die noch vor der Ankunft des Herren in dieser Welt lebten« (Kap. 6). Bei der Auswahl einiger Schwerpunkte in der Heilsgeschichte darf aber nicht die gesamte Linie verlorgengehen. »Wir wollen uns aber nicht in der Weise auf die Hintergründe einlassen, daß wir dabei die Hauptrichtung unserer Darstellung verlassen, und sich Herz und Mund in den Verknotungen einer allzu schwierigen Untersuchung verliert« (Kap. 10).

Augustinus wendet sich dann der Frage zu, ob und wie man Wunder in der Katechese einsetzen und behandeln kann. Die Wundergeschichten des Alten und Neuen Testamentes können einen fruchtbaren Einstieg in die Katechese leisten. Dabei dürfen die Wunder allerdings nie als Beweise für die Glaubensinhalte verstanden werden: »Freilich müssen wir seine Aufmerksamkeit von solchen Wunderzeichen und Traumbildern auf den festeren Pfad und die glaubwürdigeren Weissagungen der Hl. Schrift lenken...«. Der Schüler soll im Umgang mit der

Schrift lernen, »daß er dort, statt nach augenfälligen Wundern zu suchen, sich daran gewöhne, auf unsichtbare zu hoffen« (Kap. 10).
Das Ziel jeder Katechese besteht neben der Kenntnis des Inhaltes wichtiger Glaubensgüter vor allen Dingen in der Anleitung zu einem ehrenhaften Lebenswandel: »Damit er sich nicht so leicht von Trinkern, Habgierigen, Betrügern, Glücksspielern, Ehebrechern, Unzüchtigen, Theaterliebhabern, Trägern von gottlosen Amuletten, Zauberern, Sterndeutern und Vertretern sonstiger sinnloser und verderblicher Wahrsagekünste sowie von anderen Menschen dieses Schlags verführen läßt...« (Kap. 11).
Die Methode und die Stoffauswahl der Katechese richtet sich nach *Augustinus* auch nach den je unterschiedlichen Bildungsschichten der Schüler. Zum Umgang mit Gebildeten sagt er: »Bei ihnen sollte man sich kurz fassen, ihnen nicht pedantisch eintrichtern wollen, was sie bereits wissen, sondern dies nur behutsam streifen, etwa mit den Worten, daß sie das und das vermutlich schon wissen. ... So bekommt jener Gebildete nicht im Schulmeisterton zu hören, was er bereits weiß« (Kap. 12). Weniger gebildeten Leuten sollten dagegen eher die Zeremonien, die Liturgie der Kirche erklärt werden. Dadurch kann man an die Lebenswelt dieser Schüler anknüpfen. Zeigt allerdings ein Zuhörer bei der Katechese überhaupt keine Reaktion, dann »müssen wir in unserem katechetischen Gespräch alles versuchen, was ihn aufrütteln und gleichsam aus seinem Versteck herauslocken könnte« (Kap. 18). Der Katechet soll zur Auflockerung des Gespräches Zwischenfragen stellen. Er soll mögliche Einwände gegenüber seinen Ausführungen formulieren, er soll versuchen, in brüderlicher Verbundenheit die Scheu der Schüler durch Zureden abzubauen. Allerdings ist auch hier *Augustinus* ein Realist: »Ist der Hörer aber geistig allzu unbeweglich und gegenüber allen Feinheiten dieser Art unempfänglich, ja geradezu ablehnend, müssen wir ihn eben barmherzig ertragen« (Kap. 18). Insofern ist der methodische Zielpunkt jeder Katechese, »daß dein Zuhörer vom Hören zum Glauben, vom Glauben zur Hoffnung, und von der Hoffnung zur Liebe gelange« (Kap. 18).
Die Ausführungen des *Augustinus* richten sich somit an einen erwachsenen Taufbewerber. Die Kinder sind auch für ihn kein eigenes Projekt der Katechese.

2.1.6 Thomas von Aquin

Die geistige Situation der christlichen Autoren der Antike bestand zum einen darin, daß sie sich gegen die Weltdeutung der griechisch-lateinischen Philosophie abgrenzen mußten. Auf der anderen Seite erfolgte die Ausformulierung des Dogmas oft erst nach langen Prozessen der innerkirchlichen Auseinandersetzung, wobei die unterlegene Partei von den Siegern Häretiker genannt wurde. Im Mittelalter ist nun das Christentum das prägende Weltbild. Dazu gehört auch die Neuentdeckung der griechischen Philosophie, die oft über den Islam tradiert wurde. Besonders der Ansatz des *Aristoteles* wurde nun im eigenen theologischen System zur Begründung seiner Grundlagen in Dienst genommen. Die zentrale Gestalt der mittelalterlichen Theologiegeschichte ist ohne Zweifel *Thomas von Aquin*.

1225 bei Neapel geboren lernt er ab 1239 an der Universität Neapel aristotelische Philosophie kennen. Als Student, als Lehrer und als Mitglied des Dominikanerordens kennt er die geistigen Zentren der damaligen Zeit: Rom, Bologna, Paris und Köln. Bereits kurz nach seinem Tod 1294 wird der Autor eines umfangreichen theologischen Werkes als »Doctor angelicus« gepriesen. Seine Heiligsprechung 1323, seine Erhebung zum Kirchenlehrer 1567 und seine Erhebung zum Patron aller katholischen Schulen 1880 zeigen seine unvergleichliche Bedeutung in der christlichen Theologie und Kirche.

Die Epoche der Scholastik, der es um die schulmäßige, lehrbare Aufbereitung der Philosophie und Theologie geht, erlebte in *Thomas* einen ihrer Höhepunkte. Besonders einprägsames Darstellungsmittel der Scholastik sind die »Summen«, die umfassende Darlegung des gesamten christlichen Credos. Dabei werden die Autoren der Antike rezipiert, ihre Fragen und Antworten im Lichte der christlichen Botschaft beleuchtet. Der Lernort ist hier zentral die Hochschule, das ist in erster Linie die Ordenshochschule, aber auch die Dom- und Stiftsschule. In einer Zeit des aufblühenden Bürgertums und der Entwicklung der Stadtkultur entstehen immer neue Universitäten mit den Fakultäten Theologie, Jura, Medizin und der Artistenfakultät. An einer Universität lebt und lernt man gemeinsam, ihre Anlage ist oft einem Kloster ähnlich.

Auch bei *Thomas* dürfen wir kein in sich geschlossenes pädagogisches System erwarten, doch finden sich in seinem Gesamtwerk zentrale Aussagen zur Pädagogik und Katechese, die in wenigen Punkten angesprochen werden sollen. Diese haben ihren Ausgang in der Anthropologie des *Thomas*, konkret in seiner Darstellung der Gottebenbildlichkeit des Menschen: »Wenn es auch in allen Geschöpfen Ähnlichkeit mit Gott gibt, so findet sich doch allein im vernünftigen Geschöpf eine Ähnlichkeit Gottes in der Ebenbildsweise... in den anderen Geschöpfen aber nur spurweise. Das nun, worin das Vernunftgeschöpf über die anderen Geschöpfe hinaustritt, ist der Verstand« (Sth I 93, 6 = THOMAS, 1985, Bd. 1, S. 325). Die Erziehungsbedürftigkeit des Menschen, aber auch die Möglichkeit der Realisierung liegt somit in der Anteilnahme des Menschen an der göttlichen Vernunft, am Nous. Trotz der starken Betonung der Vernunft plädiert *Thomas* für einen ganzheitlichen Lernprozeß, der immer in der konkreten Sinneserfahrung seinen Ausgang nimmt: »Da die Vernunftseele die auf Sinnenempfindung gestellte Wirkkraft vollständig in Besitz hat (die Sinnenempfindung aber nicht ohne ein körperliches Werkzeug vor sich geht), so gehört sich, daß der Leib mit der Seele vereint ist,... ein aus einem Miteinander hervorgegangener Körper ist, der mehr als andere auf eine Gleichheit in der Bindung zurückgeht; das ist der menschliche Leib« (Sth I, 76, 5 = THOMAS, 1985, Bd. 1, S. 244).

Am Ende des ersten Teils der 'Summa theologiae' stellt *Thomas* die grundsätzliche Frage: »Kann ein Mensch den anderen lehren?« Er beruft sich bei dieser Fragestellung auf eine Glosse des Kirchenvaters *Hieronymus*. Dieser zog aus der Stelle des Matthäus-Evangeliums 23,8 »laßt euch nicht Rabbi nennen« den Schluß, daß kein Mensch ein wahrer Lehrer sein kann, sondern daß dies den Eigenbereich des Göttlichen betrifft, und er gibt die Meinung des *Hieronymus* wie-

der, wenn er schreibt: »Der Mensch kann also nicht lehren, sondern das ist die Aufgabe Gottes« (Sth I, 117 = THOMAS, 1985, Bd. 1, S. 410). Seine eigene Antwort auf diese Frage des Kirchenvaters unterscheidet sich jedoch von diesem. Nach seiner Auffassung ist es die Aufgabe jedes Lehrenden, das, was potentiell bereits im Schüler angelegt ist, zu fördern. »Deshalb antworte ich anders: Der Lehrende verursacht das Wissen im Lernenden, indem er ihn aus dem Mögestand in die Wirklichkeit hineinführt« (Sth I, 117 = THOMAS ,1985, Bd. 1, S. 412).
Methodisch bedeutet das für *Thomas* folgendes: »Es führt aber der Lehrer den Schüler aus dem Vorbekannten zur Kenntnis des Nichtgewußten auf zwei Wegen. Einmal trägt er ihm irgendwelche Mittel und Werkzeuge vor, die dessen Verstand zum Erwerb des Wissens gebrauchen mag: Denke, er legt dem Schüler einige weniger allgemeine Sätze vor, die er indes aus früher Bekanntem beurteilen kann; oder er führt ihm einige sinnliche Beispiele vor, oder, was ähnlich oder was entgegengesetzt ist, oder dergleichen, das den Verstand des Lernenden an der Hand nimmt und zur Erkenntnis der unbekannten Wahrheit hinführt. - Auf dem anderen Wege stärkt er den Verstand des Lernenden... insofern er die Hinordnung der Ursätze zu den Schlußfolgerungen dem Schüler vorlegt, der vielleicht nicht eine so große Vergleichskraft in sich selber besitzt, daß er aus den Vordersätzen die Schlüsse ableiten kann... Auf dem Weg macht der, welcher beweist, den Hörer wissend« (Sth I, 117, 1 = THOMAS, 1985, Bd. 1, S. 413).

2.1.7 Martin Luther

Die Entdeckung der neuen Welt Amerikas durch die Europäer, die Erfindung des Buchdrucks und *Martin Luthers* Reformation bezeichnen je auf ihre Weise den Anbruch der Neuzeit. Die Einheit der mittelalterlichen Welt, für die Gebildeten geprägt von der lateinischen Sprache und für die Gläubigen manifestiert in der katholischen Kirche, ist dahin. *Luthers* Reformthesen (1517), der Beginn seiner Bibelübersetzung in die deutsche Muttersprache (1522 liegt das Neue Testament deutschsprachig vor, 1534 die vollständige Bibelübersetzung) haben unmittelbare Folgen auch für die Katechese. Bezeichnete »Katechismus« bisher den Unterricht, die Unterweisung, so wird jetzt der Katechismus zum Buch.
Luther selbst trägt diesem Bedeutungswandel in zwei seiner Werke Rechnung: 1529 erscheint der »Kleine Katechismus« und 1530 der »Große Katechismus«, letzterer zuerst »Deutscher Katechismus« und ab 1541 »Großer Katechismus« geheißen. In seiner »Vorrede an jedermann« von 1530 heißt es im »Großen Katechismus«: »Die folgende Predigtunterweisung ist dazu bestimmt und angefangen, um zu einem Unterricht für die Kinder und einfachen Leute zu dienen; deshalb heißt sie auch von altersher auf Griechisch ›Katechismus‹, d. h. eine Kinderlehre. Sie muß jeder Christ unbedingt kennen; einen, der das nicht kennt, könnte man also nicht unter die Christen zählen und zu keinem Sakrament zulassen, gerade so, wie man einen Handwerksmann, der seines Handwerks Recht und Brauch nicht kennt, aus der Zunft ausschließt und für untauglich hält. Deshalb soll man junge Leute die Stücke, die in den Katechismus gehören, gut und

fließend lernen lassen und sie mit Fleiß darin üben und eingewöhnen« (LUTHER, 1977, S. 17). Wer aber erteilt den Katechismusunterricht? Statt daß exemplarisch wie im Mittelalter ein Kleriker in einer Klosterschule Katechismusunterricht erteilt, heißt es nun: »Darum ist auch jeder Hausvater verpflichtet, wenigstens einmal in der Woche seine Kinder und sein Gesinde reihum das abzufragen und abzuhören, was sie davon wissen oder gerade erst lernen, und sie mit Ernst dazu anzuhalten, wenn sie es nicht können« (LUTHER, 1977, S. 17).

Die Kenntnis der christlichen Lehre, wie *Luther* sie in seinem Katechismus darlegt, hat dabei zunächst die Funktion, durch Wissensvermittlung sich besser von Mißbräuchen der katholischen Kirche absetzen zu können. Durch die Herausgabe eines Katechismus sollen aber auch Mängel in den Reihen seiner eigenen Anhänger behoben werden. So wendet sich *Luther* in der Neuausgabe des Katechismus von 1530 in einer zweiten Vorrede direkt an die Pfarrer und Prediger. Dabei verurteilt er mit scharfen Worten die nur zu häufige Vernachlässigung des Katechismus-Studiums: »Daß wir auf die Einprägung des Katechismus solche Mühe verwenden und seine Einprägung ebenso fordern als erbitten, dazu haben wir nicht geringe Ursache. Denn leider sind, wie wir sehen, viele Prediger und Pfarrer hierin sehr säumig – sie mißachten sowohl ihre Amtspflicht als auch diesen Unterricht, einige wegen ihres großen erhabenen Wissens, einige aber aus lauter Faulheit und Sorge für den Bauch... Zwar haben sie alles, was sie lehren und predigen sollen, jetzt so reichlich, klar und leicht verständlich vor sich in so viel nützlichen Büchern... aber sie sind nicht so tüchtig und pflichtbewußt, daß sie sich solche Bücher kauften; oder wollen sie, selbst wenn sie solche besitzen, sie doch nicht achten und lesen.« Und er fährt fort: »Und wenn sie doch, nachdem sie das unnütze und beschwerliche Geschwätz der Gebetszeiten nun los sind, wenigstens soviel täten, daß sie an deren Stelle morgens, mittags und abends etwa eine Seite oder zwei aus dem Katechismus, dem Gebetbüchlein, dem Neuen Testament oder sonst aus der Bibel läsen und ein Vater unser für sich und ihre Pfarrkinder beteten« (LUTHER, 1977, S. 11 f.).

Luther stellt sein eigenes Vorbild dem entgegen: »Das sage ich aber für meine Person: Ich bin auch ein Doktor und Prediger, ebenso gelehrt und erfahren als alle die es sein mögen, die eine derartige Vermessenheit und Sicherheit haben; dennoch mache ich's wie ein Kind, das man den Katechismus lehrt: Am Morgen und wann ich sonst Zeit habe, lese und spreche ich auch Wort für Wort das Vater unser, die Zehn Gebote, das Glaubensbekenntnis, einige Psalmen usw. Ich muß auch täglich weiterlesen und -studieren, und kann dennoch nicht dastehen, wie ich gerne wollte, und muß ein Kind und Schüler des Katechismus bleiben, und bleib's auch gerne« (LUTHER, 1977, S. 12 f.). Für den großen Übersetzer der Hl. Schrift aber ist jede Beschäftigung mit dem Katechismus an der Bibel orientiert und findet in ihr ihr letztes Ziel: »Denn das gilt: Wer die Zehn Gebote recht und ganz verstehen will, der muß die ganze Hl. Schrift verstehen, damit er in allen Sachen und Fällen raten, helfen, trösten, urteilen, richten kann, sowohl im geistlichen als auch im weltlichen Bereich, und ein Richter zu sein vermag über Lehre, Stände, Geister, Recht und was sonst in der Welt sein mag« (LUTHER, 1977, S. 15 f.).

Den Inhalt des »Großen Katechismus« bilden zunächst der Dekalog, dann das Credo, das systematisiert wird in den Artikeln Schöpfung, Erlösung und Heiligung, und das »Vater unser«. Anschließend fügt *Luther* noch eine kurze Ermahnung über die Beichte an, nachdem er zuvor von der Taufe und der Eucharistie gehandelt hatte. Primäres Anliegen ist dabei die Wissensvermittlung. Darin nimmt er bereits wesentliche Impulse der späteren Aufklärung ansatzweise vorweg: Wissen ist Bildung und Macht. Und deswegen gibt *Luther* den Menschen auch gerade durch seine Übersetzungen und durch die Verwendung der deutschen Muttersprache im Katechismusunterricht die Mittel in die Hand, sich zu emanzipieren. Wenn es auch oft nur ein memoriertes Wissen ist, so bietet es doch eine Orientierungshilfe und hilft bei der Sinnfindung.
Über die Methode des Katechismusunterrichtes verlangt *Luther* vom Hausvater: »Und zwar soll man die Kinder daran gewöhnen, daß sie täglich, wenn sie morgens aufstehen, wenn sie zu Tisch gehen und wenn sie sich abends schlafen legen, es aufsagen müssen (memorieren, repetieren) und man soll ihnen nicht zu essen und zu trinken geben, bis sie es hergesagt haben (sanktionieren).« (LUTHER, 1977, S. 19). Auch umfaßt der Katechismusunterricht die gesamte Familie. Sie bildet eine Hauskirche: »Auch ist jeder Hausvater verpflichtet, es in gleicher Weise mit dem Gesinde, Knechten und Mägden zu halten: er soll sie nicht bei sich behalten, wenn sie es nicht können oder nicht lernen wollen. Denn es ist unter keinen Umständen zu dulden, daß ein Mensch so unwissend und ungeschlacht ist und das nicht lernt, wo doch in diesen drei Stücken (Credo, Vater unser, Dekalog) kurz, leicht faßlich und aufs einfachste alles zusammengefaßt ist, was wir in der Hl. Schrift haben« (LUTHER, 1977, S. 19).

2.1.8 Die katholische Reaktion: Der Catechismus Romanus

Das Konzil von Trient (1545-1563) stellt die katholische Antwort auf die Reformation dar. Lange nach der Kritik *Luther*s und der der anderen Reformatoren an Dogma, Glaubenspraxis und an der Institution Kirche haben wir hier den Versuch einer umfassenden Reform und einer Darlegung der eigenen Lehre in Abgrenzung zu den reformatorischen Bewegungen. Für die Katechese ist dabei bedeutsam, daß *Luther*s Katechismusidee aufgegriffen und in den Dienst der eigenen Sache gestellt wird. Dies geschieht zunächst in einer Einzelaktion.
Petrus Canisius (1531-1597) wurde von *Ignatius von Loyola* 1549 nach Deutschland geschickt, um dort die katholische Lehre gegenüber der Reformation durchzusetzen. Dabei bediente er sich auch des literarischen Genus Katechismus. 1555 erscheint seine »Summa Doctrinae Cristianae«. Adressaten dieses Werkes sind die Studierenden und Akademiker, durch die Benutzung der lateinischen Sprache wendet sich der Katechismus auch formal gegen die Verbreitung des Glaubens innerhalb einer Hauskirche. 1558 erscheint auf deutsch der »Kleine Katechismus samt kurzen Gebetlein für die Einfältigen«. Dieser ist in fünf zentrale Abschnitte gegliedert:

1. Vom Glauben und Symbolum,
2. von der Hoffnung und dem Gebet des Herrn,
3. von der Liebe und dem Dekalog,
4. von den Sakramenten,
5. von der christlichen Gerechtigkeit.

Dieser »Kleine Katechismus« des *Petrus Canisius* beansprucht die Summe der katholischen Konfession zu sein, er erhält Modellcharakter für die kommenden Jahrhunderte. Allein bis 1597 erscheint er in über 200 Auflagen. Auch der 1559 von *Canisius* erschienene »Parvus Catechismus Catolicorum«, der 1563 auf deutsch erscheint, wirkt schulbildend.

Die zentrale gesamtkirchliche Antwort auf die Reformation aber bildet der »Catechismus Romanus«. Zwar entstand schon auf der ersten Sitzung des Konzils von Trient (1545) der Plan eines Weltkatechismus. Konkretisiert aber wurde diese Idee erst in der dritten Tagungsperiode (1562-63). Nicht zuletzt das politische Interesse von Kaiser *Ferdinand I.* und des französischen Königs *Karl IX.* an der Einheitlichkeit des Glaubens waren ein Motiv für die Abfassung dieses Katechismus. Nachdem bereits viel Material erarbeitet worden war, wurde 1564 *Karl Borromäus* (1538-1584) von Papst *Pius IV.*, seinem Onkel mütterlicherseits, damit beauftragt, dieses Material redaktionell zu bearbeiten. Nachdem der neue Papst *Pius V.* im Januar 1566 die Vorlage an einigen Stellen revidierte, konnte im Oktober 1566 die lateinische Ausgabe des Katechismus erscheinen. Er trägt den Titel: »Katechismus. Ex decreto consilii tridentini, ad parochos, pii quinti Pont. Max. iussu editus.« Dieser Titel wurde in der Folge meist verkürzt zu »Catechismus Romanus« oder »Katechismus des Trienter Konzils«.

Das Vorwort behandelt die Frage nach der Notwendigkeit und den Adressaten: »Der Mensch kann, seinen eigenen Kräften überlassen, die wahre Weisheit und die sicheren Wege zur Erlangung der Seligkeit nicht finden« (RÖMISCHER CATECHISMUS, 1970, S. 6). Da der einzelne somit nicht allein zum wahren Glauben finden kann, ist für den Katechismus die Mittler-Instanz des kirchlichen Lehramtes notwenig. Dessen heilsgeschichtliche Funktion wird beschrieben und legitimiert: »Und damit keiner das göttliche Glaubenswort aus dem Munde der Diener der Kirche als Menschenwort, sondern, wie es in Wahrheit der Fall ist, als Christi Wort hinnehme, setzte unser Erlöser selbst fest, es sei ihrem Lehramte ein solches Ansehen beizulegen, indem er sagte: »«Wer euch hört, hört mich; und wer euch verachtet, verachtet mich« (Lk 10, 16); und zwar wollte er dies nicht allein von denen, zu welchen er eben redete, verstanden wissen, sondern auch von allen, welche in rechtmäßiger Nachfolge in das Amt des Lehrens eintreten würden, denen er verheißen hat, alle Tage bis zum Ende der Welt bei ihnen zu bleiben« (RÖMISCHER CATECHISMUS, 1970, S. 7).

Durch die Verankerung der Lehre im Amt (vgl. den Gedanken der Sukzession bei *Irenäus* von Lyon) sollen »falsche Propheten« abgewehrt werden, die die »Gemüter der Christen« zu verderben suchen: »Und darin ist (deren) Gottlosigkeit, mit allen Kunstgriffen des Satans ausgerüstet, so weit fortgeschritten, daß es

fast scheint, sie könne in keine bestimmten Grenzen mehr zurückgedämmt werden.« (RÖMISCHER CATECHISMUS, 1970, S. 7).
Der Katechismus möchte dabei das gleiche literarische Genus verwenden, dem die Reformatoren ihren Erfolg verdankten: »Da nämlich diejenigen, welche sich zum Vorsatze gemacht haben, die Seelen der Gläubigen zu verderben, einsahen, daß es in keiner Weise möglich sei, mit allen mündlich sich zu besprechen und ihren Ohren die vergifteten Reden einzuflößen, so griffen sie die Sache in anderer Weise an und streuten so viel leichter und weiterhin die Irrtümer der Gottlosigkeit aus« (RÖMISCHER CATECHISMUS, 1970, S. 8). Der »Römische Catechismus« steht somit in seiner Sprache der drastischen Ausdrucksweise *Martin Luther*s in nichts nach.
Zwar ist der »Römische Catechismus« die verpflichtende Norm für alle theologischen Lehrer. Allerdings gilt sein Bemühen nicht der vollständigen Darstellung des christlichen Glaubens: »Da es nun vieles gibt, was hierher gehörig scheinen möchte, so glaube niemand, der hl. Kirchenrat habe die Absicht gehabt, alle Lehren des christlichen Glaubens in ein Buch zuammenzufassen und genau zu erklären, wie es von denen zu geschehen pflegt, welche sich damit beschäftigen, einen vollständigen Religionsunterricht vorzutragen« (RÖMISCHER CATECHISMUS, 1970, S. 8 f.).
Wenn also eine vollständige Summe der katholischen Glaubens- und Sittenlehre als unmöglich erachtet wird, stellt sich die Frage der Auswahlkriterien. Nach eigenem Anspruch möchte der Katechismus »auch nur das zur Sprache gebracht wissen, was in dieser Hinsicht dem frommen Eifer der Hirten, falls sie in den schwierigen Untersuchungen über die göttlichen Dinge nicht so sehr bewandert sein möchten, förderlich sein könnte« (RÖMISCHER CATECHISMUS, 1970, S. 9).
Inhaltlich konzentriert sich der »Catechismus Romanum« auf die vier Hauptstücke:

1. Credo,
2. Sakramente,
3. Die Zehn Gebote,
4. Das Gebet des Herrn.

Diese vier Hauptstücke bilden dabei gleichzeitig das Gliederungsschema des Katechismus.
Der Katechismus ist sich der Tatsache bewußt, daß seine Inhalte einer katechetischen Umsetzung bedürfen: »Man hat nämlich das Alter, die Fassungskraft, die Sitten, den Stand der Zuhörer zu beachten, damit, wer das Lehramt ausübt, allen alles werde« (RÖMISCHER CATECHISMUS, 1970, S. 10).
Wohl in Reaktion auf die Forderungen der Reformatoren schließt der Katechismus eine Mahnung zur regelmäßigen Lektüre der Hl. Schrift an und fordert deren Einsatz bei der Katechese: »Darum erschien es zweckmäßig, die Pfarrer zu ermahnen, daß, sooft es sich ergibt, eine Stelle des Evangeliums oder eine beliebige andere Stelle der Hl. Schrift zu erklären, sie wohl wissen sollen, daß der

Sinn dieser Stelle, welche immer es auch sei, unter eines jener vier erwähnten Hauptstücke falle, wohin sie dann, wie zu der Quelle dieser Lehre, welche sie zu erklären haben, ihre Zuflucht nehmen werden« (RÖMISCHER CATECHISMUS, 1970, S. 12).

Will man den »Catechismus Romanus« charakterisieren, so kann man wohl feststellen, daß er die Darstellung der wahren katholischen Lehre sein möchte. Dies geschieht allerdings ohne jeden Bezug auf die Kontroverslehren. Viele Fragen der Reformatoren bleiben unbeantwortet, werden noch nicht einmal erwähnt (das Ablaßproblem kommt im ganzen Katechismus nicht vor, obwohl auch das Konzil von Trient sich intensiv mit diesem Thema befaßte, z. B. auf der 21. Sitzung 1562, es faßte sogar einen Beschluß in der 25. Sitzung 1563 über die Ablaßproblematik).

Umgekehrt wurde der »Römische Catechismus« in den protestantischen Kirchen auch kaum rezipiert - ganz im Gegensatz zu den Katechismen des *Petrus Canisius.* Die innerkirchliche Wirkung des »Catechismus Romanus« war allerdings enorm. Er bekam fast 600 Auflagen, es gab über 300 Übersetzungen. Die erste deutsche Übersetzung erschien bereits 1668 anonym.

2.1.9 Von Trient zum Vaticanum II

Die Entwicklung der Katechese und des Katechismus in der Zeit zwischen dem Konzil von Trient (1545-1563) und dem Vaticanum II (1962-1965) spiegelt die Gesamtentwicklung von Theologie, Kirche und Gesellschaft jener Zeit.

Bereits kurz nach dem Trientiner Konzil und dem Erscheinen des »Catechismus Romanus« veröffentlichte der Jesuitengelehrte *Robert Bellarmin* (1542-1621) ganz in der Tradition der Konzilsväter 1597 seine »Dottrina Cristiana Breve« (Kleiner Katechismus) und 1598 den »Großen Katechismus«. Gerade der »Kleine Katechismus« erfreute sich großer Beliebtheit und erreichte über 400 Auflagen und über 50 Übersetzungen.

Ein wichtiger Ort der religiösen Unterweisung wurden jetzt auch die noch vor den Staatsschulen entstandenen katholischen Schulen. So gründete z. B. *Joseph von Calasanzas* (1556-1648) im September 1597 in seinem Pfarrhaus im römischen Trastevere die erste öffentliche und unentgeltliche Knabenvolksschule Europas. Die Vereinigung der an dieser und ähnlichen Schulen unterrichtenden Kleriker wurde 1621 in Anbetracht ihrer Verdienste und der Notwendigkeit ihrer Aufgabe von Papst *Gregor XV.* als Ordensgemeinschaft anerkannt (»Fromme« Lehrer = Piaristen). Als solche fand sie in kurzer Zeit eine große Verbreitung, besonders in Italien, Böhmen, Mähren und Polen.

Die schulische Bildung und die katechetische Unterweisung waren auch Arbeitsfelder, auf denen die Mitarbeit von Frauen geduldet und – wenn auch häufig nach großen Umwegen - anerkannt wurde.

So gründete *Angela Merici* (1474-1540) 1535 die »Gesellschaft der hl. Ursula«, kurz »Ursulinen« genannt. Unterstützung und Bildung von Frauen innerhalb des Ordens, wobei die Ordensregel flexibel den jeweiligen Zeit- und Ortsumständen angepaßt werden sollte, und katechetisches Wirken nach außen waren dabei die Schwerpunkte der Arbeit.

Ähnlich war das Anliegen der *Mary Ward* (1585-1645). In der Tradition des Jesuitenordens gründete sie 1609 ein eigenes Kloster, in dem Mädchen in Schule und Pensionat erzogen und ausgebildet werden sollten. Der Kampf um die offizielle kirchliche Anerkennung dieses »Ordens ohne Klausur« stellt sicherlich kein Ruhmesblatt der Kirchenleitung dar. So wurde die Arbeit dieser »Englischen Fräulein« noch 1745 vom Augsburger Bischof für seine Diözese verboten, obwohl Papst *Clemens XI.* deren Regel 1703 endlich bestätigt hatte.

Im Zeitalter der Aufklärung erkennt auch der Staat seine Pflicht, durch die Einrichtung öffentlicher Schulen seine Bürger zu bilden und insofern auch zu deren Emanzipation beizutragen. So erklärt z. B. für Österreich die Kaiserin *Maria Theresia* in ihrer »Allgemeinen Schulordnung« von 1774 die Schulpflicht für alle. Ähnliches geschieht 1794 in Preußen, 1802 in Bayern, 1803 in Baden und 1806 in Württemberg. Die daraus resultierenden Aufgaben eines Religionsunterrichtes innerhalb einer staatlichen Schule werden bis zur Gegenwart je neu reflektiert. Ein häufig gebrauchtes Medium in diesem Religionsunterricht waren die nun zahlreich erscheinenden lokalen Katechismen. So erschien z. B. 1766 der »Katholische Katechismus zum Gebrauche der schlesischen und anderer Schulen Deutschlands« (Schlesischer Katechismus). 1777 erscheint der Österreichische »Einheitskatechismus«.

Oft aber waren es Einzelpersönlichkeiten, die fruchtbare Denkanstöße für Katechese und Religionsunterricht erarbeiteten. So z. B. der Reformator der katholischen Volksschule, *Bernhard Overbeck* (1754-1826). Seine eigenen Erfahrungen als Lehrer in Münster konnten in seine theoretischen Arbeiten mit einfließen. So erschien 1793 seine »Anweisung zum zweckmäßigen Unterricht« und 1804 sein »Katechismus der christlichen Religion zum Gebrauch der kleinen Schüler«. Gemäß dem Programm der Aufklärung sah *Overbeck* im Schüler nicht nur ein Versorgungsobjekt, sondern wollte die Fragen des Adressaten der Katechetik mit aufnehmen.

Ähnliches leistete *Johann Nepomuk Christoph Friedrich von Schmid* (1768-1854) in seiner »Biblische Geschichte für Kinder zum allgemeinen Gebrauch in den Volksschulen« (1801), in seiner »Biblische Geschichte für Kinder zum planmäßigen Unterricht in sämtlichen deutschen Schulen« (1805) und in seinem »Katechismus der christlichen Religion für das Bistum Augsburg« (1836). In diesen Werken verbindet sich die Methodik des Katechismus mit der biblischen Heilsgeschichte. Die Kinder werden in ihren Fragen, Sorgen, Nöten ernst genommen und sie werden in Korrelation zur biblischen Botschaft gesehen.

Viele große Theologen des 19. Jahrhunderts, wie z. B. *Johann Michael Sailer* (1751-1832) und Johann Baptist von Hircher (1788-1865) machten die Katechese zu ihrem eigenen theologischen Anliegen. Aufgabe und Ziel dieses katechetischen Bemühens umschrieb *Hircher* 1831 am Anfang seiner eigenen »Katechetik«: »Die Anleitung, die hier folgt, soll mithin den Seelsorger unterrichten, wie er, unter Grundlegung der Kräfte der menschlichen Seele und ihrer Gesetze, mit-

tels des Wortes und dessen Übung, die durch die Taufe bereits der Gemeinde zugeschriebenen Christenkinder zu volljährigen Gliedern derselben heranbilden, wie sie zu einem Glauben, der in Liebe tätig ist, führen möge. Ich nenne diese Anleitung kurzweg Katechetik« (HIRCHER 1831, S. 6).
Das Bemühen, die Gedanken der Aufklärung mit der christlichen Tradition in einem biblisch fundierten Religionsunterricht zu vermitteln, erlitt allerdings in der Tradition der sogenannten Neuscholastik einen schmerzhaften Rückschlag. Exemplarisch kann dafür das Werk des Jesuiten *Joseph Deharbe* (1800-1871) angesehen werden. Sein »Katholischer Katechismus oder Lehrbegriff, nebst einem kurzen Abriß der Religionsgeschichte von Anbeginn der Welt bis auf unsere Zeit« erschien 1847 anonym und wollte die »Verwirrungen der aufklärerischen Katechismen« abwehren. Autoritativ und mit apologetischem Interesse möchte er feststehende Inhalte vollständig und ohne deren Hinterfragung vermitteln.
Das Vaticanum I (1869-1870) konnte für die Frage der Katechese keine neuen Impulse geben. Für die Pfarrer bestätigte es die Bedeutung des »Catechismus Romanus«. Der von manchen Konzilsvätern geäußerte Wunsch, einen »Kleinen Katechismus« für Grundschüler zu erarbeiten, ließ sich infolge des vorzeitigen Abbruchs des Konzils nicht realisieren.
Im folgenden waren es immer wieder Zusammenschlüsse von Religionslehrern und die Gründung katechetischer Zeitschriften, die dem Religionsunterricht neue Impulse gaben. So wurden z. B. 1875 die »Katechetischen Blätter« in München gegründet, 1878 folgten in Wien die »Christlich-Pädagogische Blätter«. Besondere Verdienste bezüglich der Glaubensvermittlung erwarb sich der 1887 gegründete »Deutscher Katechetenverein«.
Josef Andreas Jungmann (1889-1975) wendet sich in seiner 1936 erschienenen »Die Botschaft und unsere Glaubensverkündigung« gegen eine Überbetonung methodischer Fragen auf Kosten des Inhaltes. Diese »materialkerygmatische Neubesinnung« möchte die Neuansätze des 19. Jahrhunderts katechetisch fruchtbar machen. Sie fragt aber auch nach den Möglicheiten und Verstehensbedingungen des Adressaten der Katechese. Religionsunterricht dient nicht der Vermittlung eines logischen Systems, sondern ist primär interessiert an der Darstellung der Heilsgeschichte. Ähnlich auch das Werk von *Franz Xaver Arnold* (1898-1973).
Ein wichtiges Zeugnis für die Katechetik vor dem Aufbruch des Vaticanum II ist der 1955 erschienene »Katholischer Katechismus der Bistümer Deutschlands«. Er gliedert sich in vier Großkapitel: »Von Gott und unserer Erlösung«, »Von der Kirche und den Sakramenten«, »Vom Leben nach den Geboten Gottes« und »Von den letzten Dingen«. Ein Anhang bringt Hinweise auf die Gestaltung der christlichen Tages- und Lebensordnung und wichtige Gebetstexte. Methodisch ist der Katechismus nach dem Frage-Antwort-Schema gestaltet. Bekannt wurde z. B. die Frage 1: »Wozu sind wir auf Erden?« Antwort: »Wir sind auf Erden, um Gott zu erkennen, ihn zu lieben, ihm zu dienen und einst ewig bei ihm zu leben«. Nach der Darstellung der einzelnen inhaltlichen Abschnitte stellt der Katechismus Wissensfragen. Darüber hinaus illustrieren zahlreiche Texte aus Bibel und Kirchen- und Theologiegeschichte das Geschriebene.

2.1.10 Aspekte der nachkonziliaren Entwicklung

Das 2. Vatikanische Konzil war stark geprägt von der Persönlichkeit des Papstes *Johannes XXIII.* Paradigmatisch sein Bild vom Öffnen der Fenster, um frischen Wind und Geist in alt gewordene Gemäuer und Gedanken hineinzulassen: »Aggiornamento« - die Kirche auf der Höhe der Zeit, offen und frei für die Vielfalt von Fragen und Problemen, aber auch für neue Möglichkeiten. Bei allem eine anthropologische Ausrichtung der christlichen Botschaft. Die Kirche ist dabei kein Selbstzweck, sondern leistet Hilfestellung zum Heil des Menschen.
Zwar gab es in der Vorbereitungsphase zum 2. Vatikanischen Konzil kurzfristig den Plan eines Weltkatechismus, dieser hatte aber in der weiteren Vorbereitungszeit nie eine echte Chance. Die Konzilsväter waren in der Mehrheit der Ansicht, daß Regionalkatechismen diesem pluralistischen Anliegen des 2. Vatikanischen Konzils näher kamen als ein einheitlicher Weltkatechismus.
Es blieb die Aufgabe, die Impulse des 2. Vatikanischen Konzils katechetisch umzusetzen. Bereits während des Konzils, 1964, erschien in Frankreich das »Directoire de pastorale chatéchétique«. Die dort geäußerten Gedanken über die Notwendigkeit einer Erneuerung der Katechese wurden großkirchlich aufgenommen in dem »Allgemeines katechetisches Direktorium«, das 1971 von der Kleruskongregation herausgegeben wurde (vgl. NACHKONZILIARE TEXTE ZU KATECHESE UND RELIGIONSUNTERRICHT, 1989, S. 13-116) . Es richtete sich an die Bischöfe, die Bischofskonferenzen und alle, die in der Katechese Verantwortung tragen. Sein Ziel ist es, »den Glauben in der menschlichen Gesellschaft unserer Zeit, einer Gesellschaft, die von den größten sozialen und kulturellen Veränderungen aufgewühlt ist, zu verkünden und zu fördern« (Nr. 1). Die Einschätzung der Situation ist relativ pessimistisch: »In den vergangenen Zeiten war die kulturelle Tradition für die Weitergabe des Glaubens günstiger als heute« (Nr. 2). Allerdings sieht das Direktorium auch neue Chancen: »Zu beachten ist, daß der christliche Glaube Möglichkeiten des Verstehens und neue Ausdrucksformen suchen muß, damit er in allen nachfolgenden Kulturen Wurzeln schlagen kann« (Nr. 2). Die Vielfalt der Veränderungen in Gesellschaft, Wissenschaft, Industrie und Technik, aber auch in den privaten Lebens- und Wohnformen wird prinzipiell, wenn auch notgedrungen, akzeptiert: »Der sogenannte »Pluralismus« wird nicht mehr als ein Übel eingeschätzt, das man beseitigen, sondern als Tatsache, der man Rechnung tragen muß« (Nr. 3). Das Verhältnis vieler neuzeitlicher Menschen zu Glaube und Kirche schätzt das Direktorium sehr realistisch ein: »Viele Getaufte haben sich von der Religion so weit gelöst, daß sie sich öffentlich zu einem Indifferentismus oder fast einem Atheismus bekennen« (Nr. 7).
Den pluralen Umfeldern, in denen der Mensch von heute lebt, muß dann auch eine Vielfalt der katechetischen Formen entsprechen (Nr. 19-35). Für jede dieser Formen aber gilt: »Die christliche Botschaft ist Heilsbotschaft, die Menschen sollen durch diese Botschaft zu einem heilvolleren Leben befreit werden« (Nr. 37). Nach der Aufzählung einzelner Heilsgüter, wobei die Ausführungen zur Christologie als zentrale Glaubensaussagen betont werden (Nr. 50-54), folgen

Gedanken zur differenzierten katechetischen Methode, wobei eben auch hier die Methodenvielfalt akzeptiert und die Rolle des konkreten Relgionslehrers betont wird. Der Kompromißcharakter dieses katechetischen Direktoriums zeigt sich sehr deutlich, wenn es auf die Erfahrung im Zusammenhang mit Glaube und Katechese zu sprechen kommt. Erfahrung wird dabei zwar anerkannt für den Glaubensvollzug des einzelnen Menschen, sie scheint aber nicht konstitutiv dafür zu sein. »Die Erfahrung kann helfen, die christliche Botschaft besser zu verstehen« (Nr. 74). Das Papier schließt mit einigen Ausführungen über die katechetische Ausbildung, die Hilfsmittel und die Organisation des Religionsunterrichts. Gerade die vielfältigen Veränderungen in allen Lebensbereichen des modernen Menschen erfordern eine theoretisch-kritische Reflexion auch auf die konkrete katechetische Praxis. Denn: »Wenn man die rasche Entwicklung der modernen Kultur bedenkt, dann kann eine der wissenschaftlichen Forschung beraubte katechetische Bewegung in keiner Weise Fortschritte machen« (Nr. 131).
Von großer Bedeutung für die nachkonziliare Entwicklung war der Versuch der holländischen Kirche, die Impulse des 2. Vatikanischen Konzils durch einen neuen, Sprache und Denkstrukturen der Moderne aufnehmenden Katechismus in die Gegenwart zu übersetzen (vgl. GLAUBENSVERKÜNDIGUNG FÜR ERWACHSENE, 1971).

2.2 Gegenwärtige Entwicklung

2.2.1 Der Beschluß der Würzburger Synode: »Der Religionsunterricht in der Schule«

Wie kaum ein anderes Ereignis prägte die Synode der Bistümer in der Bundesrepublik Deutschland in Würzburg (1971-1975) das religiöse Leben der Christen Deutschlands. Dies gilt in ganz besonderer Weise auch für den 1974 verabschiedeten Beschluß »Der Religionsunterricht in der Schule«.
Die Zielsetzung der Würzburger Synode bestand darin, die Beschlüsse des 2. Vatikanischen Konzils konkret in der Bundesrepublik Deutschland zu verwirklichen. Zudem wollte sie den gesamtgesellschaftlichen Aufbruchsbewegungen der 60er Jahre gerecht werden, die sich insbesondere in den Studentenunruhen artikuliert hatten. Die Synode wollte aber auch innerkirchlich Antworten geben auf die großen Einbrüche in der kirchlichen Tradition, die allein schon am sichtbaren Schwund des Kirchenbesuches ablesbar waren. Das Problem wurde von vielen erkannt: die Tradierungskrise des christlichen Glaubens in die heutige säkulare Welt hinein.
Wichtig war bereits die Struktur der Würzburger Synode. Wir haben es hier nicht mit einer Bischofssynode zu tun, sondern Fachleute aus allen Bistümern der Bundesrepublik Deutschland traten zusammen, um in die Diskussionen ihre eigenen Erfahrungen vor Ort oder ihre Erfahrungen, die sie in den Verbänden gemacht haben, in die Diskussion einzubringen. Dieses praxisnahe Arbeiten läßt sich bis in die Sprache der Abschlußdokumente hinein aufzeigen. So kann mit Recht gesagt werden: »Es gibt nur wenige katholische Dokumente, die ein ähn-

lich breites und solides Legitimationsverfahren durchlaufen haben« (NASTAINCZYK 1993, S. 19; vgl. NACHKONZILIARE TEXTE IN KATECHESE UND RELIGIONSUNTERRICHT, 1989, S. 263-303).
Der Beschluß »Der Religionsunterricht in der Schule« gliedert sich in drei Großkapitel:
1. Zur Situation
2. Zum Konzept des schulischen Religionsunterrichtes
3. Folgerungen und Forderungen

2.2.1.1 Zur Situation

Die Praxisnähe des Würzburger Papiers über den Religionsunterricht zeigt sich bereits darin, daß sie von einer konkreten Analyse der vorgefundenen Situation ausgeht. Zu der Analyse der Situation gehört das Aufzeigen unterschiedlichster Spannungsverhältnisse. Da ist auf der einen Seite der gläubige oder zumindest glaubenswillige Schüler, und auf der anderen Seite eine weltanschaulich plurale, teilweise religiös indifferente Gesellschaft. Auch die Zielvorstellungen des Religionsunterrichtes sind weit gestreut: Auf der einen Seite erwartet man die Vermittlung von Glaubenswahrheiten der Kirche, dann eine Einübung von Frömmigkeit oder Bekenntnisakten. Es wird erwartet eine Einführung in die Bibel und deren Wirkungsgeschichte, eine theologisch-wissenschaftliche Reflexion des Glaubens sollte dabei nicht zu kurz kommen. Zudem ist das Ziel des katholischen Religionsunterrichtes die Ermöglichung eigener Religiosität. Darüber hinaus soll er Information über andere Konfessionen und Religionen bieten. Da Religion immer ethische Konsequenzen hat, soll auch im Religionsunterricht der Pflege moralischer oder religiöser Gesinnungen viel Raum gewidmet sein, die sich in engagierte Weltverbesserungsaktionen hinein konkretisieren (NACHKONZILIARE TEXTE, 1989, S. 271). Die Synode konkretisiert ihre Situationsanalyse, indem sie sich dem Interaktionsgeflecht Schüler – Lehrer – Eltern zuwendet.
Der Schüler betrachtet den Religionsunterricht aus seiner Perspektive sehr häufig als Stilbruch gegenüber den anderen Fächern, mit denen er in der Schule konfrontiert wird. Manchmal bildet sich in ihm sogar ein sogenanntes »Religionsstunde-Ich« heraus. Hat seine eigene Familie größere Distanz zu Kirche und Religion, wird sein eigenes Leben nicht mehr so sehr vom Kirchenjahr geprägt, so entsteht immer mehr der Eindruck einer Sonderwelt. Biblische Texte werden oft als exotisch fremd empfunden oder ohne jeden eigenen Erfahrungsbezug. Dazu kommt, daß eigene Fragen sehr schnell vom Lehrer abgebogen werden, wenn sie nicht in dessen Konzept zu passen scheinen. »Viele Stoffe des Religionsunterrichtes kommen ihm lebens- und weltfremd vor. Er meint darin keine Antwort auf seine Fragen finden zu können« (NACHKONZILIARE TEXTE, 1989, S. 273).
Aber auch der Lehrer muß wie kaum ein anderer seiner Kollegen die Existenzberechtigung des Faches Religion im schulischen Kontext rechtfertigen. Nur zu häufig erfüllt er die Funktion eines »Prellbocks«, auch gegenüber »den Schwächen und Versäumnissen des Systems« (NACHKONZILIARE TEXTE, 1989, S. 273). Er fühlt sich überfordert, er zweifelt an Lernzielen und Methoden. Nicht

zuletzt stellt sich bei einigen Religionslehrern auch das Problem der Missio canonica, der kirchlichen Lehrerlaubnis, die jeder Religionslehrer zur Erteilung des schulischen Religionsunterrichtes benötigt. Diese Unbedenklichkeitserklärung bezieht sich auf die Inhalte, die der Religionslehrer verkündet, aber auch auf seinen privaten moralischen Lebenswandel.
Aber auch die Erwartungshaltung der Eltern ist äußerst vielschichtig. Viele erwarten einen konfessionellen Religionsunterricht, wie sie ihn selbst in ihrer Jugend erfahren haben. Andere, der Kirche und der Religion distanzierter gegenüberstehende Eltern, erwarten vom Religionsunterricht eher eine »Bestärkung der bürgerlichen Moral und Anständigkeit« (NACHKONZILIARE TEXTE, 1989, S. 274).
Sind also die Gruppen der Schüler, der Lehrer und der Eltern in sich bereits äußerst vielschichtig, so läßt sich bereits erahnen, welche Komplikationen entstehen können, wenn diese drei Gruppen im Bereich des Religionsunterrichtes interagieren.
Dazu kommt aber auch noch ein zweites Interaktionsgeflecht, und zwar das zwischen Gesellschaft – Kirche – Erziehungswissenschaft. Im Bereich der Gesellschaft ist vielleicht von wichtigster Bedeutung, daß die Lebensräume des Schülers auseinanderfallen. Es gibt keine Deckungsgleichheit mehr von politischer Gemeinde, Wohngebiet, Arbeitsstelle, Schulbezirk und Pfarrgemeinde. Dazu kommt der gesellschaftliche Meinungspluralismus. Dies hat zur Folge: »Heute ist auch das Christentum genötigt, auf dem »offenen Markt« der Religionen und Weltanschauungen profiliert aufzutreten und zugleich mit anderen Positionen zu konkurrieren und in Kommunikation zu treten, wenn es nicht gesellschaftlich völlig bedeutungslos werden will« (NACHKONZILIARE TEXTE, 1989, S. 275). Zwar verliert einerseits der christliche Glaube weitgehend seine gesellschaftliche Prägekraft, gleichzeitig aber bricht auch inmitten der säkularen Gesellschaft immer wieder die Sinnfrage des Menschen auf.
Die Kirche und die Theologie erlebt in diesem Spannungsgeflecht zunächst einmal ein großes Sprachproblem: »Gewohnte, ehemals gefüllte innerkirchliche Vokabeln und Sprachregelungen werden dann leicht zu Leerformeln« (NACHKONZILIARE TEXTE, 1989, S. 276). Die Ambivalenz, in der die Kirche der Neuzeit steht, zeigt sich für das Synodenpapier z. B. in der historisch-kritischen Exegese. Zwar hat diese alte Texte neu erschlossen, andererseits vermochte sie nur allzuhäufig nicht, die anthropologische Relevanz dieser Texte über die historische Distanz hinweg für den Menschen von heute aufzuzeigen. Die neuen Fragen des modernen Menschen können nicht einfach durch den Rekurs auf alte Glaubensdokumente gelöst werden, sondern der Bezug zwischen Glaubensdokumenten und der Sinnfrage des Menschen muß erst hergestellt werden. Bei der Bewertung dieser Korrelation zeigen sich vielfältige Spannungen und Unsicherheiten: So steht der Sorge um die Wahrung der Glaubenssubstanz die Aufgabe einer zeitgemäßen Interpretation gegenüber. Die Treue zur Tradition steht häufig dem Willen zur Reform gegenüber. Das Ziel einer integralen Geschlossenheit der christlichen Gemeinschaft verhindert dabei nur zu oft die vielfältige Lebendigkeit der Gemeinde.

Aber auch die Erziehungswissenschaft ist als eigenständiger Faktor in dem genannten Beziehungsgeflecht ernst zu nehmen. Sie ist keine Dienstmagd der Theologie, deren Forschungsergebnisse man einfach katechetisch in Dienst stellen könnte. Umgekehrt lassen sich viele Forderungen der Erziehungswissenschaften an den Religionsunterricht formulieren: z. B. »daß die ständige Bereitschaft gefördert wird, sich dem Pluralismus der Bekenntnisse und Positionen produktiv zu stellen«; weiterhin »daß intellektuelle Neugier und Phantasie, Selbständigkeit und Kritikfähigkeit höher bewertet werden als bloße Stoffaneignung und Reproduktion des Gelernten«; ebenso gilt, »daß keine Vermittlung von Ergebnissen geschieht, bei der nicht das jeweilige methodische Verfahren mitvermittelt und die unausgesprochenen Voraussetzungen und Interessen mitaufgesucht werden«; dies aber bedeutet, »daß der Vorgang der didaktischen Vermittlung selbst zum Gegenstand einer wissenschaftlichen Reflexion gemacht wird« (NACHKONZILIARE TEXTE, 1989, S. 277). All diese Forderungen bedürfen dann noch einer altersspezifischen Konkretion.

Obwohl die Würzburger Synode realistisch die Problemfelder aufzeigt, in denen sich der Religionsunterricht der Gegenwart vollzieht, bewertet sie die gegenwärtige Situation grundsätzlich positiv: »Mögen manche Experimente auch fragwürdig sein, so läßt sich doch nicht bestreiten, daß Wege gefunden wurden, die gangbar sind« (NACHKONZILIARE TEXTE, 1989, S. 78). Wichtig wäre demnach nicht, die vorhandene Situation zu beklagen, sondern nach weiterführenden Wegen zu suchen. Dabei gilt es auch, die Unterscheidung zwischen Gemeindekatechese und Religionsunterricht in der Schule zu bedenken. Beide sind notwendig, haben aber eine andere Zielsetzung, einen anderen Ort und andere Adressaten. Dient die Gemeindekatechese häufig der Sakramentenvorbereitung, so ist das Ziel des Religionsunterrichtes umfassender. Der Lernort Schule und der Lernort Kirche stellen unterschiedliche Bedingungen an den Schüler. Die Adressaten der kirchlichen Katechese sind darüber hinaus meist bereits kirchlich sozialisierte Kinder, während es der schulische Religionsunterricht oft mit fernstehenden Schülern zu tun hat, für die der Religionsunterricht vielleicht sogar die erste Kontaktaufnahme mit der christlichen Tradition darstellt.

2.2.1.2 Zum Konzept des schulischen Unterrichtes

Die Würzburger Synode erinnert daran, daß sich der Religionsunterricht als ordentliches Lehrfach rein formal auf das Grundgesetz berufen kann. Neben der allgemeinen Freiheit der religiösen Anschauung (Grundgesetz Art. 3) und der Freiheit der ungestörten Religionsausübung (Grundgesetz Art. 4) ist dort der Religionsunterricht als ordentliches Lehrfach zugrundegelegt (Grundgesetz Art. 7). Wie kein anderes Fach in der Schule ist insofern der Religionsunterricht verfassungsmäßig abgesichert. Damit diese Absicherung des Religionsunterrichtes aber nicht zu einem reinen Formalismus gerät, müssen die Aufgaben und Ziele des Religionsunterrichtes pädagogisch und theologisch begründet werden. Unter pädagogischem Aspekt benennt das Synodenpapier einen kulturgeschichtlichen, einen anthropologischen und einen gesellschaftlichen Argumentationsstrang für den Religionsunterricht.

Kulturgeschichtlich läßt sich zeigen, welch prägenden Faktor das Christentum auch für die Lebenswelt der heutigen Schüler darstellt. »Die Schüler begegnen den Auswirkungen des Christentums auf Schritt und Tritt: unser Kalender, besonders die Sonntage und Feste, die wir feiern, manche Bauwerke, viele Motive in Literatur, Bildender Kunst und Musik, Bräuche, Normen und Denkweisen bezeugen christliche Ursprünge und Momente unseres geistigen Lebens. Eine Schule, die dem jungen Menschen die Situation, in der er sich vorfindet, erschließen will, kann nicht darauf verzichten, auch Prägungen dieser Art bewußt zu machen, sie als Ausdruck religiösen Daseinsverständnisses kompetent zu deuten« (NACHKONZILIARE TEXTE, 1989, S. 281). Unter anthropologischem Aspekt stellt sich die Pädagogik den Kontingenzerfahrungen des Menschen. Auch ein Schüler hat bereits die Phänomene Geburt, Tod, Leid, Glück, Vertrauen, Sorge, Scheitern, Krieg, Frieden und ähnliche erfahren. Da in unserem Kulturkreis primär das Christentum Antworten auf diese Kontingenzerfahrungen anbietet, erklärt sich das Interesse der Pädagogik an diesen Antworten. Aber auch die gesellschaftliche Bedeutung der Religion kann von der Pädagogik nicht übersehen werden. So wichtig die ethische Ausrichtung jeder Katechese ist, so kann das Ziel der Katechese nicht darin bestehen, den Schüler in vorhandenen gesellschaftlichen Systemen als konformes Element zu integrieren. Gerade der Religionsunterricht könnte ein Mittel bieten, unberechtigte Absolutheitsansprüche zu relativieren, Unstimmigkeiten in der Gesellschaft zu erkennen, und durch Wort und Tat gegen diese Mißstände zu protestieren (NACHKONZILIARE TEXTE, 1989, S. 284).

Die Theologie bleibt die erste Bezugswissenschaft für den Religionsunterricht. Unter theologischem Aspekt hat der Religionsunterricht die Aufgabe, den Schüler mit den Schriften der Bibel und den theologischen Traditionen bekanntzumachen. Dies geschieht nicht aus Selbstzweck. Ziel jeder Wissensvermittlung im Religionsunterricht muß immer das Heil des Menschen sein. Damit aber dieser heilsuchende Mensch ernst genommen wird, muß sich der Religionsunterricht unter theologischem Aspekt immer wieder mit den gesellschaftlichen Situationen der jeweiligen Zeit auseinandersetzen, er muß offen sein für die religiösen und philosophischen Strömungen der jeweiligen Zeit. »Theologie, die den Glauben reflektiert und verantwortet, muß deshalb offen und sensibel sein für den Menschen, seine Befindlichkeit, seine Situation, seine Vorstellungen, seine Nöte und Bedürfnisse. Was sie zu sagen hat, muß auf die Grundsituation des Menschen eingehen« (NACHKONZILIARE TEXTE, 1989, S. 285).

Bei dem Antwortangebot der Theologie auf die Fragen der Menschen ist dabei immer die »Hierarchie der Wahrheiten« zu beachten. In Aufnahme der Beschlüsse des 2. Vatikanischen Konzils bedeutet dies, daß nicht alle theologischen Aussagen, die im Verlaufe der 2000 Jahre alten Theologie- und Kirchengeschichte gemacht worden sind, von gleicher Gewichtigkeit sind. Wichtig wäre also auch für den Religionsunterricht, »die Mitte des christlichen Glaubens« zu erfassen (Nachkonziliare Texte 1989, S. 285). Theologie als kritische Reflexion der Glaubenspraxis ist weiterhin immmer hingeordnet auf eine erneuerte Praxis. Sie ist »ausgerichtet auf den Vollzug von Glauben, Hoffnung und Liebe« (NACHKONZILIARE TEXTE, 1989, S. 285).

Aus all dem ergeben sich allgemeine Formulierungen der Ziele des Religionsunterrichtes: »Der Religionsunterricht soll zu verantwortlichem Denken und Verhalten im Hinblick auf Religion und Glaube befähigen« (NACHKONZILIARE TEXTE, 1989, S. 287). Der emanzipatorische Charakter des Religionsunterrichtes besteht dann darin, »daß er die Schüler den Lebenssituationen, Strukturen und Tendenzen, den Identifikationsmustern und Weltdeutungen« nicht mehr fraglos und sprachlos gegenüberstehen läßt. Er verhindert insofern eine Scheinsicherheit, er durchbricht die Selbstsicherheit des Glaubens ebenso wie einen gedankenlosen Unglauben (NACHKONZILIARE TEXTE, 1989, S. 288). Insofern können als Ziele des Religionsunterrichtes genannt werden: »Er weckt und reflektiert die Frage nach Gott, nach der Deutung der Welt, nach dem Sinn und Wert des Lebens und nach den Normen für das Handeln des Menschen und ermöglicht eine Antwort aus der Offenbarung und aus dem Glauben der Kirche; er macht vertraut mit der Wirklichkeit des Glaubens und der Botschaft, die ihm zugrunde liegt, und hilft, den Glauben denkend zu verantworten; er befähigt zu persönlicher Entscheidung in Auseinandersetzungen mit Konfessionen und Religionen, mit Weltanschauungen und Ideologien und fördert Verständnis und Toleranz gegenüber der Entscheidung anderer; er motiviert zu religiösem Leben und zu verantwortlichem Handeln in Kirche und Gesellschaft« (NACHKONZILIARE TEXTE, 1989, S. 288 f.).
Insofern liegt auch das Interesse der Kirche am Religionsunterricht nicht primär in der Nachwuchssicherung. Indem die Synode an Wort und Tat Jesu Christi als eines Beispiels des »Daseins für andere« erinnert, kann sie formulieren: »Unabhängig davon, ob die Menschen zu ihr gehören oder nicht, muß sie bereit sein, ihnen mit dem zu dienen, was sie ist, und was ihrem Auftrag entspricht«. Und dies bedeutet konkret: »Die Kirche entspricht ihrem Auftrag, wenn durch ihre Beteiligung am Religionsunterricht gesellschaftskritische und humanisierende Impulse des Evangeliums wirksam werden können und einer Verengung des Denk- und Fragehorizontes der Lernenden auf Zweckrationalität gewehrt wird« (NACHKONZILIARE TEXTE, 1989, S. 291).

Diese Ziele, die Theologie und Kirche dem Religionsunterricht gesetzt haben, sind bereits erreicht, wenn folgende einfache Aufgaben erfüllt sind:
- »wenn die Schüler beim Verlassen der Schule Religion und Glaube zumindest nicht für überflüssig oder gar für unsinnig halten;
- wenn sie Religion und Glaube als mögliche Bereicherung des Menschen, als mögliche Kraft für die Entfaltung seiner Persönlichkeit, als möglichen Antrieb für die Realisierung von Freiheit begreifen;
- wenn die Schüler Respekt vor den Überzeugungen anderer gewonnen haben;
- wenn sie fähig sind, in der Diasporasituation des Glaubens sich begründet und verantwortlich mit dem lebensanschaulichen Pluralismus auseinanderzusetzen, um sich der Wahrheitsfrage zu stellen;
- wenn ihre Entscheidungsfähigkeit und ihre Entscheidungswilligkeit so gefördert wurden, daß sie imstande sind, ihre persönliche Glaubenseinstellung zu überprüfen, zu vertiefen oder zu revidieren und so eine gewissenhafte Glaubensentscheidung zu treffen;

- wenn die Schüler, je nach Möglichkeit, angestoßen von diesem Unterricht, zu einer engagierten Begegnung mit der Wirklichkeit des Glaubens, einschließlich der konkreten Kirche, bereit und fähig sind« (NACHKONZILIARE TEXTE, 1989, S. 292).

Religionsunterricht ist nach der Vorstellung der Synode immer konfessioneller Unterricht. Die Darstellung und Lehre des je eigenen Dogmas darf dabei allerdings nicht konfessionalistisch verengt verstanden werden. Der Religionslehrer wie der Theologe steht im Austausch über die Konfessionsgrenzen hinweg. Gläubige aller Konfessionen sind zu gegenseitiger Hilfe aufgerufen.
Ein letzter Hinweis innerhalb der Konzeption des schulischen Religionsunterrichtes gilt dem Religionslehrer selbst. Zunächst nimmt die Synode den Religionslehrer in Schutz vor ungerechtfertigten Anschuldigungen: »Die Verantwortung für die Krise des Religionsunterrichtes darf nicht pauschal den Religionslehrern aufgebürdet werden« (NACHKONZILIARE TEXTE, 1989, S. 296). Vom Religionslehrer wird in erster Linie Kompetenz erwartet, eine Kompetenz, die Methoden- und Sachkenntnis miteinander verbindet. Darüber hinaus soll der Religionslehrer sensibel sein für die religiöse Dimension der Wirklichkeit: »Er muß selber ein Mensch sein, der nach dem Sinn des Lebens und der Welt zu fragen gelernt hat« (NACHKONZILIARE TEXTE, 1989, S. 297). Macht ein Religionslehrer die Sache des Evangeliums zu seiner eigenen, dann bedeutet das nicht eine bedingungslose Bindung des Religionslehrers an die jeweilige Form der Kirche. »Die Bindung des Religionslehrers an die Kirche erfordert ... ein waches Bewußtsein für Fehler und Schwächen sowie die Bereitschaft zu Veränderung und Reformen« (NACHKONZILIARE TEXTE, 1989, S. 298). Erkennt der Religionslehrer die »Spannung zwischen Anspruch und Realität, zwischen der Botschaft Jesu Christi und der tatsächlichen Erscheinungsweise der Kirche, zwischen Ursprung und Gegenwart«, dann verbinden sich in ihm Liebe zur Kirche mit gleichzeitiger kritischer Distanz zu konkreten Erscheinungsformen dieser Kirche. In solch kritischer Solidarität zu seiner Kirche wird er dann auch von den Schülen als Ansprechpartner ernster genommen, als wenn er nur als Funktionär fungieren würde.

2.2.1.3 Folgerungen und Forderungen

In einem dritten und letzten Teil formuliert das Synodenpapier Folgerungen und Forderungen aus dem bisher Gesagten. Dabei sind sich die Verfasser des Papiers einig, daß der spezifisch schulische Religionsunterricht seine Aufgabe nur dann erfüllen kann, wenn die entsprechenden Lehrkräfte mit ihrem ganzen persönlichen Einsatz hinter ihrer Aufgabe stehen. Damit diese aber ihre Aufgabe nicht allein erfüllen müssen, bedarf der schulische Religionsunterricht der Rückbindung an die Gesamtkirche. »Der schulische Religionsunterricht bedarf des Interesses, der Förderung und der kritischen Begleitung durch alle Katholiken, durch die Pfarrgemeinden, durch die entsprechenden Einrichtungen, die Verbände und Gruppen. Die Synode fordert vor allem die Eltern auf, ihre Verantwortung für den Religionsunterricht in der Schule zu erkennen« (NACHKONZILIARE TEXTE, 1989, S. 299). Da die besonders wichtige Rol-

le des Religionslehrers an vielen Stellen des Papiers betont wird, legen die Abschlußfolgerungen besonderen Wert auf die Ausbildung der Religionslehrer, die dem Niveau der Ausbildung vergleichbarer Fächer entsprechen muß. Das Theologiestudium soll dabei durch anthropologische, soziologische und erziehungswissenschaftliche Fächer ergänzt werden. Das Papier erinnert die Religionslehrer daran, daß die Kirchen zahlreiche Fortbildungsveranstaltungen für die Lehrenden anbieten.
Das Verhältnis zwischen Religionslehrern und kirchlichen Amtsträgern sollte von einem gegenseitigen Vertrauen getragen sein. Die Lehrbeauftragung des Religionslehrers, die im Regelfall der Bischof vornimmt, sollte dafür Ausdruck sein, daß die Kirche in einem ständigen Kontakt zum Religionslehrer stehen möchte, in einem Kontakt, »der dem Lehrer die Gewißheit vermittelt, daß die entsprechenden kirchlichen Stellen bereit sind, ihn zu fördern, ihm Möglichkeiten zur Fort- und Weiterbildung anzubieten und ihn in seiner schwierigen Aufgabe zu unterstützen« (NACHKONZILIARE TEXTE, 1989, S. 301).
Im Sinn eines ganzheitlichen Erziehungsverständnisses betont das Synodenpapier, daß der Religionsunterricht nicht primär einer rein systematischen Stoffvermittlung dient. Gerade der Religionsunterricht sollte sich in besonderer Weise mit den Situationen der Schüler auseinandersetzen, sich ihren Fragen stellen, ihren Problemen nachgehen und die biblische Botschaft mit den jeweiligen Erfahrungen der Schüler zu korrelieren versuchen.
Da »katholischer Religionsunterricht ... eine Form verwirklichter Glaubens- und Gewissensfreiheit« ist (NACHKONZILIARE TEXTE, 1989, S. 302), erkennt die Synode das Recht des Schülers an, sich von diesem Religionsunterricht abzumelden. Gleichzeitig aber begrüßt die Synode die Einführung eines Alternativ-Unterrichtsfaches, das dann alle Schüler besuchen müssen, die am Religionsunterricht - aus welchen Gründen auch immer - nicht teilnehmen möchten.
Bei all dem über den Religionsunterricht Gesagten bleibt für die Synode festzuhalten, daß der Religionsunterricht nicht überfordert werden kann. »Religionsunterricht in der öffentlichen Schule kann nicht alles leisten, was zur Glaubenserziehung gehört. Er ist nur Teil eines größeren Ganzen von religiösen Lern- und Erziehungsprozessen« (NACHKONZILIARE TEXTE, 1989, S. 302). Die Familien, Gemeinden und die Gesamtkirche sind insofern aufgefordert, das in der Schule Geleistete in der Alltagswelt fortzuführen und zu ergänzen.

Überblickt man 20 Jahre nach der Synode die Wirkungsgeschichte des Beschlusses über den Religionsunterricht in der Schule, so kann man zusammenfassend feststellen:

- »Der Synodenbeschluß hat den Bestand des Religionsunterrichtes in den Schulen der Bundesrepublik Deutschland gefestigt und das Ansehen dieser christlichen Dienstleistung in Kirche und Öffentlichkeit kräftig gefördert.
- Die Verortung des Religionsunterrichtes in Auftrag und Zielsetzungen,von Kirche und Staat, Gesellschaft und Schule hat sich als weithin konsensfähig erwiesen und bewährt. Sie begründet nach wie vor ein wesentliches Stück des »Gesellschaftsvertrages« zwischen Bildungsöffentlichkeit und Kirche.

- Das synodale Konzept des Religionsunterrichtes, sein korrelationsdidaktisches Paradigma, hat die fachdidaktische Diskussion befruchtet. Über Lehrpläne, Religionsbücher und andere Medien hat es auch die Praxis der katholischen Religionslehre rasch und gründlich modernisiert.
- Abmeldungen vom Religionsunterricht sind nach Abschluß der Synode deutlich zurückgegangen und in den alten Bundesländern bis heute relativ selten.
- Zweifelsfrei ist diese Entspannung auch dem Ersatzunterricht zu danken, der zur Synodenzeit noch umstritten war und für den sich die Synode eingesetzt hat.
- Der Synodenbeschluß zum Religionsunterricht ist endlich Religionslehrerinnen und Religionslehrern dienlich geworden, insofern er Kriterien für deren Rollenverständnis und Identität benennt. So hat er Akzeptanz und Berufszufriedenheit eines Standes mit schwieriger Position gefördert« (NASTAINCZYK, 1993, S. 20).

Diese positive Würdigung des Synodenpapieres darf aber keinen Stillstand anzeigen: »Wenn nicht alles trügt, ist das so Erreichte aber nur ein Durchgangsstadium« (NASTAINCZYK, 1993, S. 21). Und so kann man der Prognose nur zustimmen: »Im Regelfall dürfte Lehren und Lernen im schulischen Religionsunterricht künftig wohl in »Suchbewegungen« verlaufen. Ich verstehe darunter Lernprozesse mit universalem Horizont, existenziellem Anspruch, religiösem Charakter und kommunikativer Didaktik« (NASTAINCZYK, 1993, S. 21).
Eine Fülle lehramtlicher Dokumente zu Katechese und Religionsunterricht folgte dem »Allgemeinen Katechetischen Direktorium« und dem Würzburger Synodenbeschluß.
Erinnert sei nur an das Apostolische Schreiben von 1975 »Evangelii nuntiandi« von Papst *Paul VI.* mit seiner universalkirchlichen Ausrichtung (vgl. »Evangelii nuntiandi« in: NACHKONZILIARE TEXTE, 1989, S. 117-191). Katechese als Wesensvollzug der Gesamtkirche wird beschrieben im Apostolischen Schreiben von 1979 »Catechesi tradendae« von Papst *Johannes Paul II.* (vgl. »Catechesi tradendae« in: »NACHKONZILIARE TEXTE, 1989, S. 193-261). Für den deutschsprachigen Raum sei der erste Teil des »Katholischen Erwachsenenkatechismus« erwähnt, dessen zweiter Teil – über Fragen der Moral – aufgrund römischen Einspruchs bis heute noch nicht erscheinen konnte (KATHOLISCHER ERWACHSENENKATECHISMUS 1985).

2.2.2 Joseph Ratzinger: Die Aufgabe der heutigen Katechese

Der frühere Dogmatikprofessor und heutige Vorsitzende der Römischen Glaubenskongregation, *Joseph Ratzinger,* hat sich in zwei grundlegenden Texten mit der Frage der Aufgabe, der Möglichkeit, aber auch der Krise der heutigen Katechese auseinandergesetzt.

Vor der katholischen Studentengemeinde in Tübingen sprach *Joseph Ratzinger* 1968 zum Thema »Theologie und Verkündigung im holländischen Katechismus« (RATZINGER, 1973). Über den holländischen Katechismus hinausgehend, der 1966 in Utrecht erschien und 1969 erstmals ins Deutsche übersetzt wurde, finden sich in diesen Ausführungen *Ratzingers* grundsätzliche Bemerkungen zum Problem der Katechese.

Zunächst stellt *Ratzinger* fest, daß dieser Katechismus längst fällig war. Eine neue Situation von Theologie und Kirche schufen seine Voraussetzungen. So hat z. B. die historisch-kritische Exegese neue Wege im Umgang mit der Schrift erschlossen, gleichzeitig aber auch altgewohnte und -vertraute verschlossen. Die theologische Forschung ist vorangeschritten, allerdings sind deren Ergebnisse einem Nichtfachmann häufig nicht zugänglich. Dazu kommt für *Ratzinger* eine prinzipielle Erwägung: »Die ganze Verschiebung des geschichtlichen Horizontes kommt hinzu, vor allen Dingen aber die grundsätzliche Veränderung der Voraussetzungen unseres Denkens durch die mathematisch-naturwissenschaftlich-technische Welt. Die bisherige Systematisierungsform des Glaubens ist unter der Voraussetzung des alten, statischen, geozentrischen Weltbildes und der Selbstverständlichkeit ontologischen Denkens geschaffen, sie hält den Fragen eines »postmetaphysischen« Zeitalters nicht mehr stand« (RATZINGER, 1973, S. 68).

Für *Ratzinger* versucht der holländische Katechismus nun zu leisten, was in dieser Situation notwendig geworden ist: »Einen neuen Aufbau des Kerygmas unter den Voraussetzungen unserer Denkstruktur« (RATZINGER, 1973, S. 69). Insofern lobt er die Leistung des holländischen Katechismus: »Er geht wirklich auf den Menschen zu, er doziert nicht ein abstraktes System, sondern er nimmt das Fragen des Menschen auf und entdeckt den Ort des Glaubens mitten in diesen Fragen. In der erfrischenden Menschlichkeit des Katechismus sehe ich seine eigentliche Stärke und Größe, in einer Menschlichkeit, die von einer tiefen, echten und warmen Religiosität geprägt ist« (RATZINGER, 1973, S. 71). Als gelungenes Beispiel dieser »erfrischenden Menschlichkeit« nennt *Ratzinger* die Art und Weise, wie im holländischen Katechismus von Sünde gesprochen wird und zwar so, daß »nichts von dem großen Ernst dieses Themas verlorengeht, aber daß der zerstörerische Moralismus der kasuistischen Moral überwunden und damit das Entscheidende neu zum Verstehen gebracht ist« (RATZINGER, 1973, S. 72). Insofern zählt dieser Katechismus »zu den Marksteinen der religiösen Literatur unseres Jahrhunderts«. Zwar müßten einige theologische Themen, wie z. B. die Trinität, das Verhältnis historischer Jesus zum Christus des Glaubens und einige Elemente der Eucharistielehre nach Meinung *Ratzingers* noch präzisiert werden, auch der Gebrauch der Bibel im holländischen Katechismus ist für *Ratzinger* nicht ganz unproblematisch: »Der Versuch, sich schlicht an die in der Bibel erzählten Tatsachen zu halten, wird zur unkritischen Psychologisierung« (RATZINGER, 1973, S. 76). Insbesondere vermißt *Ratzinger* die ökumenische Frage im holländischen Katechismus. Dies alles hindert ihn aber nicht, diesen Katechismus positiv zu werten, in dem neue Wege des Glaubens aufgezeigt werden und in dem gleichzeitig eine neue Sprache verwandt wird. *Ratzinger* verteidigt insofern die Form des holländischen Katechismus und schließt seinen Vortrag: »Man kann natürlich die klassischen Formeln wiederholen. Aber damit ist letztlich wenig getan. Hinter diesen Formeln muß die von ihnen gemeinte Sache neu erfragt werden. Das erscheint nur möglich in einem Übersetzungsprozeß vom Damals ins Heute, der innerhalb der wissenschaftlichen Reflexion der Theologie geleistet werden muß; das verlangt aber dann als weiteren und selbständigen Schritt die Übersetzung des in der Reflexion Erfaßten in die Sprache der Verkündigung« (RATZINGER, 1973, S. 83). Gerade diese erste Aufgabe, nämlich die wissenschaftliche Reflexion des christlichen Glaubens, müßte nach der Meinung von *Ratzinger* noch wesentlich verstärkt werden, damit dann diese praktische Übersetzungsarbeit in der Katechese geleistet werden kann.

In einem zweiten Vortrag beschäftigte sich *Joseph Ratzinger* 1983 in Lyon mit dem Problem: »Die Krise der Katechese und ihre Überwindung« (RATZINGER, 1983).
Ratzinger stellt seinen Ausführungen eine Grundbehauptung voraus: »Zum Wesentlichen des christlichen Glaubens gehört es, daß er sich mitteilen will: er ist Innewerden einer Botschaft, die alle angeht, weil sie Wahrheit ist und weil der Mensch nicht heil werden kann ohne die Wahrheit« (RATZINGER, 1983, S. 13). In all dem im folgenden Gesagten geht es ihm also um die Wahrheit, und um diese nicht als Selbstzweck, sondern weil durch die Wahrheit der Mensch heil werden kann, weil durch diese Wahrheit das Leben des Menschen gelingen kann.
Ratzinger beginnt mit einer allgemeinen Charakterisierung der Krise der Katechese und versucht einige Gründe dieser Krise zu benennen: »In der technischen Welt, die eine selbstgemachte Welt des Menschen ist, begegnet unmittelbar nicht der Schöpfer, sondern es begegnet zunächst immer nur der Mensch sich selbst«. Der Mensch lebt also in einer Welt, die prinzipiell die »Struktur der Machbarkeit« trägt (RATZINGER, 1983, S. 13). Es stellt sich für *Ratzinger* insofern die Frage, wie Gott in dieser so verstandenen Welt erfahren werden kann. Er führt einige konkrete Beispiele dieser Krisensymptome an. Zunächst die Moral: »Die Schöpfung schweigt für ihn in moralischer Hinsicht« (RATZINGER, 1983, S. 14). Damit möchte *Ratzinger* wohl sagen, daß für den Menschen der Neuzeit keine naturrechtliche Begründung der Moral mehr möglich ist. Zweitens erinnert *Ratzinger* an die Krise der Institutionen, besonders die der Familie und der christlichen Kultur. »Wo die metaphysischen Bindungen nicht zählen, können andere Weisen der Bindung sie kaum dauerhaft gestalten« (RATZINGER, 1983, S. 14). Eine metaphysische Begründung der Institutionen ist insofern für *Ratzinger* alternativlos. Ein drittes Problem bezeichnet die abgeleitete Erfahrung des neuzeitlichen Menschen, die besonders durch die neuen Medien hervorgerufen wurde: »Die Darstellung der Welt und der Ereignisse in den Medien trägt heute weithin das Bewußtsein stärker als die eigene Erfahrung in der Wirklichkeit« (RATZINGER, 1983, S. 14).

Nach dem Benennen einiger Krisenphänomene richtet *Ratzinger* einen Vorwurf an die praktische Theologie, die zwar neue Wege der Glaubensvermittlung suchte, dies aber nach seiner Meinung meist so praktizierte, »daß diese Bemühungen weithin eher zur Verschärfung der Krise als zu ihrer Überwindung beigetragen haben« (RATZINGER, 1983, S. 15). Einer der schwerwiegendsten Fehler der praktischen Theologie bestände demnach darin, »den Katechismus abzuschaffen und ganz allgemein die Gattung Katechismus als überholt zu erklären«. »Durch die Absage an eine strukturierte, aus dem Ganzen der Überlieferung schöpfende Grundgestalt der Glaubensvermittlung kam es zu einer Fragmentierung der Glaubensaussage, die nicht nur der Beliebigkeit Vorschub leistete, sondern zugleich die Ernsthaftigkeit der einzelnen Inhalte fraglich werden ließ, die einem Ganzen zugehören und, von diesem losgelöst, zufällig und zusammenhanglos erscheinen« (RATZINGER, 1983, S. 15).
Auch beklagt *Ratzinger* die Überordnung der katechetischen Methode über deren Inhalte, wobei er unterstellt, das Angebot der Katechese richte sich heute nach der je vorhandenen Nachfrage. Auf diese Weise gehe aber das eigentliche Veränderungspotential des Glaubens verloren und Glaube diene immer mehr zur reinen Bestätigung des Bestehenden. Auch richtet sich seine Kritik an eine radikale Anthropozentrik, die in der modernen praktischen Theologie anzutreffen sei: »Mit dem Zerfall der Anthropologie traten neue Schwerpunkte auf: die Herrschaft der Soziologie oder auch der Primat der Erfahrung, die zum Maßstab für das Verständnis des ererbten Glaubens wurde« (RATZINGER, 1983, S. 16).
Nicht zuletzt die Ausklammerung des Dogmas zugunsten eines angeblich möglichen direkten Zugriffs auf die Bibel ist für *Ratzinger* eine Ursache für die Krise der Katechese. Seine Kritik richtet sich insofern gegen die Verabsolutierung der historisch-kritischen Methode bei der Bibelauslegung: »Wo die wissenschaftliche Gewißheit als die einzige zulässige oder überhaupt mögliche Form von Gewißheit angesehen wird, muß die Gewißheit als Dogma entweder als überwundene archaische Denkstufe oder als Ausfluß des Machtwillens bestehender Institutionen erscheinen« (RATZINGER, 1983, S. 17). In dieser Kritik *Ratzingers* läßt sich eine große Nähe zu derjenigen *Drewermanns* an der Verabsolutierung der historisch-kritischen Methode bei der Schriftauslegung feststellen (vgl. DREWERMANN, Bd. 1, Bd. 2, 1984). Als Aufweis der Problematik und der Grenzen rein wissenschaftlichen Zugangs zur Schrift erinnert *Ratzinger* an die sogenannte Leben Jesu-Forschung. Auch diese mußte sehr bald erkennen, daß sie aufgrund ihrer Studien nicht den historischen Jesus rein herausarbeiten konnte, sondern daß auch die biblischen Schriften insgesamt von der Gemeinschaft der Gläubigen und deren Traditionen geprägt waren. »Eine Exegese, in der die Bibel nicht mehr aus dem lebendigen Organismus der Kirche lebt und verstanden wird, wird zur Nekrophilie: Tote begraben Tote« (RATZINGER, 1983, S. 19). Glaube würde dabei immer mehr zur Hypothesenbildung, Theologie werde geprägt von einem theologischen Empirismus, »bei dem die Erfahrung der Gruppe, der Gemeinde oder der »Experten« (= der Verwalter von Erfahrungen) zur obersten Quelle wird. Damit sind dann die gemeinsamen Quellen auf eine Weise kanali-

siert, daß von ihrer ursprünglichen Dynamik nicht mehr viel zu erkennen ist« (RATZINGER, 1983, S. 22). *Ratzinger* wendet sich insofern gegen jede Monopolisierung der Glaubenserfahrung, durch wen auch immer.

Im Anschluß zeigt *Ratzinger* einige Wege zur Überwindung der Krise auf. Dazu versucht er zunächst das Phänomen des Glaubens zu definieren: »Der Glaube selbst ist eine Antizipation. Er greift vor auf das, was uns eigentlich noch unerreichbar ist. Gerade so holt er es in unser Leben ein und trägt unser Leben über sich selbst hinaus« (RATZINGER, 1983, S. 23). Das aber bedeutet, Glaube ist nicht an der Stabilisierung des schon Vorhandenen interessiert, sondern er ist offen für Neues. Auch eine theoretisch-theologische Reflexion kann nur geschehen bei einer Vorgabe von Wirklichkeit, auf die zurück re-flektiert wird. Dabei wäre allerdings zu beachten, daß Wirklichkeit nicht statisch mißverstanden werden darf, sondern daß sich Wirklichkeit stets erneuert konstituiert.

Das Verhältnis von Theorie und Praxis umschreibt *Joseph Ratzinger* wie folgt: »Nicht der Taufglaube muß sich vor der Theorie ausweisen, sondern die Theorie vor der Wirklichkeit, vor dem im Taufbekenntnis gegebenen Wissen der Wahrheit« (RATZINGER, 1983, S. 23 f.). Allerdings besteht das heutige Problem wohl gerade darin, daß der Taufglaube nicht mehr als allgemein vorgegeben angesehen werden kann, und daß zweitens nicht so sehr Taufglaube und Theorie auseinanderklaffen, sondern Taufglaube und Wirklichkeitserfahrung oft nur mühsam zur Deckung gebracht werden können.

Ratzinger ist sich dabei bewußt, daß Glauben nie interpretiert werden darf im Sinne von vermuten, meinen, also als Mangel an Wissen. Glaube ist für ihn immer ganzheitlich zu sehen, d.h. wie z.B. in dem Satz ausgedrückt: Ich glaube an dich. Insofern erschließt ein solcher Glaube neue Lebensmöglichkeiten: »Glaube zielt auf das Lebenkönnen« (RATZINGER, 1983, S. 25). Dabei darf diese neue Lebensmöglichkeit nie personalistisch verengt gesehen werden, sondern sie ist immer eingebunden in eine größere Gemeinschaft. Hier thematisiert *Ratzinger* dann die Kirche und ihre Tradition.

Die Struktur der Katechese beschreibt *Ratzinger* mit einem Rückgriff auf den »Catechismus Romanus«, indem er dessen vier Hauptstücke als unverzichtbare Bestandteile der Katechese benennt: Credo, Sakramente, Dekalog, Gebet des Herrn.

Am Ende beschäftigt sich *Joseph Ratzinger* mit der Formalstruktur der Katechese und dem Methodenproblem. Auch dabei kann er auf den »Catechismus Romanus« zurückgreifen, der vom Katecheten bei der konkreten Arbeit die Berücksichtigung des jeweiligen Alters, der Auffassungskraft, der Lebensgewohnheiten und der sozialen Situation seiner Zuhörer gefordert hatte. Für den »Catechismus Romanus« gilt nach *Ratzinger*: »Er überläßt es nämlich den Unterrichtenden, welche Ordnung er in seiner Katechese gemäß Person und Zeitumstände wählen will. Dies freilich unter der Voraussetzung, daß der Katechet selbst aus einer beständigen Meditation seines Stoffes und aus seiner inneren Zueignung lebt und daß ihm bei seinem eigenen Plan die Zuordnung zu den vier katechetischen Hauptstücken vor Augen steht« (RATZINGER, 1983, S. 37).

Insofern ist für *Ratzinger* die Unterscheidung zwischen Grund, Text und Kommentar zentral: »Diese Unterscheidung dient einerseits der notwendigen Freiheit des Katecheten in der Beantwortung unterschiedlicher Situationen; sie ist andererseits für die Sicherung der Identität des Glaubensinhaltes unerläßlich« (RATZINGER, 1983, S. 38).
Ratzingers Vortrag schließt mit einem Plädoyer für einen neuen Katechismus: »Ich glaube, daß es daher notwendig ist, die Stufen der katechetischen Aussage auch in ihren gedruckten Formen wieder deutlich zu unterscheiden, d. h. den Katechismus als Katechismus zu wagen, damit dann der Kommentar Kommentar sein könne und die Beziehung von Quellen und Vermittlungen ins rechte Verhältnis komme« (RATZINGER, 1983, S. 39).

Wolfgang Pauly

3 Der »Katechismus der katholischen Kirche«

Obwohl – wie beschrieben – weder das Vaticanum II, das »Katechetische Direktorium« noch das Apostolische Schreiben »Catechesi tradendae« (1979) einen einheitlichen Weltkatechismus forderten, blieb die Anregung, die *Joseph Ratzinger* in seiner katechetischen Grundsatzrede erhob, nicht ohne Folgen. Dem endgültigen Erscheinen des »Katechismus der Katholischen Kirche« (KKK) aber ging eine komplexe Enstehungsgeschichte voraus.

3.1 Entstehungsgeschichte

Die erste großkirchliche Diskussion über die Idee eines Weltkatechismus fand auf der 2. außerordentlichen Synode der Bischöfe statt, die 1985 in Rom zusammentrafen. So regte Kardinal *Law* (Boston) an, diese Synode sollte sich für einen Weltkatechismus aussprechen. Der Münchener Kardinal *Friedrich Wetter* berichtete vom soeben erschienenen deutschen Erwachsenenkatechismus, den er als Modell eines Weltkatechismus ins Gespräch brachte. Und so heißt es im Schlußdokument dieser 2. Außerordentlichen Bischofsynode am 9. Dezember 1985 unter dem Thema »Quellen, aus denen die Kirche lebt« wie folgt: »Sehr einmütig wird ein Katechismus bzw. ein Kompendium der ganzen katholischen Glaubens- und Sittenlehre gewünscht, sozusagen als Bezugspunkt für die Katechismen bzw. Kompendien, die in den verschiedenen Regionen zu erstellen sind. Die Darlegung muß biblisch und liturgisch angelegt sein, die rechte Lehre bieten und zugleich dem modernen Lebenshorizont der Gläubigen angepaßt sein« (SCHLUSSDOKUMENT, 1985, S. 12).
Im Juli 1986 berief Papst *Johannes Paul II.* eine Katechismus-Kommission mit zwölf Bischöfen ein. Sechs Kommissionsteilnehmer kamen aus der römischen Kurie, sechs aus der Weltkirche. Kurienkardinäle: *Joseph Ratzinger, William Wakefield Baum, Simon D. Lourdusamy, Jozef Tomko, Antonio Innocenti,* Erzbischof *Jan Schotte.* Die sechs Vertreter des Weltepiskopats: Kardinal *Bernard F. Law, Erzbischof Jerzy Stroba,* Erzbischof *Henry Sebastian D'Souza,* Erzbischof *Isidore de Souza,* Bischof *Felipe Santiago Benitez Avalos* und als Vertreter der katholischen Ostkirche der melkitische Erzbischof *Néophytos Edelby* (vgl. RUH, 1993, S. 51).
Als Sekretär der Katechismus-Kommission wurde der frühere Dogmatiker von Fribourg, *Christoph Schönborn,* berufen, der im Herbst 1991 Weihbischof in Wien wurde.
Die Kommission mußte sich mit recht unterschiedlichen Ansätzen und Voraussetzungen auseinandersetzen. So reichte z. B. Kardinal *Odi* von der Kleruskongregation gleich zur ersten Sitzung der Kommission im November 1986 ein skelettartiges Schema ein. Demnach sollte der Katechismus vorwiegend an die

Bischöfe gerichtet sein. Um all diese unterschiedlichen Vorstellungen des zukünftigen Weltkatechismus redaktionell zu einer Einheit zu gestalten wurde es notwendig, daß ein Redaktionskomitee gegründet wurde. Ihm gehörten sieben Bischöfe an: *José Maria Estepa Llaurens, Jean Honoré, Estanislao Estéban Karlic, David Every Konstant, William Joseph Levada, Alessandro Maggiolini, Jorge Arturo Medina Estévez* (vgl. RUH, 1993, S. 51 f.).
Bereits in diesem Stadium der Entwicklungsgeschichte stand das Grundschema des Weltkatechismus fest: Das Credo (Glaubensinhalt), die Sakramente (Lebensraum), Dekalog (das Tun, die Praxis). Diesem wurde dann ab Mai 1988 noch als letztes das Kapitel über das »Vater Unser« (die Hoffnung) dazugegeben.
Im Mai 1987 liegt ein erster lateinischer Vorentwurf vor. Es werden weitere 40 Experten hinzugezogen, darunter besonders der Bischof von Rottenburg, *Walter Kasper*. Ihn schätzt man wegen seiner Erfahrungen mit dem deutschen Erwachsenenkatechismus.
Im Februar 1989 liegt ein weiterer Entwurf vor, im Herbst 1989 ein revidierter Entwurf. Letzterer wird in über 5000 Exemplaren an die Bischöfe des Weltepiskopates zur Konsultation übersandt. Die Beratung sollte »sub secreto«, unter strengster Geheimhaltung stattfinden. Es geht eine Fülle von Änderungswünschen ein. Neben zahlreichen allgemeinen Gutachten gibt es fast 25000 Einzeländerungswünsche. Insgesamt wird der Entwurf von den Bischöfen wie folgt bewertet: 18 Prozent sehr gut, 54 Prozent gut, 18 Prozent mit Vorbehalt, 6 Prozent ziemlich negativ, 3 Prozent inakzeptabel (vgl. RUH, 1993, S. 54).
30 Experten arbeiten diese Änderungswünsche ein und versuchen eine redaktionelle Zusammenfassung. Dazu gehört auch, daß der vierte Teil, der sich mit der Spiritualität (Vater Unser) beschäftigt und der ursprünglich nur als ein Nachwort vorgesehen war, jetzt zu einem gleichberechtigten Hauptteil ausgearbeitet wird. Die meisten Änderungswünsche betrafen den Bereich der Moral.
Im Herbst 1991 liegt dann der vorläufige Endtext fest. Gerade die amerikanischen Bischöfe hatten eine weitere Diskussion und eine nochmalige Überarbeitung der Vorlage gefordert. Trotzdem approbiert die Kommission am 14. Februar 1992 einstimmig den endgültigen Text. Am 25. Juni 1992 unterschreibt Papst *Johannes Paul II.* den Entwurf des Katechismus in französischer Sprache und verleiht ihm dadurch die Würde eines offiziellen Dokumentes. Auf seine Initiative gingen die letzten Änderungswünsche ein, wurden die letzten Änderungen vorgenommen. Er plädierte dafür, daß der Stil des Katechismus affirmativ, attestativ sein soll und nicht argumentativ. Am 17. Mai 1993 wird die deutsche Ausgabe in Leipzig, am 18. Mai 1993 die deutsche Ausgabe in Wien der Öffentlichkeit vorgestellt.

3.2 Aufbau und Inhaltsübersicht

Die Idee des KKK ist eine Gesamtschau des Glaubens. Er soll den Versuch darstellen, die christliche Botschaft unverkürzt weiterzugeben, gleichzeitig soll er Orientierungspunkt sein für regionale Katechismen. Seine eigene Zielsetzung beschreibt der KKK wie folgt: »Der vorliegende Katechismus will im Licht des 2. Vatikanischen Konzils und der Gesamttradition der Kirche eine organische Synthese der wesentlichen und grundlegenden Inhalte der katholischen Glaubens- und Sittenlehre vorlegen. Seine Hauptquellen sind die Hl. Schrift, die Kirchenväter, die Liturgie und das Lehramt der Kirche« (KKK 11).

Auch der Adressat wird benannt: »Der vorliegende Katechismus ist hauptsächlich für die bestimmt, die für die Katechese verantwortlich sind: in erster Linie für die Bischöfe als Lehrer des Glaubens und Hirten der Kirche. Er wird ihnen bei ihrer Aufgabe, das Volk Gottes zu lehren, als Arbeitshilfe angeboten. Über die Bischöfe hinaus richtet er sich auch an die Verfasser von Katechismen, an die Priester und Katecheten. Er will aber auch eine nützliche Lektüre für alle anderen gläubigen Christen sein« (KKK 12).

In seinem Aufbau steht der KKK ganz in der Tradition des katechetischen Handelns der Kirche. Der erste Grundpfeiler dieser Tradition ist das Glaubensbekenntnis. Im KKK umfassen die Ausführungen für dieses Glaubensbekenntnis 39 Prozent des Gesamtwerkes, sie bilden damit den größten Pfeiler innnerhalb des Katechismus. Nach allgemeinen Bemerkungen über das Credo und die Offenbarung werden dann in einem zweiten Abschnitt des ersten Grundpfeilers die einzelnen Elemente des Credos abgehandelt.

Das zweite Großkapitel beschäftigt sich unter der Überschrift »Die Feier des christlichen Mysteriums« mit den Sakramenten. Auch hier gehen der Einzeldarstellung der Sakramente allgemeine Gedanken über die sakramentale Heilsordnung voraus.

Der dritte Grundpfeiler, die Moral, ist verhandelt unter der Überschrift »Das Leben in Christus«. Nach einer allgemeinen Bemerkung über die Berufung des Menschen, sein Leben gemäß den Weisungen des Hl. Geistes zu gestalten, werden dann die einzelnen zehn Gebote dargestellt und erörtert.

Der vierte und letzte Teil, der sich von einem ursprünglich vorgesehenen Nachwort immer mehr zu einem selbständigen Hauptteil entwickelte, ist der Spiritualität gewidmet. Nach prinzipiellen Bemerkungen über das Gebet im christlichen Leben werden die einzelnen Elemente des »Vater Unser« dargestellt und erörtert.

Die gesamten Ausführungen erstrecken sich in der deutschen Ausgabe auf 816 Seiten, wovon die 43 Seiten des Stichwortregisters den Kompendium-Charakter des Katechismus unterstreichen. Die gesamte Materie ist unterteilt in 2865 Abschnitte.

Im Rückgriff auf den »Catechismus Romanus« und letztlich auf die paulinische Theologie erinnert der KKK vor jeder Einzelausführung an die zentrale Maxime des Christentums, die sowohl Verfasser als auch Rezipienten beachten sollten: »Die ganze Belehrung und Unterweisung muß auf die Liebe ausgerichtet sein, die kein Ende hat. Mag man also vorleben, was zu glauben, zu hoffen oder zu tun ist – immer ist dabei vor allem die Liebe zu unserem Herrn zu empfehlen, damit jeder einsieht, daß alle Werke vollkommener christlicher Tugend einzig und allein in der Liebe entspringen und auf kein anderes Ziel gerichtet werden können als auf die Liebe« (KKK 25).

3.3 Anfragen

Katechese konnte beschrieben werden als Antwort auf die Erfahrung von Freiheit und Heil, die Menschen in der Vergangenheit und Gegenwart mit Person, Wort und Werk Jesu von Nazareth machten und der für sie dadurch zum Christus, zum Gesalbten Gottes, wurde. Insofern ist Katechese ein Wesenselement all derer, die in dieser Tradition stehen und aus ihr leben: sie ist ein Wesenselement der Kirche. Die einzelnen geschichtlichen Stadien dieser Katechese zeigten ein recht unterschiedliches Bild, abhängig von den jeweiligen theologischen, gesellschaftlichen, politischen und anderen Rahmenbedingungen. In dieser jeweiligen geschichtlichen Situierung der Katechese hatte dann auch der Katechismus, nun als Sammlung der einzelnen Glaubensaussagen in einem Buch verstanden, seinen Ort und seine Funktion. Unterschiedliche Rahmenbedingungen hatten dabei verschiedene Katechismen zur Folge. Nur zweimal in der 2000 Jahre alten Geschichte des Christentums (1566/1993) unternahm – wie beschrieben – die katholische Kirche den Versuch, in einem Weltkatechismus nicht nur die vier Grundpfeiler des christlichen Dogmas (Credo, Dekalog, Sakramente, Vater Unser) zu benennen, sondern auch deren Deutung gesamtkirchlich verpflichtend zu formulieren.

Allein schon die Tatsache, daß dieser Weg sehr selten beschritten wurde, zeigt, daß er nicht in allen Zeiten als notwendig oder überhaupt als möglich erachtet wurde. Wenn also der KKK verantwortungsvoll eine gesamtkirchliche Deutung des römisch-katholischen Dogmas zu sein beansprucht, ist er danach zu befragen, ob und inwieweit ihm dies gelingt. Kriterien der Anfragen ergeben sich intern aus dem Anspruch des Werkes selbst, aber auch extern wird nach eventuellen Desideraten und Problemfeldern gefragt werden müssen.

Dabei geht es in diesem Teil um Anfragen prinzipieller Art, Fragen somit, die sich mit dem Gesamtwerk auseinandersetzen. Eine Einzelanalyse erfolgt dann jeweils thematisch in den folgenden Kapiteln.

3.3.1 Adressat

Gleich zu Beginn seiner Ausführungen wird der Katechismus als Buch zurückgebunden an die praktische Katechese. »Der vorliegende Katechismus ist hauptsächlich für die bestimmt, die für die Katechese verantwortlich sind« (KKK 12). Ihnen soll er eine Arbeitshilfe sein. Primäre Katecheten sind dabei die Bischöfe, es folgen die Priester, die Katecheten im eigentlichen Sinn des Wortes und letztlich alle gläubigen Christen.

Gerade aber für diesen Personenkreis stellt sich die Frage des Nutzens. Bischöfe und Priester als wissenschaftlich ausgebildete Theologen müßten um des Glaubens und seiner Verkündigung willen ein Interesse haben, die Glaubensdokumente nicht nur auszugsweise und nach Stichworten geordnet, sondern im Original zu lesen und zu bearbeiten. Dies bietet auch den großen Vorteil, daß sie dadurch die Äußerungen des kirchlichen Lehramtes im jeweiligen Kontext ihrer

Zeit, ihrer Problem- und Fragestellungen erkennen können und nicht angewiesen sind auf nachträglich vereinfachende und kompilatorische Bearbeitungen.
Gerade für den deutschsprachigen Raum bietet die Neuausgabe und Übersetzung der römisch-katholischen amtlichen Lehrentscheidungen eine wichtige und notwendige Voraussetzung für diese Arbeit (vgl. DENZINGER/HÜNERMANN, 1991). Dies soll kein Plädoyer sein für eine sogenannte »Denzinger-Theologie« in dem Sinn, als sei durch einmalige Lehrentscheidungen eine Weiterentwicklung des christlichen Dogmas einfach ausgeschlossen. Vielmehr soll dieser Hinweis gerade Bischöfe und Priester ermutigen, sich nicht vorschnell mit zeit- und kontextunabhängigen Formeln zu begnügen, sondern sich verantwortungsvoll und mit dem Instrumentarium, das sie sich innerhalb ihres Studiums angeeignet haben, mit den Dokumenten selbst auseinanderzusetzen. Dies gilt sicher auch für Religionslehrer, Katecheten und alle interessierten Gläubigen. Zu Einzelthemen steht dabei je nach ihrer Aufgabenstellung (z. B. eher theologisch-wissenschaftlich oder eher katechetisch-praktisch) eine Fülle von Hilfen zur Verfügung.

3.3.2 Schriftgebrauch

Der KKK nennt die biblischen Schriften als erste Hauptquelle seiner Ausführungen (KKK 11). Auch inhaltlich beschäftigt sich der KKK ausführlich mit dem Problem der Schrift und deren Auslegung (KKK 101-141). Dabei wird zunächst das Anliegen der sogenannten historisch-kritischen Exegese dargestellt. So heißt es in KKK 109: »In der Hl. Schrift spricht Gott zum Menschen nach Menschenweise. Um die Schrift gut auszulegen, ist somit auf das zu achten, was die menschlichen Verfasser wirklich sagen wollten und was Gott durch ihre Worte uns offenbaren wollte«. Gerade weil der KKK dieses Anliegen der historisch-kritischen Methode erkennt, fordert er, daß »die Verhältnisse ihrer Zeit und ihrer Kultur, die zu der betreffenden Zeit üblichen literarischen Gattungen und die damals geläufigen Denk-, Sprech- und Erzählformen« berücksichtigt werden (KKK 110). In diesen Ausführungen steht der KKK ganz in der Tradition der dogmatischen Konstitution über die göttliche Offenbarung des 2. Vatikanischen Konzils (vgl. RAHNER/VORGRIMLER, 1966, hier S. 374, KKK 12).
Anschließend werden andere Möglichkeiten genannt, sich der Schrift zu nähern. Zunächst wird die wörtliche Interpretation genannt, sodann drei Arten der geistlichen Schriftlesung: die allegorische, die moralische und die anagogische (eine Interpretation der Bibeltexte unter dem Aspekt der Ewigkeit).
Zu fragen wäre nun, wie der KKK selbst in seinem eigenen Corpus mit den unterschiedlichen Arten der Schriftauslegung umgeht. Zunächst ist festzustellen, daß der KKK überreich die biblischen Texte zitiert. Dabei fällt allerdings auf, daß bei dieser Zitation kein Unterschied gemacht wird zwischen den einzelnen Schriftgattungen. Evangelien, Briefliteratur, Berichte, Parabeln und Gleichnisse – sie alle werden, ungeachtet ihres unterschiedlichen literarischen Charakters, gleichgeschaltet. Es verstärkt sich der Eindruck, daß diese »Zitatmontagen« (RUH, 1993, S. 62) die Funktion haben, stichwortartig Beweise für die getroffenen Aus-

sagen zu liefern. Zumindest einen stark assoziativen Umgang mit der Schrift wird man herauslesen können. Dafür nur ein einziges Beispiel von vielen:
Der Abschnitt 638 behandelt das Theologumenon: Am dritten Tage ist er auferstanden nach der Schrift und bezieht sich in diesem Kontext auf 1 Kor 15,3-4: »Er ist am dritten Tage auferweckt worden, gemäß der Schrift, und erschien dem Kephas, dann den Zwölf« (KKK 639). Es kann nun in unserem Zusammenhang nicht darum gehen, die komplexe Problematik der Auferstehungsgeschichte zu erörtern. Hier geht es nur um die Verwendung des Schriftzitates »am dritten Tag«. Im Duktus des KKK dient der Schriftbeweis als Garantie der Echtheit des historischen Geschehens: nach drei Tagen wurde er auferweckt.
Theodor Schneider bewertet diese Bibelstelle wie folgt: »Es geht ganz offenkundig auch in diesen Abschnitten ... um aktualisierende, deutende, anwendende Verkündigung und nicht um »Protokolle«« (SCHNEIDER, 1985, S. 287).
Bereits vor 25 Jahren widmete *Karl Lehmann* diesem Problem eine eigene Monographie (vgl. LEHMANN, 1969). Er erinnert, ausgehend vom Alten Testament, daran, daß wir auch dort schon die Vorstellung kennen, daß Gott seinen Gerechten nicht länger als drei Tage im Stich läßt. Auch die Symbolhaftigkeit der Zahl drei als »kleine Vollkommenheit« gilt es zu beachten. In diesem Kontext also hat der Hinweis auf die dreitägige Grabesruhe eine ganz bestimmte theologische Funktion: »Wenn die Auferstehung Christi nicht ein anderes Ereignis *nach* seinem Leiden und *nach* seinem Tod ist, sondern die »Erscheinung« dessen, was im Tod Jesu geschehen ist, dann ist auch das uns zugängliche Ereignis der Auferstehung Jesu in menschlicher Sprache nur an der Grenze von Zeitlichkeit und Ewigkeit sagbar« (LEHMANN, 1969, S. 344 f.). Es gilt also die Unterscheidung zu beachten zwischen der erlebten Zeit und der empirischen Zeit. Genau so wenig, wie sich der Ausspruch eines Verliebten »Ich bin ewig in dich verliebt!« mit der Uhrzeit messen läßt, genau so wenig läßt sich das eschatologische Ereignis der Auferstehung messen. Schriftzitate müssen also auf ihre Aussageabsicht hin befragt werden. Es gilt zu fragen, was hinter ihnen steht, in unserem Kontext die Erfahrung der Gemeinde: Jesus lebt. Formeln sind also keine Bestätigung von Glaubensaussagen.
Es stellt sich somit nach diesem Beispiel – das sich mehrfach erweitern ließe – die Frage, ob der Katechismus den von ihm selbst genannten Prinzipien der historisch-kritischen Forschung und der Schriftauslegung gerecht wird. Bedenken bzgl. der Schriftverwendung im KKK hatte die amerikanische Bischofskonferenz bereits in dessen Vorphase: »Die Verwendung der Hl. Schrift im vorliegenden Text (dem Entwurf von 1989) spiegelt nicht angemessen die positiven Einsichten der zeitgenössischen Bibelexegese wider«. Die amerikanischen Bischöfe konkretisieren, was sie mit diesem Vorwurf meinen: »Die Nebeneinanderstellung verschiedener ausgewählter kurzer Texte in einer einzigen Nummer als »Belegtexte« zur Untermauerung bestimmter Aussagen entnimmt die Schriftstellen ihrem eigentlichen Kontext. Eine solche Vorgehensweise wäre für die katechetische und die theologische Praxis in hohem Maße schädlich« (zit. nach RUH, 1993, S. 65 f.).

Insofern kann man dem Urteil von *Ruh* nur zustimmen: »Ein einheitliches Prinzip, nach dem die Schriftzitate im Katechismus der Katholischen Kirche verwendet werden, läßt sich nicht ausmachen. Teilweise handelt es sich um Stellen, die für die Ausbildung der entsprechenden lehramtlichen Aussagen eine wichtige Rolle gespielt haben, in anderen Fällen dienen sie mehr der zusätzlichen Ausschmückung oder spirituellen Vertiefung. Manche Schriftzitate werden stärker als direkte Belege eingesetzt, andere dienen eher der Illustration und haben kein entscheidendes Gewicht für die Darstellung. Manche Stellen aus verschiedenen Schriften des alt- und neutestamentlichen Kanons werden im Katechismus vielfach assoziativ nach dem Stichwortprinzip zusammengebracht. Der Katechismus geht mit der Schrift insgesamt eher narrativ-nacherzählend denn kritisch-differenzierend um« (RUH, 1993, S. 67).
Bereits der deutsche Erwachsenenkatechismus ging mit unserem Beispiel vom »dritten Tag« viel differenzierter um. Zunächst nennt er diesen Ausdruck eine Bekenntnisaussage. Nachdem er an die entsprechenden Heilshoffnungen im Alten Testament (vgl. z. B. Jonas drei Tage im Bauch des Walfisches) erinnert hatte, fährt er fort: »Diese Heilshoffnung ist in Jesus Christus in einem ganz ungewöhnlichen Maß erfüllt. Denn hier geschieht die Wende nicht innerhalb der Geschichte. So wird der ganze Ernst des Endes und des Scheiterns im Tod bewahrt, aber es wird zugleich gesagt, daß sich eben in der letzten Ausweglosigkeit Gottes Macht und Treue bewährten und eine absolute Wende bewirkt haben. Indem der Tod durch den Tod besiegt wurde, ist in der Geschichte etwas alle Geschichte Überschreitendes geschehen« (DEUTSCHER KATHOLISCHER ERWACHSENENKATECHISMUS, 1985, S. 200).

3.3.3 Menschenbild

Zentrale Aussagen zum Menschenbild des KKK finden sich in den entsprechenden Abschnitten der Schöpfungslehre (KKK 355-384), im Kapitel über die Auferstehung Jesu Christi (KKK 638-658) und in den Ausführungen über die Auferstehung aller Menschen (KKK 988-1019).
Zunächst ist festzuhalten, was sich dabei nicht findet. Von der sowohl naturwissenschaftlich als auch geisteswissenschaftlich (einschließlich der Theologie) weitestgehend rezipierten Evolutionslehre ist im ganzen KKK nicht die Rede. Bei all der Fülle von Zitaten aus der Schrift und der Theologie- und Kirchengeschichte sucht man bezeichnenderweise einen Hinweis auf das Lebenswerk von *Pierre Teilhard de Chardin* vergebens (vgl. z. B. *Teilhard de Chardin,* 1961). Auch wird der wissenschaftlich äußerst umstrittene Monogenismus, die Abstammung aller Menschen von einem einzigen Menschen (noch nicht einmal von einem Menschenpaar ist die Rede), durch die unreflexive Verwendung eines Zitates aus der Apostelgeschichte einfach vorausgesetzt: »Das Menschengeschlecht bildet aufgrund des gemeinsamen Ursprungs eine Einheit. Denn Gott ›hat aus einem einzigen Menschen das ganze Menschengeschlecht erschaffen‹ (Apg. 17,26)« (KKK 360).

Deutlich aber wird das Menschenbild des KKK, wenn man dessen Verhältnisbestimmung von Leib und Seele herausarbeitet. Zunächst scheint die theologiegeschichtlich häufig anzutreffende Konzeption eines Dualismus von Leib und Seele zugunsten einer dialektischen Einheit aufgehoben: »Die Einheit von Seele und Leib ist so tief, daß man die Seele als die ›Form‹ des Leibes zu betrachten hat« KKK 365). Der KKK erinnert dabei mit Recht an die Formulierungen des Konzils von Vienne (1312), das im Rückgriff auf die Theologie des *Thomas von Aquin* eine Aufspaltung des Menschen in Leib und Seele durch eine einheitliche Konzeption der Seele als »forma corporis« zu vermeiden suchte.
Doch bereits der erklärende Nachsatz bringt diese Einheit wieder in Gefahr: »Das heißt, die Geistseele bewirkt, daß der aus Materie gebildete Leib ein lebendiger menschlicher Leib ist« (KKK 365). Ist dies nur eine verunglückte Formulierung? Oder zeigt sich hier doch ein verborgener Dualismus, der sich den materiellen Leib zunächst an sich seiend vorstellt, um ihn dann durch die Begegnung mit der Geistseele zu beleben?
Von der Geistseele heißt es nun, sie sei unmittelbar von Gott geschaffen. Wird dies nicht materialistisch verengt und kausal verstanden, so könnte damit zum Ausdruck gebracht sein, daß der ganzheitliche Mensch als »Lebensprinzip«, als gelebte Wirklichkeit, letztlich nicht machbar ist – auch nicht von den Eltern als Ganzer bestimmbar und planbar, sondern daß er diese seine Wirklichkeit letztlich immer als Geschenk erfährt. Dies würde dann allerdings auch bei der Betrachtung des Menschen unter dem Aspekt der Materie gelten (vgl. z. B. die letztlich nicht instrumentell-technisch herstellbare Gesundheit). Allerdings verschließen sich die Texte des KKK immer stärker einem ganzheitlichen Menschenbild zugunsten eines dualistischen. Es heißt nämlich von der genannten Geistseele: »Sie geht nicht zugrunde, wenn sie sich im Tod vom Leib trennt und sie wird sich bei der Auferstehung von neuem mit dem Leib vereinen« (KKK 366).
Die bisher noch mehr oder weniger verborgene Aufspaltung des Menschen in beide Sphären wird jedoch ganz deutlich bei dem Großkapitel der Eschatologie, d. h. konkret, bei der Definition des Todes. Dieser wird beschrieben als »Trennung der Seele vom Leib« (KKK 997). Dies gilt auch bei den Ausführungen zum Theologumenon von der Auferstehung. Zwar heißt es über den Modus, das »Wie« der Auferstehung: »Dieses ›Wie‹ übersteigt unsere Vorstellung und unser Verstehen; es ist uns nur im Glauben zugänglich« (KKK 1000). Diese Erkenntnis hindert den KKK aber nicht, dieses »Wie« trotzdem inhaltlich auszugestalten. Auferstehung bedeutet demnach – und insofern ganz in der Logik des dualistischen Ansatzes – die Wiedervereinigung der im Tod getrennen Elemente Leib und Seele. Nachdem der Leib nach dem Tod verwest ist, ging die Seele Gott entgegen und wartet nun darauf, »daß sie einst mit ihrem verherrlichten Leib wiedervereint wird. In seiner Allmacht wird Gott unserem Leib dann endgültig das unvergängliche Leben geben, indem er ihn kraft der Auferstehung Jesu wieder mit unserer Seele vereint« (KKK 997).
Dabei kommt noch ein weiteres Problem hinzu. Nach der Formulierung des Apostolischen Glaubensbekenntnisses von der »Auferstehung des Fleisches«

sagt der KKK: »Der Ausdruck ›Fleisch‹ bezeichnet den Menschen in seiner Schwäche und Sterblichkeit. ›Auferstehung des Fleisches‹ ... bedeutet somit, daß nach dem Tod nicht nur die unsterbliche Seele weiterlebt, sondern auch unsere ›sterblichen Leiber‹ (Römer 8,11) wieder lebendig werden« (KKK 990)
Diese Formulierung könnte zu größten Mißverständnissen führen. Ist damit – dem Wortlaut nach – gesagt, daß »Auferstehung des Fleisches« genau nach der oben genannten Definition die Wiederkehr der Schwäche und der Sterblichkeit des Menschen bedeutet, dann hat dies ganz und gar nichts mit der christlichen Eschatologie zu tun, die selbst im Tod immer noch die Einzigartigkeit und Individualität des Menschen betont. **Diese** Einheit wird dann eschatologisch gewandelt (vgl. auch KKK 999, in dem vom verherrlichten Leib die Rede ist). Der Abschnitt 990 stellt insofern die Auferstehung als reine Re-Inkarnation, als Rückkehr ins gebrochene Leben des Menschen dar und ist insofern eine Häresie.
Wie man diese komplexe und philosophie- und theologiegeschichtlich stark vorbelastete Thematik auch dem Menschen von heute in einer einfachen Sprache und jenseits allen dualistischen Denkens nahebringen könnte, dafür gibt der »Holländische Katechismus« ein schönes Beispiel: »Das Sterben bedeutet das Ende des ganzen Menschen, so, wie wir ihn kannten« (GLAUBENSVERKÜNDIGUNG FÜR ERWACHSENE, 1971, S. 521). Im folgenden versucht der »Holländische Katechismus« eine Annäherung an dieses Theologumenon: »In früheren Zeiten hat man eine Lösung gesucht in der Vorstellung vom Tode als einer Trennung von Leib und Seele. Nach dem Tode, so stellte man es sich vor, lebt die Seele getrennt vom Leibe weiter, während der Leib selbst zerfällt; beim Jüngsten Gericht werden die Leiber aus der Erde neu gesammelt. Diese klare Vorstellung war ein ehrlicher Versuch, sich die Aussagen der Schrift bildlich vorzustellen.
Wir müssen es heute anders ausdrücken, und zwar gerade, um den Aussagen der Schrift gerecht zu werden. Das bedeutet nicht eine Änderung des Glaubens, sondern es ist eine andere Weise, den gleichen Glauben zu verdolmetschen. Warum also müssen wir es heute anders sagen? Weil auch die Bibel selbst die Seele des Menschen niemals ganz losgelöst von seiner Leiblichkeit denkt. Auch wir modernen Menschen können das nicht. Was jemand ist, hängt so sehr auch mit seinem Leib zusammen, daß wir uns nicht ein getrenntes Ich ohne enge Bindung an den Leib denken können« (GLAUBENSVERKÜNDIGUNG FÜR ERWACHSENE, 1971, S. 524).

3.3.4 Judentum

Im KKK wird sehr viel Gutes, Wahres und Schönes über das Judentum gesagt. Er erkennt an, daß sich in der Geschichte Israels echte Offenbarung Gottes kundgetan hat (vgl. KKK 54-64, vgl. auch KKK 839). Einzelne große Gestalten des Judentums wie z. B. Noah und Abraham werden dabei besonders herausgestellt: »Die Patriarchen, die Propheten und weitere große Gestalten des Alten Testamentes wurden und werden in allen liturgischen Traditionen stets als Heilige verehrt«

(KKK 61). Israel ist das Volk Gottes (KKK 62), es ist aber auch das Volk Jesu (KKK 839). Der Katechismus erinnert daran, daß die ersten Christen aus dem jüdischen Volk stammten (KKK 439). Auch wird die in der Geschichte so verhängnisvoll gewordene Rede von einer Kollektivschuld der Juden am Tod Jesu ausdrücklich zurückgewiesen (vgl. KKK 597).

Es bleiben aber schwerwiegende Bedenken und Fragen. So findet sich in einer Bildbetrachtung über ein Fresko des 3. Jahrhunderts, das dem Großkapitel über das Glaubensbekenntnis vorangestellt ist, eine Bemerkung über Maria und ihr Kind und über die Funktion des Erlösers: »Die ganze Erwartung des Alten Bundes und der Ruf der gefallenen Menschheit nach einem Heiland und Erlöser kommt darin (in diesem Fresko) zum Ausdruck. Diese Ankündigung ist verwirklicht in der Geburt Jesu ...« (KKK S. 45). Wird hier nicht völlig beziehungslos und abstrakt von der Menschwerdung Gottes in Jesus Christus gesprochen? Daß sich die messianische Hoffnung des Volkes Israel für die Christen in Jesus, dem Christus, erfüllt hat, ist deren zentrales Credo. Dies gilt aber eben nur für die sich zu Jesus, dem Christus, bekennenden Christen. Bleibt der Satz so abstrakt bestehen, dann entsteht die große Gefahr, daß das Judentum wieder als »blinde Synagoge« charakterisiert wird, die das Heilsereignis um Jesus, den Christus, nicht für sich entdecken möchte.

Ähnlich problematische Aussagen über das Judentum finden sich in den Ausführungen des KKK über die Erbsünde. Dort heißt es: »Mit dem Fortschreiten der Offenbarung wird auch die Wirklichkeit der Sünde erhellt. Obwohl das Gottesvolk des Alten Bundes im Licht der im Buch Genesis erzählten Geschichte vom Sündenfall die menschliche Daseinsverfassung irgendwie erkannte, konnte es den letzten Sinn dieser Geschichte nicht erfassen...« (KKK 388). Hier wird dem Judentum schlichtweg mangelhafte Sachkenntnis unterstellt. Das Zitat möchte deutlich machen, daß das Judentum seine eigene Bibel, hier konkret die Genesis, nicht versteht.

Ähnliches läßt sich auch sagen über die eschatologische Endzeit. Unter der Überschrift »Das glorreiche Kommen Christi als Hoffnung für Israel« (KKK 673) heißt es im folgenden: »Das Kommen des verherrlichten Messias hängt zu jedem Zeitpunkt der Geschichte davon ab, daß er von ›ganz Israel‹ (Röm 11, 26) anerkannt wird, über dem zum Teil ›Verstockung liegt‹ (Röm 11, 25), so daß sie Jesus ›nicht glaubten‹ (Röm 11, 20)« (KKK 674). Dieser Abschnitt zeigt wiederum in besonderem Maße die Problematik des Schriftumgangs im KKK. Ein Schriftzitat wird an das andere angefügt, um damit das Gesagte nicht nur zu dokumentieren, sondern auch zu rechtfertigen. »Unglaube«, »Verstockung« – dies sind Begriffe, die in der Theologie- und Kirchengeschichte schon zu manchem Verbrechen Anlaß boten oder diese rechtfertigten. Insbesondere aber bildet dieses Zitat im Duktus des KKK ein Argument, das die Überordnung der einen Religion (Christentum) über die andere (Judentum) rechtfertigen soll. Solange aber solche Über- und Unterordnung in den Dokumenten der Religionen selbst anzutreffen sind, wird es keinen Religionsfrieden geben und in der Folge davon auch keinen Weltfrieden.

3.3.5 Literarisches Genus »Katechismus«

Die Einschätzung der Möglichkeiten und Grenzen der literarischen Gattung »Katechismus« ist äußerst umstritten. So urteilte z. B. der Hauptautor des deutschen »Katholischen Erwachsenenkatechismus«, *Walter Kasper:* »Es kann also gar keine Rede davon sein, daß das literarische Genus ›Katechismus‹ heute zur Glaubensermittlung nicht mehr tauge... In der Wortflut unserer Zeit ist das Bedürfnis nach dem verläßlichen Wort, in einem oft beliebig gewordenen Pluralismus die Sehnsucht nach Verbindlichkeit, in einer geschichts- und erinnerungslos gewordenen Welt die Suche nach den bleibenden Werten der Tradition wieder deutlicher in den Vordergrund getreten« (KASPER, 1985, S. 57).
Konträr dazu steht die Meinung des Exegeten *Josef Blank:* »Meine Vorbehalte, um nicht zu sagen Aversionen gegen einen ›Katechismus‹, ja, gegen dieses ganze literarische Genus ›Katechismus‹ überhaupt, sind alt. Sie reichen in meine frühe Schulzeit zurück, wo mir die biblischen Geschichten schon immer sehr viel lieber, weil interessanter, aufregender und spannender waren als das Auswendiglernen und Heruntersagen von Katechismus-Sätzen... Katechismen sind sehr gut dazu geeignet, den Menschen ›feste Lehren‹ beizubringen, die man als unbezweifelbar ›wahr‹ akzeptiert und verinnerlicht... Die Argumente oder Beispiele, mit denen Katechismus-Sätze verständlich und einsichtig gemacht werden sollten, hatten nur bestätigende Begleitfunktion... Mit der Verinnerlichung der Katechismus-Sätze war zwar der Anschein erweckt, damit seien auch schon echte menschliche Überzeugungen begründet. Man stehe jetzt ›ganz im Glauben fest‹. Dabei wurde oft genug Dressur, fromme Gewohnheit mit Überzeugung verwechselt; das Resultat war eher eine starre, in sich verfestigte Orthodoxie als ein fröhlicher Glaube« (BLANK, 1976, S. 755 f.).
Die gegensätzlichen Urteile führen letztlich zu der grundlegenden Frage, ob und wie Glaubensüberzeugungen sagbar und vermittelbar sind.
Das Markus-Evangelium faßt seine gesamte Botschaft in einem einzigen thematischen Satz zusammen: »Erfüllt ist die Zeit, und genaht das Königtum Gottes. Kehrt um! und glaubt der Heilsbotschaft« (Mk 1,15). Dieses Heil war für die Menschen im Umkreis Jesu erlebbar, es mußte nicht gelehrt und bewiesen werden. Durch diese Erfahrung sahen sie sich und ihre Umwelt in einem neuen Licht, das Koordinatensystem des bisherigen Lebens mit seinen traditionellen Maßstäben galt nicht mehr. Erfahrung ist somit »eine Weise der Eröffnung der Wirklichkeit. Was ist, offenbart sich in der Erfahrung. Das Erfahren ist ein Gegenwärtigwerden bzw. Gewärtigwerden eines Ereignisses, eines Wirklichkeitsgeschehens« (HASENHÜTTL, 1979, S. 45). Diese Erfahrung, die der Mensch ganzheitlich macht und die somit nicht auf den Bereich der Kognition reduziert werden kann, ist der Weg, auf dem Göttliches begegnet: »Indem die Erfahrung uns etwas Neues erscheinen läßt, ist sie selbst die Weise, in der sich Absolutes erschließen kann. Erfahrung, die uns eine neue Wirklichkeit, etwas Wahres offenbart, ist selbst nicht diese besondere, neu entdeckte Wirklichkeit, sondern die Art und Weise, wie sie erscheint. Erfahrung ist die Grunddimension dessen, was sich neu zeigt« (HASENHÜTTL, 1979, S. 45).

Da der Mensch seine Sprache nicht nur hat im Sinne eines Werkzeuges, sondern selbst ein Sprachwesen ist, also seine Identität durch die Sprache konstituiert, drängt es ihn, diese Heils-Erfahrung sprachlich weiterzugeben. So artikulieren in der biblischen Geschichte von der Auferweckung eines jungen Mannes die Anwesenden ihre Bestürzung und Verwunderung in einem Lobspruch: »Und sie verherrlichten Gott, indem sie sagten: Ein großer Prophet ist unter uns erweckt worden«. Und weiter heißt es an dieser Stelle: »Und dieses Wort über ihn breitete sich in ganz Judäa und in allem Umland aus« (Lk 7, 16 ff.). Jesus selbst fordert an anderer Stelle einen von den Dämonen befreiten Mann aus dem Land der Gerasener geradezu auf: »kehr heim und erzähle, was alles Gott dir getan hat - und er ging weg, um in der ganzen Stadt herum zu verkünden, was alles Jesus ihm getan hat« (Lk 8, 39).
Andererseits aber wehrt Jesus ein vorschnelles, an Sensationen interessiertes Gerede ab (vgl. Lk 8, 56). Auch wendet er sich dagegen, die sprachliche Zustimmung zu seiner Person und seinem Werk zu einem Formalismus, zur Wiederholung vorgefertigter Begriffshülsen zu pervertieren: »Nicht jeder, der zu mir sagt: Herr, Herr, kommt in das Himmelreich, sondern wer den Willen meines himmlischen Vaters tut« (Mt 7, 21).
Jeder Titel, jedes Bekenntnis muß in einer Heilserfahrung fundiert sein und sollte auch wieder in die Praxis zurückgeführt werden. Erst dann ist die sprachliche Äußerung identisch. Titel und Bekenntnisformeln sind dann zwar sekundäre, aber wichtige Interpretationen des praktisch Erfahrenen. Nicht zuletzt der Verkündigungsstil Jesu selbst – insbesondere die gerade im Lukas-Evangelium angeführten Gleichnisse – könnte durch seine vorwiegend narrative Struktur eine Rationalisierung und Verobjektivierung verhindern.
Andererseits aber fordert bereits der erste Petrusbrief auf, nicht nur den Glauben in der Praxis zu vollziehen, sondern auch über diesen Vollzug Rechenschaft zu geben (vgl. 1 Petr. 3, 15).
Das Medium, sprachlich Rechenschaft zu geben, ist der Diskurs. In ihm zählt die Stimmigkeit und Überzeugungskraft der Argumente. Insofern hat auch eine wissenschaftliche Reflexion über den Glaubensvollzug seine Funktion und Berechtigung. Allerdings müssen gerade hier alle Argumente – neben ihrer Logik – auch daraufhin befragt werden, ob sie letztlich in der Erfahrung verankert sind. Eine theologische Re-flexion beugt (-flexion) sich gedanklich zurück (re-) auf die Ebene der Handlung und Erfahrung. Geht eine solche Praxis der Argumentation nicht voraus, dann läuft jede Re-flexion ins Leere und wird zur Ideologie. Diese muß dann – weil sonst nicht haltbar – mit innerem oder äußerem Druck durchgesetzt und ein Widerspruch ihr gegenüber muß sanktioniert werden.
Dazu kommt eine weitere Stufe der Komplexität. Die Menschen, die ihren Glauben sprachlich artikulieren, stehen selbst in einem Geschichtsprozeß. Die Bedeutung ihres Glaubens zeigt sich gerade darin, daß er für sie in je neuen Situationen aktuell und zur Quelle gelungenen Lebens wird. Neue Lebenserfahrungen sprechen sich dann in einer je neuen Sprache aus. Auch diese Hermeneutik, der Brückenschlag der biblischen Botschaft zu den Menschen in je ihrer konkreten

Zeit, ist dann ebenfalls ein Kriterium für die Echtheit der Glaubenssprache: Finden sich die Menschen mit ihren Fragen, Sorgen und Problemen, aber auch mit ihren Hoffnungen, Wünschen und den Augenblicken erfüllten Lebens in dieser Sprache wieder oder nicht?
Weder formalistisch-abstrakt noch populistisch-flach kann deshalb die Sprache des Glaubens sein, sondern nur authentisch – oder mit den Worten von *Eugen Biser:* »Mit der stereotypen Wiederholung des ›alten Wahren‹ ist es nicht mehr getan, auch nicht, wenn es in modischer Verpackung präsentiert wird« (BISER, 1993, S. 12). Nur eine echte Glaubenserfahrung wird dann Grundlage einer theologischen Reflexion, die mit Recht auf ihrem – auch vernunftmäßig aufzeigbaren – Wahrheitsanspruch besteht: »Indessen kennt der Christenglaube keinen schärferen Gegensatz als den der Ideologie, verstanden als ein System festgeschriebener Sätze, die als ›nicht hinterfragbar‹ gelten und deshalb mit einem Interpretationsverbot belegt sind« (BISER, 1993, S. 39). Der Verzicht auf vernünftige Argumentation allerdings »erzeugt in seinen Vertretern unvermeidlich ein schlechtes intellektuelles Gewissen, das sie durch Polemik und inquisitorischen Eifer zu kompensieren suchen« (BISER, 1993, S. 39).
Erfüllt eine theologische Reflexion alle diese Bedingungen, dann wird sie von den Menschen als Bereicherung erfahren. Sie eröffnet neue Perspektiven, erfüllt tradierte Lebenserfahrungen, die sich in den biblischen Texten niedergeschlagen haben, mit neuem Leben. Insofern wird der Glaubensschatz der Vergangenheit in der Gegenwart dankbar aufgenommen werden.
Fragwürdig und symptomatisch allerdings wirken die Äußerungen des KKK zu diesem Problem. Statt vom »fröhlichen Glauben« (BLANK, 1976, S. 756) als Antwort des Menschen auf die ihm geschenkten neuen Lebensmöglichkeiten ist hier von Gehorsam und Unterordnung die Rede: »Durch den Glauben ordnet der Mensch seinen Verstand und seinen Willen völlig Gott unter« (KKK 143). Und weiter: »Im Glauben gehorchen (ob-audire) heißt, sich dem gehörten Wort in Freiheit unterwerfen« (KKK 144). Bei letzterer Äußerung ist auch auf ein sprachliches Mißverständnis hinzuweisen. »Ob-audire« heißt höchstens in einer abgeleiteten Form »gehorchen«. Primär aber steht seine Bedeutung in großer Nähe zum bereits beschriebenen »kat-echeo«: Das Entgegen-Kommende (ob-), ankommen lassen, hören (audire), und umgekehrt: Das Entgegen-Gekommene (kat-) das Gehörte weitergeben, erzählen (echeo) (vgl. dazu auch FEIL, 1993, S. 583).
Eine kleine Korrektur erfährt dieser Ansatz im KKK selbst, wenn er die »freie Zustimmung« des Menschen zu dem, was im christlichen Glauben offen-bar wurde, beschreibt. Allerdings wird selbst diese freie Zustimmung sogleich bezogen auf die »ganze, von Gott geoffenbarte Wahrheit« (KKK 150). Ob ein geschichtlicher Mensch diese Totalität überhaupt zu erfassen vermag?
Statt Gehorsam und Unterwerfung – die übrigens auch nicht dem biblischen Sprachstil entsprechen – ist an die Aufgabenbestimmung zu erinnern, die *Walter Kasper* für jede Katechese und somit auch für jeden Katechismus erhob: »Das Ziel der geforderten katechetischen Neubesinnung ist nicht die Indoktrination, sondern der persönlich angeeignete, persönlich verantwortete und auf die heutige Heraus-

forderung antworten könnende Glaube, also der erwachsene und mündige Glaube. Dieser erwachsene Glaube ist kein fixer Standpunkt, sondern ein Weg und Prozeß, auf dem die Kirche den einzelnen begleiten muß« (KASPER, 1985, S. 33).
Der KKK ist als ganzer kein Dogma. Er selbst betont die vom 2. Vatikanischen Konzil herausgestellte »Hierarchie der Wahrheiten« (vgl. KKK 90 und 234), d. h. die unterschiedliche Gewichtung der einzelnen Glaubensaussagen. Möglichkeiten und Grenzen der literarischen Gattung »Katechismus« sind somit daran zu messen, inwiefern er sowohl in seinen Einzelteilen als auch als Summe den von *Walter Kasper* geforderten erwachsenen und mündigen Glauben fördert oder hindert. Das aber heißt letztlich auch, ob und inwiefern die vorgelegte Orthodoxie zu einer verantwortungsvollen Orthopraxie hinführt.

3.3.6 Literarisches Genus »Weltkatechismus«

Das christlich-abendländische Weltbild zeichnete sich über Jahrhunderte aus durch den Gedanken der Einheit. Dabei ist »Weltbild« definiert als die Summe all der Lösungsangebote, die dem Menschen in seiner jeweiligen Zeit zur Beantwortung und Deutung seiner Fragen und Probleme zur Verfügung stehen. Exemplarisch im sogenannten Ordo-Gedanken des Mittelalters: Die Frage nach der objektiven Wahrheit, der normativen Richtigkeit, aber auch nach den ästhetischen Maßstäben zur Beurteilung eines Kunstwerkes, sie alle werden nach den gleichen Rahmenbedingungen beantwortet.
Der alle Lösungsangebote bestimmende Rahmen aber ist religiös besetzt. Vereinfachend dargestellt (zur Ausführung vgl. PAULY, 1989, S. 64 f.): Je mehr der Forscher in seiner Erkenntnis dem – letztlich von Gott geschaffenen – Gegenstand der Erkenntnis nahe kommt, je mehr somit Erkenntnissubjekt und Erkenntnisobjekt miteinander korrespondieren, desto wahrer ist eine kognitive Erkenntnis. Je weiter auch der Mensch in seinem ethisch-praktischen Handeln sich an die letztlich von Gott erlassenen Gebote hält, desto eher ist diese Handlung gut zu nennen. Und schließlich: Je mehr ein Kunstwerk die göttliche Harmonie des Kosmos und der Welt widerspiegelt, als desto schöner wird es empfunden.
Die Moderne zeichnet sich nun gerade dadurch aus, daß sich jede dieser drei Dimensionen des Wahren, Guten und Schönen des ursprünglich homogenen Weltbildes aus dieser Einheit löst und nach je eigenen Erklärungs- und Plausibilitätsstrukturen verlangt. Ob ein Satz wahr oder falsch ist, bemißt sich nicht an seiner Korrespondenz zu einem vorfindlichen Objekt, sondern muß sich erkenntnistheoretisch ausweisen (Logik, Argumentation, erkenntnistheoretische und sprachwissenschaftliche Kriterien usw.). Zudem gelten im Bereich der Naturwissenschaft und Technik die Kriterien der Nachprüfbarkeit und der Wiederholung. Im moralischen Bereich erfordern differenzierte Probleme neben der vorauszusetzenden Sachkompetenz auch je nach Umständen der Probleme unterschiedliche Lösungsansätze (z. B. kann die Frage der Gentechnologie nicht a priori ethisch beurteilt werden, sondern nur – nach Sachkenntnis – in Anbetracht der konkreten und sehr differenzierten Anwendungsmöglichkeiten und deren

Konsequenzen). Hier ist der Ort der sogenannten »autonomen Moral« (vgl. AUER, 1971). Und auch das Urteil über ein Kunstwerk sollte nicht durch ein weltanschauliches Vorurteil gebildet werden, sondern nach den Kriterien der Ästhetik, der Authentizität usw. Daß die Herausbildung derartiger eigenständiger Sphären nicht problemlos verläuft, liegt wohl in der Sache selbst begründet. Die neuen Bereiche müssen ihre Kriterien oft erst auf Umwegen herausbilden, die Vertreter des traditionellen Weltbildes fürchten dabei um ihren bisherigen Einfluß.

Ein weiteres Element kommt hinzu: So unterschiedlich die kulturellen Traditionen innerhalb des Abendlandes auch waren, so stellte doch das Christentum einen einheitlichen weltanschaulichen Rahmen dar. Spätestens die Entdeckung Amerikas sprengte nicht nur diesen geographischen Raum, sondern auch den Interpretationsrahmen des christlichen Weltbildes. Wie ist mit der Bevölkerung der entdeckten Länder und deren Religion umzugehen? Stellen diese Menschen eine zurückgebliebene Stufe innerhalb der Menschheitsgeschichte dar, die man möglichst schnell von ihren Göttern befreien und durch Katechese und Taufe auf die eigene Entwicklungsstufe heben sollte? Die Geschichte der Missionstheologie bis hin zur sogenannten »Theologie der Befreiung« stellen eine Fülle divergierender Antworten auf diese Frage dar. Abstrakt gefaßt, kann gefragt werden: Welches Verhältnis besteht zwischen Einheit und Pluralismus? Wie kann die Identität des christlichen Glaubens gewahrt werden trotz der kulturellen, ethnischen, sozialen, geographischen und gesellschaftlichen Vielfalt?

Walter Kasper beschreibt das dabei entstehende »Identitäts-Relevanz-Dilemma« wie folgt: »In dem Maß, als die Kirche ihre eigene Identität zu wahren versucht, scheint sie gezwungen zu sein, sich nach außen abzukapseln und damit ihre Relevanz zu verlieren; in dem Maß aber, als sie sich bemüht, nach außen relevant zu sein, scheint sie ihre Konturen und damit ihre Identität zu verlieren. Ohne eigene Identität gibt es auch keine Relevanz« (KASPER, 1985, S. 20).

Eine mögliche Antwort auf dieses Dilemma könnte sich auf die Aussagen des NT selbst berufen und wäre insofern ein echt christliches Lösungsangebot: Statt Relevanz und Identität als konträre Phänomene zu sehen, sollten sie dialektisch miteinander verbunden werden. Das heißt, die Identität des Christentums könnte sich gerade darin zeigen, daß nicht auf eine fest-stell-bare Identität gepocht wird, sondern daß es seine Identität gerade in seiner Relevanz für andere in je unterschiedlichen Bereichen als menschenfreundliches Angebot erweist. Damit käme das biblische Bildwort vom Weizenkorn zur Geltung, das erst in der vordergründigen Aufgabe seiner Identität gerade diese sinnvoll umwandelt und so transformiert erhält (vgl. Joh 12, 24). Gerade die Christus-Gestalt, wie sie der Philipper-Brief beschreibt, könnte dabei paradigmatische Funktion haben: »Er war in Gottesgestalt, doch nicht zu eigenem Gewinn erachtete er das Gleichsein mit Gott, sondern er gab sich selbst auf, wurde menschengleich und so wurde er als Mensch erfunden« (Phil 2, 6 ff.).

Dieses Gewinnen der eigenen Identität durch Entäußerung an das andere findet so biblisch seine Bestätigung: Gerade wegen dieser Entäußerung »erhob ihn Gott und gab ihm einen Namen, der über alle Namen erhaben ist« (Phil 2, 9).

Was bedeutet dies für die literarische Gattung »Weltkatechismus«? Der KKK möchte »im Licht des 2. Vatikanischen Konzils und der Gesamttradition der Kirche eine organische Synthese der wesentlichen und grundlegenden Inhalte der katholischen Glaubens- und Sittenlehre vorlegen« (KKK 11). Allerdings wurden bereits auf dem genannten Konzil einem derartigen Projekt schwerwiegende Bedenken entgegengebracht. So hatte bekanntlich das Konzil selbst keinen Weltkatechismus gefordert, sondern sogar in einem Diskussionspapier festgelegt: »Es scheint in keiner Weise angebracht, einen einzigen Katechismus für die Weltkirche zu erarbeiten, da die kulturellen und bildungsmäßigen Voraussetzungen vieler Nationen und Völker allzu verschieden sind« (ALBERICH, 1989, S. 344).
Schon die frühe Theologie bediente sich der griechischen Sprache und – damit untrennbar verbunden – des hellenistischen Weltbildes, um die biblische Botschaft zu beschreiben und zu deuten. Insofen ist *Johann Baptist Metz* zuzustimmen: »Ein zu Kultur und Geschichte präexistentes Christentum, ein kulturell entblößtes, ein kulturell nacktes Christentum gibt es nicht« (METZ, 1989, S. 338).
Wenn somit von der »Gesamttradition der Kirche« die Rede ist, wäre zu fragen, an welcher Stelle im KKK sich z. B. afrikanische, lateinamerikanische oder asiatische Elemente dieser Tradition finden. Im Index der zitierten Stellen finden sich als außereuropäische Quelle einzig und allein einige Sätze aus der Biographie der *Rosa von Lima* (1586-1617), wie z. B.: »Es gibt keine andere Leiter, um zum Himmel emporzusteigen, als das Kreuz« (KKK 618, vgl. auch 2449).
Insofern finden sich Befürchtungen mancher bestätigt, die in der Gattung eines Weltkatechismus die Uniformität gegenüber dem Pluralismus der heutigen Gestalt von Welt und Kirche verstärkt sehen: »Man kann sagen, daß, je mehr man die Notwendigkeit einer echten Inkulturation des christlichen Glaubens empfindet, man umso mehr in der Einführung eines Weltkatechismus ein mögliches Hemmnis für eine solche Notwendigkeit sieht« (ALBERICH, 1989, S. 343). Ähnlich urteilt der amerikanische Theologe *David Tracy:* »Meines Erachtens stellt ein ›Weltkatechismus‹ die reale Notwendigkeit der Inkulturation in einer pluralistischen Welt in Frage« (TRACY, 1989, S. 309). *Tracy* begründet diese Einschätzung der »Gattung Weltkatechismus« folgendermaßen: »Mit ihm ist auch die Annahme gegeben, daß die menschliche Situation, welche die großen Lehren und Symbola des gemeinsamen Bekenntnisses ansprechen, dermaßen klar und feststehend ist, daß sie naturgemäß kulturübergreifend und übergeschichtlich... ist (TRACY, 1989, S. 309). Gerade aber diese scheinbar situations-neutrale Sicht offenbart für *Tracy* – gerade weil es »ein kulturell nacktes Christentum« nicht gibt (METZ, 1989, S. 338) – die eurozentrische Perspektive bereits der Gattung »Weltkatechismus«.
Diese Einschätzung *Tracys* ließe sich auch auf ein anderes Gebiet übertragen. Nach allen zugänglichen Informationen war bei der Abfassung des KKK, der sich als Summe der katholischen Tradition versteht, keine einzige Frau beteiligt. Analog dem Eurozentrismus-Urteil *Tracys* bedeutet dies aber: Gerade die Absicht, ein geschlechtsneutrales, über den Geschlechtern stehendes, aber für beide Geschlechter gleich relevantes Werk zu schaffen, in dem ein Geschlecht prinzipiell für das andere mitspricht, beweist den »blinden Fleck« dieses Vorhabens.

Gemäß der mittelalterlichen Konzilstheologie war die Rezeption einer Formulierung von Glaubenswahrheiten ein wichtiges Zeichen für die Angemessenheit dieser Formulierung: quod omnes tangit, ab omnibus approbari debet. – Was den Anspruch erhebt, für alle zu gelten, muß auch von allen approbiert, zustimmend aufgenommen werden. In diesem Sinn wird die Rezeptionsgeschichte des KKK zeigen, ob sich sowohl der Mensch unter dem Aspekt der Moderne, geprägt von einem differenzierten Weltbild, wie insgesamt die Mitglieder der »katholischen«, d. h. weltweiten Kirche, als auch Frauen und Männer in ihren spezifischen Fragen und Problemen, aber auch in ihren Heilserfahrungen in diesem Text wiederfinden.

3.3.7 Die Frage nach Alternativen: Kurzformeln des Glaubens

Wenn es fraglich erscheint, ob die differenzierte und plural aufgefächerte Welt der Gegenwart einheitlich in einem noch so umfangreichen Werk erfaßt werden kann, ohne den Reichtum, die Chancenvielfalt einer wahren welt-umfassenden, d. h. katholischen Weltkirche zu gefährden, stellt sich die Frage, wie Pluralität und Identität angemessener zu vermitteln wären.
Für Jahrhunderte galten sogenannte »Kurzformeln des Glaubens« als das einigende Moment all derer, die sich in der Nachfolge Jesu Christi sahen. Paradigmatisch kann *Paulus* sein Credo zusammenfassen: »Der Messias starb für unsere Sünden, gemäß der Schrift. Er wurde begraben und am dritten Tage auferweckt, gemäß den Schriften« (1 Kor 15,3-4). Daneben gab es eine Fülle weiterer, oft unterschiedlicher Glaubensformeln, »unterschiedlich und variabel, den Hörern nach ihren Verstehensmöglichkeiten angepaßt« (SCHNACKENBURG, 1985, S. 53).
Die Geschichte des katechetischen Handelns der Kirche zeigte, daß jede Katechese letztlich inhaltlich auf diese Kurzformeln« zurückgegriffen hatte, wie sie im Credo, den Sakramenten, den Zehn Geboten und dem »Vater unser« vorliegen. Deren Funktion als Basis der Katechese ist weitgehend unbestritten: »Man wird in pädagogischer Absicht auf derartige Elementarisierungen, insbesondere für die Schule, nicht verzichten können« (BLANK, 1976, 756). Auch der KKK erkennt prinzipiell die Bedeutung solcher Kurzformeln an (vgl. KKK 1867). Die religionspädagogische, homiletische, katechetische – letztlich aber gesamttheologische – Aufgabe ist es, diese Grundaussagen des Christentums in die jeweilige, kulturelle, geschichtliche und soziale Wirklichkeit der einzelnen Adressaten zu übersetzen.
Sucht man nach einem allgemeinen Kriterium der Angemessenheit der je unterschiedlichen Methoden, dann sei an die Grundaussage des Credos selbst erinnert: »propter nos homines et propter nostram salutem« – alle Glaubensaussagen gelten demnach nicht abstrakt, sondern sie haben eine Funktion: Für uns Menschen und um unseres Heiles willen wird von Leben, Wort, Werk, Tod und Auferstehung des Jesus von Nazaret gesprochen, der gerade für Menschen zur Heilsgestalt, zum Christus, wurde. Keine bequeme Anpassung an die Beliebigkeit des je

schon vorhandenen Zustandes ist damit gemeint, sondern in der Differenziertheit der Situationen die Frage, ob, wie und inwieweit das Modell Jesu eine befreiende Heilserfahrung sein kann.
Mit den Worten von *Karl Rahner:* »Bei all diesen Überlegungen geht man natürlich von der Voraussetzung aus, daß das »apostolische Glaubensbekenntnis«, so alt und ehrwürdig es ist, so wichtig der Umstand seines Gebrauches in allen christlichen Kirchen ist, so sehr es immer eine bleibend verpflichtende Glaubensnorm sein wird, dennoch heute nicht einfach die Funktion einer solchen Grundformel in genügender Weise ausüben kann, weil es eben doch zu wenig unmittelbar die heutige geistige Situation anruft« (RAHNER, 1977, S. 431). *Rahner* plädiert infolgedessen auch für eine an dem apostolischen Glaubensbekenntnis orientierte Pluralität solcher »Kurzformeln des Glaubens«. Diese Pluralität hat aber Folgen: »Eine der ganzen Kirche als autoritativ verpflichtend vorgeschriebene Grundformel des christlichen Glaubens als einzige und allgemeine wird es nicht mehr geben. In diesem Sinn wird das ›Apostolicum‹ keinen Nachfolger haben und also bleiben« (RAHNER, 1977, S. 431).
Die Pluralität der Grundformeln, in denen sich die Pluralität des menschlichen Lebens spiegelt, als Heilsangebot für den konkreten Menschen aufzuzeigen, darin besteht dann die Aufgabe der unterschiedlichsten theologischen Disziplinen und Ansätze. Aber auch hier gilt: »Auch in der Theologie als der von der Gesamtsituation und dem ganzen Selbstverständnis des Menschen her systematischen Reflexion auf den christlichen Glauben entsteht heute notwendig ein Pluralismus von Theologien, die sich zwar nicht widersprechen müssen, und dies letztlich strenggenommen auch nicht dürfen, aber konkret vom einzelnen und von einzelnen Gruppen nicht mehr adäquat in eine einzige Theologie hineinintegriert werden können« (RAHNER, 1977, S. 433).
Insofern ist der KKK sicher ein theologischer Ansatz, eine Deutung der christlichen Botschaft. Sie hebt sich durch ihre päpstliche Approbation besonders hervor. Es bleibt zu hoffen, daß im geistigen Wettstreit um das Heil der Menschen sich auch andere Ansätze frei entfalten können. Dann dient der Pluralismus letztlich einem gemeinsamen Ziel: der Menschwerdung Gottes innerhalb der Vielfalt des Lebens (vgl. z. B. die neueren Übersetzungsversuche dieser Kurzformeln bei BISER, 1993; ZAHRNT, 1992; KÜNG, 1992 u. a.). *Joseph Ratzinger* sieht in der Entstehungsgeschichte des KKK eine gutes »Zusammenspiel von Primat und Kollegialität«. Zwar bestehe nicht der Anspruch, »daß der Katechismus eine Art von neuem Superdogma wäre«, allerdings gelte für den »Katechismus als Ganzheit: Er gibt das wieder, was Lehre der Kirche ist; wenn man ihn als Ganzes ablehnt, trennt man sich unzweifelhaft vom Glauben und von der Lehre der Kirche« (RATZINGER/SCHÖNBORN, 1993, S. 247).
Mit diesem Hinweis *Ratzingers* sind allerdings die genannten grundlegenden Probleme keineswegs gelöst.

Zweiter Teil

Der »Katechismus der Katholischen Kirche«

Wolfgang Pauly
Helmut Fox

Wolfgang Pauly

1 Das christliche Glaubensbekenntnis

Gemäß der Tradition des katechetischen Handelns der Kirche bildet das »Credo«, das auch bei der Eucharistiefeier gesprochene Glaubensbekenntnis, das erste Großkapitel des KKK. Sachgemäß charakterisiert er dabei das »Credo« als »Kurzfassung des Glaubens« (KKK 187) und als »Grundtext der Katechese« (KKK 188).

Im Verlauf der Theologie- und Kirchengeschichte wurde eine Fülle solcher Glaubensbekenntnisse, auch Symbola genannt, formuliert. Den damit verbundenen Pluralismus erkennt der KKK ausdrücklich an: »Keines der Bekenntnisse aus den verschiedenen Epochen der Kirche kann als überholt und wertlos angesehen werden. Sie alle fassen den Glauben aller Zeiten kurz zusammen und helfen uns, ihn zu erfassen und tiefer zu verstehen« (KKK 193).

Zwei solcher Ausprägungen erhielten in der Gesamttradition des christlichen Glaubens besondere Bedeutung: das »Nizäno-konstantinopolitanische Glaubensbekenntnis« (vgl. KKK 194) und das sogenannte »Apostolische Glaubensbekenntnis« (vgl. KKK 195).

Das erstere verdankt seine Entstehung den beiden für die Ausformulierung der Christologie so zentralen Konzilien von Nizäa (325) und Konstantinopel (381). Gerade die Auseinandersetzungen mit den auf den Konzilien diskutierten abweichenden Interpretationen des christlichen Heilsgeschehens führten dazu, daß der Text des »Nizäno-konstantinopolitanischen Credos« stark reflexiv ist. Er benutzt die Terminologie der griechischen Philosophie, um die biblische Botschaft zu deuten. Insofern erfordert seine Umsetzung in die katechetische Praxis eine intensive kognitive Vorarbeit.

Anders verhält es sich mit dem sogenannten »Apostolischen Glaubensbekenntnis«. Die Benennung könnte dabei mißverstanden werden, insofern dadurch der Text auf die Apostel selbst zurückgeführt würde. Tatsächlich stammt die Vorform des heutigen »Apostolicums« erst aus dem 5. Jahrhundert, ist somit jünger als das »Nizäno-konstantinopolitanische Credo«. Um seine Legitimität als »treue Zusammenfassung des Glaubens der Apostel« (KKK 194) zu dokumentieren, nannte es sein Verfasserkreis »apostolisch«. Seine heutige Form erhielt es aber erst im 9. Jahrhundert. Unter dem Einfluß Kaiser Karls des Großen wurde es im 9. Jahrhundert in das Reichsgesetz aufgenommen und so verbindlich für das ganze »Heilige Römische Reich deutscher Nation«.

Wegen seines frühen Gebrauchs als Taufbekenntnis gerade in der Gemeinde von Rom und weil es insofern »den ältesten Römischen Catechismus« (KKK 196) darstellt, ist es für die Autoren des KKK in besonderer Weise geeignet, den Aufbau der eigenen Ausführungen zu strukturieren. Daneben gibt es aber zahlreiche Bezüge auch zum Text des Konzilien-Credos. Auch die einfachere Sprache und der fast narrative Stil, der weniger mit philosophischer Terminologie behaftet ist, legitimieren die Präferenz für gerade diesen Text bei der katechetischen Arbeit.

Inhaltlich zeigen die meisten Symbola – wie eben auch das »Apostolische Credo« – eine trinitarische Struktur auf. Der KKK sagt im Rückgriff auf den »Catechismus Romanus«: »Im ersten Teil ist von der ersten Person in Gott und vom wunderbaren Schöpfungswerk die Rede; im zweiten von der zweiten Person und vom Geheimnis der Erlösung des Menschen; im dritten von der dritten Person, dem Urheber und Quell unserer Heiligung« (KKK 190).
Auch in unserem Kommentar soll diese trinitarische Struktur beibehalten werden: 1.1 Gotteslehre; 1.2 Christologie; 1.3 Pneumatologie, wobei die Christologie systematisierend aufgefächert wird in 1.2.1 Menschwerdung Gottes in Jesus, dem Christus; 1.2.2 Leid, Kreuz, Tod und Grab und 1.2.3 Abstieg in das Totenreich, Auferstehung und Himmelfahrt. Da auf den wenigen Seiten im folgenden nicht die Gesamtthematik der einzelnen Aspekte ausführlich behandelt werden kann, sei jeweils auf die weiterführende Literatur verwiesen.

1.1 Gotteslehre

Gemäß dem Text des apostolischen Glaubensbekenntnisses beginnt der KKK seine Ausführungen über die Dogmatik mit der Gotteslehre. Aber auch sachlich sieht er diesen Beginn gerechtfertigt: »Unser Glaubensbekenntnis beginnt mit Gott, denn Gott ist ›der Erste‹ und ›der Letzte‹... Der Anfang und das Ende von allem. Das Credo beginnt mit Gott dem Vater, denn der Vater ist die erste göttliche Person der heiligsten Dreifaltigkeit« (KKK 198). Diesen systematischen Erwägungen für die gewählte Reihenfolge ist zuzustimmen. In der katechetischen Praxis wird es sich aber als sinnvoll erweisen, mit der Christologie zu beginnen. Diese liefert Themen und Fragestellungen, die in ihrer Anschaulichkeit eher in die Lebenswelt des – gerade jungen – Schülers vermittelt werden können.
Theologisch-reflexiv wäre zu beachten, daß all die folgenden Äußerungen nicht abstrakt einen »Gott der Philosophen« beschreiben möchten, sondern den Gott des Jesus von Nazaret, des Christus. Insofern ist die Verbindung zur Christologie zumindestens als Hintergrund zu beachten.

1.1.1 Was steht im KKK? (198-324)

Der KKK gliedert seine Ausführungen zur Gotteslehre in folgende Bereiche:
- die allgemeine Gotteslehre: »Ich glaube an Gott« (KKK 199-231);
- die Verankerung der Gotteslehre innerhalb der Trinität: »Der Vater« (KKK 232-267);
- Gott wird als der Allmächtige beschrieben (KKK 268-278); dessen Allmacht zeigt sich für den KKK insbesondere in seiner Funktion als Schöpfer (KKK 279-324).

Die Schöpfung selbst wird nun gegliedert in »Himmel und Erde« (KKK 325-354) und den »Menschen« (KKK 355-384). In Fortsetzung der Anthropologie folgt das Thema »Sündenfall« (KKK 385-421), das die Ausführungen zur Gotteslehre abschließt.

Im folgenden sollen die genannten Aspekte systematisierend und unter der eingeschränkten Perspektive unseres Ansatzes gemäß zusammengefaßt werden: Allgemeine Gotteslehre (1.1.1.1), Trinität: Gott als Vater (1.1.1.2) und Schöpfer (1.1.1.3).

1.1.1.1 Allgemeine Gotteslehre

Die erste Aussage über die Gotteslehre betont die Einzigkeit Gottes und weist insofern das Christentum als eine monotheistische Religion aus (KKK 200-202). Im Rückgriff auf das Laterankonzil von 1215 wird diese Einzigkeit ausgeschmückt im Bekenntnis, »daß nur einer der wahre, ewige, unermeßliche und unveränderliche, unbegreifliche, allmächtige und unaussprechliche Gott ist...« (KKK 202).
Die mit dieser Beschreibung verbundene unendliche Distanz zwischen Gott und Mensch kann nur überbrückt werden durch die Initiative Gottes: Er offenbart sich auf je unterschiedlichen Stufen der Heilsgeschichte durch je verschiedene Namen. Der Name ist dabei keine äußere Beschreibung, sondern er »drückt das Wesen, die Identität der Person und den Sinn ihres Lebens aus« (KKK 203). Als bedeutendster Gottesname gilt – unter Bezug auf die Sinai-Offenbarung – der Name »Jahwe«: »Dieser Gottesname ist geheimnisvoll, wie Gott selbst Geheimnis ist« (KKK 203). Gott selbst gibt sich in diesem Namen zu erkennen als »der über alles, was wir verstehen oder sagen können, unendlich Erhabene« (KKK 206).
Dieses Gottesbild hat Konsequenzen für das Selbstverständnis des Menschen: »Angesichts der geheimnisvollen und faszinierenden Gegenwart Gottes wird der Mensch seiner Kleinheit inne« (KKK 208). Er erkennt sich als Sünder, der ohne die Huld und Gnade Gottes total verloren ist. Je kleiner und sündiger der Mensch, desto eher erweist sich Jahwe als »ein barmherziger und gnädiger Gott« (KKK 210 f.). Um jeden Spekulationsverdacht auszuschließen, betont der KKK, daß der so beschriebene Gott auch tatsächlich autark **ist**: »Während alle Geschöpfe alles, was sie sind und haben, von ihm empfingen, ist er allein sein Sein, und er ist alles, was ist, von sich aus« (KKK 213).
Inhaltlich präzisiert der KKK das Wesen Gottes als Wahrheit (KKK 215-217) und Liebe (KKK 218-221). Es schließen sich die Konsequenzen des Menschen aus diesem Gottesbild an: Der Mensch weiß um die Größe Gottes (KKK 223) und bedankt sich dafür (KKK 224).

1.1.1.2 Trinität: Gott als Vater

»Das Mysterium der heiligsten Dreifaltigkeit ist das zentrale Geheimnis des christlichen Glaubens und Lebens. Es ist das Mysterium des inneren Lebens Gottes, der Urgrund aller anderen Glaubensmysterien und das Licht, das diese erhellt« (KKK 234). Diese »grundlegendste und wesentlichste« Aussage des christlichen Glaubens kann unter der Perspektive »Gott als Vater« nur vorläufig dargestellt werden und bedarf der Ergänzung durch Christologie und Pneumatologie (vgl. Zweiter Teil, 1.2 und 1.3).
Im Rückgriff auf die Theologiegeschichte entwickelt der KKK bezüglich der Trinität den Unterschied zwischen »Theologia« und »Oikonomia«, d. h. den Unterschied zwischen der Innen- und Außenperspektive: »Die Werke Gottes (Oikono-

mia, W. P.) offenbaren uns sein inneres Wesen (Theologia, W. P.), und umgekehrt läßt uns das Mysterium seines inneren Wesens alle seine Werke besser verstehen« (KKK 236).

Das Wesen Gottes unter dem Aspekt »Vater« ist verständlich nur in seiner Bezogenheit auf den Sohn, wie auch analog im zwischenmenschlichen Bereich erst das Kind jemanden zum Vater macht und umgekehrt. Der Bezug zum anderen kostituiert das eigene Sein (KKK 238).

Dabei ist sich der KKK der Relativität der theologischen Sprache bewußt. Der Ausdruck »Vater« impliziert, »daß Gott Ursprung von allem ist und erhabene Autorität«. Unter dem Aspekt der »Güte und liebenden Besorgtheit«, der »Vertrautheit zwischen Gott und seinem Geschöpf« wäre demnach Gott auch »Mutter« zu nennen. Beide Dimensionen zusammenfassend, benennt der KKK in analoger Sprache die »elterliche Güte Gottes« (KKK 239).

Die Verhältnisbestimmung des Geistes gegenüber Vater und Sohn im KKK verkennt nicht die theologischen und terminologischen Probleme. Im Rückgriff auf das Konzil von Florenz von 1438 heißt es, »daß der Hl. Geist... sein Wesen und sein in sich ständiges Sein zugleich aus dem Vater und dem Sohne hat und aus beiden von Ewigkeit her als aus **einem** Prinzip und durch eine einzige Hauchung hervorgeht« (KKK 246). Diese gleichberechtigte Bezogenheit des Geistes auf Vater und Sohn drückte der Begriff »filioque« aus, der – auf den Konzilien von Nizäa (325) und Konstantinopel (381) noch unbekannt – erst nach dem 8. Jahrhundert in den Text des nizäno-konstantinopolitanischen Glaubensbekenntnisses aufgenommen wurde (vgl. KKK 247). Zwar weigerte sich z. B. Papst *Leo III.* noch 809, diese Hinzufügung für die Gesamtkirche verbindlich zu machen, doch stimmten die Konzilien von Lyon im Jahre 1274 und besonders das Konzil von Florenz im Jahre 1439 dieser Ergänzung zu. Die Ostkirche hat mit diesem »filioque« große Probleme und sie verzichtet bis heute in ihrer Fassung des Credo darauf. Inhaltlich möchte die Tradition der Ostkirche festhalten, daß der Geist **durch** den Sohn **aus** dem Vater hervorgeht. Formal allerdings hatte man auch Bedenken, in einen über Jahrhunderte tradierten kanonischen Text neue Ergänzungen einzufügen (vgl. andeutungsweise KKK 248, eine der wenigen Stellen des KKK, wo dieser auf andere Konfessionen Bezug nimmt). Eine schöne Geste der Versöhnung war es, als Papst *Johannes Paul II.* 1981 bei der Eucharistiefeier zum Gedenken an die 1500-Jahr-Feier des Konzils von Konstantinopel das Credo ohne diesen Zusatz sprach.

Der KKK bestätigt, daß in Kirchen- und Theologiegeschichte innerhalb des hellenistischen Weltbildes philosophische Begriffe zur Deutung der Glaubensaussagen herangezogen wurden, die die Bibel selbst nicht kennt, wie z. B. »Substanz«, »Person«, »Hypostase«. Der KKK legitimiert diesen interpretatorischen Vorgang wie folgt: »Dadurch unterwarf sie den Glauben nicht menschlicher Weisheit, sondern gab diesen Begriffen einen neuen, noch nicht dagewesenen Sinn, damit sie imstande wären, das unaussprechliche Mysterium auszudrücken...« (KKK 251). Ob diese philosophisch vorgeprägten Begriffe wirklich bei ihrer Rezeption im Christentum einen völlig neuen Sinn bekamen oder ob die Rezipienten nicht

doch das hellenistische Weltbild mit übernahmen, müßte eigens untersucht werden. Zudem müßte sich unter didaktischen Gesichtspunkten die Frage nach der Angemessenheit dieser Begriffe bezüglich des Erkenntnis- und Verstehenshorizontes der Schüler stellen.
Inhaltlich wird das »Dogma der heiligsten Dreifaltigkeit« ausgefaltet in den drei einander ergänzenden Sätzen: »Die Trinität ist eine« (KKK 253); »Die drei göttlichen Personen sind real von einander verschieden« (KKK 254) und »Die drei göttlichen Personen beziehen sich aufeinander« (KKK 255).

1.1.1.3 Der Schöpfer

Das Kapitel »der Schöpfer« folgt in der Logik des KKK den Ausführungen über den »Allmächtigen« (KKK 268-278). Es bildet aber auch die Basis der folgenden Kapitel, die sich mit »Himmel und Erde« (KKK 325-354) und der Anthropologie (KKK 355-384) beschäftigen (zur Anthropologie vgl. Erster Teil, 3.3.3). Zum Kapitel über den Sündenfall (KKK 385-421) sei auf die Ausführungen innerhalb der Moraltheologie verwiesen (vgl. Zweiter Teil, 3).
Die Rede von Gott, dem Schöpfer, ist für den KKK letztlich im biblischen Schöpfungsbericht begründet (KKK 279). Die spezifisch christliche Sicht erkennt in ihr zugleich den Beginn der Heilsgeschichte, »die in Christus gipfelt« (KKK 280).
Vor die eigentlichen inhaltlichen Aussagen setzt der KKK den Abschnitt »die Katechese über die Schöpfung« (KKK 282-289). Diese wird damit als bedeutend und wichtig angesehen: »Sie betrifft ja die Grundlagen des menschlichen und des christlichen Lebens, denn sie formuliert die Antwort des christlichen Glaubens auf die Grundfragen, die sich die Menschen aller Zeiten gestellt haben: Woher kommen wir? Wohin gehen wir?, Woher stammen wir? Wozu sind wir da? Woher kommt alles, was da ist, und wohin ist es unterwegs?« (KKK 282). Von diesen Fragen nach dem Ursprung, dem Ziel und dem Sinn sagt der KKK an gleicher Stelle, daß sie »sich nicht von einander trennen« lassen.
Die naturwissenschaftliche Erforschung der Ursprünge von Welt und Mensch werden dabei anerkannt und dienen dazu, »erst recht die Größe des Schöpfers zu bewundern« (KKK 283). Daneben wird eine »Frage anderer Ordnung, die über das eigentliche Feld der Naturwissenschaften hinausgeht«, angesprochen: die Frage nach dem »Sinn dieses Werdens«. In diesem Kontext bedeutet die Sinnfrage, ob dieses Werden »durch Zufall, durch ein blindes Schicksal, eine namenlose Notwendigkeit bestimmt wird oder aber von einem intelligenten und guten höheren Wesen, das wir Gott nennen« (KKK 284). Die Frage nach dem letzten Grund allen Werdens entscheidet nach dem KKK über dessen Sinnhaftigkeit. Die unterschiedlichsten Versuche, diese Frage zu beantworten, werden dabei benannt, wie z. B. der Pantheismus, der Dualismus oder der Materialismus (KKK 285). Zwar »kann schon der menschliche Verstand eine Antwort auf die Frage nach den Ursprüngen finden« (KKK 286). Da aber »diese Erkenntnis oft durch Irrtum verdunkelt und entstellt wird« bedarf es der Offenbarung Gottes in der Heilsgeschichte (KKK 287-289). Dabei zeigt sich wiederum die trinitarische Struktur der Schöpfung

(KKK 290-292), einer Schöpfung, die letztlich zur Ehre Gottes geschaffen wurde (KKK 293-294).

Konkretisiert wird der Schöpfungsvorgang als »creatio ex nihilo«, als »Schöpfung aus dem Nichts«, wobei sich der KKK auf eine Stelle aus dem 2. Makkabäerbuch (1. Jahrhundert v.Chr.) beruft (KKK 297). Die Schöpfung selbst ist geordnet und gut (KKK 299), Gott ist als »Erstursache von allem, was existiert,... im Innersten seiner Geschöpfe zugegen« (KKK 300), insofern erhält er auch die Schöpfung am Leben (vgl. KKK 301).

Trotz allem ist die Schöpfung noch nicht abgeschlossen, »sie ist so geschaffen, daß sie noch ›auf dem Weg... in eine erst zu erreichende letzte Vollkommenheit ist, die Gott ihr zugedacht hat‹« (KKK 302). Dieser Entwicklungsweg steht unter dem Plan und der Vorsehung Gottes: »Die Fürsorge der Vorsehung ist **konkret** und **unmittelbar;** sie kümmert sich um alles, von den geringsten Kleinigkeiten bis zu den großen weltgeschichtlichen Ereignissen« (KKK 303).

Zur Durchführung seines Planes bedient sich Gott der Mitarbeit von Menschen, die somit zur »Zweitursache« werden: »Die Menschen sind oft unbewußt Mitarbeiter Gottes, können jedoch auch bewußt auf den göttliche Plan eingehen durch ihre Taten, ihre Gebete, aber auch durch ihre Leiden« (KKK 307).

Es bleibt dann die »ebenso bedrängende wie unvermeidliche, ebenso schmerzliche wie geheimnisvolle Frage« nach dem Bösen. Der KKK benennt zwei Ebenen: die physische Welt hätte Gott in seiner unendlichen Weisheit und Güte vollkommen erschaffen können. Er tat es aber nicht – »aus freiem Entschluß«. Die Folge: »So lange die Schöpfung noch nicht zur Vollendung gelangt ist, gibt es mit dem physisch Guten folglich auch das **physische Übel**« (KKK 310). Daneben gibt es das **moralische Übel.** Gott, der Schöpfer des Menschen, ist allerdings nach dem KKK »auf keine Weise, weder direkt noch indirekt, die Ursache des moralischen Übels« (KKK 311), sondern allein der geschaffene Mensch in seiner Freiheit.

1.1.2 Kritische Reflexion

Es kann im folgenden nicht darum gehen, auf wenigen Seiten eine Gottes-, Trinitäts- oder Schöpfungslehre zu bieten. Nur an einigen, letztlich für die katechetische Praxis relevanten Punkten sollen die Aussagen des KKK kritisch hinterfragt, in ihrem Entstehungszusammenhang aufgezeigt und in das Weltbild der Moderne zu übersetzen versucht werden.

1.1.2.1 Allgemeine Gotteslehre

Die grundlegenden Aussagen über Gott entnimmt der KKK einem Beschluß des 4. Laterankonzils (vgl. DENZINGER/HÜNERMANN, Nr. 800). Wie jede theologische Aussage verdankt sich auch dieser Beschluß einer ganz konkreten Problemstellung. Im 11. und zu Beginn des 12. Jahrhunderts, in einer Zeit somit vor den kirchlich anerkannten Reformen, z. B. des *Franziskus* oder *Dominikus,* erregte die Bewegung der Asketen und Bettelmönche durch ihren Lebensstil, aber auch durch ihren theologischen Ansatz, Aufsehen. Die Katharer (später im Be-

griff »Ketzer« verallgemeinert) und ganz besonders in der Ausprägung als Albigenser (benannt nach ihrem Zentrum Albi) vertraten einen starken Dualismus. Der böse Gott oder Satan ist der Weltenschöpfer (oft identifiziert mit dem Gott des AT), der gute Gott ist der Erlöser (oft identifiziert mit dem Gott des NT). Aber selbst das Kommen Christi brachte letztlich keine Erlösung nach Meinung der Katharer. Die Menschen **in** der Welt müssen vielmehr so leben, daß sie sich aller welthaften und somit sündhaften Dinge enthalten. Sie müssen rein (katharos) werden und sich auf die Seite des guten Gottes stellen.
Insofern erklärt sich die starke Betonung des Konzilsbeschlusses: Gott ist nur einer und der eine ist der wahre und ewige Gott.
Die Attribute unermeßlich, unveränderlich, unbegreiflich sollen dabei diese Einheit und Einzigartigkeit Gottes unterstreichen. Für den heutigen Leser könnten sie zunächst die Funktion haben, ein vorschnelles Gerede über Gott vermeiden zu helfen. Die wiederkehrende Vorsilbe »un-« könnte somit eine Fest-schreibung Gottes, die Verobjektivierung des Gemeinten hindern. Andererseits aber ist damit der Inhalt dessen, was mit dem Wort »Gott« gemeint ist, ganz und gar aus dem Bereich der Erfahrung des Menschen gerückt (vgl. Zweiter Teil, 3.3.2.3).
Diese Diastase zwischen Gott und Mensch bleibt in der Darstellung des KKK selbst dann erhalten, wenn über die Offenbarung des Namens Gottes referiert wird. Mit Recht heißt es zunächst, daß der Name Wesensaussage und Funktionsbeschreibung ist (KKK 203). Die Deutung des so zentralen Gottesnamens »Jahwe« allerdings ist problematisch. Zwar ist dieses Wort im Kontext der orientalischen Religionen sicherlich ungebräuchlich für die Bezeichnung eines Gottes und insofern eher die »Zurückweisung eines Namens« (KKK 206). Auch hier gilt es somit, eine begriffliche Fixierung, eine Fest-stellung durch Benennung abzuwehren.
Aber gerade der Jahwe-Name ist nicht ein »Geheim-Code« für etwas Geheimnisvolles, »wie Gott selbst Geheimnis ist«. Jahwe als Name, d. h. als Bezeichnung des Wesens, des Eigentlichen dieses Gottes drückt insofern gerade nicht eine unüberbrückbare Distanz zwischen Gott und Mensch aus, sondern dessen Nähe und Erfahrbarkeit in allen geschichtlichen Situationen. Er impliziert die wesentliche Aussage: Ich bin der, der bei dir sein wird, der dich trotz Krisen und Verfehlungen nicht verlassen wird. Insofern ist die ganze Geschichte Israels eine inhaltliche Füllung dieses Namens. Es ist die dem ganz konkreten Menschen mögliche Erfahrung: Jahwe = es ist Gott, wo Rettung, wo Heil geschieht. Im KKK wird dies nur in einem Nebensatz beachtet: »Und er ist zugleich der Gott, der dem Menschen seine Nähe schenkt« (KKK 206).
Die philosophische und theologiegeschichtliche Ausdeutung dieses Namens spricht Gott »die Fülle des Seins und jeglicher Vollkommenheit« zu (KKK 213). Das heißt für die genannte Erfahrungsebene: Wo der Mensch heil-same Erfahrung macht, da begegnet ihm das Höchste, das Unableitbare, das sein eigenes Sein **ist.** Damit sprengt es selbst die physikalische Zeit: Es ist »ohne Ursprung und ohne Ende«, das empirische Zeitmaß ist der erlebten Zeit hier völlig unangemessen.
Gerade der Hinweis des KKK auf die Liebe kann dies verdeutlichen: Die Liebe verlängert nicht etwa die meßbare Zeit und dehnt sie unendlich, sondern sie

transzendiert quasi Raum und Zeit, sie ist insofern bei jeder echten Begegnung »ewig« (vgl. KKK 219).

Die Reaktion des Menschen wird als Dankbarkeit beschrieben (KKK 224). Ein Mißverständnis wäre es dabei, diese Haltung des Menschen im Sinne feudaler Strukturen zu deuten: Der kleine arme Bauer oder Arbeiter ist so völlig unbedeutend, daß er gegenüber dem Feudalherrn nur seine Niedrigkeit, Kleinheit und Unzulänglichkeit bekennen kann (vgl. KKK 208). Ist der Mensch erst tief im Staub, dann kann der Herr seine Gnade, Huld und Großzügigkeit erkennen lassen – und dies letztlich wiederum zu seiner eigenen Verherrlichung (vgl. KKK 214).

Bedeutet ein »Leben in Danksagung« allerdings die Einsicht, daß all das, was das Leben des Menschen letztlich gut und heil macht, nicht produziert, geleistet oder erzwungen werden kann, sondern geschenkt wird (vgl. das Beispiel der Liebe), dann stellt sich Freude und Dankbarkeit ein. Diese Einstellung ermöglicht dann gleichzeitig eine innere Distanz zu allem Machbaren und Verfügbaren, sie ermöglicht auch eine Distanz gegenüber innerweltlichen Strukturen und Machtansprüchen, sie wird zur wahren Freiheit eines Christenmenschen.

1.1.2.2 Trinität: Gott als Vater

»Die Lehre vom dreieinen Gott macht... zwar das entscheidend und unterscheidend Christliche geltend. Aber für das durchschnittliche Glaubensbewußtsein ist sie doch eher zu einer ›Paradoxie am Rand der Glaubenslehre‹ geworden« (WERBICK, 1992, S. 481). Innerhalb des Christentums war die Diskussion Anlaß zu manchen Brüchen und Spaltungen. Letztlich trugen auch Mißverständnisse über die Trinität mit dazu bei, daß sich Mohammed vom Christentum – dem er in der Trinität einen Drei-Götter-Glauben unterstellte – abgestoßen fühlte. Insofern betont das Grunddogma des Islam die Einheit Gottes: Es ist nur ein Gott und Mohammed ist sein Prophet.

Die ganze Trinitäts-Diskussion entstand letztlich an der Frage, wie der jüdische Monotheismus beibehalten, zugleich aber auch für Jesus, den Christus, Göttlichkeit behauptet werden konnte. Verschärft wurde das Problem durch die Ausweitung der Frage, auf den ›Geist‹ Gottes, der in/durch Jesus, den Christus, erfahrbar wurde. In diesem Geist konstituierten sich die ersten christlichen Gemeinden und in ihm lebt die Gemeinschaft der Gläubigen.

Zwei Deutungsmodelle, in der Christologie entstanden (vgl. Zweiter Teil, 1.2), auch auf die Pneumatologie übertragbar (vgl. Zweiter Teil, 1.3), galt es zu vermeiden:

a) Der eigentliche Gott ist nur Einer (identifiziert mit dem Vater), Sohn und Geist sind ihm letztlich untergeordnet und können nur abgeleitet als Gott bezeichnet werden. Dies ist die Lehre des Subordinationismus.

b) Sohn und Geist sind zwar göttliche Erscheinungsweisen (Modalitäten), sie haben aber keinen Eigenbestand. Haben sie ihre Funktion erfüllt, zieht sich Gott wieder zurück in seine eigentliche Wesenheit (ähnlich einer Amöbe, die funktional einzelne Glieder/Bewegungs- oder Freßzellen ausbildet, diese aber nach Beendigung ihrer Funktion wieder zugunsten einer unterschiedslosen Einheit zurückbildet). Dies wäre das Modell des Modalismus.

Um Eigenständigkeit und Gemeinsamkeit auszudrücken, bediente sich die Kirche des Sprachmodells »Person«: ein Gott in drei Personen. Letzlich waren damit eher Probleme benannt als gelöst. Bedeutet doch »persona« (vom griechischen Wort »prosopon«) zunächst »Maske«, »Sprachrohr« und keinesfalls wie im neuzeitlichen Verständnis »Eigenständigkeit«, »Personalität«. Insofern war auch dieser Person-Begriff nicht sicher vor modalistischen Mißverständnissen. Eine weitere, mit zahlreichen philosophischen Problemen belastete Frage war die nach der Verhältnisbestimmung von trinitarischem Wesen Gottes in sich (theologia) und ihrer Korrelation zur Welt (oekonomia). Nun konnte in der allgemeinen Gotteslehre gezeigt werden, daß Gott nicht dieses und jenes offenbart, sondern letztlich sich selbst, sein Wesen. Das aber bedeutet, daß in diesem Sinn die »theologia« die »oekonomia« **ist:** »Die verschiedenen trinitätstheologischen Modelle versuchten... sicherzustellen, daß Gott ›in sich› kein anderer ist als der in der Heilsökonomie sich selbst mitteilende Gott ›für uns›, daß also Sohn und Heiliger Geist nicht nur die Offenbarungsmedien Gottes, sondern Gottes eigene Wirklichkeit sind« (WERBICK, 1992, S. 525).
Einheit und Differenz von »Vater« und »Sohn« zeigt sich im Johannes-Evangelium auch ohne philosophische Terminologie: »Ich kenne ihn« (Joh 7, 29a) – Jesus weiß um die Güte seines Vaters (seiner Mutter). Und dies hat einen Grund: »Weil ich von ihm her bin und er mich gesandt hat« (Joh 7, 29b). Das Wissen um die Liebe zeigt sich ihm, weil er sein Leben von ihr herleitet, weil er aus ihr ist. Und deswegen wird das Wesen Gottes (des Vaters) voll und ganz im Sohn erkannt: »Wenn ich nicht meines Vaters Werke tue, so glaubt ihr mir nicht. Wenn ich sie aber tue, selbst wenn ihr mir nicht glaubt, so glaubt den Werken, damit ihr zu erkennen bekommt und anerkennt, daß in mir der Vater ist und ich im Vater« (Joh 10, 37 f.). Das Werk, die Praxis des Sohnes zeigt nicht irgendwas **am** Vater, sondern **den** Vater.
Und wie der Sohn seine Identät als Sohn durch die Beziehung zum Vater (zur Mutter) konstituiert (wie auch umgekehrt), so soll diese Relation auch die Beziehungen der Menschen untereinander in der Nachfolge Jesu prägen: »Daß alle eins seien, wie du, Vater, in eins mit mir und ich in eins mit dir, daß auch sie seien in eins mit uns, damit die Welt glaube, daß du mich gesandt hast« (Joh 17, 21). In den gelungenen Beziehungen der Menschen, die ihr Sein (als Vater, Mutter, Geschwister, Liebende...) im und durch den anderen konstituieren, spiegelt sich die trinitarische Einheit. Umgekehrt realisiert sich die trinitarische Einheit in diesen Beziehungen, denn die Wesens-Bestimmung des trinitarischen Gottes ist die Liebe.

1.1.2.3 Der Schöpfer

Daß der KKK dem Kapitel über den Schöpfer die Reflexion »Die Katechese über die Schöpfung« vorausstellt, zeigt, welch wichtige Grundfragen hier zur Diskussion stehen. Die Geschichte der Beantwortung der hier gestellten Fragen (z. B. Woher stammen wir?, Woher kommt alles, was ist, und wohin ist es unterwegs? Vgl. KKK 282) ist zugleich die Geschichte von Mißverständnissen einerseits und Emanzipationsbestrebungen andererseits. Alle zentralen Konflikte zwischen

Theologie und Naturwissenschaft (von *Galileo Galiei* über *Teilhard de Chardin* bis zu einer Fülle weniger bekannter Wissenschaftler) ist dadurch charakterisiert, daß einerseits biblische Texte (z. B. der Sieben-Tage-Schöpfungsbericht) als Antworten auf alle genannten Fragen gesehen wurden, während die sich aus einem einheitlichen Weltbild emanzipierenden Wissenschaften andererseits aufgrund ihrer konkreten methodisch-exakten Vorgehensweisen zu Ergebnissen kamen, die nicht mehr durch die traditionellen theologischen Antworten gedeckt waren. Mißverständnis und Emanzipationsbewegung führten dabei zu den beiden sich ergänzenden Fehlurteilen: die naturwissenschaftliche Forschung zerstöre den Glauben; die biblische Botschaft verhindere Fortschritt und Freiheit. Diese Fehlentwicklung wird im KKK zwar nicht als solche benannt, die Leistung wissenschaftlicher Forschung allerdings wird ausdrücklich anerkannt und in ihr werden sogar neue Möglichkeiten des Glaubens gesehen: »Diese Entdeckungen sollten uns anregen, erst recht die Größe des Schöpfers zu bewundern, ihm für all seine Werke und für die Einsicht und Weisheit zu danken, die er den Gelehrten und Forschern gibt« (KKK 283).

Die Ursache der genannten Fehlentwicklungen ist somit in beidseitigen Grenzüberschreitungen zu sehen. Der KKK spricht mit gutem Grund von verschiedenen »Ordnungen«, mit denen sich Theologie einerseits und Naturwissenschaft andererseits auseinandersetzen. Neben der naturwissenschaftlich zu beantwortenden Frage »wann und wie der Kosmos materiell entstanden und der Mensch aufgetreten ist« steht die Sinnfrage (KKK 284). Bei letzterer sieht der KKK mit vollem Recht die Theologie gefordert.

Die Frage nach dem Sinn aber ist immer relational. Sie ist nicht abstrakt zu beantworten, sondern nur konkret: Was ist in bezug auf wen sinnvoll? »Sinnvoll« ist somit ein Prädikatsnomen, das ein konkreter Mensch einer Sache oder einem Geschehen zuspricht. Schon an einem Beispiel der außermenschlichen Natur läßt sich dies verdeutlichen: Was für die Amsel äußerst sinnvoll ist, bedeutet eine Lebensgefahr für den Regenwurm.

Dazu kommt eine zweite Stufe der Komplexität: Der Mensch beantwortete im Lauf seiner Geschichte die Sinnfrage sehr verschieden. Der mythische Mensch verstand sich als Teil eines vorgegebenen Kosmos. Ein sinnvolles Leben bestand insofern in der möglichst engen Angleichung des eigenen Lebensvollzuges an die vorgegebenen Strukturen des Kosmos. Das »Woher« des eigenen Lebens wurde im gleichen Sprachspiel beantwortet wie die Frage nach dessen Sinnhaftigkeit: Ursache, Sinn aber auch Ziel waren vorgegeben, der einzelne muß sie quasi nur noch für sich selbst adaptieren.

Gerade aber zur Beantwortung der Ursachen- und Kausalitätsfrage haben die Naturwissenschaften in der Neuzeit eigene Antworten erarbeitet. Viele – gerade sensible und problembewußte – Menschen der Neuzeit sind daran zerbrochen, daß durch den Auszug dieser Fragestellung aus dem bisherigen homogenen Zusammenhang die Sinnfrage selbst sinnlos erschien (in diesem Zusammenhang wäre über Friedrich Nietzsche neu nachzudenken). Andere wiederum siedelten die Sinnfrage je nach Stand der jeweiligen Entwicklung auf immer neuen Ebenen an. So sah man z. B. zunächst im Sieben-Tage-Werk der Genesis ein protokollierbares Geschehen »in principio« – den Anfang der Erde und des Menschen. Konnten Naturwissenschaften und Anthropologie nachweisen, daß sehr viel für eine Evolutionslehre als Erklärung der Entstehung des Menschen spricht, wurde der zunächst bildlich verstandene Schöpfer zum »Prinzip« der Schöpfung: Er ist der Ausgangspunkt und die Ursache der Evolution. Konnte weiterhin einsichtig gemacht werden, daß auch die Erde als die Heimat des Menschen sich selbst einer Entwicklung verdankt, die mit dem Begriff »Urknall« beschrieben werden kann, wurde der Schöpfer zum Urheber des Urknalls. Die Frage nach dem Woher wurde schließlich in Anbetracht einer möglichen permanenten Entwicklung von Implosion und Explosion des Kosmos noch weiter zurückverlagert: der Schöpfer ist dann eben die Ursache dieser kosmischen Entwicklung.

Die aufgezeigte theologische Deutung (natur-wissenschaftlicher Erkenntnisse) gleicht einem permanenten Rückzug aus der erfahrbaren Welt. Mit dem »Gott des Urknalls« oder mit dem »Prinzip« der Kosmologie verbindet den modernen Menschen in seiner Lebenswelt nichts mehr. Die Verbindung der Kausalitätsfrage mit der Sinnfrage läßt den Menschen in der Moderne allein.

Dem KKK ist zwar zunächst zuzustimmen, »daß die Frage nach den Ursprüngen dauernd und überall gestellt wird. Dieses Suchen ist dem Menschen eigen« (KKK 285). Hier ist aber zunächst der naturwissenschaftliche Forscherdrang gefordert. Gerade dieses Forschen ist nicht als Kommentar oder Illustration des Satzes zu verstehen »am Anfang schuf Gott Himmel und Erde« (Gen 1, 1). Wenn der Sieben-Tage-Schöpfungsbericht keine Auskunft über das Geschehen am Anfang (»in principio«) gibt, so möchte er allerdings eine Aussage machen über den Menschen – und zwar in diesem Sinne »in principio«: Im Prinzip, prinzipiell, eine Wesensaussage also. Der Schöpfungsbericht deutet das Wesen des Menschen als Geschenk, somit als Geschöpf. Nicht die Frage nach dem letzten Grund entscheidet über dessen Sinnhaftigkeit (vgl. KKK 284), sondern die Erfahrung, daß all das, was das Leben gelingen läßt, letztlich nicht machbar ist. Insofern ist gerade diese Erfahrung ein Sinn-stiftendes Geschenk.

Dies beginnt bereits bei der Gesundheit von Körper und Seele und gipfelt in der Erfahrung der »Hoch-zeit« des Lebens: der Liebe. Jeder kann zum Gelingen beitragen, die Erfüllung selbst aber ist nicht machbar, der Erfolg ist nicht garantierbar. Eine kausale Rückbindung allerdings unterbricht sich dann entweder selbst, indem sie auf ein nichthinterfragbares »Schöpfungsmysterium« (KKK 280) verweist. Oder sie führt in eine Aporie: warum führt die scheinbare Kausalitätskette bei einem zum Glück, beim anderen aber zu Unheil?

Ein dualistisches Weltbild (hier Kausalitätsdenken – dort Heilserfahrung) wird dabei dadurch vermieden, daß beides Vollzüge des ein und desselben Menschen sind. Im Rahmen dieser Überlegungen läßt sich auch das Problem der Schöpfung »aus Nichts« übersetzen (vgl. KKK 297). Der KKK beruft sich mit Recht auf die späte Stelle aus dem 2. Makkabäerbuch. Frühere biblische Zeugnisse lassen sich nämlich als Bezug nicht anführen. Und auch in der Theologiegeschichte taucht der Gedanke einer »creatio ex nihilo« erst als Gegenmodell auf zu einer Philosophie,

die die Ewigkeit der Materie behauptete und so dem ewigen Gott gleichsam ein zweites Prinzip zur Seite stellte. »Im ausgehenden 2. Jahrhundert hat die jüdisch-christliche Lehre von der creatio ex nihilo jene reflexive Sinngebung erhalten, durch die in Konsequenz des biblischen Schöpfungsgedankens Gottes voraussetzungsloses, freies Erschaffen der gesamten Wirklichkeit zum Ausdruck der Kraft werden sollte« (SATTLER/SCHNEIDER, 1992, S. 175). Die genannten Beispiele gelungenen Lebens bestätigen diese Interpretation: Schöpferisches Dasein ist grundlos, nicht ableitbar, kommt quasi »aus dem Nichts«.
Ausführlich thematisiert der KKK das Problem des Bösen und Unvollkommenen. Jeder Vergötzung der Welt und des Menschen ist dadurch ein Riegel vorgeschoben. Diese »bedrängende wie unvermeidliche, ebenso schmerzliche wie geheimnisvolle Frage« (KKK 309) sollte nach Ansicht des KKK nicht vorschnell zu beantworten versucht werden (vgl. KKK 309). Dies gilt allerdings auch für die eigene Antwort des KKK. Gott hätte zwar die Welt vollkommen erschaffen können, sagt der KKK, er tat es aber nicht, da er eine Welt »auf dem Weg« kreieren wollte (KKK 310). In Anbetracht des »physischen Übels« (z. B. Naturkatastrophen und Krankheiten) kann hier das Schöpferbild sehr schnell zu dem eines Willkür-Potentaten degenerieren, der schließlich tun und lassen kann, was er will.
Auch bezüglich des moralischen, also letztlich vom Menschen verursachten Übels, führt die Argumentation des KKK – zumindestens sprachlogisch – zu einer Aporie. Um Gott nicht mit diesem Übel selbst zu belasten, heißt es, daß er weder direkt noch **indirekt** dessen Ursache sei (KKK 311) – und dies, obwohl er als der Schöpfer des sündigen Menschen benannt wird.
Widersprüche und Aporien dürfen dabei nicht mit dem Hinweis auf das »Geheimnis des Glaubens« beiseitegeschoben werden, sonst gerät dieser Glaube sehr schnell von einem Mysterium zu einem Mirakel. Der Glaube ist allerdings insofern ein »Geheimnis«, als er genausowenig wie Hoffnung, Sehnsucht, Liebe und Glück verobjektiviert und vergegenständlicht in seinem Wesen, in seinem Vollzug erfaßt werden kann. Er ist aber kein »Mirakel«, kein Zaubertrick, der nur Insidern bekannt bleiben darf.
Trotzdem ist eine kritische Reflexion dieser Vollzüge notwendig, wie der Blick eines Familientherapeuten auf eine scheinbar intakte Situation, deren Harmonie letztlich nur im Unterdrücken von Konflikten besteht. Wird diese »Dogmatik der Lebenswelt« aber aufgebrochen, können die Mitglieder in eine neue, befreite Beziehung zueinander treten. So vermag eine kritische Theologie die Aussagen **über** den Glauben zu befragen, ob diese wirklich der Erfahrung entspringen. Zweitens kann diese Erfahrung mit den in biblischen Schriften niedergelegten Erfahrungen verglichen werden. Insofern können die biblischen Schriften heutige Erfahrungen deuten helfen. Und schließlich sollte eine Theologie darauf achten, daß in der Darlegung dieser Deutungsmöglichkeiten keine logischen und formalen Widersprüche oder Aporien vorliegen. Sind diese Bedingungen erfüllt, dann können die Heilserfahrungen, die in Schrift und Tradition niedergelegt sind, auch als Heilsmöglichkeiten für den heutigen Menschen aufgezeigt werden, trotz unterschiedlicher Weltbilder und Deutungssysteme.

1.1.3 Didaktische Hinweise

1.1.3.1 Allgemeine Gotteslehre

Der KKK bezeichnet die Gottesfrage als die erste und grundlegendste Aussage des Glaubensbekenntnisses. Alle weiteren »lassen uns Gott besser erkennen, wie er sich Schritt für Schritt den Menschen geoffenbart hat« (KKK 199). Die katechetische und religionspädagogische Praxis zeigt nun allerdings, daß die inhaltliche Bestimmung des Wortes »Gott« weder vorausgesetzt noch für alle Schüler als mit bestimmten Erfahrungen verbunden angesehen werden kann. Insofern bestätigt sich die Diagnose *Eugen Drewermanns:* »Wir leben in einer Zeit, in der selbst der Begriff ›Gott‹ eher ein Phantom der frühen Kindheit beschreibt, als das Gegenüber menschlicher Personalität und Freiheit zu bezeichnen. Auf die Kirchen Westeuropas kommt unausweichlich eine Jugend zu, in deren Ohren das Reden unserer Bibelexegeten heute schon durchaus nicht mehr zu unterscheiden ist von der Sprache irgendeiner Sekte – ein Vokabular, das nur noch Konventikelangehörige selbst mit bestimmten Erinnerungen und Gefühlen ihrer eigenen, zumeist sehr autoritär-strengen Sozialisationsgeschichte zu assoziieren vermögen, während für ›die draußen‹ die Frage sich kaum noch stellt, welch einen Sinn über die Befriedigung dieser ›Gemeindemitglieder‹ hinaus ein derartiges Reden von Gott eigentlich macht« (DREWERMANN, 1988, S. 25).
Vor aller inhaltlichen Füllung des Wortes »Gott« – was letztlich in der christlichen Katechese nur über die Person des Jesus von Nazaret, des Christus, geschehen kann – wäre die Sensibilität für konkrete Lebenssituationen zu wecken. Erst wenn diese als mehrdimensional erkannt werden, können religiöse Begriffe als Deutungen bestimmter Dimensionen zur Sprache gebracht werden. Auch und gerade der junge Mensch macht Erfahrungen der Freude, er hat Angst und Sorge, er fühlt sich angenommen oder abgelehnt. Und er erfährt gleichzeitig, daß ihm letztlich weder sein Computer noch seine Schulleistungen bei der Deutung oder Bewältigung dieser Phänomene helfen können. Aber auch die Wiederholung der »klassischen Formeln«, »die in Theologie und Kirche ausgebildet wurden, hilft letztlich wenig, denn: hinter diesen Formeln muß die von ihnen gemeinte Sache neu erfragt werden« (RATZINGER, 1983, S. 83, vgl. Erster Teil, 2.2.2).
Statt der universalen und somit verobjektivierenden Rede von Gott als »unserem ersten Ursprung und unserem letzten Ziel« (KKK 229) wäre schon viel geleistet, wenn »von der Sinnhaftigkeit einzelner Teilabschnitte« des Lebens gesprochen und diese Momente gelungenen Lebens bewußt gemacht werden könnten (vgl. LAMBERT, 1989, S. 54). »Der Glaube an Gott bewährt sich, deshalb wird er weitergegeben. Insofern kann auch heute der Glaube an Gott, an seine Offenbarung dem Menschen gegenüber nur weitergetragen werden, wenn immer wieder Menschen diese Erfahrungen machen, daß das Vertrauen auf Gott ein Leben gelingen läßt« (LAMBERT, 1989, S. 56).
Die Geschichten des Alten Testamentes und die Betrachtung von Person und Werk Jesu bieten Beispiele dafür, wie das Leben des einzelnen und der Gemeinschaft gelingen kann. Insofern können sie auch die Lebenssituationen des heuti-

gen Menschen spiegeln und dadurch deuten helfen. Die so gedeutete Lebenssituation des Schülers sucht sich andererseits neue Ausdrucksmöglichkeiten. Vielfach sind diese auf den ersten Blick nicht in ihrem Bezug zu den biblisch vorgegebenen Bildern zu erkennen. Gerade die moderne Musikszene wäre daraufhin kritisch zu befragen, ob und gegebenenfalls welche Antworten, Lebensmodelle und Sinnentwürfe dem jungen Menschen angeboten werden. Doch sind diese **religiöse** Deutungsmodelle?

Hier wäre zunächst auf die Vielfalt der biblischen Rede von Gott selbst einzugehen und deren Entwicklung aufzuzeigen. Auch das alttestamentliche Bilderverbot als Warnung vor einer Fest-Stellung Gottes wäre zu thematisieren. Um aber den Holzweg des Relativismus und der Beliebigkeit zu vermeiden, sind die neuen Bilder und Ausdrucksformen auch selbst zu befragen: Ist in ihnen wirklich das ausgedrückt, was den einzelnen in seiner konkreten Lebenssituation trägt? Ist sein Leben durch den Bezug auf diese Bilder reicher, bunter, sinn-voller geworden? Betrifft die im Bild ausgedrückte Heils-Erfahrung nur einen einzelnen oder eine in sich abgeschlossene Gruppe oder hat es auch eine befreiende Dimension für andere? Lassen sich Wege aufzeichnen, von dieser neuen Rede über Heil zu einer neuen Praxis zu gelangen? (vgl. z. B. SCHNIDER, 1988).

Die didaktische Umsetzung ist nur möglich in Anbetracht der konkreten Altersstufe, Schulart und Lebenssituation, in der sich die Schüler befinden. So bietet z. B. *Hubertus Halbfas* eine Fülle von Beispielen, wie – differenziert nach Altersstufen – durch Meditation, Bildbetrachtung, Erzählung u. a., die Schüler für die Gottesfrage sensibilisiert werden können (vgl. z. B. HALBFAS, 1984, S. 197-256; HALBFAS, 1985, S. 189-260; HALBFAS, 1986, S. 171-224). So kann das Wort »Gott« durch die eigene Erfahrung des Schülers gefüllt werden und ihm dadurch »Hoffnung schenken, die er zum Bestehen seines Lebens braucht und die ihm hilft, mehr Liebe in seinem Leben zu verbreiten« (LAMBERT, 1989, S. 54).

1.1.3.2 Trinität: Gott als Vater

Die Situation der jungen Menschen ist so vielfältig, daß nicht einfach ein gemeinsames Vaterbild (etwa als Archetyp) vorausgesetzt werden kann, an das religionsdidaktisch anzuknüpfen wäre. Ohne vergangene Zeiten zu idealisieren und dabei moderne Lebensformen zu dämonisieren, wird man bei der Rede von »Gott, dem Vater« doch die empirische Tatsache beachten müssen, daß heute ein hoher Anteil der Schüler mit einem alleinerziehenden Elternteil lebt. Aber auch die reine Anwesenheit eines Vaters ist nicht eine Garantie für Glücks- und Heilserfahrung (dies gilt allerdings auch für die sogenannte heile Welt der Vergangenheit).

»Ein Mensch, dessen Vaterbild in Verwirrung geraten ist, wird einen langen Weg gehen müssen, bevor er sich mit befreitem Herzen Gott nähern und sagen kann: Der Geist, den ich empfangen habe, ist nicht der Geist der Unterwürfigkeit, der mich aufs neue schreckt. Ich habe den Geist der Sohnschaft empfangen, der mich ausrufen läßt: Abba, Vater! (Röm 8, 15)« (GLAUBENSVERKÜNDIGUNG FÜR ERWACHSENE, 1971, S. 130).

Gerade die Wortverbindung von »Vater« und »allmächtig« (KKK 233) oder »erhabene Autorität« (KKK 239) können traumatische Erfahrungen des Kindes und letztlich das Gefühl der Kleinheit, der Unzulänglichkeit und damit der Angst vor Überforderung auslösen: »Der Tiefrangige muß es sich gefallen lassen, als ›unansehnlich› behandelt zu werden; er ist selbst bestrebt, dem Blick des Höheren auszuweichen... Umgekehrt kommt dem Ranghöchsten das uneingeschränkte Kontrollrecht zu. Er darf seine Blicke auf jedermann richten, wie er sich im Bewußtsein seiner Würde auch vor anderen ›sehen lassen‹ kann: der Hochrangige ist ›ansehnlich‹, ihm schadet die Exposition nicht, ihm gereicht sie zur Ehre« (DREWERMANN, 1988/a, Bd. 2, S. 225 f.).
Eine stark moralisierende Deutung des Vaterbildes prägte den Religionsunterricht früherer Zeiten. So zeigte sich z.B. für den »Katholischen Katechismus der Bistümer Deutschlands« Gott als der »himmlische Vater«, indem er letztlich als allwissende Kontrollinstanz auftrat: »Wir sagen: Gott ist allwissend, weil er alles weiß; er weiß das Vergangene, das Gegenwärtige und das Zukünftige, sogar unsere geheimsten Gedanken« (1955, S. 18). Hier bietet der KKK einen Fortschritt, da er die Rede von Gott, dem Vater, als Bildrede erkennt, der ebenso das Bild der Mutterschaft zur Seite gestellt werden kann (vgl. KKK 239).
Wenn es in Religionsunterricht und Katechese um eine Froh- statt einer Drohbotschaft geht, dann wäre das Befreiende, Haltende, Vertrauen-stiftende des Vater/Mutterbildes herauszuarbeiten. Die jesuanische Abba-Rede kann dann als Interpretament der Erfahrung vermittelt werden, daß Jesus sich trotz aller Not, Gefahr und Verlassenheit getragen und gehalten fühlte.

1.1.3.3 Der Schöpfer

Wie kaum ein anderes Thema eignet sich das Thema Schöpfer/Schöpfung für einen fächerübergreifenden Unterricht. Für den Religionsunterricht gilt es dabei zu beachten, daß die Begriffe Schöpfer/Schöpfung gegenüber den Naturwissenschaften und deren schulspezifische Übersetzung, z.B. in den Fächern Biologie und Geographie, Fragen einer »anderen Ordnung« ansprechen (vgl. KKK 284). Der Religionsunterricht setzt das in diesen Fächern erworbene Wissen voraus und **deutet** es in seiner Beziehung zum konkreten Menschen. Insofern erweisen sich die Aussagen der biblischen Schöpfungsgeschichten letztlich als Wesensaussagen über den Menschen.
Dies betrifft zunächst sein eigenes Selbstverständnis: Das, was sein Leben letztlich glücklich macht, die Freundschaft, Liebe, Geborgenheit und Kameradschaft, ist nicht machbar; um so schöner ist es, wenn es trotzdem geschieht, wenn es geschenkt wird. Insofern ist der Mensch wesenhaft Geschöpf.
Es betrifft aber auch die Mit- und Umwelt des Menschen. Gerade ein gesteigertes Umweltbewußtsein hat den Blick dafür geschärft, wie fragil und schutzlos die Welt dem instrumentell-technischen Handeln des Menschen gegenübersteht. Aber auch ohne die neuzeitlichen Gefahren kann es dem Menschen immer wieder als ein »Wunder« erscheinen, daß und wie Pflanzen und Tiere leben und Leben weitergeben. Aber nicht nur das Faktum des Lebens als solches ist bewun-

dernswert, sondern auch seine schöpferische Phantasie und Vielfalt. Neben seiner Zweckmäßigkeit erstaunt gerade die Fülle und Buntheit, die reine Funktionalität zu übersteigen scheint.
Wird dieser Reichtum der Natur in den Religionen als Schöpfung gedeutet und bewundert, so drückt sich damit die Erfahrung des Menschen aus: Die Welt, in die er gestellt ist, ist ein Geschenk, sie macht ihn reich jenseits aller Ausbeutung und Vermarktung. Sie ist dem Menschen als Lebensraum vorgegeben, er selbst könnte sie nie so schaffen oder produzieren.
Allerdings scheint dem Menschen der Blick für diese Schöpfung – wenn überhaupt – immer stärker nur noch durch die Massenmedien vermittelt zugänglich. Wie ein Wurm, ein Schmetterling oder ein Gänseblümchen aussieht, erfährt er sekundär im Fernsehen. Dieser vermittelten, sekundären Erfahrung folgt dann meist auch nur eine abgeleitete oder von außen als aufgedrängt empfundene Verantwortung für das Geschehen.
Soll aber die Welt als Schöpfung erfahren und gedeutet werden, bedarf es des direkten Kontaktes mit ihr. Und dieser kann nicht früh genug anfangen. *Hubertus Halbfas* kritisiert mit Recht, daß die Schöpfungsgeschichte nach den Lehrplänen der 70er und 80er Jahre erst sehr spät vermittelt wurde (vgl. HALBFAS, 1985, S. 130 f.). Es zeigt sich allerdings, »daß heutige Kinder in ihrem Umweltwissen nicht mehr mit Kindern früherer Generationen gleichgesetzt werden dürfen. Der Kinderbuchmarkt präsentiert zahlreiche üppig bebilderte Sachbücher in Großauflagen, die ein evolutives Weltverständnis manchmal schon vom frühen Lesealter an vermitteln... Indirekt stehen auch hinter manchen Themen des Sachunterrichts Evolutionstheorien, und nicht zuletzt ist es der hohe Fernsehkonsum, der zwar keine systematischen Kenntnisse, wohl aber zufällige Hinweise und fragmentarische Anstöße immer wieder zuspielt« (HALBFAS, 1985, S. 131).
Dementsprechend entwickelte *Halbfas* z. B. für die Grundschule folgenden Stufenplan:

- Im 1. Schuljahr sollen die Schüler ihre engste Lebenswelt wahrnehmen, mit Leben ausfüllen und gestalten: »Hier disponiert bereits der Umgang mit den Dingen und die Verantwortung für die ihnen eigene Ordnung zu einer Umsicht und Zuversicht, der mit höherem Alter neue Räume und neue Aufgaben zugewiesen werden können« (HALBFAS 1986, S. 98).
- Im 2. Schuljahr geht es in seinem Ansatz um das Verhältnis des Menschen zu Pflanzen und Tieren. Das Thema »Schöpfung« stellt dabei den Versuch dar, »dieses in der Christentumsgeschichte wenig respektierte Verhältnis problemgeschichtlich zu erschließen und spirituell zu durchdringen« (a.a.O.).
- Das 3. Schuljahr widmet sich dem Versuch, »das naturwissenschaftliche und das biblische Bild von der Entstehung der Welt aufeinander zu beziehen und den Schülern in ihrer jeweiligen Sichtweise verständlich zu machen« (a.a.O.).
- Das 4. Schuljahr befaßt sich demnach mit dem Verhältnis Mensch und Welt, Natur und Geschichte (vgl. a.a.O.).

- *Halbfas* spricht eine Reihe von Spezialfragen an und gibt dabei praktische Ratschläge. So plädiert er mit Recht für einen Umgang mit der Natur, der als »Schöpfungsfrömmigkeit« beschrieben werden kann (HALBFAS, 1986, S. 89), jenseits einer Schöpfungs-Vergötterung. Gerade die Depotenzierung der Sterne als »Lampen« (vgl. Gen 1, 14 f.) verhindert eine Vergötterung derselben und könnte damit auch viele neue Formen der Abhängigkeit von sogenannten Stern-Deutungen durchbrechen.

Die Namensgebung des Menschen für das Tier (vgl. Gen 2, 19 f.) könnte jenseits aller Herrschaftsansprüche zeigen, daß ein konkretes Tier für einen konkreten Menschen ein unaustauschbares Individuum ist.
Der konkrete Umgang mit den Elementen Erde, Luft und Wasser ermöglicht sinnliche Erfahrung, die durch keine Faktenvermittlung zu ersetzen ist (vgl. HALBFAS, 1986, S. 111-127).
Die Erfahrung wird den Kindern aber auch zeigen, daß die Schöpfung noch unvollendet ist (vgl. KKK 302). Gerade Kinder können für das »sehnende Verlangen der Schöpfung« (vgl. Röm 8, 19), die »allzumal stöhnt und allzumal in Wehen leidet bis jetzt« (vgl. Röm 8, 22) sensibilisiert werden.
All diese Erfahrung ist Voraussetzung dafür, daß Kinder selbständig Verantwortung für die so erkannte Schöpfung übernehmen können (vgl. HALBFAS, 1984, S. 56-80). Insofern können auch Schüler sich als »Mitarbeiter Gottes« erweisen (vgl. KKK 307).

1.2 Christologie

»Die Weitergabe des christlichen Glaubens besteht in erster Linie in der Verkündigung Jesu Christi« (KKK 425), Christus ist damit die Mitte der christlichen Katechese (KKK 426-428). Wegen dieser zentralen Bedeutung soll – dem Aufbau des KKK folgend – die Christologie ausführlich und in drei Unterpunkten gegliedert dargestellt werden:
1.2.1 Menschwerdung Gottes in Jesus dem Christus
1.2.2 Leid, Kreuz, Tod und Grab,
1.2.3 Abstieg in das Totenreich, Auferstehung und Himmelfahrt.

1.2.1 Menschwerdung Gottes in Jesus dem Christus

1.2.1.1 Was steht im KKK? (425-560)

Die Ausführungen des KKK zur Menschwerdung Gottes lassen sich zu drei Themen systematisch zusammenfassen: Hoheitstitel (1.2.1.1.1), wahrer Gott und wahrer Mensch (1.2.1.1.2) und Botschaft vom Reich Gottes (1.2.1.1.3).

1.2.1.1.1 Hoheitstitel
Dem Credo folgend, nennt der KKK vier Bezeichnungen für die zentrale Gestalt des christlichen Glaubens: Jesus, Christus, eingeborener Sohn und Herr.

Der irdische Name »Jesus« (vgl. KKK 430-435) wird dabei in seiner Wortbedeutung erläutert als »Gott rettet«. Insofern wird bereits der Name des Menschen Jesus gedeutet als »göttlicher Name, der allen Heil bringt« (KKK 432).
Der Christus-Titel (KKK 436-440) als griechische Übersetzung der hebräischen Heilsgestalt des Messias wird als »Eigen-Name« Jesu identifiziert, »weil Jesus die göttliche Sendung, die ›Christus‹ bedeutet, vollkommen erfüllt« (KKK 436). Der KKK sieht Jesus mit diesem Namen ausgezeichnet von der Verkündigung der Engel auf den Hirtenfeldern (KKK 437) bis zu dessen Tod am Kreuz (KKK 440).
Die Bezeichnung »Gottes eingeborener Sohn« (KKK 441-445) ist für den KKK im Sprachgebrauch des historischen Jesus vorgeprägt, etwa im Gleichnis von den aufrührerischen Arbeitern im Weinberg (Mz 21, 33-41; vgl. KKK 443), aber auch in der Taufszene im Jordan (Mz 3, 17) und im Bekenntnis des heidnischen Hauptmanns bei der Kreuzigung (Mk 15, 39).
Schließlich der Titel »Herr« (KKK 446-451), der in der griechischen Übersetzung des Alten Testamentes (Septuaginta) anstelle des Jahwe-Namens steht. Kyrios/Herr ist für den KKK ein Titel, den sowohl der irdische Jesus selbst für sich beansprucht als auch eine Bezeichnung, durch die seine Jünger ausdrücken wollten, »daß er Herr ist über die Natur, die Krankheiten, die Dämonen, den Tod und die Sünde und somit göttliche Herrschaft besitzt« (KKK 447). Insofern ist Kyrios/Herr ein »Würdetitel« (KKK 449).

1.2.1.1.2 Wahrer Gott und wahrer Mensch

»Der Glaube an die tatsächliche Menschwerdung des Sohnes Gottes ist das entscheidende Kennzeichen des christlichen Glaubens« (KKK 463). Wie schon der Text des Credos sagt, verstehen sich alle Einzelaussagen als Heilszusagen für den Menschen: »Für uns Menschen und zu unserem Heil« (vgl. KKK 456). Inhaltlich faltet der KKK diese Aussagen aus: »Um uns mit Gott zu versöhnen und uns so zu retten« (KKK 457); »damit wir so die Liebe Gottes erkennen« (KKK 458); »um für uns Vorbild der Heiligkeit zu sein« (KKK 459) und »um uns Anteil an der göttlichen Natur zu geben« (KKK 460).
Um Gottheit und Menschheit von Jesus, dem Christus, zusammen aussagen zu können, bedurfte es in der frühchristlichen Theologie vielfacher reflektiver Arbeit. Man bediente sich dabei der griechisch-hellenistischen Begrifflichkeit. Der KKK benennt einige zentrale Etappen dieser Bemühung. Hatten *Paul von Samosata* im 3. Jahrhundert und *Arius* im 4. Jahrhundert die Menschwerdung Gottes so verstanden, daß Gott Jesus quasi durch Adoption zum Sohn gemacht hat, so betonte das Konzil von Antiochien und besonders das erste ökumenische Konzil von Nizäa (325), daß Jesus nicht erst sekundär zum Sohn Gottes gemacht wurde. Überhaupt sei er nicht ein geschaffenes Wesen sondern »eines Wesens mit dem Vater« – griechisch: »Homoousios« (vgl. KKK 465).
Waren damit Göttlichkeit und Menschlichkeit für Jesus, den Christus, definiert, so stellte sich bald die Frage, in welchem Verhältnis diese beiden Aspekte zueinander stehen. Waren es zunächst zwei selbständige Seinsweisen, die sich erst sekundär miteinander verbanden? So die Position des *Nestorius*. Für das ökumeni-

sche Konzil von Ephesus (431) ergab sich diese Fragestellung an einem scheinbaren Nebenschauplatz, nämlich bei der Frage, ob Maria zwar den Menschen Jesus, nicht aber den göttlichen Christus geboren hatte. Das Konzil betont die untrennbare Einheit von Gott und Mensch, d. h., Maria ist nicht nur »Menschengebärerin«, sondern auch »Gottesgebärerin« – Theotokos (vgl. KKK 466).
Nach der Abwehr dieser dualistischen Ansätze in der Christologie schlug die Diskussion in die andere Extremposition um: »Die sogenannten Monophysiten behaupteten, die menschliche Natur habe als solche in Christus zu bestehen aufgehört, als sie von seiner göttlichen Person, dem Sohne Gottes, angenommen wurde« (KKK 467).
Um Einheit und Differenz, d. h. menschlichen und göttlichen Aspekt in der einen Person auszudrücken, bediente sich das ökumenische Konzil von Chalkedon (451) der philosophischen Terminologie und definierte: »Ein und derselbe ist Christus, der einzig geborene Sohn und Herr, der in zwei Naturen unvermischt, unveränderlich, ungetrennt und unteilbar erkannt wird, wobei nirgends wegen der Einung der Unterschied der Naturen aufgehoben ist, vielmehr die Eigentümlichkeit jeder der beiden Naturen gewahrt bleibt und sich in einer einzigen Person und in einer einzigen Hypostase vereinigt« (KKK 467, vgl. DENZINGER/HÜNERMANN, 1991, S. 142 f. = KKK 302).
Der KKK schließt daran an die zweigliedrige Aussage: Empfangen durch den Heiligen Geist, geboren von der Jungfrau Maria. Der Heilige Geist ist dabei in drei Punkten dargestellt (KKK 484-486), das Thema »Jungfrau Maria« in 21 Punkten (KKK 487-507). In den abschließenden Kurztexten (KKK 508-511) werden einige Aussagen zur Jungfrauenschaft Mariens wiederholt, der Heilige Geist kommt in diesen Kurztexten nicht vor. Die theologische Redeweise von der »Jungfrauenschaft Mariens« wird entfaltet, indem diese als im AT vorbereitet erkannt wird (KKK 489); gemäß dem Dogma von *Pius X.* (1854) ist Maria von der Erbschuld befreit (KKK 490-493); in einem Akt des Gehorsams Gottes Anspruch gegenüber wurde sie zur Mutter Jesu (KKK 494) ebenso wie zur Gottesmutter (KKK 485). Die folgenden Punkte umschreiben die biologisch verstandene Jungfernzeugung: Maria hat »ohne Samen« empfangen (KKK 496), auch der Geburtsvorgang hat »ihre jungfräuliche Unversehrtheit nicht gemindert, sondern geheiligt« – sie ist »allzeit Jungfrau« (KKK 499). Deswegen hat sie auch nach Jesus keine Kinder geboren (KKK 501). Als Gründe für diesen Weg der Menschwerdung Gottes werden genannt: Gott allein hat die Initiative, »Jesus hat nur Gott zum Vater« (KKK 503), er ist quasi »der neue Adam«, »der die neue Schöpfung eröffnet« (KKK 504). Die jungfräuliche Empfängnis leitet die »neue Geburt ein, die im Heiligen Geist durch den Glauben Menschen zu Kindern Gottes macht« (KKK 505). Maria ist Jungfrau »wegen ihrer ungeteilten Hingabe an den Willen Gottes« (KKK 506) und insofern »im Bild der Kirche« (KKK 507).

1.2.1.1.3 Botschaft vom Reich Gottes

Die gesamte Botschaft Jesu kann zusammenfassend als Botschaft vom Reich Gottes bezeichnet werden, gemäß der Zusammenfassung im ersten Evangelium:

»Die Zeit ist erfüllt, das Reich Gottes ist nahe. Kehrt um, und glaubt an das Evangelium« (Mk 1, 14 f. – vgl. KKK 541). Christus ist die Zentralgestalt dieses Gottesreiches, sein Leiden, Sterben und Auferstehen führt dieses Gottesreich herbei (KKK 542). Alle Menschen sind zu diesem Reich berufen (KKK 543), aber gerade Arme, Kleine und bekehrte Sünder haben zu ihm eine besondere Affinität (KKK 544-546). Um in dieses Gottesreich einzugehen, bedarf es einer totalen Veränderung des Menschen in Theorie und Praxis (KKK 546). Daß mit Jesus dieses Reich bereits begonnen hat, zeigen viele Zeichen wie Wunder, Heilungen, Exorzismen (KKK 547-550). Im Dienste des Gottesreiches steht auch die Berufung der ersten Mitarbeiter Jesu (KKK 551-553). Im Bild der jesuanischen »Verklärung« drückt sich der schon gegenwärtig erfahrbare Anbruch des Gottesreiches aus (KKK 554-556). Erst in Passion und Kreuz zeigt sich das Spezifikum Jesu als Messias- und Heilsgestalt deutlich (KKK 557-560).

1.2.1.2 Kritische Reflexion

1.2.1.2.1 Hoheitstitel

Insbesondere in den Ausführungen über die Hoheitstitel zeigt sich der problematische Umgang des KKK mit den Schriften des Neuen Testamentes – obwohl doch gerade die Schrift als die erste Hauptquelle des Katechismus bezeichnet wird (KKK 11; vgl. auch Erster Teil, 3.3.2). Hat die exegetische Forschung spätestens seit der Aufklärung herausgearbeitet, daß es in der Schrift unterschiedliche literarische Gattungen gibt, daß die Aussageabsicht des Autors in bezug auf einen konkreten Adressaten zu berücksichtigen ist und daß nicht zuletzt unterschieden werden muß zwischen dem historischen Jesus und der nachösterlichen Gemeindetradition, so hat in Anbetracht der Vorgehensweise des KKK mancher Kritiker den »Eindruck weitgehender Naivität gegenüber der zeitgenössischen Diskussion« (VERWEYEN, 1993, S. 61). Unterschiedslos werden Bibelstellen so aneinandergereiht, daß es einem »Bibelpotpourri« gleicht (VERWEYEN, 1993, S. 63).
Bezüglich der Hoheitstitel zeigt sich die Vermischung unterschiedlicher Ebenen bereits in den allerersten Sätzen. Der Eigenname der historischen Gestalt Jesus wird sofort in seine Wortbedeutung übersetzt (Jeschuah = Hilfe). Dieses vorschnelle Hinweggehen aus dem Bereich des Historischen setzt sich dann fort, wenn z. B. die harte empirische Wirklichkeit des Leidens, der Kreuzigung und des Todes ungebrochen zu »Mysterien« erklärt werden (vgl. KKK 512). Dann ist es nur konsequent, auch in den »Windeln seiner Geburt« »Zeichen seines innersten Geheimnisses« zu sehen (KKK 515). »Jesus« aber ist zunächst der Name einer konkreten historischen Gestalt, die als solche ernst genommen werden will - wenn nicht im Sinne des Modalismus der Mann Jesus in eine vorübergehende und letztlich zu vernachlässigende Erscheinungsform des Göttlichen verflüssigt wird. Auch der Bezug auf den Traum (!) Josephs (Mt 1, 20 f.) dient hier nicht dem Ernstnehmen des Menschen Jesus. Ein biblischer Fundamentalismus, der einen literarisch ausgestalteten Traum als historische Gegebenheit nimmt, hätte dann allerdings auch die Aufgabe zu erklären, warum die Eltern Jesu dem Wort des Herren, das dieser durch Prophetenmund sprach, nicht Folge leisteten: »Und sei-

nen Namen wird man rufen Immanuel, Gott ist mit uns« (Mt 1, 23 b). Daß dazu die Deutung des Namens Jesu und letztlich die Bedeutung seiner ganzen Menschwerdung eingeschränkt werden auf den Bereich der Sündenvergebung, zeigt nochmals die problematische Perspektivenverengung des KKK (vgl. KKK 430-433). Die Darstellung des Christus-Titels ist ebenso problematisch. Rein formal ist zunächst richtig, in ihm die Übersetzung des hebräischen »Messias« zu sehen. Wurde aber »Jesus« zum »Würdenamen« erklärt, so bezeichnet jetzt umgekehrt der Hoheitstitel »Christus« den Eigennamen Jesu (vgl. KKK 436). Die Engelverkündigung auf den Hirtenfeldern wird ebenfalls nicht als Interpretament des Lukas erkannt: Gerade den Armen, Ausgestoßenen wird Heil zuteil, ihnen ist er der Christus/Messias, der Gesalbte, die Heilsgestalt.

Es bedarf somit der Unterscheidung. So läßt z. B. das Markusevangelium große »Zurückhaltung gegenüber dem Messiastitel« erkennen (SCHNACKENBURG, 1993, S. 75). Der Messiasbegriff selbst wird gegenüber seinem populären Gebrauch im zeitgenössischen Judentum erweitert um die Dimension von Leid und Kreuz. Die markinische Distanz liegt aber auch darin begründet, daß hier vor falschen Messiassen gewarnt werden soll: »Und wenn dann jemand zu euch spricht: Schau! hier – der Messias! Schau dort! – glaubt es nicht« (Mk 13 21).

Die im Zusammenhang mit der Bezeichnung »Gottes eingeborener Sohn« genannten Schriftzitate erfüllen in ihrem jeweiligen Kontext ebenfalls unterschiedliche Funktionen: So z. B. die matthäische Geschichte der Taufe Jesu als das Offenbarwerden der Funktion Jesu am Beginn seines öffentlichen Wirkens (Mt 3, 17); die markinische Szene vom Hauptmann unter dem Kreuz soll demgegenüber gerade deutlich machen, daß Jesu volle Bedeutung nicht am Beginn seines Wirkens, sondern erst an dessen blutigem Ende erkannt werden kann (Mk 15, 39).

Interessant ist zu beobachten, welche Stellen im KKK nicht zitiert werden. So findet sich unter dem Aspekt »Gottes eingeborener Sohn« z. B. nicht die Stelle aus der apokalyptischen Tradition: »Jenen Tag aber oder die Stunde weiß keiner. Auch die Engel im Himmel nicht. Auch der Sohn nicht. Nur der Vater« (Mk 13, 32). Fehlt hier somit diese Unterscheidung von Vater und Sohn, so wird sie an anderer Stelle zu harmonisieren versucht (vgl. KKK 474).

Auch der Kyrios/Herr-Titel wird unterschiedslos eingeführt. So habe Jesus diesen Titel für sich selbst im gleichen Sinne beansprucht – wenn auch »auf verhüllte Weise« (KKK 447) – wie auch andere ihn mit diesem Titel belegten (vgl. KKK 446). Im übrigen wird die biblisch häufig gebrauchte Bezeichnung »Menschensohn« im KKK nicht erwähnt. Dies ist sicher ein Mangel – auch wenn man sich auf den Text des Credos als Grund der Auslassung berufen mag. Denn nach Ansicht führender Exegeten rückt erst der Bezug auf den »Menschensohn-Titel« die Kyrios/Herr-Anrede »ins rechte Licht« (SCHNACKENBURG, 1993, S. 78).

Neben diesen Einzelerwägungen aber geht es um Grundsätzliches. Die genannten Hoheitstitel sind nie als absolute Namen zu verstehen. Sie sind nur deutbar als relationale Größen. Sie stiften eine Relation – eine Beziehung. Schon die Zusammensetzung »Jesus Christus« ist für einen Menschen, der aus der jüdischen Tradition kommt, die Kurzfassung eines Glaubensbekenntnisses. Jesus =

Christus, d. h., diese historische Gestalt des Jesus ist für mich/für uns der Christus. Alle Erwartungen, die sich mit der Figur des erwarteten Messias verbinden, sind für mich/für uns in Jesus erfüllt. Jesus hat insofern für die Christen die Funktion des Messias.

Für die Menschen des griechisch-hellenistischen Kulturkreises mag sich dieselbe Erfahrung im Kyrios/Herr-Titel ausdrücken. Hoheitstitel sind Deute-Kategorien. Sie stiften eine Beziehung zwischen dem Deutenden und dem Gedeuteten. Insofern ist *Theodor Schneider* zuzustimmen: »›Sohn‹ meint zunächst nicht eine individuelle, persönliche Auszeichnung und Benennung mit dem Blick auf ihn als den Einzelnen, Ausgesonderten, sondern meint im Gegenteil seine besondere Stellung für uns mit Blick auf seine Aufgabe an uns allen« (SCHNEIDER, 1985, S. 208).

Insgesamt läßt sich im NT eine große Vorsicht gegenüber einer vorschnellen Titelvergabe erkennen. Zu schnell wäre dabei das Einmalige und Konkrete nach Kategorien und Etiketten einsortiert und verobjektiviert. Als der Täufer Johannes im Gefängnis vom Wirken Jesu hört, möchte er das Neue mit tradierten Begriffen ausstatten. Er schickt seine Anhänger zu Jesus mit der Frage: »Bist du der Kommende? Oder sollen wir auf einen anderen warten?«. Die Frage nach seinem Titel (Messias, Kyrios, Menschensohn u. a.) beantwortet Jesus charakteristischerweise nicht mit vorgeprägten Begriffen sondern er sagt: »Geht und berichtet dem Johannes, was ihr hört und seht: Blinde sehen, Krüppel gehen. Aussätzige werden rein und Taube hören. Tote werden erweckt und Armen wird die Heilsbotschaft gebracht« (Mt 11, 4 f.). Das Wesen Jesu, seine tiefste Wirklichkeit ist nicht primär mit Begriffen fest-zu-stellen. Das Wesen Jesu zeigt sich vielmehr in seinem Wesen, in seiner Praxis, in seinem Vollzug. Und im Nach-Vollzug dieses Lebensmodells liegt die Chance des Menschen, nicht zu ver-wesen.

1.2.1.2.2 Wahrer Gott und wahrer Mensch

Mit Recht betont der KKK die zentrale Bedeutung der Aussage: »Das ganz einzigartige und einmalige Ereignis der Menschwerdung des Sohnes Gottes bedeutet nicht, daß Jesus Christus zum Teil Gott und zum Teil Mensch wäre oder daß er das Ergebnis einer unklaren Vermischung von Göttlichem und Menschlichem wäre. Er ist wahrhaft Mensch geworden und dabei doch wahrhaft Gott geblieben. Jesus Christus ist wahrer Gott und wahrer Mensch« (KKK 464).

Einheit und Differenz, Gottheit und Menschheit für ein und denselben auszusagen, dies war eine theologische und philosophische Leistung, die keineswegs ungebrochen und ohne Kompromisse bereits am Anfang der Kirchengeschichte feststand. Unterschiedliche Erfahrungen, die Menschen mit Jesus von Nazaret gemacht hatten, aber auch verschiedene Deutesysteme der Menschen, die über diese – in der Schrift niedergelegten – Erfahrungen reflektieren, führten zu Aussagen, die zunächst nicht harmonisierbar waren.

Bereits in den Evangelien haben wir – wenigstens – zwei Modelle, in denen das von den Menschen als Heil erfahrene Geschehen um und mit Jesus von Nazaret ausgesprochen und damit auch gedeutet wird. Zunächst finden wir im Prolog des Johannesevangeliums ein Modell formuliert, das man als »Inkarnationschristologie« bezeichnet. Der Logos, der bereits am Anfang bei Gott war (vgl. Joh 1, 1 f.), der wurde Mensch: Er kam ins Fleisch, d. h. In-karnation (Joh 1, 14). Die Bewegung geht von Gott herunter zu den Menschen; hier erfüllt der Logos seine Aufgabe, die erst am Kreuz vollendet ist: »Als Jesus nun den Essigwein genommen hatte, sprach er: es ist ans Ziel gekommen! Dann neigte er den Kopf und übergab den Geist« (Joh 19,30). Nach Vollendung der irdischen Aufgabe kann der Logos - Jesus – wieder zu Gott zurückkehren. Die Vorstellung der Gnosis, daß ein göttlicher Lichtfunke auf die Erde kommt, um die hier zerstreuten Lichtelemente zu sammeln und ihnen somit den Weg nach oben zu zeigen, stand diesem Inkarnations-Modell Pate (vgl. z. B. WILSON, 1971).

In den synoptischen Evangelien findet sich eine andere Darstellung. Beispielhaft ist die Taufszene am Jordan. Aus dem Himmel ertönt die Stimme: »Du bist mein geliebter Sohn, an dir habe ich Gefallen« (Mk 1, 11). Nicht das griechisch-hellenistische Weltbild in der Form der Gnosis prägte dieses Modell, sondern die jüdische Tradition. Bei dem Fest der Thronbesteigung eines israelitischen Königs wurde in der entsprechenden Inthronisationsfeier der Text gesprochen, den wir heute als Psalm 2 kennen. Durch den Mund des höchsten (Orakel-)priesters spricht Jahwe: »Mein Sohn bist du, heute habe ich dich gezeugt« (Ps 2, 7). Anklänge an die ägyptische Königstheologie sind dabei unübersehbar. Der König wird bei der Thronbesteigung als Sohn von Gott adoptiert und insofern wird seine Herrschaft legitimiert.

Während für das Johannes-Evangelium die Bewegung von oben nach unten geht, geht sie im Modell der Synoptiker, die wegen der Nähe zur alttestamentlichen Königsliturgie auch Inthronisationschristologie genannt wird, von unten nach oben: Jesus wird als Sohn Gottes eingesetzt (vgl. SCHNEIDER, 1985, S. 205 f.).

Das Inkarnationsmodell konnte in der folgenden Rezeption dazu führen, die Menschheit Jesu zu vernachlässigen: er war nur eine vorübergehende Erscheinungsweise des Göttlichen. Inthronisations- oder Adoptionsmodelle wiederum hatten Probleme, die Göttlichkeit für das ganze Leben Jesu auszusagen und diese nicht erst bei der Taufe und dem öffentlichen Auftreten Jesu wirksam sein zu lassen.

Die Diskussion der ersten frühchristlichen Jahrhunderte ist durch die Frage charakterisiert, wie unter Inanspruchnahme der unterschiedlichsten philosophischen Deutesysteme Menschheit und Gottheit gleichzeitig für diesen einen Jesus, den Christus, ausgesprochen werden konnte, ohne daß ein Aspekt zugunsten des anderen vernachlässigt würde. In diesem einen war für die Menschen seiner Umgebung sowohl Menschliches als Göttliches erfahrbar und gerade darin liegt seine Bedeutung auch für die kommenden Generationen.

Der Text des Konzils von Chalkedon (vgl. KKK 467) ist somit der Endpunkt einer langen und äußerst differenzierten Entwicklung. Nicht zuletzt staatliches Eingreifen in der Person des Kaisers *Markian* führte zu dem Konzil, das 451 erst nach Nizäa einberufen, dann aber nach Chalkedon verlegt wurde. Es sollte einen Kompromißtext erarbeiten, in den die unterschiedlichsten Positionen einfließen konnten. Der Weg zum Kompromiß war dabei die Suche nach abstrakten Formeln, die für alle akzeptabel waren. Nur so läßt sich die Formulierung »zwei Naturen – eine Person oder Hypostase« erklären. Einheit und Differenz schienen gewahrt: »Staatlicher Druck und theologische Ermüdungserscheinungen... haben einen Formelkompromiß ermöglicht, ohne die verschiedenen christologischen Ansätze selbst einander anzunähern oder sie gar zu versöhnen. Das Symbol war aber, wegen der Verwendung quasi-kanonischer Topoi der verschiedenen Richtungen wenigstens zur Erreichung eines sprachlichen Minimal-Konsenses geeignet, der in der Folgezeit die Christologie zu normieren begann« (OHLIG, 1986, S. 271 – vgl. auch die anschauliche Synopse der in den Chalkedon-Text eingegangenen christologischen Entwürfe S. 274 f.).

Allerdings wurde dieser Kompromiß dadurch erkauft, daß – bis heute – sich mit der Formelsprache des Konzils nur schwerlich eigene Erfahrungen verbinden. Die Begriffe »Natur«, »Person«, »Hypostase« bedürften einer umfassenden Analyse, um sie als Deutekategorien zu erkennen, in die die Christen ihre Erfahrung übersetzten, daß in diesem einen Menschen Jesus (in einer »Person« oder »Hypostase«) Gottes volles Wesen erkannt werden kann, ohne daß dies seine Menschheit schmälert (vgl. dazu HASENHÜTTL, 1980, besonders S. 80 f.).

Menschheit und Gottheit in Jesus, dem Christus, zusammenzudenken, ist eine bleibende Aufgabe der christlichen Theologie. Der KKK muß sich fragen lassen, ob sein Weg, das Leben des irdischen Jesus unter der Überschrift »Die Mysterien des Lebens Christi« (KKK 512-517) darzustellen, nicht eine Verkürzung der Menschheit Jesu bedingt. Zwar ist es richtig: »Vieles, was menschliche Wißbegierde von Jesus erfahren möchte, findet sich in den Evangelien nicht« (KKK 514). Es ist ebenfalls richtig gesehen: »Die Evangelien sind von Menschen geschrieben, die unter den ersten Glaubenden waren und den Glauben anderen mitteilen wollten« (KKK 515). Aber der KKK macht sich diese Aussagen selbst bei dem eigenen Umgang mit der Schrift kaum zunutze. Dies sei nur an wenigen Beispielen aufgezeigt.

Während die historische Erforschung der Lebenswelt Jesu seit langem die Vielzahl der eigenständigen religiösen Gruppen und Theologien erkannte, sieht der KKK z. B. in der Person des Täufers Johannes nur den »Vorläufer«, der gesandt ist, »um ihm den Weg zu bereiten« (KKK 523). Ohne jedes Bewußtsein für die kunstvolle literarische Gestaltung der Kindheitsgeschichte Jesu wird hier als Tatsachenbehauptung festgestellt: »Er frohlockt schon im Mutterschoß über das Kommen Christi« (KKK 523). Die Komposition des Lukas-Evangeliums will aber gerade nicht Historisches berichten, sondern die **Bedeutung** Jesu aufweisen. Die Methode ist dabei das Stilmittel der Überbietung: Die Verheißung der Geburt des Täufers (Lk 1, 5-25) wird überboten durch die Geburt Jesu (Lk 1, 26-38). Die Nähe beider Heilsgestalten wird quasi verwandtschaftlich gedeutet: Maria besucht Elisabeth (Lk 1, 39-56). Es schließt sich an die Überbietung der Geburt und Beschneidung des späteren Täufers (Lk 1, 57-80) durch diejenige Jesu (Lk 2, 1-40). Das – historisch sehr wahrscheinliche – Faktum, daß Jesus zeitweise ein Jünger der Gemeinde des Täufers war, wird im KKK nicht erwähnt. Unreflektiert übernimmt der KKK die überbietende Deutung der Urgemeinde, die Johannes nur als Vorläufer, als den Ankündiger Jesu erkennt.

Die Verkürzung der Menschheit Jesu aber wird überdeutlich bei den Aussagen des KKK zur Jungfernzeugung Jesu. Obwohl der KKK mit Recht erkannte, daß Glaubensbekenntnis und naturwissenschaftliche Forschungsergebnisse Aussagen jeweils unterschiedlicher »Ordnung« sind (vgl. KKK 284) und die Rede von »Gott Vater« stets analoge und nicht wörtliche Rede ist (vgl. KKK 239), mißversteht der KKK die Aussage von der Jungfernzeugung im Sinne der Biologie: Maria hat »ohne Samen empfangen« (KKK 496). Er hat »nur Gott zum Vater« (KKK 503). Damit fällt der KKK weit hinter die theologische Forschung zurück. Er geht selbst zurück hinter die ältesten biblischen Zeugen. Paulus und die ältesten Quellen des Neuen Testamentes kennen keine »Jungfrauenzeugung«. Wichtig ist, daß in Jesus Göttliches erfahren wurde, die biologische Genese der Heilsfigur selbst steht außerhalb jeden Interesses. Und auch nachdem das Matthäus-Evangeliums und das Lukas-Evangelium das Interpretament »Jungfernzeugung« gebrauchen, ist dies kein Allgemeingut und schon gar nicht in seiner biologischen Verengung: »Es gibt in der Kirche des ausgehenden 1. Jahrhunderts Verkündigungsformen der messianischen Königsherrschaft Jesu und der ›Gottessohnschaft‹..., die nichts von einer jungfräulichen Empfängnis Jesu durch den Heiligen Geist sagen. Diese Tatsache legt den Schluß zwingend nahe, daß die Überlieferung von der jungfräulichen Empfängnis und Geburt Jesu in der Kirche des 1. Jahrhunderts entweder nicht allgemein bekannt und anerkannt oder doch zumindestens nicht als entscheidend und unverzichtbar für den Christusglauben und das Christusbekenntnis angesehen wurde« (SCHNEIDER, 1985, S. 240). Insofern ist *Joseph Ratzinger* zuzustimmen: »Die Empfängnis Jesu ist Neuschöpfung, nicht Zeugung durch Gott. Gott wird dadurch nicht etwa zum biologischen Vater Jesu... Die Gottessohnschaft Jesu beruht nach dem kirchlichen Glauben nicht darauf, daß Jesus keinen menschlichen Vater hatte; die Lehre vom Gottsein Jesu würde nicht angetastet, wenn Jesus aus einer normalen menschlichen Ehe hervorgegangen wäre. Denn Gottessohnschaft, von der der Glaube spricht, ist kein biologisches, sondern ein ontologisches Faktum: Gott ist immer Vater, Sohn und Geist« (RATZINGER, 1972, S. 199 f.).
Wieviel schöner als der KKK und ohne die Gefahr von Mißverständnissen und Verengungen hatte der »Holländische Katechismus« diese Glaubensaussage umschrieben: »Er wurde geboren ganz aus Gnade, ganz aus Verheißung: empfangen vom Heiligen Geist. Das Geschenk Gottes an die Menschheit«. – »Dies drücken die Evangelisten Matthäus und Lukas aus, wenn sie sagen, daß Jesus nicht durch den Willen eines Mannes geworden ist... Das ist der tiefe Sinn des Glaubensartikels ›geboren aus der Jungfrau‹ – es gibt nichts im Schoße der Menschheit, nichts in der menschlichen Fruchtbarkeit, das ihn erwecken kann, ihn, von dem die ganze menschliche Fruchtbarkeit und der ganze Werdegang unseres Geschlechtes abhängt: in ihm ist alles geschaffen. Diesen Verheißenen hat die Menschheit letzten Endes niemand anderem zu verdanken als dem Geist Gottes. Sein Ursprung ist weder aus dem Blut noch aus dem Willen des Fleisches noch aus dem eines Mannes; sondern aus Gott« (GLAUBENSVERKÜNDIGUNG FÜR ERWACHSENE, 1971, S. 85). Heil ist immer geschenkt, nicht machbar. Dies gilt dann auch für die Heils-Gestalt des Jesus von Nazaret, des Christus.

Sind aber einmal die Ebenen vertauscht, wird diese Verwechslung konsequent durchgeführt. Dies gilt nicht nur für den KKK, sondern läßt sich auch theologiegeschichtlich aufzeigen. Um das in Chalkedon verabschiedete Symbolum im Hinblick auf die Einheit in Jesus Christus trotz der Aspekte der Menschheit und Gottheit zu verteidigen, verabschiedet die Synode im Lateran 649 unter Papst *Martin I.* folgenden Kanon: »Wer nicht... die heilige, allzeit jungfräuliche und unbefleckte Maria als Gottesgebärerin bekennt, da sie ja im eigentlichen Sinne und wahrhaftig Gott, das Wort selbst, der vor allen Zeiten aus Gott, dem Vater, geboren wurde, in den letzten Zeiten ohne Samen aus heiligem Geist empfangen und unversehrt geboren hat, wobei ihre Jungfrauschaft auch nach seiner Geburt unzerstört blieb, der sei verurteilt« (DENZINGER/HÜNERMANN, 1991, S. 230 f. = KKK 503).

Aei – Parthenos, alle Zeit Jungfrau: vor, in und nach der Geburt – dies übernimmt der KKK und betont, »daß Maria stets wirkliche Jungfrau geblieben ist, auch bei der Geburt des menschgewordenen Gottessohnes« (KKK 499).

Wenn hier nicht von einer biologischen Kuriosität die Rede sein soll, sondern von einem tiefen Glaubensgeheimnis, dann ist die Frage, was mit dieser Aussage **gemeint** ist. Eine Deutung, die dabei die echte Menschheit in irgendeiner Hinsicht verkürzt, bringt gerade die angestrebte Balance der Aussage »wahrer Gott – wahrer Mensch« aus dem Gleichgewicht. Wenn »allzeit – jungfräulich« allerdings ausdrückt, daß hier von einer »reinen«, »unbefleckten« Sexualität die Rede ist, jenseits aller Gewalt und Ausbeutung, dann könnte diese Chiffre auch heute verstanden werden: »Theologisch hat es nur dann Sinn, von ›Jungfräulichkeit‹ zu sprechen, wenn sie die Identität in zwischenmenschlichen Beziehungen meint. So meinte Augustinus, daß im Paradies alle Menschen jungfräulich leben, Thomas von Aquin sagt dagegen, daß alle Menschen im Paradies heiraten. Beide drücken dasselbe aus: Wo der Mensch frei von Entfremdung ist, dort sind Ehe und Jungfräulichkeit dasselbe. Und dort, wo Gott unter den Menschen geschieht, in ihrem Beisammensein, da ist die ›jungfräuliche Mutter‹, da geschieht in der Weitergabe des rein positiven Lebens ›Jungfrauengeburt‹« (HASENHÜTTL, 1979, S. 180).

Insofern ist damit wirklich eine befreiende Neuschöpfung angesprochen (KKK 504) und damit Maria als Inbild der Kirche (KKK 507) modellhaft aufgezeigt. Gleichzeitig aber wäre damit ein Weg aufgezeigt, den Schuldzusammenhang, in den der Mensch verstrickt ist, Erbsünde genannt, zu durchbrechen. Auch hier könnte die von Erbschuld befreite, die »Unbefleckte Maria« Zeichen und Wegweiser sein (vgl. KKK 490-493).

Die Frage, ob Maria nach Jesus noch weitere Kinder geboren hat (vgl. KKK 501), erweist sich dann als sekundär für den Glauben, d.h. für den Nachvollzug des so verstandenen jungfräulichen Lebens als letztlich unbedeutend. Die Frage, ob mit den in der Schrift genannten »Brüder Jesu« (vgl. z. B. Mk 6, 3; Joh 2, 12; Joh 7, 3.5.10, 1 Kor 9, 5; Gal 1, 19 usw.) dann leibliche Geschwister, Cousins oder etwa Kinder aus einer früheren Ehe des Joseph gemeint sind, bleibt letztlich unbeantwortbar. Für Jesus selbst stellte sich viel eher die Frage nach seiner »wahren Familie« als die nach seinen biologischen Verwandten: Als seine Mutter, seine Brüder und

Schwestern ihn suchten, sagte er: »Wer sind meine Mutter und meine Brüder? Und ringsum schaute er die im Kreis um ihn Sitzenden an und sagt: da sind sie – meine Mutter und meine Brüder! Wer den Willen Gottes tut: der ist mir Bruder und Schwester und Mutter« (Mk 3, 33-35; vgl. BLINZLER, 1967).

1.2.1.2.3 Botschaft vom Reich Gottes

Die Botschaft vom Reich Gottes – oder wie Matthäus gemäß der jüdischen Vorbehalte gegenüber dem Aussprechen des Gottes-Namens sagt: Das Reich der Himmel – »bildet das Zentrum und das im Grunde einzige Thema des Auftretens Jesu, dem alles andere unter- und nachgeordnet ist« (KESSLER, 1992, S. 268; vgl. KKK 541). »Erfüllt ist die Zeit« jetzt schon und gleichzeitig hat sich das Gottesreich erst genaht (vgl. Mk 1, 15). Der präsentische Aspekt verbindet sich hier mit dem adventlich-zukünftigen.

Gemeinsam ist dabei allen Schriftbelegen, daß sie einen Zusammenhang sehen mit Wort, Tun und Ergehen des Jesus von Nazaret (vgl. KKK 542). Er erzählt bevorzugt vom Reich Gottes in der literarischen Gattung der Gleichnisse. Um die Rede vom »Reich Gottes« bzw. dem »Himmelreich« verständlich zu machen, bedient er sich dabei anschaulicher Begebenheiten aus dem Alltag, die als Ganze auf ihre Zentralaussage befragt – in die Lebenswelt der Zuhörer übersetzt werden können (es geht somit nicht um eine allegorische Übersetzung der einzelnen Bildelemente).

So berichtet z. B. das Matthäus-Evangelium von den Arbeitern im Weinberg, die zu unterschiedlichen Zeiten mit der Arbeit beginnen und doch alle den gleichen Lohn erhalten (Mt 20, 1-16). Wenn es um das Reich Gottes geht, wird die Logik von Tarifverträgen außer Kraft gesetzt: die unbegreifliche Güte Gottes, die immer schon mehr schenkt als gefordert, überbietet die Gerechtigkeit im Sinne der Güte. Heilserfahrung ist auch hier nicht zu leisten, sie stiftet eine neue Ordnung und letztlich auch ein neues Verhältnis der Menschen untereinander.

Vor dem Hintergrund dieser Botschaft der Befreiung von innerweltlichen Maßstäben befremdet es, wenn unter dem Aspekt der kirchenamtlichen Schlüsselverwaltung gerade irdische Über- und Unterordnung neu errichtet werden (vgl. KKK 551-553). Gipfelt diese Schlüsselgewalt gar darin, »Lehrurteile zu fällen und disziplinare Entscheidungen zu treffen« (KKK 553), so finden sich darin traditionelle und überall vorkommende Herrschaftsverhältnisse eher bestätigt, als daß sie zugunsten eines befreiten Umgangs der Menschen miteinander aufgehoben wären.

Dem Wort Jesu entspricht seine eigene Praxis: Das Gleichnis vom Pharisäer und vom Zöllner (Lk 18, 9-14) bleibt in seinem eigenen Lebensvollzug keine Theorie. Er selbst kehrt beim Zöllner Zachäus ein und setzt Maßstäbe für einen menschenfreundlichen und solidarischen Umgang der Menschen untereinander (Lk 19, 1-10). Und gerade in dieser Praxis ist das Reich Gottes bereits angekommen und erfahrbar: »**Heute** ist diesem Haus Rettung widerfahren« (Lk 19, 9). Präsentisch erfahrbares Heil führt dabei nicht zu Triumphalismus und Bestätigung des Bestehenden. Derartige Vorstellungen werden – wie das Beispiel des historischen Jesus zeigt – im blutigsten Sinn des Wortes »durch-kreuzt« (vgl. KKK 557-560). Die Evangelisten haben die Spannung zwischen »jetzt schon« und »noch nicht« literarisch prägnant dargestellt im Bild von der Verklärung Jesu (vgl. Mk 9, 2-10). Die nachösterliche Gemeinde erkennt, daß im Zusammensein mit Jesus, in diesem authentischen Leben, Reich Gottes bereits anwesend war. Aber es ist auch hier nicht fest-stellbar, nicht verobjektivierbar. Seine Erfüllung steht noch aus, Jesus gebietet Schweigen.

Auch hier hätte man sich eine Unterscheidung der Sprachebenen im KKK gewünscht. Die »Verklärung« als Deutung von Leben und Werk Jesu steht gerade nicht auf derselben Ebene wie das Leiden und Sterben des historischen Jesus (vgl. KKK 554-556). Die Aussage-**Absicht** der Schriftstellen wäre zu beachten: »Es ist nicht wichtig, ob es im historischen Sinn im Leben Jesu jemals eine Tabor-Stunde gegeben hat oder nicht; wichtig ist, daß Jesus (als geschichtliche Person) **wesentlich** über den Niederungen der Welt stand, daß er **wesentlich** dort war, wo die Erde ihren Mittelpunkt besitzt (den man sich geographisch auf dem Berg Tabor vorstellte, W. P.), daß er **wesentlich** den Wolken nahe war, daß er **wesentlich** die Botschaft des Moses und des Elias an sich gerichtet vernahm und daß er **wesentlich** deshalb in den Tod gehen mußte« (DREWERMANN, 1988a, S. 104).

1.2.1.3 Didaktische Hinweise

1.2.1.3.1 Hoheitstitel

Bereits in den Schriften des Neuen Testamentes finden sich die unterschiedlichsten Hoheitstitel (vgl. Zweiter Teil, 1.2.1.2.1). Gemeinsam ist ihnen, daß sie auf unterschiedlichen Wegen die Frage zu beantworten suchen, welche Funktion dieser biblisch dargestellte Jesus für die Menschen mit verschiedenen kulturellen oder religiösen Hintergründen hat. Wenn aber die Bibel in dieser Pluralität von Deutungsversuchen »Richtschnur und Wahrheitskriterium aller nachfolgenden Theologie bleibt, dann gilt erst recht für die Sprache des Religionsunterrichts der Grundsatz, daß die offene Fülle biblischer Metaphern und Gleichnisse, ihre lebendige Bildmächtigkeit und Verweiskraft den Kindern besser gerecht wird, als fixe Nomenklaturen. Lehrer, deren Rede von Jesus sich durchgehend einer Handvoll fester Titulaturen bedient... betreiben allemal eine Klischeebildung, die selten Begegnung und Betroffenheit ermöglicht« (HALBFAS, 1986, S. 235).

Daß die konkrete didaktische Praxis den Lehrer vor eine Unzahl von Problemen, Schwierigkeiten und Erwartungshaltungen stellt, erkennt gerade ein so erfahrener Praktiker wie Hubertus Halbfas: »Man fordert vom Lehrer, daß er seinen Schülern helfe, ›Jesus zu entdecken‹, daß er sie ›Christus entgegenführe‹! Zu diesem werden immer wieder neue Vermittlungshilfen geschrieben, die mich oft ratloser zurücklassen, als ich es vor der Lektüre schon war. Vor allem irritiert mich die naive Unbekümmertheit, mit der man theologische Richtigkeit, zeitgeschichtliche Realien, fromme Anmutungen und methodische Ratschläge samt einem erschlagenden Medien-Konvolut angeboten bekommt – ohne einen einzigen Nebengedanken an jene sensiblen Lehrerkollegen zu verschwenden, denen die

ganze ungeistliche Verbalität eher den Mund verschließt als öffnet.« (HALBFAS, 1984, S. 259).
Es kann hiermit nicht darum gehen, neben die schon vorhandenen »Vermittlungshilfen« eine weitere zu stellen. Allerdings lassen sich einige Punkte formulieren, an denen sich eine konkrete Unterrichtsgestaltung orientieren könnte. Hermeneutisch gesehen, geht es um die Frage, ob und inwiefern die Gestalt des Jesus Christus in der konkreten Lebenswelt eines Schülers Bedeutung erlangen kann. Der Lehrer als derjenige, der diese Vermittlungsarbeit zu leisten hat, bedarf hier in besonderem Maße einer Sachkompetenz, die beide Aspekte - die Gestalt Jesu Christi und die konkreten Schüler – umfaßt. Bezüglich der christologischen Hoheitstitel bedeutet dies, daß er diese selbst als Deutungskategorien erkennt, die in ihrer Unterschiedenheit auf Erfahrungen antworten, die in unterschiedlichen Deutungssystemen ausgesprochen wurden (z. B. hier jüdischer Messias/Christus, dort hellenistischer Kyrios). Ein Rückzug auf eine rein titulare Christologie wie im KKK gilt es somit zu vermeiden – obwohl auch die Unterrichtsmaterialien noch allzu häufig diese Hoheitstitel als fixe und scheinbar unhinterfragbare Formeln übernehmen: »Mit der Stereotypie des klischeebestimmten Verhaltens und Sprechens endet aber auch die Fähigkeit, die zu vermittelnden Inhalte für neue Lebensvorgänge aufzuschließen. Sie bleiben verschnürte Pakete, formelhaft und stumm.« (HALBFAS, 1984, S. 267). Erst allmählich scheint sich in den Unterrichtsmaterialien eine Hinwendung zu einer eher narrativen Darstellung anzubahnen. (Zur religionspädagogischen Thematisierung der Gestalt Jesu Christi vgl. die grundlegende Untersuchung FISCHER, 1990, hier finden sich auch vergleichende Analysen der verbreitetesten Religionsbücher).
Methodisch bedeutet dies, »daß in der unterrichtlichen Arbeit der historische Jesus dem kerygmatischen Christus vorausgeht« (HALBFAS, 1984, S. 269). Dabei kann es selbstverständlich nicht darum gehen, die **dogmatisch** gesetzten Titel durch **positivistisch** gesetzte letzte Daten des Lebens und Werkes Jesu zu ersetzen. Je älter die Schüler, desto stärker kann vielmehr darauf hingewiesen werden, daß die Texte des Neuen Testamentes selbst keine Biographie Jesu schreiben, sondern als Glaubensdokumente die Bedeutung Jesu für die Menschen seiner Zeit aufzeigen und verstehbar machen möchten (vgl. HEILIGENTHAL, 1994). So sind die Hoheitstitel in ihrem Kontext verstanden und können bezüglich des heutigen Hörers befragt werden: »In welchen Lebenssituationen bestimmter Menschen hat die zu vermittelnde christologische Aussage Bedeutung?« (EMEIS, 1985, S. 26). Dabei ist zunächst zu bedenken, daß auch die Lebenssituationen der Schüler, die sich in einer Religionsstunde zusammenfinden, alles andere als homogen sind. Zu unterschiedlich sind die sozialen Voraussetzungen (Elternhaus, Integration in einer Pfarrgemeinde u. a.) und auch die Vorkenntnisse. Vielfach wird sich beim Schüler die Frage noch nicht einmal mehr stellen, ob die Gestalt Jesu Christi ihm bei der Bewältigung seines Lebens und bei der Beantwortung seiner Fragen helfen könnte. Deshalb hat auch hier der Religionsunterricht zunächst schon viel geleistet, wenn er die Schüler sensibilisiert bezüglich ihrer eigenen Lebenswelt.

Gemäß der religionspädagogischen Maxime: »Ausgangspunkt der Christusinterpretation muß die konkrete Erfahrung des Jugendlichen sein« (FOX, 1986, S. 229), gilt es in einem ersten Schritt, die Lebenswelt des Schülers zu befragen nach Momenten der Hoffnung, Freundschaft, Liebe, Sorge, Glück, Schuld und vieles andere mehr (vgl. dazu die Aussagen der »Würzburger Synode« in NACHKONZILIARE TEXTE, 1989, S. 282). Dem Bewußtwerden dieser Erfahrungen und der Sinnfragen und den mit beidem verbundenen Gefühlen können dann zweitens behutsam die Erfahrungen der biblisch oder kirchengeschichtlich ermittelten Gestalten zur Seite gestellt werden, die diese im Umgang oder in der Nachfolge Jesu gemacht haben. Diese fremden Erfahrungen werden dann danach zu befragen sein, ob und inwiefern sie – jenseits des unterschiedlichen zeitlichen und weltlichen Kontextes – eine Bereicherung des eigenen Lebensvollzuges sein könnten: Wo und inwiefern erweitern diese Geschichten meine eigene Lebenswelt? Wo wird Eindimensionalität aufgebrochen zugunsten einer schöpferischen, heilsamen und sozialen Lebenspraxis?
Werden die christologisch vorgegebenen Hoheitstitel verstanden als Deutung von Erfahrung, dann wird drittens zu fragen sein, ob und inwiefern diese bleibenden Prädikationen um neue, zeitgemäße ergänzt werden können (hier wäre der Ort, Aussagen wie z.B. »Jesus Christus – Superstar«, »Bruder Jesus« und ähnliche kritisch auf ihren Erfahrungsgehalt hin zu überprüfen).

1.2.1.3.2 Wahrer Gott und wahrer Mensch

»Oft bringen die Kinder aus ihren Elternhäusern oder aus dem Kindergarten Sprachregelungen mit, die ein fixes Jesusbild einschließen: ›Da heilt der Gott einen Blinden›, oder ›da hängt Gott am Kreuz›, sagen sie vor Jesusbildern und setzen damit zwischen Jesus und Gott ein selbstverständliches Gleichheitszeichen. Schon hier wird jeder Durchschnittslehrer ratlos, sollte er aufgefordert sein, über das Recht einer Identifikation Jesu mit Gott Auskunft zu geben« (HALBFAS, 1986, S. 232).
Die erste Voraussetzung, Gottheit und Menschheit von Jesus Christus so zu vermitteln, daß keiner der beiden Aspekte verkürzt wird, ist demnach eine angemessene Sprache: »Die Kinder sollen lernen, sprachlich klar zwischen Gott-Vater, dem Adressaten der religiösen Grunderfahrung und ihrem Vorbild Jesus zu unterscheiden. Jesus soll nicht einfach ›Gott‹, ›der liebe Gott‹, sondern ›Jesus‹ und ›Sohn Gottes‹ genannt werden« (FOX, 1986, S. 222).
Identität und Differenz zwischen Gottheit und Menschheit lassen sich – jenseits der großen Anstrengungen der Theologiegeschichte, die allerdings auch ein »Durchschnittslehrer« in ihren Grundzügen kennen sollte – am ehesten didaktisch umsetzen durch den Rekurs auf die Bibel selbst. In den Worten und Taten Jesu kann anschaulich gemacht werden, daß das, was traditionell »Gott« genannt wurde, ein Wort, das für eine immer größere Gruppe von Schülern häufig nur noch eine Leerformel darstellt, ohne eigenen Erfahrungsbezug, hand-greiflich wird. Jesus ergreift die Hand der kranken Schwiegermutter des Petrus und diese wird gesund (Mk 1, 31); er nimmt die Hand des toten Mädchens und dieses steht auf (Mk 5, 41).

Blinde werden sehend durch Kontakt mit ihm (Mt 20, 34), eine Handauflegung heilt die gehbehinderte Frau (Lk 13, 13). In diesen Akten der menschlichen Nähe und Zuwendung, in diesen Heilungen geschieht nicht irgend etwas, sondern Göttliches: »Und sie verherrlichte Gott« – so heißt es von der kranken Frau (Lk 13, 13b). In diesen Taten, aber auch in seinen Reden zeigt sich Jesu göttliche Vollmacht und Autorität (vgl. Mk 1, 22).

Allerdings sollten diese Heilungen nicht so dargestellt werden, als sei hier von einer weltabgewandten »jenseitigen« Heilsfigur die Rede: »Man darf sich diese Autorität seiner Persönlichkeit nicht als eine vornehme Kühle oder eine gleichmäßige Sanftheit vorstellen. Nein, vergessen wir für einen Augenblick die rosigen oder weißen Gipsfiguren« (GLAUBENSVERKÜNDIGUNG FÜR ERWACHSENE, 1971, S. 170).

Insofern bietet die immer häufiger anzutreffende völlige Unkenntnis traditioneller Theologoumena sogar eine Chance: Unbelastet von konfliktbeladenen Gottesbildern kann im Aufzeigen der Worte und Taten Jesu das Wort »Gott« inhaltlich neu gefüllt werden. Wenn es das Grunddogma des Christentums ist, daß Gott wahrhaft Mensch geworden ist, dann wäre exemplarisch an der Gestalt Jesu abzulesen, was mit »Gott« **gemeint** ist. Diese Göttlichkeit **im Lebensvollzug** Jesu hebt dieses Leben nicht auf im Sinne einer übermenschlichen Göttergestalt. Zu diesem Leben gehören Leid und Kreuz, ja gerade im vollen Ausleben bis zum blutigen Ende zeigt sich das Göttliche inmitten des Irdischen (vgl. Mk 15, 39).

Analog den biblischen Schriften können dann heil-volle Situationen im Leben der Schüler benannt und beschrieben werden: Genesung aus Krankheit, gelingende Freundschaft, der Anblick der Schönheit der Natur. Insbesondere die Erfahrung des Glücks, die sich einstellt, wenn der junge Mensch in der Nachfolge Jesu die Schranken der Tradition, der Gebote, des Kultes durchbricht zugunsten der durch die vorgegebenen Werte Benachteiligten: im Einsatz für Arme, Unterdrückte, Ausgeschlossene und Ausländer. Gerade diese heil-stiftende Praxis kann Göttliches erfahrbar machen, ohne die jeweiligen irdischen Bedingtheiten zu überspringen oder gar Heilserfahrung erzwingen zu wollen.

Insofern könnte auch in den entsprechenden Altersstufen das Theologoumenon von der Jungfernzeugung Jesu zum Symbol werden für gelingende ganzheitliche Hingabe ohne Ausbeutung und Gewalt. Der Schüler könnte die erwachende Sexualität als etwas Freudevolles erfahren, das unbelastet von moralischem Rigorismus in der Menschwerdung Jesu »Neuschöpfung« genannt wird.

1.2.1.3.3 Botschaft vom Reich Gottes

»Mittelpunkt der Verkündigung Jesu ist die Königsherrschaft Gottes. Von diesem Zentralbegriff ist das Ganze seiner Botschaft getragen... Für die Lernstruktur folgt daraus, die Wort- und Tatverkündigung Jesu in Beziehung zu dieser sachlichen Mitte zu setzen, wodurch dem Schüler ermöglicht wird, den alles verbindenden gemeinsamen Bezugspunkt der jesuanischen Inhalte deutlich zu erkennen« (FISCHER, 1990, S. 185).

Das geeignetste Mittel, das mit der »Botschaft vom Reich Gottes« Gemeinte in die unterrichtliche Praxis zu übersetzen, sind die Gleichnisse (vgl. KKK 546).

Methodisch ließe sich dabei der Inhalt des »Reiches Gottes« beschreiben in Abgrenzung zu anderen, dem Schüler bekannte innerweltliche Reiche. Jesus selbst zeigt die Affinität des Gottesreiches zu der Unvoreingenommenheit eines Kindes: »Wer nicht wie ein Kind das Königtum Gottes aufnimmt, kommt nimmermehr hinein« (Mk 10, 15). Mit Recht wies bereits Clemens von Alexandrien darauf hin, daß es dabei nicht um eine Idealisierung einer biologischen Entwicklungsphase des Menschen geht, sondern um eine Lebenshaltung (vgl. Erster Teil, 2.1.3). Die lyrische Sprache Baudlers veranschaulicht dies an der Gestalt Jesu selbst: »Durch die Öffnung des Himmels, die Zuwendung Jahwes zu Jesus in der Jordantaufe ist der Kindesatem als Taubenwind in Jesus hineingezogen und hat sein künftiges Leben geprägt« (BAUDLER, 1989, S. 119).
Jenseits der traditionellen Rollenverteilung ist es der Ausländer, der Samariter, der mit kindlicher Spontaneität hilft (vgl. Lk 10, 30-35). Die Umwertung der Werte spricht dem armen Lazarus und nicht dem angesehenen Reichen das Reich Gottes zu (vgl. Lk 16, 19-31). Der Mensch, der ausgebrochen ist aus Konvention und Tradition und eigene Wege ging, ihm wird ein Festmahl bereitet und nicht seinem bieder-braven Bruder, der stupide die an ihn gerichteten Erwartungen erfüllte (vgl. Lk 15, 11-32). Insofern könnte dieses Gleichnis vom barmherzigen Vater gerade in der Adoleszenzkrise die Funktion eines bestärkenden Paradigmas haben. Dazu kommt die kindliche Freude, die alles hinzugeben bereit ist, um seinen »Schatz im Acker« (Mt 13, 44) oder seine »kostbare Perle« (Mt 13, 45) zu erwerben.
In diesen kindlich-ganzheitlichen Momenten ist ein kleiner Senf-Same gelegt, der zum großen Baum werden kann (Mt 13, 31-32); sie könnten zum Sauerteig werden, der das Leben des einzelnen wie der Gemeinschaft verändern kann, wenn man ihn denn nur ließe (vgl. Mt 13, 33).
Theorie und Praxis, Wort und Tat Jesu lassen das mit »Reich Gottes« Gemeinte offenbar werden. Es ist keine apokalyptische Größe, die sich unter mirakulösen Zeichen ankündigt, sondern: »Das Königtum Gottes ist mitten unter euch« (Lk 17, 21 b). In Akten der gelungenen Kommunikation, im Ernstnehmen auch und gerade des Kindes als Lebenspartner werden die »Dämonen« stereotypen zweckrationalen und eindimensionalen »verschulten« Lebens ausgetrieben und Freiräume geschaffen für Kreativität, Spontaneität und Phantasie – das Reich Gottes ist so präsentisch erfahrbar (vgl. Lk 11, 20).
So kann man zusammenfassend sagen:

- »Die Ausbreitung von Dämonen ist im Zusammenhang der **Gottesherrschaft** zu sehen.
- Das Reich Gottes ist kein Zustand, der einmal in ferner Zukunft eintreten wird, sondern ein **Prozeß,** der schon jetzt in der Praxis und Geschichte Jesu angefangen hat.
- Er wirkt sich als **befreiender Kampf** gegen die Kräfte aus, die den Menschen zerstören... Immer geht es darum, daß sich die befreiende und heilende Gottesherrschaft gegen Barrieren und Widerstände durchsetzt; Jesu Wirken im Zusammenhang der Gottesherrschaft ist grundsätzlich wunderbar **grenzüberschreitendes Handeln**«. (BERG, 1991, S. 86 f.)

Die didaktische Umsetzung darf nun gerade nicht diese Gleichnisse und die damit verbundene Rede vom »Reich Gottes« verobjektiviert als »Lernstoff« dem Schüler aufdrängen. Vielmehr können die Schüler diese Botschaft nur ganzheitlich annehmen, »wenn sie selber wenigstens ansatzhaft und keimhaft die **Erfahrung** machen, nicht mehr in der Knechtschaft der Gottesferne zu leben, sondern anstelle von Knechten geliebte Söhne und Töchter des himmlischen Vaters, des Ich-bin-da-Gottes von Ägypten her zu sein« (BAUDLER, 1989, S. 36). Und deshalb besteht die Hoffnung: »Der vom liebenden Ich-bin-da-Gott geweckte Kindesatem wird sich durchsetzen; er wird die Herr-Knechts-Mentalität und die Weltverhaftetheit des Menschen überwinden und das Reich des liebenden Ich-bin-da-Gottes herbeiführen. Dann wird das Leben des Menschen weder von einer wie immer gearteten Über- und Unterordnung geprägt sein, noch von der Faszination der Verfügungsgewalt über die Dinge dieser Welt... Was dann allein noch zählt, ist die unmittelbare Ich-Du-Beziehung zwischen den Menschen, das spontane, arglose und unmittelbare Zueinander-Gutsein« (BAUDLER, 1989, S. 122 f.)

1.2.2 Leid, Kreuz, Tod und Grab

1.2.2.1 Was steht im KKK? (571-628)

Vor jeder näheren Erörterung der historisch greifbaren Umstände deutet der KKK die Passion Jesu als »Paschah-Mysterium« (KKK 571-572). Die Benennung der Ursachen, die zu diesem Ende des Lebens des irdischen Jesus führten, soll dabei dazu dienen, »den Sinn der Erlösung tiefer zu erfassen« (KKK 573). Hier ist dann der Ort, um ausführlich auf das spannungsvolle Verhältnis »Jesus und Israel« einzugehen (KKK 574-594). Drei Konfliktpotentiale werden dabei benannt: der jesuanische Umgang mit dem Gesetz (KKK 577-582), sein Verhältnis zum Tempel (KKK 583-586) und sein Bezug zur jüdischen Gottesvorstellung (KKK 587-591).
Unter der Überschrift »Der Prozeß Jesu« werden die unterschiedlichen Gruppen benannt, die letztlich an der Passion und dem Tod Jesu beteiligt waren (KKK 595-596). In Übernahme der »Erklärung über das Verhältnis der Kirche zu den nicht-christlichen Religionen« des Zweiten Vatikanischen Konzils widerspricht der KKK ausdrücklich der Annahme von einer Kollektivschuld der Juden am Geschick Jesu (KKK 597) und sieht letztlich alle sündigen Menschen als Ursache dieses Geschehens (KKK 598).
In zwei weiteren Kapiteln wird der Tod des historischen Jesus **gedeutet.** Zunächst wird er hineingestellt in den göttlichen Heilsplan (KKK 599-605). Das folgende Kapitel versteht den Tod Jesu gemäß der altkirchlichen Tradition als »Opfergabe an den Vater« (KKK 606-618). Die Ausführungen über die Grablegung des Gekreuzigten werden als »Mysterium des Begrabenseins« gedeutet, wobei der Tod selbst als Trennung von Leib und Seele verstanden wird (KKK 524).
Die historische Tatsache des Todes des Menschen Jesus wird zwar betont: »Der Tod Christi war ein echter Tod; er machte seinem menschlichen Dasein auf Erden ein Ende« (KKK 627). Diese Ausführungen stehen aber bereits unter der das irdi-

sche Leid verklärenden Überschrift: »Du wirst deinen Heiligen nicht die Verwesung schauen lassen«. Die paulinische Deutung der Taufe als Nachvollzug des Sterbens Jesu beschließt die Ausführungen über dessen Leid und Tod (KKK 628).

1.2.2.2 Kritische Reflexion

Die Darstellung der Passion und des Todes Jesu sind diejenigen Texte des Neuen Testamentes, die am intensivsten mit der damaligen Zeitgeschichte verwoben sind. Im Gegensatz z. B. zu den legendarisch ausgestalteten Kindheitsgeschichten finden sich hier Daten und Fakten, die auch einer historischen Untersuchung zugänglich sind. So sind die jüdischen Gruppierungen bekannt, mit denen Jesus in Konflikt geriet. Der KKK nennt gemäß den neutestamentlichen Texten z. B. die Pharisäer. Zugleich stellt er das Verhältnis Jesu zu diesen gesetzesfrommen »Reinen« (Peruschim = Reine) sachgemäß und differenziert dar (vgl. KKK 595-596). Zu einigen Pharisäern hatte Jesus guten Kontakt, einige wurden Mitglieder der nachösterlichen Christengemeinschaft.

Eine tiefergehende Darstellung hätte dabei noch darauf verweisen können, daß es die Gruppe der Sadduzäer, der Priesterklasse war, mit denen sich Jesus im Laufe seines Lebens auseinandersetzen mußte. Daß diese Gruppe in der neutestamentlichen Darstellung gegenüber der Gruppe der Pharisäer weniger häufig genannt wird, liegt wohl u. a. darin begründet, daß die Sadduzäer zur Zeit der Abfassung der Evangelien, d. h. **nach** der Zerstörung des Tempels als ihrer Hauptwirkungsstätte, weniger gesellschaftlich und religiös relevant waren als eben die Pharisäer (zu den Zeitumständen und den am Prozeß Jesu Beteiligten vgl. auch die beiden jüdischen Darstellungen SCHALOM BEN-CHORIN 1967 und FLUSSER, 1968).

Beim Prozeß gegen Jesus läßt sich ein Zusammenspiel der unterschiedlichsten Kreise herausarbeiten. Da ist die Gruppe der Juden, die in Jesu Tat und Wort eine Anmaßung gegenüber Jahwe sehen. Gerade der Anspruch, »im Namen und an der Stelle Gottes... zu handeln« (KESSLER, 1992, S. 279), konnte nur tiefen Widerspruch hervorrufen. Allerdings wird Jesus nicht vom höchsten innerjüdischen Gerichtsorgan, dem Synhedrion, dem Hohen Rat, zum Tod verurteilt. Auch ist die Kreuzigung keine jüdische Todesstrafe. Wohl kennt das Judentum beim Straftatbestand der Gotteslästerung die Steinigung – wie z.B. im Falle des Stephanus ausführlich beschrieben wurde (Apg 7, 54-60). Wenn im Judentum die Kreuzigung praktiziert wurde, dann insofern, als der bereits Hingerichtete als besonderes Merkmal seiner Schande an einen Pfahl gehängt wurde: »Wenn jemand ein Verbrechen begangen hat, auf das die Todesstrafe steht, wenn er hingerichtet wird und du den Toten an einen Pfahl hängst, dann soll die Leiche nicht über Nacht am Pfahl hängen, sondern du sollst ihn noch am gleichen Tag begraben; denn ein Gehenkter ist ein von Gott Verfluchter« (Dtn 21, 22 f.).

Die Kreuzigung als Hinrichtungsart galt allerdings bei der römischen Besatzungsmacht als Strafe für Schwerverbrecher, die selbst keine Römer waren (vgl. die Hinrichtung des Paulus, der als römischer Staatsbürger enthauptet wurde).

Als Gründe für diese Höchststrafe galten u.a. Hochverrat, Fahnenflucht und Aufruhr. Gerade der Verdacht des politischen Aufruhrs läßt sich – neben der Profilierungssucht und dem vorauseilenden Gehorsam des römischen Statthalters Pontius Pilatus - aus römischer Sicht als Hauptgrund der Verurteilung Jesu aufzeigen.
Das Glaubensbekenntnis dokumentiert die Passion und den Tod Jesu insofern, als in dem entsprechenden Passus »gelitten unter Pontius Pilatus, gekreuzigt, gestorben und begraben« als einziger Aussage des Credos nur historische Daten ohne alle Deutungsversuche aufgeführt werden. Auch nicht-christliche zeitgenössische Autoren, wie z. B. *Flavius Josephus* konnten diese Aussagen übernehmen, jenseits aller unterschiedlichen Wertung dieses Geschehens.
Zwar weisen die Kritiker des KKK bei der Darstellung der Passion und der Kreuzigung darauf hin: »Dem Weg des irdischen Jesus ist hier ein relativ breiter Raum gewidmet« (VERWEYEN, 1993, S. 91). Allerdings läßt sich nicht übersehen, daß das Factum brutum, die brutale, nackte Gewalt der Tötung des historischen Menschen Jesus von Nazareth nur allzuschnell übergangen wird und eingebettet wird in eine theologische **Deutung** dieses Geschehnisses. Bereits der erste Satz stimmt bedenklich: »Das Pascha-Mysterium des Kreuzes und der Auferstehung Christi ist das Herz der Frohbotschaft, welche die Apostel und in ihrer Nachfolge die Kirche der Welt verkünden sollen« (KKK 571). Zu schnell wird die nüchterne Aussage des Credos als »Pascha-Mysterium« erhöht und direkt mit der Auferstehung verbunden. Liturgisch gesprochen wird in den Texten des KKK das Dunkel und der Schmerz des Karfreitags nicht durchgehalten, sondern im Ostergeschehen vorschnell verklärt. Unter dem Aspekt der Christologie (vgl. Wahrer Gott und wahrer Mensch, Zweiter Teil, 1.2.1.1.2 und 1.2.1.2.2) muß gefragt werden, ob dieses Vorgehen wirklich der Menschheit Jesu gerecht werden kann.
Wie aber wird dieses Karfreitagsgeschehen gedeutet? Zur Beantwortung dieser Frage sei zunächst die andere Frage gestellt. Wie könnte Jesus selbst seine Passion verstanden haben? Für den KKK ist deutlich, daß er selbst sein Leiden und seinen Tod verstanden und gedeutet hat im Sinne der in den Texten des Deuterojesaja überlieferten sogenannten Knecht-Gottes-Liedern: »Jesus selbst hat den Sinn seines Lebens und seines Todes im Licht dieser Worte vom Gottesknecht gedeutet« (KKK 601). Als Begründung dieser Aussagen wird gesagt: »Nach seiner Auferstehung gab er diese Schriftdeutung den Emmaus-Jüngern und sodann den Aposteln selbst« (KKK 601). Wie schon oft festgestellt, vermischt der KKK gerade die Ebenen, die in ihrer Unterschiedenheit von der historisch-kritischen Forschung der letzten 200 Jahre mühsam herausgearbeitet wurden. Nachösterliche Gemeindetradition als Deutung des Lebens und Sterbens Jesu Christi ist eine nicht hoch genug einzuschätzende Quelle, aus der die Kirche und der einzelne Gläubige schöpfen kann. Aber so zu tun, als seien nachösterliche Aussagen (Gespräch mit den Emmaus-Jüngern) undifferenziert gleichzusetzen mit eventuell eruierbaren »ipsissima verba«, mit Aussagen des historischen Jesus, ist jenseits allen verantwortbaren Umgangs mit den neutestamentlichen Schriften.
Die Einschätzung der genannten Frage nach dem Selbstverständnis Jesu in Passion und bevorstehendem Tod ist auch theologisch bis zur Gegenwart stark um-

stritten. Als repräsentativ für eine Antwort aus katholischer Tradition kann *Hans Kesslers* Feststellung gelten: »Jesus hat... auch noch sein Märtyrer-Schicksal mit seiner Sendung verbunden und in derselben Gottes Kommen dienenden Haltung, die sein bisheriges Wirken prägte, aktiv (nicht nur passiv) auf sich genommen (KESSLER, 1992, S. 281).

Konträr dazu die aus der Tradition Martin Luthers kommende Einschätzung von *Eberhard Jüngel:* »Jesus selbst hatte freilich seinem eigenen Tod keine erkennbare Bedeutung gegeben. Die exegetische Erforschung des Neuen Testamentes hat es als in hohem Maße wahrscheinlich erwiesen, daß alle neutestamentlichen Aussagen, die den Tod Jesu als Heilsereignis verstehen, erst **nach** Jesu Tod entstanden sind. Sie setzen die Auferstehung Jesu, genauer: den Glauben an den Auferstandenen voraus. Ein Mensch, der Gottes Nähe den Gottlosen bedingungslos zusagte und das Gebot der Liebe den Lieblosen gegenüber kompromißlos zur Geltung brachte, mußte zwar durch Wort und Tat erbitterten Widerspruch – nicht nur der herrschenden Autoritäten – hervorrufen und mußte wohl auch selber mit der Möglichkeit eines gewaltsamen Endes rechnen. Aber Jesus hat sein Lebensende, jedenfalls in den uns erhaltenen und mit hoher Wahrscheinlichkeit auf ihn selbst zurückführbaren Worten nicht als ein für das Leben und Sterben anderer Menschen bedeutsames Ereignis angekündigt. Wir wissen auch nicht, wie er das über ihn verhängte Todesurteil aufgenommen hat. Selbst die Worte des Gekreuzigten sind dem sterbenden Jesus wahrscheinlich erst nachträglich zugeschrieben worden. – So gut wie sicher ist jedoch die Überlieferung, daß Jesus schreiend gestorben ist« (JÜNGEL, 1977, S. 121 f.). Wie immer man einzelne Aussagen des leidenden und sterbenden Jesus historisch bewerten mag, der Hinweis auf sein Schreien als Ausdruck seiner Menschlichkeit sollte in keiner Christologie fehlen.

Welche Deutung dieses Kreuzesgeschehens führt nun der KKK an und wie ist sie zu bewerten? Gerade die Abweisung einer Kollektivschuld der Juden am Tod Jesu (KKK 597) führt zu der Feststellung: »Alle Sünder sind am Leiden Christi schuld« (KKK 598). Wenn dem so ist, wurde Jesus letztlich »nach Gottes festgesetztem Ratschluß ausgeliefert« (KKK 599 f.). Wie bereits »das ganze Leben Christi... Opfergabe an den Vater« ist (KKK 606), so ist sein Tod »das einzige und endgültige Opfer« (KKK 613) zur Tilgung dieser Schuld.

Obwohl namentlich nicht genannt, steht hinter dieser theologischen Deutung des Todes Jesu letztlich der mittelalterliche Ansatz des *Anselm von Canterbury* (1033-1109). Der KKK umschreibt dessen Deutungsmodell des Todes Jesu wie folgt: »Kein Mensch, selbst nicht der größte Heilige, wäre imstande, die Sünden aller Menschen auf sich zu laden und sich als Opfer für alle darzubringen. Doch kraft der göttlichen Person des Sohnes in Christus, die über alle menschlichen Personen hinausgeht und sie zugleich umfängt, und Christus zum Haupt der ganzen Menschheit macht, kann das Opfer Christi **für alle** erlösend sein« (KKK 616).

Der Ausgangspunkt *Anselms* ist die Frage, die gerade sowohl von jüdischer wie auch von islamischer Seite gestellt wurde: Warum reicht es nicht, daß Jesus ein besonders qualifizierter Prophet ist, warum mußte er Gottes Sohn, d. h. selbst

Gott sein, um das Erlösungswerk zu vollbringen? Oder mit dem Titel der entsprechenden Schrift *Anselms* »Warum wurde Gott Mensch?« (Cur Deus homo?) (ANSELM, 1970). Sein Beweisgang sieht in der Sünde eine Störung der Harmonie der Schöpfung und insofern einen Akt der Nichtanerkennung des Schöpfers selbst. Um diese Un-Ordnung zu beseitigen, muß Sühne für die Schuld geleistet werden. Da aber diese Schuld unendlich groß ist, vermag kein Mensch diese Genug-tuung, d.h. Satis-faktion zu erbringen. Andererseits kann Satisfaktion auch nicht von einem rein göttlichen oder engelgleichen Wesen geleistet werden, denn dadurch wäre diese Sühne nicht mehr das Opfer der Menschen. Unmöglichkeit aber trotzdem Notwendigkeit der Wiedergutmachung führten *Anselm* in seiner Soteriologie, seiner Heilslehre, dazu, daß nur ein Wesen, das Menschlichkeit und Göttlichkeit in sich vereint, diese Heilsaufgabe übernehmen kann: die Person Jesu Christi mit den beiden Naturen, Gott und Mensch.
Mit Recht kann dieser Ansatz »eine geschlossene soteriologische Theorie« genannt werden (KESSLER, 1992, S. 359). Andererseits ist aber sehr deutlich, wie sehr sie dem »Denkmuster des germanisch-feudalen Lehensrechts verhaftet ist« (KESSLER, 1992, S. 359). Sie ist geprägt von einer »Logik des Zurückzahlenmüssens«: »Darum erscheint die stellvertretende Sühne Christi als freiwillige Übernahme der Verbindlichkeit des Menschengeschlechts Gott gegenüber und als entsprechende Bereinigung nicht getilgter Schuld. Christus geht nicht wirklich in die sündige Situation der Menschen ein, um sie von innen her zu wenden, sondern er erbringt die geforderte Leistung« (KESSLER, 1992, S. 361).
Neben der Kritik an dieser Verrechtlichung von Schuld und ihrer Tilgung muß allerdings auch nach dem Wesen der Sünde gefragt werden. Ohne deren Bedeutung im geringsten zu verharmlosen, scheint doch der anthropologisch motivierte Einwand berechtigt, ob nicht die Rede von Sünde und Schuld – zumindestens in der Theologie- und Kirchengeschichte häufig zu Angst und psychischen Krankheiten führte. Auch der Gedanke, daß ein Unschuldiger für die jeweils eigenen Sünden hingerichtet wurde, erhöhte bei nicht wenigen die Schuldgefühle und vermittelte eine depressive Selbsteinschätzung statt einer Befreiung (vgl. MOSER, 1976, S. 20 f.; DREWERMANN 1978 II, S. 153).
Wie aber wäre jenseits einer Aufrechnung von Schuld und deren Tilgung zu sprechen und welchen Bezug könnte der Kreuzestod Jesu in diesem Kontext haben? Der KKK verweist mit Recht auf die sogenannten Knecht-Gottes-Lieder als Interpretament des Geschehens um Jesus – ob er selbst dies so sah oder nicht, sei dahingestellt (KKK 601). Für die Autoren des Neuen Testamentes ist deutlich: das, was Jesus erlitten hat, ist zu vergleichen mit dem Schicksal jenes unbekannten Propheten, beide hielten ihren Rücken hin und wurden geschlagen, man verhöhnte und bespuckte sie (Jes 50, 6, vgl. Mt 26, 67 f.). Erst nach beider Tod wurde ihre Funktion als »Sündenbock« erkannt: »Aber er hat unsere Krankheiten getragen und unsere Schmerzen auf sich genommen. Wir meinten, er sei vom Unheil betroffen, von Gott gebeugt und geschlagen. Doch er wurde durchbohrt wegen unserer Verbrechen, wegen unserer Sünden mißhandelt. Weil die Strafe auf ihm lag, sind wir gerettet, durch seine Wunden sind wir geheilt« (Jes 53, 4 f.; vgl.

Mt 8, 17). Der Jesaja-Text nennt die Sünde auch beim Namen: »Wir hatten uns alle verirrt wie die Schafe, jeder ging für sich seinen Weg« (Jes 53, 6). Insofern erkennt *Eberhard Jüngel* als Urgrund der Sünde die »Verhältnislosigkeit«, in der jeder seinen eigenen Weg gehen möchte (JÜNGEL, 1977, S. 99).
Die Texte des KKK ließen sich dann so übersetzen: Statt den konkreten Menschen sehen die Pharisäer im Neuen Testament stellvertretend für eine ganze Lebenseinstellung nur Gesetz und Ordnung (KKK 577-582). Entspricht dem der einzelne nicht, dann heißt es folgerichtig: »Wir haben ein Gesetz und nach dem Gesetz muß er sterben« (Joh 19,7). Ähnlich Jesu Konflikt mit dem priesterlichen Tempelpersonal. Kult und Liturgie werden keineswegs als solche kritisiert oder aufgehoben (vgl. KKK 583-586). Allerdings werden sie relativiert und nach einer konkreten Heilsfunktion für den Menschen befragt. Insofern verweist Jesus nicht auf eine ferne Zeit, in der weder im Jerusalemer Tempel noch im Heiligtum der Samariter auf dem Berg Garizim allein gültig gebetet werden kann (KKK 586). Diese Zeit ist für Jesus vielmehr in seinem Wort und seiner Tat bereits angebrochen (vgl. PAULY, 1993a, S. 334 f.). Und auch denjenigen gegenüber, die ein festgefügtes Gottesbild über die konkreten Erfahrungen der Menschen stellen, widerspricht Jesus in Theorie und Praxis: »Vor allem aber erregte Jesus deswegen Anstoß, weil er sein barmherziges Verhalten zu den Sündern mit der Haltung Gottes diesen gegenüber gleichsetzte« (KKK 580).
Sünde wäre in allen drei Gebieten die Verobjektivierung, die Totalisierung eines Phänomens ohne Bezug auf den konkreten Menschen, die Verhältnislosigkeit. Diese zu bekämpfen war Jesu Aufgabe. Daß er selbst – vordergründig – an dieser Sünde gescheitert ist und durch sie getötet wurde, ist dann nur folgerichtig: »Der Tod nun ist das Fazit dieses Dranges in die Verhältnislosigkeit« (JÜNGEL, 1977, S. 99).
Der Tod **von** anderen (»jeder ging seinen Weg«, Jes 53, 6) wird dann zum Tod **für** andere. Wenn Jesus durch diese Verhältnislosigkeit hindurchgeht, bestätigt er »mit Haut und Haaren« seine Botschaft: »Seinen Tod trotz aller Angst und Furcht zu bejahen, zeigt an, daß er nicht das Ende des Lebens, sondern der letzte entscheidende Vollzug des Lebens ist, die Ratifizierung dessen, was man ist« (HASENHÜTTL, 1979, S. 101). Durch diese »Propaganda der Tat« (HASENHÜTTL, a.a.O.) ist das Sein-für-andere, seine »Pro-Existenz« (KESSLER, 1992, S. 412) aufgeleuchtet und hat somit Ausstrahlung, Bedeutung auch für andere: »Da er in seinem Leben und Sterben der Gott ganz entprechende, wahre Mensch, also das Urbild des Menschen schlechthin in seinem Verhältnis zu Gott und den anderen ist, repräsentiert er in sich alle übrigen Menschen, nicht wie sie schon sind, sondern wie sie noch werden sollen« (KESSLER, 1992, S. 411).
Nicht die Aufrechnung von Schuld und auch nicht das »Bild von Gott als grausam-patriarchalem Herrscher, der ein blutiges Sühnopfer verlange und der Vergebung nicht unbedingt, sondern nur aufgrund des Todes Jesu gewähre« (KESSLER, 1992, S. 409) – sondern gerade umgekehrt: die konsequente Proexistenz bis zum blutigen Ende läßt aufleuchten die un-berechenbare, durch nichts mach-bare, sondern nur als Geschenk erfahrbare Versöhnung, ein Sieg der Liebe

über die Gerechtigkeit. Der Christ sieht sich im Untertauchen bei der Taufe (vgl. Röm 6, 4) – d. h. im Mitsterben und Mitbegraben – mit Jesus auf diesen Heils-Weg gestellt (vgl. KKK 628).

1.2.2.3 Didaktische Hinweise

Die Erörterung des Themas »Tod« in der Schule setzt entwicklungspsychologische Grundkenntnisse voraus. Zu unterschiedlich ist nämlich das Verhältnis des Kindes zum Tod in den einzelnen Reifestufen (wobei die Vermittlung dieses Themas durch die modernen Massenmedien und deren Auswirkung auf die Einstellung des Kindes zum Tod eigens untersucht werden müßte). *Tobias Brocher* hat nach langjährigen Studien einige Stufen der Todes-Deutung bei Kindern herausgearbeitet. Bis zum 4. Lebensjahr wird demnach der Tod sehr stark mit der Trennungsangst des Kindes bezüglich der geliebten Bezugspersonen in Verbindung gebracht. Diese angstvolle Besetzung weicht einer Phase, in der der Tod eher als Schlaf, Dunkelheit und Ruhe gedeutet wird (4. bis 5. Lebensjahr). Ab etwa dem 7. oder 8. Lebensjahr verbindet sich für das Kind mit dem Phänomen Tod die Einsicht in den körperlichen Zerfall. Erst dann anschließend entsteht nach *Brocher* eine verstärkte Reflexion über Unsterblichkeit (vgl. BROCHER, 1980, S. 32 f.). Allerdings – und dies bestätigen verstärkt neuere Untersuchungen – ist die Deutung des Todes sehr stark abhängig von dem sozialen, politischen und kulturellen Umfeld des Kindes. Bereits in *Brochers* Untersuchungen sahen z. B. Mittelschichtkinder den Tod eher als natürliche Folge des Alters an, während für Unterschichtkinder Gewalt und Unfälle die primäre Ursache des Todes darstellen.
Die religionspädagogische Vermittlung des Todes Jesu sollte auf keiner Entwicklungsstufe im Sinne der oben dargestellten Satisfaktionslehre vonstatten gehen. Eine Fülle von biographischen Zeugnissen dokumentiert die Schuldgefühle, die auf einem Kind lasten, das sich letztlich am grausamen Tod Jesu mitverantwortlich weiß (vgl. z. B. MOSER, 1976). Derartige Erlösungslehren bedürfen vielmehr selbst der Erlösung (vgl. HALBFAS, 1986, S. 283).
Andererseits kann und soll auch der Religionsunterricht das Factum brutum des Todes Jesu nicht beschönigen und verklären. So kann man z.B. einer 6. Klasse eine Sachinformation über den Vorgang der Kreuzigung zumuten: »Vor der Strafe wird der Verurteilte völlig entkleidet, dann mit Geißeln aus Lederriemen mit Metallkugeln gemartert. Schließlich wird der Längsbalken für ein Kreuz aufgerichtet, der Querbalken liegt noch am Boden. Die Arme des Verurteilten werden dann auf das Holz des Querbalkens gepreßt, Nägel in die beiden Unterarme geschlagen und/oder mit Stricken daran gebunden. Dann ziehen die Henker den Querbalken am Stamm hoch. Sie nageln den Sitzblock an. Die Knie des Hängenden werden nach links gedrückt, der rechte Fuß drückt den linken. Hammerschläge treiben den dritten Nagel durch die Fersenbeine« (RELIGION IN DER HAUPTSCHULE, 6. Jahrgangsstufe 1982, S. 88).
Es werden sich bei dieser Darstellung Fragen nach den Gründen dieses grausamen Todes des Gerechten stellen. Hier gilt es auf den Zusammenhang des Lebensvollzugs Jesu mit seinem Märtyrertod hinzuweisen. »Er ist die Konsequenz

des Lebens von Gott her für die Menschen. Jesus ist von Gottes Gutsein ganz und gar überzeugt - dies will er kundtun« (ZIELFELDER RU 9/10, 1980, S. 182). »Weil derjenige, der so wie Jesus lebt, alte, etablierte Mächte und Gewohnheiten in Unordnung bringt, suchen die in Frage gestellten Kräfte ihn zu beseitigen« (vgl. GRUNDRISS DES GLAUBENS, 1980, S. 81 f.).
In diesem Kontext wäre dann auch Raum, an ähnlichen Beispielen aufzuzeigen, wie Menschen für ihre Wahrheit und für den anderen in den Tod gingen, d. h., wie sie mit und durch das eigene Blut ihr Lebensdokument unterschreiben (vgl. z. B. JANÙSZ KORCZAK, RUPERT MAYER und viele andere mehr).
Aber nicht nur auf vergangene Beispiele soll hingewiesen werden: »Im Kreuzweg Christi die Leidenswege der Menschen bedenken; angesichts seiner Folter die Augen für alle Menschenverachtung in der eigenen Gesellschaft und im politischen Weltgeschehen öffnen und vom Mitleid, das die ältere Frömmigkeitstradition anstößt, zu Sympathie und kleinen Schritten der Solidarität zu kommen – das sind Maßstäbe, die den didaktischen Horizont der Leidensgeschichte ausrichten helfen« (HALBFAS, 1986, S. 299).
Wird so den Schülern die Augen geöffnet für konkrete Not, dann kann auch der Aspekt der Nachfolge, bzw. das in der Taufe symbolisierte Mitsterben mit Jesus, dem Christus, unter zweierlei Aspekt dargestellt werden. Zunächst wird verständlich, warum sich selbst z. B. lateinamerikanische Indios in ihrer tagtäglichen Erfahrung von Unterdrückung und Ausbeutung als Leidens-Genossen Jesu verstehen: Nachfolge bedeutet demnach »für die armen Campesinos nichts anderes als: mit Christus unterwegs sein, sein Leiden teilen – aber auch: seine Auferstehung als starken Hoffnungsimpuls begreifen« (BERG, 1991, S. 279). Nachfolge für die Schüler Westeuropas aber bedeutet dann gerade die Sensibilisierung für alle Formen der Unterdrückung, der Einschränkung von Freiheit und Lebensqualität und daraus folgend die ihm möglichen Schritte zur Verbesserung der gestörten »Verhältnisse«. Auch dies wiederum darf nicht zu einem moralisierenden Rigorismus degenerieren: Nachfolge, ethischer Nachvollzug des Lebens Jesu ist nichts anderes als »die Aufgabe, die Gaben Gottes als Chance zum gelingenden Leben für alle auszuleben« (BERG, 1991, S. 433).

1.2.3 Abstieg in das Totenreich, Auferstehung und Himmelfahrt

1.2.3.1 Was steht im KKK? (632-664)

Das Theologoumenon vom Abstieg Jesu in das Totenreich behandelt der KKK bereits im Kontext der Auferstehungsthematik (KKK 632-635). Dieser Abstieg selbst ist zeitlich verstanden als vor seiner Auferstehung stattfindend (KKK 632) und nur eine »sehr knappe« Zeitdauer beanspruchend (KKK 634). Da der Tod Jesu selbst im Sinne einer Trennung von Leib und Seele gedeutet wird, ist es die Seele, die sich »zum Aufenthaltsort der Toten« begibt (KKK 632). Der Ort der Toten wird religionsgeschichtlich näher bestimmt als »Hölle«, »Scheol« oder »Hades« (KKK 633). Um zu dokumentieren, daß nicht alle Verstorbenen im gleichen Zustand verweilen, bedient sich der KKK des jesuanischen Vergleiches vom armen

Lazarus und dem Reichen (vgl. Lk 16,22-26). Die Funktion des Abstiegs sieht der KKK in der »Ausweitung des Erlösungswerkes auf alle Menschen aller Zeiten und aller Orte, denn allen Geretteten wurde Erlösung zuteil« (KKK 634).
Die Ausführungen zur Auferstehung gliedern sich in die Einzelaspekte »das geschichtliche und transzendente Ereignis« (KKK 639-647); die Auferstehung als »Werk der heiligsten Dreifaltigkeit« (KKK 648-650) und die Ausführungen über »Sinn und Heilsbedeutung der Auferstehung« (KKK 651-655).
Die Grundaussage dieses Kapitels kann zusammengefaßt werden: »Das Mysterium der Auferstehung Christi ist ein wirkliches Geschehen« (KKK 639). Dieses hat sich »geschichtlich feststellbar manifestiert« – nämlich in der Verkündigung der Urgemeinde (KKK 639). Für die Geschichtlichkeit dieses Geschehens ist zwar das leere Grab »an und für sich kein direkter Beweis« – »Trotzdem war das leere Grab für alle ein entscheidend wichtiges Zeichen und seine Entdeckung durch die Jünger der erste Schritt zu der Einsicht, daß Christus tatsächlich auferstanden ist« (KKK 640). Die biblischen Berichte von den Erscheinungen des Auferstandenen haben für den KKK Beweischarakter: »Angesichts dieser Zeugnisse ist es unmöglich, die Auferstehung als etwas zu interpretieren, das nicht der physischen Ordnung angehört, und sie nicht als ein geschichtliches Faktum anzuerkennen« (KKK 643). Über den Zustand der »auferstandenen Menschennatur Christi« heißt es, »daß der auferstandene Leib, ... wirklich der gleiche ist, der gequält und gekreuzigt worden ist, weil er noch die Spuren des Leidens trägt« (KKK 645). Andererseits aber verfügt er über neue Eigenschaften: »Jesus ist nicht mehr an Ort und Zeit gebunden, sondern kann nach Belieben da sein, wo und wann er will. Seine Menschennatur kann nicht mehr auf der Erde zurückgehalten werden und gehört nur noch dem göttlichen Bereich des Vaters an« (KKK 645). Die Auferstehung Jesu Christi ist keine »Rückkehr in das irdische Leben«: »Er geht in seinem auferweckten Leib aus dem Totsein in ein anderes Leben über, jenseits von Raum und Zeit« (KKK 646).
Die Heilsbedeutung der Auferstehung Jesu ist für den KKK darin zu sehen, daß sich in ihr »die Verheißungen des Alten Bundes« erfüllen (KKK 652), daß in ihr die »wahre Gottheit Jesu« bestätigt wird (KKK 653), daß er den Menschen »einen Zugang zu neuem Leben« eröffnet (KKK 654) und durch dies alles »Ursache und Urgrund unserer künftigen Auferstehung« ist (KKK 655).
Die Himmelfahrt erfolgt nach einer »verschleierten« Zwischenzeit (KKK 660) und zeigt die »letzte Stufe der Verherrlichung« (KKK 661). Die damit einhergehende Inthronisation zur Rechten des Vaters »bedeutet den Beginn der Herrschaft des Messias« (KKK 664).

1.2.3.2 Kritische Reflexion

Die Aussage über den Abstieg Jesu Christi in die Totenwelt ist in hohem Maße interpretationsbedürftig - wenn sie mehr ausdrücken soll als das bereits im vorherigen Artikel Ausgesagte: daß Jesus eben als Mensch gestorben ist. »Vielleicht kein Glaubensartikel steht unserem heutigen Bewußtsein so fern wie dieser« (RATZINGER, 1971, S. 215). Der KKK verschweigt leider, daß dieser Passus erst relativ spät (2. Hälfte des 4. Jahrhunderts) in das Credo aufgenommen wurde. Das Glaubensbekenntnis von Nizäa und Konstantinopel bringt ihn z. B. noch nicht.

Als religionsgeschichtlichen Hintergrund nennt der KKK mit Recht die Vorstellungen vom Hades oder der Scheol – das Reich der Toten. Aus der griechisch-römischen Antike sind Parallelen bekannt, in denen ein Held in den Hades hinabsteigt, um diesen zu besiegen (vgl. z. B. die Legende von der Hadesfahrt des Herakles oder die Schilderung von dem Besuch des Aeneas in der Unterwelt in Vergils »Aeneas«, vgl. KERÉNYI, 1966, Bd. 2, S. 144 f.).

Die biblische Grundlage für dieses Theologoumenon findet sich im ersten Petrusbrief: »Denn auch der Messias hat ein für allemal um der Sünden willen gelitten, ein Gerechter für Ungerechte... In ihm ist er zu den Geistern im Kerker gegangen, um ihnen zu verkünden. Sie waren einstmals ungehorsam, als Gott in den Tagen Noahs mit Langmut wartete, als der Kasten gebaut wurde« (1 Petr 3, 18-20).

Noch im 8. Jahrhundert war umstritten, welche Aufgabe Jesus Christus bei diesem Gang in die Unterwelt zu lösen hatte. So verurteilte eine Synode in Rom im Jahre 745 die Meinung, »der Herr Jesus Christus habe, als er in die Unterwelt hinabstieg, alle Frommen und Gottlosen von dort herausgezogen« (DENZINGER/HÜNERMANN, Nr. 587 = S. 273, vgl. KKK 633). Nicht zuletzt aus der Motivation heraus, auch den vor Christus lebenden Gerechten Heil widerfahren zu lassen, neigten die Kirchenväter und der Volksglaube zu dramatisierenden Darstellungen dieses Theologoumenons. Im Mittelalter erreichte dies im Zusammenhang mit den Passions- und Osterfestspielen einen Höhepunkt. Eine Psychologisierung der Fahrt in die Unterwelt erfolgte durch *Martin Luther*. Für ihn drückt sich in diesem Bild die ganze Verlassenheit Jesu aus, die dieser in Passion und Kreuz durchlitt.

Eine systematische Betrachtung dieser Aussage des Apostolischen Glaubensbekenntnisses wird auf eine exakte Sprache achten müssen. Ebensowenig wie die Ebenen historischer Jesus – Christus des Glaubens in ihrer Unterschiedenheit vermischt werden dürfen, so wenig kann bei der Rede von den Eschata, den sog. »letzten Dingen« (Himmel, Hölle, Fegefeuer u. a.) eine Vermengung von empirischer Zeit und eschatologischer »Zeit« einem Verständnis dienen. Die Bestimmung dieser eschatologischen Phänomene nach Kriterien der empirischen Zeit zerstört gerade deren Aussagekraft. Eine Fahrt in die Unterwelt **vor** der Auferstehung (vgl. KKK 632), während einer »sehr knappen« Zeitdauer (die schamhaft als ihrer Bedeutung nach eine »unermeßliche Phase« genannt wird), ist reiner Mythos (KKK 634). Eine Entmythologisierung hingegen könnte darauf verweisen, daß in diesem Glaubensartikel letztlich eine Ausfaltung des Kreuzesgeschehens selbst vorliegt. Jesu Tod infolge der Verhältnislosigkeit und damit der Gottlosigkeit stiftet für den Gläubigen neue Beziehungen. In ihm wird anschaulich, wie tödlich der Bruch von Beziehungen sein kann, aber auch gleichzeitig, wie »letztlich«, d. h. eschatologisch, dieser Tod nicht das letzte Wort hat. Durch dieses eschatologische Geschehen um Jesus Christus fällt auch ein anderes Licht auf die vielen ungerecht Verurteilten, die vor ihm gelebt haben. Die fast 600 Jahre empi-

rische Zeit zwischen dem Leben des unbekannten Propheten bei Deutero-Jesaja und seinen Knecht-Gottes-Liedern und der Zeit Jesu sind in Anbetracht des Todes Jesu quasi aufgehoben. Der Einsame und Ausgeschlossene von Golgatha erklärt sich in seinem Leid solidarisch mit den Einsamen und Ausgeschlossenen aller Zeiten, d.h., mythologisch gesprochen, er steigt von seinem Kreuz herab in ihr Totenreich und erlöst sie: »Der Gang in die Unterwelt kann deshalb auch heute verstanden werden als **Symbol** für die Heilsmöglichkeit auch der vorchristlichen und damit nichtchristlichen Menschheit: für die Heilsmöglichkeit der alttestamentlichen Frommen, der von der christlichen Verkündigung nicht Erreichten, ja, aller Verstorbenen« (KÜNG, 1992, S. 135, vgl. auch BISER, 1993, S. 83-90).
»Der Glaube an die Auferstehung Jesu ist die Basis des Bekenntnisses zu Jesus dem Christus und zu Gott als dem Vater Jesu Christi. Man kann bildhaft sagen: Der Auferstehungsglaube ist der Nagel, an dem alle anderen Sätze des Credos hängen, er ist die innere Klammer, die alles andere zusammenhält« (SCHNEIDER, 1985, S. 279). Diese zentrale Bedeutung des Theologoumenons von der Auferstehung Jesu formuliert der KKK mit ähnlichen Worten: »Die Auferstehung Christi ist die Wahrheit, in der unser Glaube an Christus gipfelt; die christliche Urgemeinde glaubt und lebt sie als zentrale Wahrheit, die Überlieferung gibt sie als grundlegend weiter, die Dokumente des Neuen Testamentes weisen sie nach« (KKK 638). Zugleich weisen die Autoren des KKK auf die untrennbare Verbindung zwischen Tod und Auferstehung hin: »Zugleich mit dem Kreuz wird sie als wesentlicher Teil des Pascha-Mysteriums verkündet« (KKK 638).
Da »Auferstehung« zunächst kein Element der Alltagssprache und der täglichen Erfahrung bezeichnet, besteht die theologische Aufgabe darin, zu verdeutlichen, was dieser Terminus **bedeutet.**
Zunächst die Quellen. In der Bezeugung der Auferstehung sagt Paulus als ältestem Zeugnis: »Ich habe euch überliefert, was ich empfangen habe: Christus ist für unsere Sünden gestorben gemäß den Schriften und begraben worden. Er ist am dritten Tage auferweckt worden gemäß den Schriften und erschien dem Kephas, dann den Zwölf... dann vielen anderen« (1 Kor 15, 3 f.). Paulus beruft sich damit auf eine schon bestehende Tradition und benennt in einer doppelten Steigerung den Zusammenhang von Kreuz und Auferstehung: Gestorben – begraben, versus auferweckt – erschienen. Bereits an dieser frühesten Belegstelle zur Auferstehung zeigt sich, daß die Äußerung des KKK bezüglich des leeren Grabes relativiert werden muß: »...war das leere Grab für alle ein entscheidend wichtiges Zeugnis« (KKK 640). Zumindest für Paulus gilt diese Aussage nicht. Auch das Markus-Evangelium kennt kein leeres Grab, das Grab ist geradezu eschatologisch erfüllt: Ein Jüngling im weißen Talar verkündet die Frohbotschaft der Auferweckung (vgl. Mk 16, 5-6). Die späteren Evangelientexte schmücken das Bild weiter aus: Ein Engel wälzt den Stein vom Grab (Mt 28, 2); das Schweißtuch ist sorgfältig gefaltet und an einer anderen Stelle als die Leintücher abgelegt (Joh 20, 6 f.). Bei aller Ausschmückung aber berichtet keine neutestamentliche Schrift den Vorgang der Auferstehung selbst. Nicht eine empirisch-nachprüfbare Dokumentation ist ihr Ziel, sondern die Bekundung der tiefen Erfahrung der Jün-

gerinnen und Jünger: Mit diesem Jesus, der am Kreuz gestorben ist, ist es nicht zu Ende; weder er als Person noch sein Werk sind durch den Tod vernichtet. Die Erzählungen versuchen, der Identität des Auferstandenen mit dem Gekreuzigten Ausdruck zu verleihen, gleichzeitig aber auch die Differenz beider Zustände festzuhalten: Der Auferstandene trägt die Wundmale, er ist nicht ein Geist, eine Phantasiegestalt, sondern die Urgemeinde glaubt an die **Auferstehung des Gekreuzigten.** Andererseits war die Auferstehung Jesu nicht eine Rückkehr in das irdische Leben (KKK 646). Er überwindet Raum und Zeit, ist in Jerusalem und in Galiläa erfahrbar, äußere Mauern stören die Begegnung mit ihm nicht (Joh 20, 19 f.). Die starke Betonung des KKK, daß die Auferstehungserfahrung »der physischen Ordnung angehört« (KKK 643) spiegelt nicht die Intention der Schrift: »**Wie** das alles geschah, kann und soll offenbar nicht festgelegt werden. Das **Mysterium** der Auferweckung von den Toten bewahrt auch in seinem Vor-gang in die Geschichte, also in den Erscheinungen und in dem leeren Grab, seinen Charakter. Für uns kommt noch hinzu, daß die Berichte selbstverständlich im Horizont damaligen Verstehens und also in den Vorstellungen, Formen, Begriffen und in der Sprache der damaligen und dortigen Welt abgefaßt sind... Dazu kommt noch ein anderes. Schon sind bei aller Naivität der Erzählungsweise die Erscheinungs- und Grabesberichte durch **theologisches Interesse** mitgeformt« (SCHLIER, 1968, S. 11, Hervorhebung W. P.). »Ein als leer festgestelltes Grab bezeugt als solches allein nie den Sinn und die Existenz einer Auferstehung« (RAHNER, 1977, S. 261).

Es gilt somit nach der Bedeutung dessen zu fragen, was in den Bildern vom leeren Grab und in den Erzählungen von den Begegnungen mit dem Auferstandenen **gemeint ist.** Der »Deutsche katholische Erwachsenen-Katechismus« umschreibt dies wie folgt: »Jesu Tod war nicht ein sinnloses Ende, sondern der endgültige Anfang. In ihm hat die neue Schöpfung begonnen«. »Seine Auferstehung ist die Gewähr, daß am Ende das Leben über den Tod, die Wahrheit über die Lüge, die Gerechtigkeit über das Unrecht, die Liebe über den Haß und selbst über den Tod siegen wird« (KATHOLISCHER ERWACHSENENKATECHISMUS 1985, S. 205 f.). Den Zusammenhang des Lebensvollzugs Jesu, sein Einsatz in Wort und Tat für eine neue Verhältnisbestimmung der Menschen untereinander und dadurch auch der Menschen zu Gott formulierte *Joseph Ratzinger* sehr treffend: »Nur wo für jemand der Wert der Liebe über dem Wert des Lebens steht, d.h., nur wo jemand bereit ist, das Leben zurückzustellen hinter der Liebe und um der Liebe willen, nur da kann sie auch stärker und mehr sein als der Tod. Damit sie mehr werden kann als der Tod, muß sie zuerst mehr sein als das bloße Leben. Wo sie das aber nicht bloß dem Wollen, sondern der Wirklichkeit nach zu sein vermöchte, da würde das zugleich heißen, daß die Macht der Liebe sich über die bloße Macht des Biologischen erheben und sie in ihren Dienst genommen hätte« (RATZINGER, 1971, S. 223).

Auferstehung ist also gerade eine Erfahrung, die bloß biologisch oder physisch vorgegebene Wirklichkeit übersteigt (gegen KKK 643). Ein Leben in und aus der Liebe wird durch das biologisch-natürliche Ende nicht zu Nichts, es bleibt, wird

im Hegelschen Sinne »aufgehoben«, wird zu einer neuen Qualität (vgl. JÜNGEL, 1977, S. 83-137). Daß in Jesus von Nazaret ein solcher Lebensentwurf leibhaftig wurde und er insofern für die Gläubigen der Erste der Entschlafenen ist, dessen Leben sich in der Auferstehung bestätigt findet, ist eine Grundaussage des Christentums. Da er aber Mensch geworden ist **für uns**, so ist für den Christen Jesus das Paradigma auch der eigenen Auferstehung: »Denn wie in Adam alle sterben, so werden in Christus alle auferstehen« (1 Kor. 15, 22, vgl. KKK 655).
Wenn dies aber nicht eine reine, nicht nachprüfbare Behauptung bleiben soll, sondern den Lebensvollzug aller Christen auch in ihrem Alltag prägen soll, dann ist darauf zu verweisen, daß nach den Schriften des Neuen Testamentes die Auferstehung sich bereits mitten im Leben zeigt, also erfahrbar ist. Im jesuanischen Gleichnis vom sogenannten verlorenen Sohn und dessen barmherzigen Vater sagt letzterer: »Dieser mein Sohn war tot und ist wieder auferstanden; er war verloren und er ist wieder gefunden. Und so begannen sie fröhlich zu sein« (Lk 15, 43). Die zerstörten Beziehungen von Vater und Sohn brachten den Tod. Die nicht einfach restaurierten sondern mit **neuem** Leben erfüllten Beziehungen werden erfahren als Auferstehung. Ursache des Todes ist die Sünde der Verhältnislosigkeit, diese wird anschaubar im Gesetz: »Der Stachel des Todes ist die Sünde, die Kraft der Sünde aber ist das Gesetz« (1 Kor 15, 56). Tod ist somit zeitlebens erfahrbar, selbst dort, wo das biologisch-physische Leben weitergeht. Aber auch Auferstehung ist kein Mirakel, das mit verobjektivierten Argumentationen erst bewiesen werden müßte: Das Eschaton, das Letzte – mitten im Leben präsentisch erfahrbar: Wir wissen, daß wir jetzt schon aus dem Tod in das wahre Leben auferstanden sind, in jedem Akt gelingender Solidarität und Liebe (vgl. 1 Joh 3, 14).
Dabei ist »Himmelfahrt« ebenso eine weitere Ausfaltung des Auferstehungsglaubens, wie die Fahrt in die Unterwelt eine Ausfaltung des Kreuzesgeschehens war – und zwar im Sinne des antiken Weltbildes mit seinen drei Stockwerken: Himmel, Erde, Unterwelt. Liturgisch sinnvoll feiert die Kirche die einzelnen Aspekte zu unterschiedlichen Zeiten. Dies sollte allerdings nicht mißverstanden werden als sei »Himmelfahrt« ein Ereignis vierzig Tage **nach** Ostern. Die Nennung der empirischen Zeitspanne mag die unterschiedlichsten Aspekte verdeutlichen und an die biblische Erzählweise von den vierzig Wüstenjahren erinnern. Aber sie darf gerade nicht verobjektiviert werden, als könnte man eschatologische Ereignisse mit einer Stoppuhr messen (vgl. KKK 659 f.). Genau so falsch wäre es, das Geschehen der Himmelfahrt lokal als nach »oben« gerichtet zu verstehen. »Himmel ist nicht ein Ort, der vor der Himmelfahrt Christi aus einem positivistischen Strafdekret Gottes heraus abgesperrt gewesen wäre, um dann eines Tages eben so positivistisch aufgeschlossen zu werden. Die Wirklichkeit ›Himmel‹ entsteht vielmehr allererst durch das In-eins-Treten von Gott und Mensch. Der Himmel ist zu definieren als das Sich-Berühren des Wesens Mensch mit dem Wesen Gott; dieses In-eins-Treten von Gott und Mensch ist in Christus mit seinem Überschritt über den Bios durch den Tod hindurch zum neuen Leben endgültig geschehen. Himmel ist demnach jene Zukunft des Menschen und der Menschheit, die diese sich nicht selbst geben kann, die ihr daher, so lange sie nur

auf sich selbst wartet, verschlossen ist, und die erstmals und grundlegend eröffnet worden ist in dem Menschen, dessen Existenzort Gott war und durch den Gott ins Wesen Mensch eingetreten ist« (RATZINGER, 1971, S. 231).
Das Neue Testament entmythologisiert selbst in seiner Erzählung von der Himmelfahrt das Drei-Stockwerke-Denken nicht nur des antiken Menschen: Die Apostel schauen nach der Himmelfahrt »nach oben« – und sehen nichts. Der in Jesus Christus menschgewordene Gott ist eben nicht auf einem Himmelsthron zu finden. »Was schaut ihr da zum Himmel?« (Apg 1, 11). Der Ort der Begegnung ist dort, wo immer in seinem Namen neue Beziehungen, neues Leben erfahren wird: »In der dialogischen Begegnung mit Jesus Christus habe ich die Möglichkeit, neu zu werden und mein wie Jesu Leben in einem neuen Licht zu sehen, dem Licht der Sinnhaftigkeit des Lebens, in dem Gott zur Sprache kommt« (HASENHÜTTL, 1979, S. 103).

1.2.3.3 Didaktische Hinweise

Die religionspädagogische Umsetzung einer für den christlichen Glauben so zentralen Aussage wie die von der Auferstehung Jesu und damit verbunden auch die von der Hoffnung auf die Auferstehung aller sieht sich einer Fülle von Problemen gegenüber. Alle gesellschaftlichen, sozialen, weltanschaulichen, aber bezüglich des Religionsunterrichtes auch alle theologischen Grundkonflikte, spiegeln sich in der Institution, die sich als »Schule mitten in der Welt« versteht. Gegenüber einer Welt, in der nur das Machbare, Prüfbare, Bezahlbare zählt, wird jede Rede von den Eschata, von den Phänomenen die »letztlich« zählen, noch nicht einmal so sehr auf Widerstand als vielmehr auf völliges Unverständnis stoßen. Auch hier hätte der Religionsunterricht schon viel geleistet, wenn er diese Welt aufbrechen könnte zugunsten einer mehrdimensionalen Perspektive: »Weil diese Mitte des christlichen Glaubens durch das empirisch fixierte, neopositivistische Denken der Gegenwart stärksten Erschütterungen ausgesetzt ist, liegt eine wesentliche religonspädagogische Aufgabe darin, das erforderliche Problembewußtsein zu schaffen« (FISCHER, 1990, S. 316).
Die Kritik an positivistischen Engführungen der Gegenwart wäre allerdings unglaubwürdig, beruhte sie auf einer eigenen offenbarungs-positivistischen Grundlage, bei der Auferstehen durch Hinweise auf das leere Grab und die Erscheinungen des Auferstandenen quasi bewiesen werden soll. Daher gilt die Ausgangsthese von *Halbfas* uneingeschränkt: »Es ist deshalb auch nichts mit methodischen Hinweisen auszurichten, wo das persönliche theologische Konzept noch grundlegender Klärung bedarf« (HALBFAS, 1986, S. 327).
Diese Bemerkung gilt grundsätzlich und nicht etwa nur für die fortgeschrittenen, »aufgeklärten« Schüler: »Es ist aber nicht von der Position auszugehen, für unsere Schüler sei es einstweilen noch angemessen, Mk 16,1-8 und die übrigen Erscheinungsgeschichten als historische Berichte anzusehen, während der Religionsunterricht erst in späteren Jahren eine schrittweise Korrektur an dieser Ausgangsposition zu leisten habe« (HALBFAS, 1986, S. 328). Hier gilt es an die Aussage aus *Lessings* »Erziehung des Menschengeschlechts« zu erinnern, als Maxi-

me jeden Unterrichts: »Ein Elementarbuch für Kinder darf gar wohl dieses oder jenes wichtige Stück der Wissenschaft oder Kunst, die es vorträgt, mit Stillschweigen übergehen, von dem der Pädagog urteilte, daß es den Fähigkeiten der Kinder, für die er schrieb, noch nicht angemessen sei. Aber es darf schlechterdings nichts enthalten, was den Kindern den Weg zu den zurückbehaltenen wichtigen Stücken versperre oder verlege. Vielmehr müssen ihnen alle Zugänge zu denselben sorgfältig offengelassen werden: Und sie nur von einem einzigen dieser Zugänge ableiten oder verursachen, daß sie denselben später betreten, würde allein die Unvollständigkeit des Elementarbuchs zu einem wesentlichen Fehler desselben machen« (LESSING, 1964, Abschnitt 26).
Das heißt in unserem Zusammenhang: Jedes historisierende Verständnis der Auferstehungsgeschichte ist weder der Sache angemessen noch eröffnet es dem Schüler einen unbefangenen Zugang zu dem in diesen Texten **Gemeinten**. Wichtiges Merkmal jeden theologischen Redens in Abkehr von neopositivistischen oder neuscholastischen Engführungen wäre somit, sich die in weiten Teilen der Theologie vollzogene »anthropologische Wende« zu eigen zu machen; d. h. die Erzählungen in Bezug zu setzen zu der Lebenswirklichkeit des Schülers: »Durch diese korrelative Struktur wird die Auferstehung als machtvolles Handeln Gottes zugunsten seines Sohnes und damit zugleich als Wendepunkt der menschlichen Geschichte verstehbar« (FISCHER, 1990, S. 375). »Die religionspädagogische Bedeutung dieses anthropologisch orientierten Ansatzes ist doppelt zu sehen: Zum einen wird der Auferstehungsglaube als lebensrelevant erfahrbar, das Leben wird aus dem Glauben heraus ›dechiffriert‹ und zum anderen wird der Schüler zum Glaubensdialog und zum engagierten kritischen Denken befähigt« (FISCHER, 1990, S. 375).
So können existentielle Grunderfahrungen des Schülers zur Sprache kommen (in welch anderem Fach ist dies im heutigen Schulalltag noch möglich?):

- Wo war ich z. B. tod-traurig?
- Was hat mich aus dieser Situation herausgeführt, mir »neues Leben« geschenkt?
- Wie habe ich mich körperlich gefühlt, als ich tod-traurig war?
- Was geschah mit mir als Ganzem, als ich aus dieser Situation herauskam?
- Konnte ich mich selbst befreien, oder waren es andere, ein Wort, eine Hand, ein Blick und anderes, die mich befreiten?

Halbfas kann folglich ganzheitlich erfahrbare Auferstehung so beschreiben: »Auferweckung des Leibes bedeutet..., daß der ganze Mensch mit seiner ganzen Lebensgeschichte, mit all seinen Beziehungen zu den anderen, eine Zukunft hat« (HALBFAS, 1986, S. 318). So eröffnet der Glaube an die Auferstehung nicht nur eine Zukunfts- oder besser gesagt adventliche Perspektive, sondern er richtet auch den Blick auf die eigene Lebenswelt des Schülers, macht ihn sensibel für Elemente und Situationen von Leid und Kreuz, aber auch für Erfahrungen neuen, geschenkten Lebens. Methodisch gilt es auch hier, die Schüler zuerst mit den so verstandenen Auferstehungsgeschichten vertraut zu machen, sekundär kann dann eine Erörterung der traditionellen Glaubensformeln erfolgen als Interpretamente vorausgehender Erfahrung, »so daß auf Grund dieser Struktur die Bedeutsamkeit Jesu für den jungen Menschen im Lernprozeß aufscheinen und das Gespräch über Jesus auch zur Rede über die Erfahrungen von heute werden kann« (FISCHER, 1990, S. 342, vgl. auch die hier angeführten Beispiele aus konkreten Schulbüchern).

1.3 Pneumatologie

1.3.1 Was steht im KKK? (683-747)

Zunächst gibt der KKK einen Überblick darüber, aus welchen Quellen die Kirche als »lebendige Glaubensgemeinschaft« ihr Wissen um den Heiligen Geist schöpft. Genannt werden dabei »die von ihm inspirierten Schriften«, die theologische Tradition, das kirchliche Lehramt, die sakramentale Liturgie, das Gebet, die »Charismen und Dienstämter, durch die die Kirche aufgebaut wird«, das apostolische und missionarische Leben und schließlich das »Zeugnis der Heiligen« (KKK 688).
Das Wesen des Heiligen Geistes ist nur bestimmbar innerhalb der Trinität von Vater, Sohn und Geist (KKK 689 f.). Ausführlich beschäftigt sich der KKK mit dem Namen und den »Sinnbildern des Heiligen Geistes«, wobei der Name »Heiliger Geist« (KKK 691) von den »Benennungen des Heiligen Geistes« (z. B. Paraklet, Tröster, Beistand, Geist Gottes u. a., KKK 692 f.) unterschieden wird. Als Sinnbilder werden genannt: Das Wasser, die Salbung, das Feuer, die Wolke und das Licht, das Siegel, die Hand, der Finger und die Taube (KKK 694-701).
Ein Überblick über die Heilsgeschichte zeigt das Wirken des Heiligen Geistes auf, wobei den einzelnen Stadien der Menschheitsentwicklung – gemäß einer »göttlichen Pädagogik« (KKK 708) – die ihrem jeweiligen geistigen und religiösen Zustand entsprechende Art und Weise der Geist-Mitteilung zukommt. Solche Stadien sind die Schöpfung (KKK 703 f.) und die Zeit Israels mit der Abrahamsverheißung (KKK 705 f.) und der Verkündigung des Gesetzes durch Mose (KKK 707 f.). Die Funktion des Gesetzes ist dabei christologisch orientiert: »Der Buchstabe des Gesetzes wurde gleichsam als Zuchtmeister gegeben, um das Volk Christus entgegenzuführen (Gal 3, 24)« (KKK 708). Die Königszeit Israels wird letztlich als Verfallszeit gedeutet: »Nach David erliegt aber das Volk der Versuchung, ein Königreich wie die anderen Nationen zu errichten« (KKK 709). Das verheißene Reich des Geistes aber wird »den im Geiste Armen gehören« (KKK 709). Das Exil und die Zeit des Propheten Jesaja sind Vorbereitungszeit auf das Kommen des Messias – der durch Relecture der Prophetenworte mit Jesus Christus identifiziert wird (KKK 710-716). Der Täufer Johannes steht als direkter Vorläufer Jesu in diesem Sinn im Dienste des Heiligen Geistes (KKK 717-720). In besonderer und einmaliger Weise ist Maria das Werkzeug und die »Wohnung« des Heiligen Geistes (KKK 721-726).

In Jesus Christus, der »seit seiner Inkarnation« (!) (KKK 727) der Gesalbte ist, zeigt sich zwar bis zu seinem Tod und zu seiner Auferstehung noch nicht »voll und ganz« aber sukzessiv das wahre Wesen des Heiligen Geistes: »Jesus spielt jedoch, ..., nach und nach auf ihn an« (KKK 728). In der »Stunde seiner Verherrlichung... **verheißt** Jesus das Kommen des Heiligen Geistes«: »Der Geist der Wahrheit, der andere (?) Paraklet, wird auf das Gebet Jesu hin vom Vater gegeben werden« (KKK 729).
»Am Pfingsttag (am Ende der sieben Osterwochen)« offenbart sich der Heilige Geist »als göttliche Person« (KKK 731): »An diesem Tag wird die heiligste Dreifaltigkeit voll und ganz geoffenbart« (KKK 732).
Ein weiterer Abschnitt beschreibt die Funktion des Heiligen Geistes: Er ist die Liebe (KKK 733), die die »Vergebung der Sünden« bewirkt (KKK 734 f.). Der Empfang des Heiligen Geistes führt zu einer erneuerten Praxis (KKK 736). Die Aufgabe des Heiligen Geistes vollzieht sich »in der Kirche, dem Leib Christi und dem Tempel des Heiligen Geistes« (KKK 737-741).

1.3.2 Kritische Reflexion

Bereits das Kirchenjahr und sein Einfluß auf das praktische Leben der Menschen zeigt deutlich: Der Heilige Geist ist der große Unbekannte der christlichen Theologie. Während der historische Jesus von Nazareth für die Menschen seiner Zeit hand-fest erfahrbar war und sein Leben, Sterben und seine Auferstehung bis in die Volkskultur hinein seine Spuren hinterlassen hat (vgl. das Brauchtum um Weihnachten und Ostern); während auch Gott-Vater verehrt wird als Schöpfer, Erhalter und Vollender (obwohl auch hier das Fehlen eines eigenen Gott-Vater-Festes theologisch zu reflektieren wäre!): Mit dem Fest des Heiligen Geistes verbinden sich – außer vielleicht einem vagen Hinweis auf die Ausgießung des Geistes in Form von Feuerzungen im Freundeskreis Jesu – im allgemeinen Volksempfinden kaum irgendwelche Inhalte. Pfingsten ist in unserer säkularen Gesellschaft ein Frühsommer-Fest, verbunden mit einem Kurzurlaub oder einem Ausflug ins Freie. Gründe für den mangelhaften Bezug zu diesem Theologoumenon mögen in der allgemeinen Geist-losigkeit der Zeit liegen. Nicht zuletzt aber hat eine geist-lose Rede vom Heiligen Geist eine ständige Verobjektivierung und Neutralisierung des Gemeinten bewirkt.
Hier gilt in verstärktem Maß die die gesamte Theologie betreffende These: Wenn das mit theologisch-dogmatischer Begrifflichkeit **Gemeinte** nicht in Korrelation zur Erfahrung der Menschen gesehen wird, gerät es einerseits zur Ideologie oder wird andererseits vom Menschen als überflüssig empfundener Ballast zur Seite gelegt.
Daß allerdings ursprünglich mit der Rede vom Geist etwas sehr Lebensnahes und die Lebensperspektiven Bereicherndes zum Ausdruck kam, zeigt ein Blick auf die biblischen Grundlagen.
Das hebräische Wort »Ruah« bedeutet zunächst im Alten Testament im profanen Sinne Wind, Sturm, Hauch. Bereits dabei gilt es festzuhalten, daß damit zugleich

das Phänomen der Bewegung, der Dynamik angesprochen ist. »Ruah« ist gerade kein Abstraktum, sondern ein Element alltäglicher Erfahrung.
Nicht getrennt von dieser inhaltlichen Füllung, sondern diese aufgreifend, findet sich in den alttestamentlichen Texten das Wort vom Geist als Merkmal des einzelnen Menschen wie der Gemeinschaft. In der Schöpfungsgeschichte – verstanden nicht als Genealogie, sondern als Wesensbeschreibung des Menschen (vgl. Zweiter Teil, 1.1.2.3) – heißt es: »Da formte Gott der Herr den Menschen aus Erde vom Ackerboden und blies in seine Nase den Lebensatem (nesama). **So** wurde der Mensch zu einem **lebendigen** Wesen« (Gen 2, 7). Das bloße Vorhandensein des Körpers, der Organe und Glieder, ist noch kein lebendiges Wesen, kein Mensch. Ohne die Körperlichkeit im geringsten abwerten zu wollen, kann doch anhand des Bildes aus der Schöpfungsgeschichte gesagt werden: Es fehlt Entscheidendes, nämlich gerade das, was aus dem Vorhandenen etwas Lebendiges macht. Der Atem Gottes impliziert erst Dynamik und Leben (vgl. die leider etwas zu kurz ausgefallenen Aussagen im KKK 703 f.). Ein so verstandenes Leben bedeutet Freude, Glück, Gesundheit, Familie aber auch die dem Leben dienlichen materiellen Güter. Das Bild sagt aber auch gleichzeitig: Gerade diese Dimension des nicht nur vorhandenen, sondern des gelingenden Lebens ist nicht machbar, sie ist letztlich ein Geschenk: **Jahwe** ist die Quelle des Lebens (Ps 36, 10), **Er** haucht den Lebensodem ein (Gen 2, 7). Dies zeigt sich für das israelitische Lebensverständnis auch umgekehrt. Wenn leben heißt »ein Verhältnis haben« (JÜNGEL, 1971, S. 99), dann bringt die Zerstörung des Verhältnisses den Tod: »Verbirgst du dein Gesicht, sind sie verstört, nimmst du ihnen den **Atem,** so schwinden sie hin und kehren zurück zum Staub der Erde« (Ps 104, 29). Ein geist-loser Mensch ist ein toter Mensch.
Dies gilt nach biblischem Verständnis aber nicht nur für den individuellen Menschen. Bereits in der Abraham-Verheißung hatte gelingendes Leben immer eine soziale Dimension: Abrahams Berufung liegt darin, daß er zum Segen für andere werden soll (Gen 12, 2). Wenn unreflektiert gesagt wird, die Verheißung der Nachkommenschaft für Abraham bedeutet: »Diese Nachkommenschaft ist Christus« (KKK 706), dann liegt hier wiederum eine Verkürzung und Vereinnahmung vor, die den Dialog mit dem Judentum nicht gerade fördert.
Besonders anschaulich schildert der Prophet Ezechiel den Zustand einer gottlosen, geistlosen Gemeinschaft: Die israelitische Gemeinde in der Zeit des Babylonischen Exils (586-538 v. Chr.) gleicht einem Haufen »trockener Gebeine«. Erst ein neuer Atem Gottes macht aus ihnen wieder lebendige Menschen (vgl. Ez 37, 1-4). Tod und Auferstehung als Neuschöpfung mitten im empirischen Leben sind präsentische Eschatologie, das ist die Aussageintention des Propheten, wenn auch sein Bild später der Beschreibung einer sehr materialistischen Auferstehensauffassung diente.
Für die Christen aber ist im Lebensvollzug Jesu von Nazareth paradigmatisch anschaubar geworden, was geist-volles Leben bedeutet. Jesus ist der mit Geist Gesalbte, er ist ein Mann mit Esprit! Die Aussage des KKK: »Daß der Sohn seit seiner Inkarnation der mit dem Geist des Vaters Gesalbte ist« (KKK 727), könnte adoptianisch

mißverstanden werden (vgl. Zweiter Teil, 1.2.1.2.2). Ebenfalls spiegelt die Darstellung des Täufers Johannes als Vorläufer Jesu zwar die urchristliche Gemeindetradition, entspricht aber nicht den historischen Tatsachen (vgl. KKK 717-720).
So heißt es bereits in einem von Paulus in seinem Brief an die Römer aufgenommenen alten Glaubensbekenntnis: »Dem Fleisch nach geboren als Nachkomme Davids, dem Geist der Heiligkeit nach eingesetzt als Sohn Gottes in Macht seit der Auferstehung von den Toten« (Röm 1,3). Und von seinem Ende kann der Petrusbrief sagen: »Getötet zwar im Fleisch, lebendig gemacht aber im Geist« (1 Petr 3,18). In beiden Zitaten wird zwar die Leiblichkeit des Menschen als konstitutive Bedingung anerkannt und nicht etwa als Leib-Seele-Dualismus gedeutet. Aber bereits wie im Alten Testament muß Jesu empirisch-körperliches Vorhandensein mit Geist erfüllt werden, damit ein wirklich lebendiger Mensch entsteht. Lukas verbindet die alttestamentliche Rede vom Geist mit der Gestalt Jesu: Als diesem in der Synagoge von Nazareth die Schriftrolle des Jesaja gegeben wird, liest er folgende Stelle: »Geist des Herrn ist auf mir, weil er mich gesalbt: Armen Heilsbotschaft zu bringen, hat er mich gesandt. Gefangenen Freilassung zu künden, Blinde aufblicken zu lassen, Unterjochte in Freilassung zu senden, anzukünden das Jahr, das willkommen ist dem Herrn« (Lk 4, 18 f., vgl. Js 61, 1 f. und 58, 6). Für die Christen hat sich somit Jesajas Wort unüberbietbar im Wort und in der Tat Jesu von Nazaret erfüllt. Deshalb kann Lukas ihn sprechen lassen: »Heute ist erfüllt worden dieses Schriftwort, das ihr in den Ohren habt« (Lk 4, 21). Mit Recht weist der KKK darauf hin, daß die inhaltliche Bestimmung dessen, was Heiliger Geist ist, nur am anderen, exemplarisch an der Gestalt Jesu möglich ist: »Der Geist, der Gott offenbart, läßt uns Christus, sein lebendiges Wort erkennen; **Er spricht aber nicht von sich**. Wir erkennen ihn nur darin, daß er nur das Wort offenbart und uns bereit macht, es im Glauben anzunehmen« (KKK 687). Daß der Geist nicht »aus sich selbst heraus« spricht, kann allerdings nur bei starker Verobjektivierung als »wahrlich göttliche Zurückhaltung« gedeutet werden (KKK 687). Genau so wenig wie man sagen kann, die Liebe zeigt sich im Handeln Jesu, ihr eigenes Wesen aber bleibt dabei im Hintergrund (vgl. KKK 733), so wenig ist der Geist vom Lebensvollzug Jesu lösbar: Was geist-volles, liebe-volles Leben ist, zeigt sich **im** Lebensvollzug Jesu, insofern bedarf die Rede vom Heiligen Geist einer letztlich trinitarischen Reflexion (vgl. auch KKK 689 f.).
In der Nachfolge Jesu stiftet geist-volles Leben auch ein neues Verhältnis zwischen Gott und Mensch: »Alle, die vom Geist Gottes sich führen lassen, sie sind **Söhne** Gottes«, »der Geist selbst bezeugt es unserem Geist, daß wir sind: Kinder Gottes« (Röm 8, 14.16). Hatte bereits im Alten Testament und exemplarisch in Jesu Tat und Wort geist-volles Leben immer eine Sozialdimension, so weist gerade Paulus auf den Gemeindebezug dieses Lebens hin: Wenn bereits der Leib des einzelnen ein »Tempel des Heiligen Geistes ist« (1 Kor 6, 19), wie viel mehr ist dann eine Gemeinschaft von Menschen mit Esprit ein »Tempel des lebendigen Gottes« (2 Kor 6, 16, vgl. auch das Kapitel »Der Heilige Geist und die Kirche«, KKK 737-741 und innerhalb der Ausführungen zur Ekklesiologie das Kapitel »Die Kirche – Tempel des Heiligen Geistes«, KKK 797-801).

Daß eine Gemeinschaft geist-voller Menschen als Ort der Anwesenheit Gottes, als sein Tempel, gerade nicht ausgezeichnet ist durch Gleichmacherei oder die Abwehr der Geistesgaben in ihrer Verschiedenheit, dies auszudrücken bedient sich Paulus der antiken Geschichte vom einen Leib und den vielen Gliedern: Sie alle konstituieren den einen Leib: »Wenn ein Glied leidet, leiden die Glieder alle zusammen. Oder: Wenn ein Glied verherrlicht wird, freuen sich die Glieder zusammen. Ihr aber seid Leib des Messias und Glieder je zu eurem Teil« (1 Kor 12, 26 f.).

In einer solchen Gemeinschaft werden dann auch die »Sinnbilder des Heiligen Geistes« verstanden (vgl. KKK 694-701). Bedeutsam ist an ihnen, daß es meist Symbole der Dynamik, der Kraft, der Bewegung sind: Wasser, Feuer, Wolke, Licht. Zu bedauern ist allerdings, daß im Kontext der Ausführungen über Geist und Kirche im KKK die Menschen als völlig passiv, rezeptiv beschrieben werden: ihnen wird offenbart, sie werden bereit gemacht, vergegenwärtigt, versöhnt, vereint (vgl. KKK 737). Eine eigene – geistvolle – Aktivität der Menschen im Lebensraum Kirche ist nach diesen Äußerungen nicht vorgesehen. So gilt *Kesslers* allgemeines Urteil auch hier: »Das Wirken des Geistes wird – von seiner Präsenz in der Einzelseele abgesehen – für das hierarchische Lehramt reserviert; von einer pneumatologischen Ekklesiologie kann kaum noch die Rede sein« (KESSLER, 1992, S. 522).

Die theologiegeschichtliche Ausfaltung des Theologoumenons vom Heiligen Geist stand vor ähnlichen Problemen wie die Ausfaltung der Christologie (vgl. Zweiter Teil, 1.2.1.2.2). Wie läßt sich die Göttlichkeit des Geistes beschreiben, ohne den Monotheismus aufzugeben? Einen der wichtigsten Versuche, dieses Problem in Analogie zur Christologie zu lösen, stellt das Glaubensbekenntnis an Bischof *Paulinus von Antiochien* dar, das eine Synode in Rom im Jahre 382 unter Papst *Damasus I.* verfaßte: »Wir belegen mit dem Bann, die nicht mit allem Freimut bekennen, der Heilige Geist besitze mit dem Vater und dem Sohn eine und dieselbe Macht und Wesenheit« (DENZINGER/HÜNERMANN, 1991, Nr. 153). Neben dieser Verurteilung der Unterordnung des Geistes unter Vater und Sohn wird allerdings auch die differenzlose Identität der göttlichen »Personen« abgewiesen: »Wer nicht bekennt, daß **immer** der Vater ist und **immer** der Sohn und der Heilige Geist, der irrt im Glauben« (a.a.O., Nr. 162). In der gleichen Terminologie wie bei der Christologie heißt es dann: »Wer nicht sagt, daß es drei wahre Personen des Vaters und des Sohnes und des Heiligen Geistes gibt, die gleich sind..., der ist ein Häretiker« (a.a.O., Nr. 173). Dies alles aber darf wiederum nicht als Tri-theismus mißverstanden werden (a.a.O., Nr. 176)

Wie bereits im Zusammenhang der Christologie sei auch hier betont, daß diese Formulierungen letztlich Versuche darstellen, dynamisch Erfahrbares verobjektiviert dar- und somit meist fest-zustellen.

Wird der Person-Begriff im Kontext der Rede vom Heiligen Geist gebraucht im Sinne »des autonomen, für sich konstituierten Subjekts« (KESSLER, 1992, S. 536), – und dies geschieht weitgehend im KKK (vgl. KKK 689) – dann ergeben sich unlösbare Aporien: Warum ist »die gemeinsame Sendung des Wortes und des Geistes des Vater **verborgen,** ... aber schon vom Anfang an am Werk« (KKK 702)? Wie können die Hand Jesu und sein Finger »Sinnbilder des Heiligen Geistes« sein, wenn Jesus und Geist in diesem Sinn eigenständige Subjekte/Personen sind (vgl. KKK 699 f.)?

Wird allerdings Geist in Relation zu Vater und Sohn gesehen, ergeben sich Übersetzungsmöglichkeiten. Wo immer im Alten Testament und in der Person und dem Werk Jesu Christi, des Menschen mit Esprit, zutiefst persönlich Geistvolles erfahren wurde und in der Nachfolge auch heute noch erfahren wird, da ist Gott, Jesus Christus mit im Spiel. Hierbei versteht sich ein geist-volles Leben auch und gerade als ein Leben in geist-vollen Beziehungen: »Wird Personalität... verstanden von derjenigen Bewegung her, in der das Geistige, liebende Subjekt sich überschreitet, um im anderen bei sich selbst zu sein, dann erscheint der Heilige Geist geradezu als Urbild des Personseins, das im Dasein für andere bei sich selbst ist. Der Heilige Geist ist bei sich, indem er Vater und Sohn im anderen bei sich selbst sein läßt« (KESSLER, 1992, S. 536).

Aus der Fülle neuerer Entwürfe zur Pneumatologie, die versuchen, die Rede vom »Heiligen Geist« aus verobjektivierenden Verengungen zu befreien, sei an das Werk von Jon Sobrino erinnert (vgl. SOBRINO, 1989). Für ihn ist der Heilige Geist eine Vollzugsgröße. Was mit Heiligem Geist **gemeint ist**, zeigt sich in einem geistlichen Leben, d. h. für den Christen, ein Leben im Geiste Jesu (SOBRINO, 1989, S. 11). Geistliches Leben aber ist nie formelhaft abstrakt, sondern immer konkret. Das heißt für Sobrino im Kontext der Unterdrückung in Lateinamerika: Die Gaben des Heiligen Geistes müssen in die Lebenswirklichkeit der Menschen übersetzt werden. Der »Geist der Stärke« bedeutet dann Solidarität mit den Unterdrückten, der »Geist der Wahrheit« impliziert ein Unterscheidungsvermögen, das Ursachen und Folgen der Mißstände erkennt und benennt. Der »Geist der Treue« zur jesuanischen Botschaft zeigt sich dann gerade in ihrer Übersetzung in unterschiedliche Kontexte und Situationen (vgl. SOBRINO, 1989, S. 20 f.).

Ein so verstandenes geist-volles Leben, eine solche **Spiritualität**, ist immer relational, das besagt, »daß die Spiritualität eines bestimmten Subjektes keine Begebenheit an sich in diesem Subjekt, sondern immer ein In-Beziehung-Stehen dieses Subjektes ist« (SOBRINO, 1989, S. 26). Dies besagt allerdings auch weiterhin, »daß dieses In-Beziehung-Stehen sich nicht auf einen Teil der Wirklichkeit bzw. sich nur auf eine andere geistige/geistliche Wirklichkeit beschränkt, sondern auf die Totalität der Wirklichkeit ausgerichtet ist« (a.a.O.). Dieser ganzheitliche Ansatz bezieht die ökonomischen, sozialen, politischen Aspekte mit ein. Er stiftet eine neue Sicht der Welt, sieht das »Mehr« innerhalb der vorfindlichen Wirklichkeit, d. h. das durch Unterdrückung und Verobjektivierung Verdrängte. Dabei bleibt das so beschriebene geist-volle, spirituelle Leben nicht reine Theorie, sondern drängt zur verändernden Praxis: »Das Ja, das die Wirklichkeit von uns fordert, ist ein Ja dem Leben gegenüber, und da der größte Teil der Schöpfung vom Nichtleben beherrscht wird, impliziert dieses Ja, daß wir wieder Leben schaffen...« (SOBRINO, 1989, S. 30 f.). »Herumgehen und das Gute tun: so entspricht man dem ›Mehr›, das in der Schöpfung angelegt ist« (SOBRINO, 1989, S. 36).

1.3.3 Didaktische Hinweise

»Heutigen Menschen fällt es oft schwer, vom Heiligen Geist zu sprechen. Vielleicht hängt es damit zusammen, daß sich zu den biblischen Bildern für Gottes Geist – Hauch, Atem, Feuer, Sturm, Taube – schwer eine persönliche Beziehung herstellen läßt« (GRUNDRISS DES GLAUBENS, 1980, S. 100).
Die religionspädagogische Aufgabe bezüglich der Vermittlung des Theologoumenons vom Heiligen Geist ist facettenreich. Gerade das häufige Versagen klassischer Bilder und Worte bietet dabei allerdings die Chance, neu und unbelastet von den beschriebenen Verobjektivierungen zu beginnen.
Ausgangspunkt könnte dabei der Sprachgebrauch des Alltags sein, in dem die Erfahrung der Schüler gespeichert ist: »Bestimmt war jeder von euch schon einmal begeistert: von der Idee eines Freundes, von einem Geschenk, von einem Erlebnis in den Ferien oder von einem spannenden Buch« (RELIGION IN DER HAUPTSCHULE, Bd. 5, 1981, S. 112). Daß die damit beschriebene Situation nicht etwas »Vergeistigtes« meint, sondern ganzheitlich erlebt wird, zeigt sich in der Reaktion auf diese Begeisterung bis in körperliche Vollzüge hinein: »Wenn Kinder begeistert sind, kann man das leicht merken. Sie machen Sprünge oder Purzelbäume, fuchteln mit den Armen in der Luft herum und schreien dabei ›Juhu‹ oder ›Klasse‹, und manchmal geben sie sogar dem Nächstbesten einen freundschaftlichen Rippenstoß. Begeisterung kann sich aber auch anders ausdrücken; sie ist vielleicht nur am Gesicht abzulesen, an den Augen, oder sie ist aus den Worten zu hören, die ganz leise über die Lippen kommen« (a.a.O.).
Dazu kommt die soziale Dimension der Begeisterung: Ein Begeisterter zieht sich nicht in sein Zimmer zurück, sondern er möchte diese Begeisterung anderen mitteilen. Von diesem sozialen Aspekt sprechen auch die Ausdrücke »ein guter Klassengeist«, »Sportsgeist«, »Teamgeist« und andere mehr.
Wenn das Phänomen der Begeisterung in diesen Dimensionen beschrieben und in seinen Auswirkungen benannt ist, können biblische Geschichten der Geist-Erfahrung herangezogen werden. Die Darstellung des Pfingstfestes (Apg 2) ermöglicht dabei eine Gegenüberstellung des Verhaltens der Jünger vor und nach der geist-vollen Erfahrung: Ein ängstliches Sich-Einsperren und Verstecken – dann ein Sich-Öffnen und Hinausgehen in die Öffentlichkeit.
Die Hinwendung zur Welt läßt dabei erkennen, daß der Pfingst-Geist der Geist Jesu ist. In seinem Namen, in seinem Geist versteht man plötzlich die Sprache aller Mitmenschen, gleich aus welchem Volk oder aus welcher Religion sie kommen (vgl. Apg 2, 6 f.). In diesem Geist erkennen sie auch, daß dieser, der »durch die Hand von Gesetzlosen hingehenkt und hingemordet« wurde (Apg 2, 23 f.), nicht tot-zu-kriegen ist, sein Leben und sein Werk sind auch durch das Kreuz nicht durch-kreuzt worden.
Die Pfingsterfahrung der Jünger kann paradigmatisch werden auch für die Schüler in ihrer heutigen Lebenswelt: »Der Heilige Geist weckt die Christen aus dem Schlaf, sprengt die Grenzen, erfüllt leer gewordene Worte und erstarrte Formen mit neuem Leben« (GRUNDRISS DES GLAUBENS, 1980, S. 101). Trotz ver-

schiedener Bilder »geht es um die Art und Weise, in der Menschen den Geist Gottes als treibende Kraft in ihrem Leben erfahren« (GRUNDRISS DES GLAUBENS, 1980, S. 102). Wenn somit anschaulich wird, daß sie hier z. B. »den Heiligen Geist,... konkret erfahren können in der Freundschaft oder Partnerschaft eines Menschen« (LAMBERT, 2989, S. 77), dann kann verallgemeinernd zusammengefaßt werden: »Die Christen sind überzeugt: Wo jemand gut vom anderen redet oder denkt, da wirkt der Heilige Geist. Wo jemand nicht zuerst an sich denkt, sondern brüderlich lebt; wo einer die **Hoffnung** auf die Vollendung der Menschen in der Welt nicht aufgibt, da ist Gottes Geist am Werk. Er schenkt **Vertrauen und Zuversicht**, die Energie, nicht stehen zu bleiben bei dem, was man gerade geschaffen hat. Er gibt die Weisheit, sich selbst nicht so wichtig zu nehmen« (GRUNDRISS DES GLAUBENS, 1980, S. 103).

Weil in Jesu geist-vollem Wort und seiner geist-vollen Tat wirklich Gott handgreiflich und anschaubar wurde, läßt sich auch die schwierige trinitarische Ausfaltung der Geisterfahrung vermitteln: »Überall, wo Menschen nach dem Beispiel und dem Geiste Jesu leben, da ist Gottes Geist am Werk« (GRUNDRISS DES GLAUBENS, 1980, S. 103). Die Geist-Erfahrung führt somit zu einer erneuerten geist-vollen Praxis, d. h. zu einer Lebenshaltung der Spiritualität (vgl. Zweiter Teil, 4).

Helmut Fox

2 Die Feier der Initiationssakramente und des Sakramentes der Buße und Ehe

Der Zweite Teil des Katechismus der Katholischen Kirche (KKK) steht unter der Überschrift »Die Feier des christlichen Mysteriums« (KKK 1066-1690) mit einem ersten Abschnitt über »Die sakramentale Heilsordnung« (KKK 1076-1209) und einem zweiten über »Die sieben Sakramente der Kirche« (KKK 1210-1666).
Diese werden wiederum eingeteilt in »Die Sakramente der christlichen Initiation« (Taufe, Firmung, Eucharistie KKK 1212-1419), »Die Sakramente der Heiligung« (Buße, Krankensalbung KKK 1420-1532) und »Die Sakramente des Dienstes für die Gemeinschaft« (Weihe, Ehe KKK 1533-1666). Von den sieben Sakramenten der Kirche wird ausgesagt, daß sie von Christus eingesetzt sind. Es sollen in diesem 2. Kapitel des Zweiten Teiles die gerade für Kinder und Jugendliche relevanten Sakramente der Taufe, Firmung, Eucharistie und Buße zur Sprache kommen; schließlich wird noch das Sakrament der Ehe behandelt.

2.1 Die Taufe

Das Sakrament der Taufe wird im KKK in 72 Abschnitten behandelt. Nehmen wir im Vergleich dazu den »Codex des kanonischen Rechtes« (CIC) von 1983. Er weist 30 Paragraphen (im kanonischen Recht »Canones« genannt) zur Taufe auf.

2.1.1 Was steht im KKK? (1213-1284)

Entsprechend dem »Katechismus Romanus« (Catech. R.), der nach dem Beschluß des Trienter Konzils unter Papst *Pius V.* im Jahre 1566 zum Gebrauch für die Pfarrer herausgegeben wurde, wird die Taufe im KKK das »Sakrament der Wiedergeburt durch Wasser im Worte« genannt.
Daß durch die Taufe die Eingliederung in die Kirche erfolgt, wird – entgegen dem »Catech. R.« – ausdrücklich betont.
Wiedergeburt wird verstanden als Befreiung von Sünde sowie Annahme als »Söhne Gottes« (KKK 1213).
Es folgen Aussagen zu den Benennungen des Sakramentes (I.), zur Taufe in der Heilsökonomie (II.), zur Art und Weise der Tauffeier (III.), zum Empfänger der Taufe (IV.), zum Spender der Taufe (V.), zur Heilsnotwendigkeit der Taufe (VI.) und zur Taufgnade (VII.). Einige Kurztexte (KKK 1275-1284) fassen das Kapitel über die Taufe zusammen.

Zu I. (Benennungen der Taufe):
Für die Taufe werden u.a. folgende aus der Hl. Schrift gewonnene Bezeichnungen verwandt (KKK 1214-1216):

- »Neue Schöpfung« (2 Kor 5, 17; Gal 6, 15);
- »Bad der Wiedergeburt und der Erneuerung im Hl. Geist« (Tit 3, 5);
- »Erleuchtung (Hebr 10, 32); der (in der Taufe) Erleuchtete ist zu einem Sohn des »Lichtes« (1 Thess 5, 5), ja zum »Licht« selbst geworden (Eph 5, 8).

Zu II. (Taufe in der Heilsökonomie):
»Die kirchliche Glaubensüberlieferung kennt viele Vorbilder und Vorzeichen für die Taufe schon im Alten Testament (KATH. ERWACHSENENKATECHISMUS, [2]1985, S. 330).
Im KKK (KKK 1217-1222) werden das Schweben des Gottesgeistes über dem Wasser, die Errettung der wenigen durch die Arche vor der Sintflut (1 Petr 3, 20) und die Errettung Israels beim Durchzug durch das Rote Meer als Hinweis auf die Taufe verstanden.
Die in 1 Petr 3,20 genannten »acht« sind (nach Gen 7, 13 Noach und seine drei Söhne wie ihre Frauen) sicher eine Anspielung auf den achten Tag, den Tag der Auferstehung, an dem man durch die Taufe in die Kirche eintritt. Sämtliche alttestamentlichen Vorbilder kulminieren in der Taufe Jesu durch Johannes, der er sich aus Solidarität mit »dem ganzen jüdischen Land« und »allen Bewohnern von Jerusalem« (Mk 1, 5) unterzog. In dieser Geste der »Selbstentäußerung (KKK 1224) gab er zu erkennen, daß er das Anschaulichmachen im Symbolhandeln für wichtig hielt. Die Taufe in der Kirche nimmt – so der KKK – ihren Anfang am Pfingsttag. Es wird weiterhin von der Taufe eines Gefängniswärters und seiner Familie in Philippi (Apg 16, 31.38) erzählt (KKK 1226). Zuguterletzt wird unvermittelt der Satz des *Augustinus* aus seinem Traktat zum Johannes-Evangelium 80,3 zitiert: »Es tritt das Wort zum (materiellen) Element, und es wird ein Sakrament« (KKK 1228).

Zu III. (Art und Weise der Tauffeier):
In 17 Abschnitten wird die Feier des Sakramentes der Taufe abgehandelt (KKK 1229-1245). Es ist von einer in mehreren Stufen erfolgenden Initiation die Rede, die schon in apostolischer Zeit üblich gewesen sei und die durch das 2. Vatikanische Konzil in der lateinischen Kirche durch einen mehrstufigen Erwachsenenkatechumenat wiederhergestellt wurde. Bei der in unseren Breiten üblichen Kindertaufe wurde die Tauffeier zu einer einzigen Handlung, die zwingend den postbaptismalen Katechumenat verlangt. Ein Hinweis auf die ostkirchlichen Initiationsriten zeigt, daß auf die Kindertaufe sogleich die Firmung und der Empfang der Eucharistie folgen. Im römischen Ritus hat sich eine andere Praxis durchgesetzt (KKK 1233).
Die einzelnen Handlungen und Riten der Tauffeier finden in den Abschnitten 1234-1245 eine Deutung.

Zu IV. (Empfänger der Taufe):
Auf die Frage »Wer kann die Taufe empfangen?« wird mit Can. 864 des kanonischen Rechts und mit Can. 679 des orientalischen Kirchenrechts geantwortet: »Fähig zum Empfang der Taufe ist jeder und nur der Mensch, der noch nicht ge-

tauft ist« (KKK 1246). Die Taufe von Erwachsenen wie die Kindertaufe haben in der Kirche ihren Platz. Die Erwachsenentaufe ist dort am häufigsten, »wo das Evangelium erst seit kurzem verkündet wird« (KKK 1247). Gemeint sind die Gebiete, in denen Missionsarbeit und Evangelisierung noch am Anfang stehen.
Für christliche Eltern ist gemäß Can. 867 CIC – der KKK verweist darauf – die Taufe ihrer Kinder (»innerhalb der ersten Wochen«) eine ernste Verpflichtung. Auch nach dem Ostkirchenrecht wird diese Verpflichtung eingeschärft (KKK 1251). Die Notwendigkeit der Kindertaufe wird mit der »gefallenen und durch die Erbsünde befleckten Menschennatur« begründet, mit der die Kinder geboren werden. Sie bedürfen deshalb auch schon als Kinder der Taufgnade. Eltern und Paten haben das Amt (officium), bei der Glaubensentfaltung und »Bewahrung der Taufgnade« behilflich zu sein (KKK 1255).

Zu V. (Spender der Taufe):
Als ordentlicher Spender der Taufe gelten Bischof, Priester und Diakon (KKK 1256, vgl. auch Can. 861 CIC). Im Notfall darf jeder Mensch die Taufe spenden, wenn er nur in der Intention der Kirche handelt und die trinitarische Taufformel verwendet (KKK 1256).

Zu VI. (Heilsnotwendigkeit der Taufe):
Im KKK wird die Taufe als heilsnotwendig erachtet, entsprechend dem Wort aus dem Johannes-Evangelium: »Amen, amen, ich sage dir: Wenn jemand nicht aus Wasser und Geist geboren wird, kann er nicht in das Reich Gottes kommen« (Joh 3, 5).
Die Bluttaufe (um des Glaubens willen den Tod erleiden) wie das Verlangen nach der Taufe bringen nach der festen Überzeugung der Kirche »die Wirkungen der Taufe hervor, ohne selbst Sakrament zu sein« (KKK 1258). Wenn die Heilsnotwendigkeit der Taufe konstatiert wird, gilt das – so der KKK 1257 – für die, denen das Evangelium bekannt geworden ist.
Allen anderen Menschen jedoch kann das Heil zuteil werden, wenn sie – ohne Christus und seine Kirche zu kennen – »nach der Wahrheit suchen« und sich bemühen, seinen Willen zu erfüllen (KKK 1260).
Die ungetauft verstorbenen Kinder empfiehlt die Kirche der Barmherzigkeit Gottes. Sie hegt die Hoffnung, daß es für diese Kinder einen Heilsweg gibt (KKK 1261).

Zu VII. (Taufgnade):
Als Wirkungen der Taufe werden genannt (KKK 1262-1274):
- Sie vergibt sämtliche Sünden (Erbsünde, persönliche Sünden) und Sündenstrafen (KKK 1263).
- Sie macht zur »Neuschöpfung«, zu Kindern Gottes; sie schenkt »Anteil an der göttlichen Natur« (2 Petr 1, 4; KKK 1265).
- Sie schenkt heiligmachende Gnade (KKK 1266).
- Sie gliedert ein in den Leib Christi, die Kirche (KKK 1267).

- Sie baut auf »zu einer heiligen Priesterschaft« und gibt Anteil am gemeinsamen Priestertum der Gläubigen (KKK 1268).
- Sie verleiht die Sohnschaft – bzw. Kindschaft Gottes (KKK 1270).
- Sie ist das Band, das alle gültig Getauften miteinander verbindet (KKK 1271).
- Sie bezeichnet den Christen mit einem unauslöschlichen Zeichen, so daß sie – einmal gültig gespendet – nicht wiederholt werden kann (KKK 1272).

In Abschnitt 1269 wird betont, daß der Getaufte sich in die Gemeinschaft der Kirche einfügen, den Vorstehern gehorchen und sich ihnen unterordnen soll. Für diese Forderungen werden Texte des Neuen Testaments bemüht.

2.1.2 Kritische Reflexion

Die Behandlung der Taufe im KKK entspricht der traditionellen Sicht der römisch-katholischen Kirche und weiß sich der Erhaltung und Festigung des konfessionellen Profils verpflichtet. Neuere theologische Aspekte (z. B. in bezug auf die Erbsündenlehre oder das allgemeine Priestertum aller Getauften u. a.) zeigen sich nicht oder deuten sich nur zögernd und unterschwellig an. Der Text läßt zahlreiche Defizite erkennen, die auch beim literarischen Genus »Katechismus« nicht zu entschuldigen sind, will man sich nicht – das ist die Gefahr eines solchen »Oeuvre« – dem Vorwurf »simplificateurs terribles«, schreckliche Vereinfacher zu sein, aussetzen, die wegen mangelnder Differenzierung an sich korrekter Aussagen der Unkorrektheit geziehen werden. Im Folgenden sollen die einzelnen Defizite zur Sprache kommen.

2.1.2.1 Die Einsetzung der Sakramente durch Christus

In Abschnitt 1210 des KKK lesen wir: »Die Sakramente des Neuen Bundes sind von Christus eingesetzt.«

Die Taufe ist jene christliche Symbolhandlung, die im NT am häufigsten bezeugt ist. Zweimal findet sich eine Weisung Jesu auf die Taufe bezogen. Im KKK wird (1233 und 1257, sowie 1223, Anm. 2) auf diese Stellen verwiesen. Bei beiden Stellen handelt es sich jedoch um Formulierungen, die nicht von Jesus selber stammen, sondern eine spätere Entwicklungsstufe wiedergeben. »Mt 28, 19-20 (›Darum geht zu allen Völkern, und macht alle Menschen zu meinen Jüngern; tauft sie auf den Namen des Vaters und des Sohnes und des Heiligen Geistes, und lehrt sie, alles zu befolgen, was ich euch geboten habe‹) ist erkennbar von der Liturgie her geprägt« (VORGRIMLER, 1987, S. 121).

Hier spiegelt sich die Taufpraxis zu Ende der zweiten, Anfang der dritten christlichen Generation (80-90) in der matthäischen Gemeinde wider, die mit großer Wahrscheinlichkeit im syrischen Raum zu finden ist.

Der zweite Text aus dem Markus-Evangelium (Mk 16, 15-16: »Dann sagte er zu ihnen: Geht hinaus in die ganze Welt, und verkündet das Evangelium allen Geschöpfen! Wer glaubt und sich taufen läßt, wird gerettet; wer aber nicht glaubt, wird verdammt werden!«) ist aus dem unechten Markusschluß (Mk 16, 9-20) und

entstammt erst dem 2. Jahrhundert. »Der sogenannte längere Markusschluß ... ist schon früh im 2. Jahrhundert an 16, 8 angefügt worden; er gehört nicht zum ursprünglichen Markus-Evangelium...« (PESCH, 1977, S. 544). So ist für die Taufe keine Einsetzung oder Stiftung durch Jesus greifbar. Es kann jedoch kein Zweifel daran sein, daß schon die frühesten christlichen Gemeinden getauft haben. Wie kann unter solchen Umständen von der Einsetzung der Taufe durch Christus gesprochen werden?
Damit diese Aussage nicht falsch verstanden wird, muß gefragt werden, was mit »Einsetzung oder Stiftung durch Christus« eigentlich gemeint ist und was nicht.
Ist man der Meinung, Jesus habe sozusagen durch einen direkten Befehl, durch Dekret oder Stiftungswort jedes einzelne Sakrament eingesetzt, dann müßte man diese Meinung als falsch zurückweisen. Dennoch sind alle Lebensvollzüge der Kirche, die Mysterien, das was man später Sakramente nannte, auf ihn als die Primärursache der Kirche und allen kirchlichen Handelns zurückzuführen; so sind die Einzelsakramente aktualisierende Vollzüge des Grundsakraments »Kirche«. Die Kirche als das universale Heilssakrament Jesu Christi muß realisiert werden neben dem Zeugnis (»martyria«) und der Diakonie in der Liturgie, die vor allem in der Praxis der Einzelsakramente verwirklicht wird. Die Einzelsakramente bedürfen der Zuordnung zum umfassenden Sakrament Kirche. Dadurch werden diese als Liturgie und nicht als Rechtssache verstanden. Die Begriffe »vollziehen«, »aktualisieren« oder auch »feiern« – es ist auch im KKK von der Feier der Sakramente die Rede – verhindern die Auffassung, die Sakramente seien als starre Größen der Kirche von Christus gleichsam ausgehändigt worden. Einsetzung der Sakramente durch Christus kann nur im Sinne der Primärursächlichkeit Jesu verstanden werden; d.h. die Urkirche sieht in allem kirchlichen Handeln Christus am Werk. Indem die Kirche als Zeichen oder Sakrament des Heiles, als Grund- oder Wurzelsakrament ihren Ursprung in Christus hat, haben auch ihre Lebensäußerungen und Vollzüge ihren Ursprung letztlich in ihm, so auch die Sakramente.
Damit erweist sich »die Rückführung der einzelnen Sakramente auf den historischen Jesus« als ein Irrweg (VORGRIMLER, 1987, S. 57).
Die Aussagen des KKK zur Einsetzung der Sakramente – hier speziell der Taufe – durch Christus müssen differenziert gelesen und im hier dargelegten Sinn interpretiert werden.

2.1.2.2 Der Gebrauch der Hl. Schrift

Der Abschnitt 1226 illustriert die undifferenzierte Handhabung der Hl. Schrift im KKK. Wenn es heißt: »Schon am Pfingsttag hat die Kirche die heilige Taufe gefeiert und gespendet«, dann wird beim Leser der Eindruck erweckt, als ob es sich bei der in der Apostelgeschichte gebotenen Pfingstpredigt des Petrus (2, 14-36) mit dem Aufruf zur Umkehr und Taufe (2, 38) und der geschilderten Reaktion der Zuhörer (»Die nun, die sein Wort annahmen, ließen sich taufen. An diesem Tag wurden ihrer Gemeinschaft etwa 3 000 Menschen hinzugefügt.« 2, 41) um das Protokoll eines Augenzeugen bzw. um einen Tatsachenbericht handelte. Auch in einem Katechismus sollte – vor allem wenn man seine Erstadressaten, die

Bischöfe, im Auge hat, – keinem historisierenden, naiven Schriftverständnis Vorschub geleistet werden. Es muß vielmehr deutlich werden, daß wir es mit Glaubensaussagen zu tun haben, die das kontinuierliche Wachsen der Kirche in einer legitim gläubigen Deutung auf das Wirken des Hl. Geistes zurückführen.
Die Bibelwissenschaft sagt uns, daß die angeführte Petrusrede – wie alle Reden der Apostelgeschichte – Lukas zum Verfasser hat, der sie unter Verwendung urchristlichen Traditionsgutes geschaffen hat (vgl. WEISER, 1981, S. 99; auch HAENCHEN, 1965, S. 148 f.) »Ihr geschlossener Aufbau und ihre abgerundete Form in der Apostelgeschichte lassen sie aber auch nicht etwa nur als eine kurze zusammenfassende Inhaltsangabe einer früher gehaltenen Rede erscheinen.« (WEISER, 1981, S. 99). Die theologische Aussage von der Bekehrung und Taufe an Pfingsten besteht darin, Sendung und bleibende Gegenwart des Hl. Geistes auch im Leben und Wirken der Kirche darzustellen. Das stellt Lukas in der Apostelgeschichte seinen Lesern in anschaulichen Bildern vor.
Beispielhaft kann an Abschnitt 1226 demonstriert werden, daß die Hl. Schrift im KKK wie ein historischer Bericht und nicht auf der Basis kritischer Exegese zitiert wird, so daß man von einem *naiven Schriftfundamentalismus* – er begegnet uns ständig – sprechen kann.

2.1.2.3 Eingliederung in die Kirche

Bei den verschiedenen Wirkungen der Taufe wird an erster Stelle der Nachlaß sämtlicher Sünden genannt (KKK 1263). Erst an zweiter Stelle ist von der Eingliederung in die Kirche, den Leib Christi, die Rede (KKK 1267).
Es besteht jedoch kein Zweifel, daß die Einbeziehung eines Menschen in den Leib Christi vorrangig zu nennen ist. Darauf macht *Karl Rahner* aufmerksam: »Die Zugehörigkeit zur Kirche, die Kirchengliedschaft ist die erste und unmittelbarste Wirkung dieses Initiationssakramentes, das jeder Christ empfängt...« (RAHNER, 1976, S. 400)
Die individuelle Heilswirkung für den einzelnen (Nachlaß sämtlicher Sünden, Ausstattung mit heiligmachender Gnade, Gotteskindschaft) geschieht in der Taufe insofern der Mensch in ihr Glied der Kirche wird. Sie kann aber auch im Notfall durch Glaube und Liebe allein ohne Sakrament erlangt werden. Das zeigt, daß sich Taufe nicht in der individuellen Heilsfindung erschöpfen kann und Kirchengliedschaft nicht nur Mittel privaten Heilsgewinns ist, sondern von der Taufe her ihren eigenen Sinn hat (vgl. ebd.). Dieser Sinn liegt letztlich darin, daß sie die Einbeziehung eines Menschen in die erneuerte Menschheit der an Christus Glaubenden bedeutet, was sich konkret als die Inkorporation in das Volk Gottes als Ganzes wie auch in die konkrete Gemeinde darstellt.

2.1.2.4 Kinder- bzw. Säuglingstaufe

Selbstverständlich steht die Erwachsenentaufe am Anfang der Kirche. Eindeutige und klare Zeugnisse für die Säuglingstaufe finden sich um die Wende vom 2. zum 3. Jahrhundert. Sie setzen eine eingebürgerte Praxis voraus. Im NT gibt es für diese Praxis keine sicheren Belege. Dennoch geht die Taufe von unmündigen

Kindern in der Kirche des Ostens wie des Westens auf eine uralte Tradition zurück (vgl. VORGRIMLER, 1987, S. 133; KATH. ERWACHSENENKATECHISMUS, [2]1985, S. 337).
Im KKK wird die Kindertaufe nur im Hinblick auf die Erbsünde gerechtfertigt und als notwendig erachtet. Das ist sicher eine verkürzte Sicht.
Ohne Zweifel steht auch das unmündige Kind in dem von Anfang an bestehenden Unheilszusammenhang, von dem alle Menschen betroffen sind. Jeder Mensch wird ungefragt in diese negativ vorgeprägte Situation, die durch bewußte menschliche Fehlentscheidungen hervorgerufen wurde, hineingeboren.
Jeder Mensch steht aber auch vom ersten Augenblick seines Daseins an unter dem Anruf des göttlichen Erbarmens und des universalen Heilswirkens Gottes.
In dieser Sicht ist die Taufe das Symbolhandeln der Kirche, das anzeigt, daß die Gnade Gottes auch für den Neugeborenen die siegreiche ist und daß dieser Mensch einer Gemeinschaft eingegliedert wird, die den Unheilsmächten trotzt. Wenn Eltern ihr Kind dem bedrohlichen Unheilsraum nicht ausgeliefert wissen wollen und es der bergenden Glaubensgemeinschaft anvertrauen möchten, dann werden sie es zur Taufe bringen, zumal der Glaube grundsätzlich auf die Gemeinschaft der Gläubigen verwiesen und auf sie angewiesen ist. So ist die Taufe wesentlich ein Gemeinschaftsgeschenk, das den Willen ausdrückt, daß auch das unmündige Kind von dieser Gemeinschaft (Kirche) angenommen wird.
»Die Eltern selbst bekunden ihren Wunsch, daß ihr Kind in diesem jesuanischen Gruppengeist aufwachsen soll« (HASENHÜTTL, 1979, S. 199). Freilich kann ein Mensch durch diese von den Eltern getroffene Vorentscheidung nur in dem Maße gezeichnet werden, wie er sie als Mündiger selbst verinnerlicht. Die große Not der Theologie und Kirche um das Heil der ohne Taufe gestorbenen Kinder in den vergangenen Jahrhunderten – man sprach vom Ort der verstorbenen Kinder (»Limbus«), an dem Gottesschau nicht möglich ist – ist einem Heilsoptimismus gewichen. Aus dem universellen Heilswillen Gottes ergibt sich die Hoffnung, ja die Glaubensgewißheit, daß auch diese Kinder das Heil erlangen.

2.1.2.5 Allgemeines (gemeinsames) Priestertum der Getauften – Volk Gottes

Im Abschnitt 1268 des KKK wird aus dem Petrusbrief (1 Petr 2, 9) zitiert und festgestellt: »Die Taufe gibt am gemeinsamen Priestertum der Gläubigen Anteil.« Diese Aussage muß eine Leerformel bleiben, wenn sie nicht näherhin spezifiziert wird. Das allgemeine Priestertum der Getauften wurzelt in der Lehre vom Volke Gottes und wird nur von ihm her verstehbar. Der Begriff »Volk Gottes« hat seinen ursprünglichen Ort im Alten Testament, speziell in der Exoduserfahrung: Israel ist Gottes Volk, weil Gott es aus Ägypten herausgeführt und vom Joch des Pharao befreit hat. Seit Gott sich seines Volkes angenommen hat, ist es sein Eigentum (Ex 19, 5), das er sich erworben hat. Als Bundesvolk ist Israel ein königliches und priesterliches Volk. Das gilt genauso für das Volk Gottes des Neuen Bundes. Indem wir als Getaufte diesem Volk, der Kirche, eingegliedert sind, sind wir Teil dieser Priesterschaft. Hier liegt der Grund für die Lehre vom allgemeinen Priestertum der Getauften, aus der sich praktische Konsequenzen ergeben. Man könnte sie folgendermaßen benennen und beschreiben:

a) Wenn das Amt in der Kirche Dienst am allgemeinen Priestertum ist, gibt es keinen Grund, die Nichtamtsträger, die Laien, wie wir sagen, die wie die Amtsträger allgemein Priester sind, aus dem Recht und der Verfassung der Kirche auszuschließen. Die noch in der katholischen Kirche vorherrschende vertikale, paternalistische, patriarchalische Autoritätsstruktur sollte immer mehr durch eine horizontale, geschwisterliche und kollegiale, demokratische Struktur ersetzt werden.
b) Setzen wir das allgemeine Priestertum in Beziehung zu einem sakramentalen in der Taufe grundgelegten Priestertum der Laien, besteht hierin Übereinstimmung zwischen katholischen und evangelischen Christen.
   In der Diskussion zwischen beiden Kirchen ist die Frage nach dem priesterlichen Amt. Ein mutiges Anpacken dieses Problems, wie es z. B. in dem ökumenischen Memorandum deutscher Universitätsinstitute zur Amtsfrage (1973) erfolgt ist, kann man nur begrüßen.
c) Die grundsätzliche Gleichheit aller Christen im allgemeinen Priestertum muß im Leben der Kirche – das gilt wieder für die katholische Kirche – deutlich zutage treten.
   Das spezielle Priestertum, das einen wesentlichen Dienst in und an der Gemeinde zu erfüllen hat, muß in das Gesamt des Gottesvolkes zurückgebettet werden. Ein klerikales Standesdenken und Standesgebaren widerspricht dem NT.
d) Das Amt gehört dem Gottesvolk und hat die Aufgabe, die allen Gläubigen verliehenen Charismen zur Auferbauung der Gemeinde Christi zur Entfaltung zu bringen.
   Die fundamentale Gleichheit aller Christen ist dadurch verbürgt, daß alle dem priesterlichen Gottesvolke durch die Taufe eingegliedert sind und dadurch berufen sind, auf ihre Weise das Heil in der Geschichte der Menschen zu bezeugen. Wie ein praktikabler Einsatz der vorhandenen Charismen erfolgen kann, ist vor Ort je neu zu entscheiden.
e) Aufgrund dieses Gemeindeverständnisses – Gemeinde als priesterliches Gottesvolk – ist das Bild vom Hirten und der Herde, das ursprünglich auf Christus und die Seinen bezogen war, im Hinblick auf das Verhältnis Pfarrer und Gemeinde nicht nur unangemessen, sondern auch dem christlichen Glauben abträglich, weil es die Mitglieder der Gemeinde zu Objekten der Seelsorge macht. Diese sind aber als Glaubende ernst zu nehmen, mag ihr christliches Selbstverständnis noch so defizitär sein. Der Gemeindeleiter hat die primäre Aufgabe, seine Gemeindemitglieder zur Mündigkeit zu ermutigen und es zu akzeptieren, wenn sie aus solchem Bewußtsein ihr persönliches und gemeindliches Leben gestalten.

Im KKK werden die sich aus dem gemeinsamen Priestertum aller Getauften ergebenden Rechte und Pflichten vorwiegend passiv beschrieben: Die Gläubigen haben das Recht, die Sakramente wie das Wort Gottes zu empfangen und die Pflicht, den Vorstehern der Kirche Gehorsam und Unterordnung zu leisten (vgl.

KKK 1269). Daß Gehorsam und Unterordnung so stark betont werden, entspricht zwar der katholischen Tradition, nicht jedoch der Vorstellung vom mündigen, den Vorstehern der Kirche in kritischer Solidarität gegenüberstehenden priesterlichen Gottesvolk.

2.1.2.6 Ökumenische Sicht der Taufe

Die Taufe wird als die Grundlage der ökumenischen Gemeinschaft verstanden. Das kommt im Abschnitt 1271 zum Ausdruck. Dennoch geht der Text in nichts über das hinaus, was die katholische Kirche schon immer von der Taufe der Christen, die nicht mit der römisch-katholischen Kirche verbunden sind, gelehrt hat. Ihre Taufe ist gültig; sie gelten als Christen und können »als Brüder im Herrn anerkannt« werden (KKK 1271).
Mit keinem Wort dagegen wird die ekklesiologische Bedeutung der Taufe unterstrichen, in dem Sinne, daß die getrennten Kirchen durchaus legitime Ausprägungen christlicher Existenz darstellen. Wenn anstelle eines quantitativen Denkschemas, welches Nähe und Distanz des Partners im Sinne von Abstufungen seines Verhältnisses zur Wahrheit beurteilen möchte, die perspektivische Betrachtungsweise Platz greift, wird es möglich, dem anderen das Ganze der Wahrheit zuzugestehen, die freilich vom Blickwinkel des je verschiedenen Standortes aus verfremdet erscheinen mag. Von hier aus müßte Pluralität dann nicht mehr in den Verdacht von Relativismus geraten und Einheit nicht gleichbedeutend mit Uniformität sein. Von hier aus könnte auch das durch apologetische Konfrontation belastete Reden von den Konfessionen vermieden und statt dessen besser von Traditionen in der je verschiedenen Auslegung des gemeinsamen Glaubens gesprochen werden. Jeder dieser Ausprägungen eignet ebenso ein Schatz an bleibenden Glaubenseinsichten, wie es andererseits auch die Defizite von vergessenen Wahrheiten gibt.
Im KKK steht das »Individuum«, das noch nicht die volle Gemeinschaft mit der katholischen Kirche hat, im Vordergrund, nicht die getrennte kirchliche Gemeinschaft, in der der einzelne die Taufe empfangen hat und sein Christsein realisiert.

2.1.2.7 Die Heilsnotwendigkeit der Taufe

Im Abschnitt 1257 wird die Heilsnotwendigkeit der Taufe betont. Sie entspricht traditioneller kirchlicher Lehre. »Genau so alt wie die Lehre von der Heilsnotwendigkeit von Glaube, Taufe und Kirche ist die Lehre von der Heilsberufung aller Menschen in Jesus Christus und der Allwirksamkeit der Erlösungsgnade Christi« (WALDENFELS, 1985, S. 395). Heilsnotwendigkeit besagt also nicht, daß nur der, der getauft ist, gerettet wird, auch wenn u.a. ein hl. *Franz Xaver* zu Beginn der Neuzeit dieser Meinung war. Für Heiden ist Heil möglich, wenn sie »im guten Glauben« handeln. Sie stehen sozusagen bereits im Wirkungsfeld der Heilsgnade Christi. Außerdem gibt es neben der Wassertaufe die Bluttaufe (z. B. für den Katechumenen, der als Märtyrer stirbt, bevor er mit Wasser getauft wurde). Hier haben wir das »votum« – die bewußte Hinordnung auf das Sakrament (vgl. KKK 1258-1260).

Das Axiom »Extra ecclesiam nulla salus – außerhalb der Kirche kein Heil« wird heute nicht mehr als Personprinzip, sondern als Sachprinzip verstanden. Es will nicht besagen, welche Personen gerettet oder nicht gerettet werden, sondern es will erklären, wodurch das Heil den Menschen zukommt. Es wird das Instrument beschrieben, durch das alle Geretteten gerettet werden (vgl. FRIES, 1985, S. 511-514).

2.1.3 Didaktische Hinweise

2.1.3.1 Leitsätze

Die Sakramentenlehre (allgemein und speziell) gehört zur Glaubenslehre (Dogmatik). Bei der religionsunterrichtlichen Behandlung entsprechender Themen aus diesem Sachbereich sollten folgende Grundsätze beachtet werden, die meinem Buch »Kompendium Didaktik. Katholische Religion« entnommen sind (FOX, [2]1992, S. 26-27):

- Die Schüler sind, entsprechend ihrer geistigen Reife, bei der Darstellung von Glaubensfragen zur kritisch mitdenkenden Verantwortung für Theologie und Kirche schrittweise anzuleiten. Dabei sollen sie lernen, nach den «Fragwürdigkeiten» im Glauben zu fragen, damit ein Frageprozeß in Gang kommt, in dem Lehrer wie Schüler im gemeinsamen Fragen und Suchen der Wahrheit nachspüren.
- Das hermeneutische Prinzip bei allen Glaubenslehren muß der anthropologische Ansatz sein, weil es keine theologische Aussage geben kann, die nicht gleichzeitig etwas über den Menschen sagt. Glaubensaussagen müssen immer in Beziehung stehen zu den Erfahrungen der Menschen. Es darf keine Re-Orientierung an älterer theologischer Systematik geben. Es muß der Versuch unternommen werden, den Glauben neu auszusagen und die Auswahl der Aussagen neu zu verantworten. Anthropologisch orientierte Theologie ist im Religions-Unterricht didaktisch zu übersetzen.
- Dem Schüler muß aufgezeigt werden, daß Glaubensbewußtsein und Glaubenspraxis sich in ständigem Wandel befinden. Dies verpflichtet zu einer je anderen Argumentation und Problementfaltung.
- Die Pluralität der Theologien muß bei aller Einheit des bleibenden Bekenntnisses die Vorstellung von einem einheitlichen Glaubensgebäude, das nur abzurufen ist, korrigieren. Je nach Alter und Reife sind die Schüler mit Kontroversen im Bereich der Glaubensinterpretation vertraut zu machen. Es muß sich dabei um Fragen handeln, die «wirklich» gestellt sind und die Menschen heute bewegen.
- Es sollte nicht zu schnell und zu fest zwischen dem Wandelbaren und Unwandelbaren unterschieden werden. Das Unaufgebbare ist immer das Ergebnis eines Prozesses, der nie abgeschlossen ist. Die Unterscheidung «Kern» und «Einkleidung» oder äußere «Gestalt» und eigentlicher «Gehalt» wird dem christlichen Glauben, der in Kontinuität zu seinem Ursprung, aber unter den Plausibilitäts- und Verständigungsbedingungen der Gegenwart verantwortet werden muß, nicht gerecht.

- Der Glaubensbestand in seinem Wahrheitsanspruch ist gleichzeitig der Bewährung in Handlungszusammenhängen und dem Diskurs darüber, welchen Ertrag er bringt, auszusetzen.
- Glaubensaussagen müssen immer mit der Erfahrung der Schüler in Korrelation stehen; Erfahrung und Offenbarung, Glaube und Leben korrelieren. Die Hierarchie der Wahrheiten ist zu beachten und darzustellen. Es kommt nicht auf eine umfassende Darbietung der Glaubenslehren an; diese sind vielmehr unter der Frage nach ihrer Vermittelbarkeit im Hinblick auf die Adressatengruppe und unter dem Fragehorizont des heutigen Menschen auszusuchen und zu erschließen. Dennoch muß das Wesentliche des christlichen Glaubens zur Sprache kommen. Es ist so darzustellen, daß es von allem Zweitrangigen unterschieden werden kann.
- Die Frage, wie Heil und geschichtliches Leben ohne willkürliche Verkürzung miteinander in Beziehung gebracht werden können, muß als Zentralthema der heutigen Theologie angesprochen werden (vgl. METZ, 1973, S. 338).

2.1.3.2 Unterrichtsansätze

Aus der unterschiedlichen Schülersituation und aus möglichen Lernzielverknüpfungen in den entsprechenden Lehrplänen (Zielfelderplan für den kath. Religionsunterricht in der Grundschule; Grundlagenplan für den kath. Religionsunterricht im 5. bis 10. Schuljahr) ergeben sich verschiedene Unterrichtsansätze; einige Möglichkeiten seien genannt:

1. In einem religiösen Elementarkurs könnte der Akzent auf Zeichen und Symbolen liegen. Sakramente können verstanden werden als rituelle Zeichenhandlungen, die religiöse Grunderfahrungen ausdrücken, so auch die Taufe. In ihrer Symbolik – Eintauchen in Wasser – wird die Wandlung zur christlichen Existenz angezeigt und bekräftigt. Ein geistlich-seelischer Vorgang mit konkreten, auch gesellschaftlichen Folgen, wird abgebildet und vertieft in der Symbolhandlung des Sakraments. Darin kommt zum Ausdruck, daß die Wirklichkeit des Menschen tiefer und umfassender ist, als das deutende und erklärende Wort. Der vieldeutige Symbolgehalt des Wassers etwa veranschaulicht auf intensive Weise die »Neugeburt des Menschen« zum christlichen Glauben. Die einzelnen Elemente des Taufritus (KKK 1234-1245) deuten den Vorgang des »Wiedergeborenwerdens« im Wasser und Hl. Geist zeichenhaft aus.
   Dieser Ansatz, der vom Symboldenken ausgeht und nach der Aussagekraft des Wassers in der Taufe fragt, ist vor allem in der Grundschule sinnvoll (vgl. dazu HALBFAS, 1984, S. 487-497).

2. Ein anderer Schwerpunkt ergibt sich, wenn die Taufe als Verpflichtung zu christlichem Leben charakterisiert werden soll.
   Eine erste Annäherung bietet eine allgemeine Erfahrung: Das menschliche Leben droht immer wieder in leerer Routine zu erstarren. Resignation vor den

Herausforderungen des Daseins, gedankenlose Anpassung an Moden und Gewohnheiten charakterisieren ein erstricktes Leben. Leben aus der Taufe wäre das Gegenteil: Bereitschaft zum Neubeginn, existentielle Phantasie, Einfühlungsvermögen und Begeisterungsfähigkeit für das Gute, Fähigkeit, mit Problemen fertig zu werden, Originalität, die aus einem fest gegründeten Lebensentwurf erwächst. Der hier skizzierte Anstoß wird erst dadurch geschichtsmächtig, daß er stets neu gelebt wird. So versteht sich Leben aus dem Anspruch der Taufe, d.h. christliche Existenz als Entfaltung des Anstoßes Jesu. Sie meint die je neue Verwirklichung der liebenden Zuwendung zum anderen. Der Anstoß Jesu muß umgedacht und fortentwickelt werden auf neue Lebensbedingungen.

Somit behält christliche Existenz einen dynamischen Charakter; sie bleibt Aufbruch, Experiment. Notwendig bedarf sie auch der Freiheits- und Erprobungsräume für neue Einstellungen und Tugenden. Diesen täglichen Neubeginn des Christen und der Christlichkeit, diesen kreativen Umschlag von dumpfem alltäglichem Dahinleben in erfüllte, neugelebte mitmenschliche Existenz kann auch »Erneuerung im Hl. Geist« genannt werden (vgl. KKK 1213-1216).

Der Gedanke, die Taufe als Lebensprogramm zu verstehen – er ergibt sich aus ihrem Wesen (»Begrabenwerden in den Tod Christi«, »Wiedergeburt und Erneuerung im Hl. Geist«, »Erleuchtung zu einem Sohn des Lichtes«) –, wird im Katechismus »Grundriß des Glaubens« deutlicher artikuliert (vgl. ebd. 28, 3, S. 160) als im KKK. Er sollte vor allem im Religionsunterricht der Sekundarstufe I entfaltet werden, wobei das Problem der Taufe erst gegen Ende der Unterrichtsreihe zur Sprache käme, während im Vordergrund die Frage stehen könnte: »Wer ist ein Christ?«.

3. Stärker auf das Problem der religiösen Erziehung bezogen ist die Unterrichtsreihe, wenn die Frage nach der Berechtigung der Kindertaufe (vgl. KKK 1250-1252, 1261) im Mittelpunkt des Unterrichts steht. Hier treten dann auch die sozialen Aspekte der religiösen Erziehung hervor (Themenfelder: »Lieben – Geliebtwerden – Familie« u. a.).

4. Der Ansatz, der die Eingliederung in den Leib Christi, die Kirche, im Auge hat (KKK 1267-1270) macht die ekklesiologische Dimension der rituellen Zeichenhandlung »Taufe« deutlich. Er könnte in der Unterrichtsreihe »Christen leben in Gemeinden« entfaltet werden. Diese Unterichtseinheit eignet sich besonders für die Klassen 5 bis 7. Bei den Schülern dieser Klassen sollten die situativen Gegebenheiten im Blick stehen.

   Der vielleicht augenfälligste Trend liegt im Rückgang der kirchlichen Bindung. Sowohl der Kirchenbesuch als auch die Prägung durch religiös bestimmtes Brauchtum nimmt ab. Dem entspricht eine Strukturkrise der Pfarreien: Kirchgänger und »gute Pfarrkinder« erweisen sich häufig als selbstgenügsam und undynamisch im Sinn des Evangeliums. Kinder und Alte stellen einen relativ hohen Anteil unter den Kirchenbesuchern. Diese erkannten Mängel rufen auch Reformversuche auf den Plan. Die Situation des Schülers der besagten Altersgruppe könnte durch folgende Komponenten bestimmt sein:

- Die Schüler kommen aus mehreren Pfarrgemeinden; ihre kirchliche Bindung ist unterschiedlich. Die Unüberschaubarkeit anonymer Zusammenhänge ergreift den kirchlich-gemeindlichen Bereich.
- Die Pfarrgemeinden, von denen der Schüler erfährt, weisen eine unterschiedliche Aktivität und Spiritualität auf.
- Die Kritikfähigkeit der Pubertät ist noch nicht in aller Schärfe erwacht, doch wird die ungefragt kirchliche Religiosität in Frage gestellt. Hier soll die Unterrichtseinheit die Schüler in die Lage versetzen, Vorurteile und Klischees zu hinterfragen und an der Wirklichkeit zu überprüfen sowie die Aktivitäten einer Pfarrgemeinde – als Beispiel für die gesellschaftliche Funktion der Kirche – in ihren Zusammenhängen zu sehen. Bei älteren Schülern bzw. Schülern der oberen Klassen müßten die heute häufig diskutierten Fragen: »Warum Kirche?«, »Jesus ja – Kirche nein!«, »Das Selbstverständnis der Kirche«, »Die Anfänge der Kirche nach dem NT«, »Die Kirche als Grund- bzw. Wurzelsakrament« zur Sprache kommen.

5. Ein weiterer Unterrichtsansatz – besonders bei Schülern in der Pubertätszeit – könnte die anthropologische Dimension der Taufe sein. Taufe wird hier vor allem gesehen unter dem Gesichtspunkt der Befreiung von Schuld und damit der Bereicherung des Lebens (vgl. KKK 1663-1664).
   In diesem Zusammenhang müßte auf die Erbsündenlehre eingegangen werden, die eng mit der Tauftheologie verbunden ist. Ein Zugang zur Erbsündenlehre liegt in der Erfahrung der Unheilssituation, der sich kein Mensch entziehen kann. Auch der neugeborene Mensch ist keine »tabula rasa«, kein unbeschriebenes Blatt, und er ist in seinen Entscheidungen keineswegs unbeeinflußt. Schon immer hat die Philosophie den Menschen als ein »animal sociale«, ein soziales Lebewesen, bezeichnt (vgl. HEIDEGGER: Mensch als Mit-Sein). Diese philosophische Überzeugung ist durch die neuzeitlichen Wissenschaften in vielfältiger Weise empirisch untermauert worden: Biologie und Medizin zeigen, daß der Mensch weithin durch Erbfaktoren, Gesundheit oder Krankheit seiner Vorfahren sowie deren veranwortungsvolles Verhalten (etwa vor und während der Schwangerschaft) geprägt ist. Die Sozialwissenschaften machen die radikale Verkettung des Individuums in vorgegebene Sozialstrukturen (Nationalität, Klassenzugehörigkeit, Familie, politische und bildungspolitische Systeme, soziale Wertungsebene, Sprach- und Verstehensmuster usw.) deutlich. Die Psychologie deckt das Geflecht von kausalen Zwängen und Abhängigkeiten auf (z. B. Mutterbindung, Komplexe, frühkindliche Erlebnisse etc.), unter denen die menschliche Psyche und somit der Mensch bis in seine innersten Möglichkeiten und Entscheidungen steht.

Wieder andere Bereiche der sozialen Verflochtenheit sind Gegenstand der Verhaltungsforschung, der Geschichtswissenschaften, der Religionswissenschaft. Alles in allem, die individuelle Freiheitsmarge ist als sehr gering anzusetzen, die Last der kollektiven Geschichte scheint sie beinahe zu erdrücken. Von daher wird der in der Erbsündenlehre angesprochene Sachverhalt – jenseits der mythischen Bilder – durchaus verstehbar. Vorgängig zur Freiheitsentscheidung (etwa zur persönlichen Sünde oder zum Guten) ist jeder Mensch vorbelastet durch die Sündengeschichte der Menschheit, einfach dadurch, daß er Mensch ist – nicht erst durch Nachahmung, sondern durch Zeugung –, ist er eingebettet in die unheilvolle Situation der Menschen. Das ist das, was mit dem mißverständlichen Begriff »Erbschuld« bezeichnet wird. Durch die Taufe wird nun die Erbsünde aufgehoben. Damit ist gesagt: Durch den zweiten, den »anderen Adam«, Jesus, ist die Macht der menschlichen Sündengeschichte grundsätzlich gebrochen. Das Verdikt Gottes ist aufgehoben – das ist der Inhalt des Evangeliums Jesu. Daneben bleibt die Unheilsgeschichte weiterhin bestehen; sie verliert aber ihre tödliche Qualität. Anders gesagt: im Blick auf Jesus und in seiner Nachfolge ist wieder Hoffnung möglich, daß »Unheil« und »Tod« nicht das letzte Wort über die Geschichte sind. Die Taufe ist der Initiationsritus, in dem sich der einzelne zu dieser Hoffnung und der auf ihr gründenden Gemeinschaft bekennt.

6. Im Religionsunterricht muß immer auch die ökumenische Dimension der Taufe deutlich werden. Sie ist die Grundlage des gemeinsamen Christseins (KKK 1271). Schülern der Sekundarstufe I ist leicht einsichtig zu machen, daß es nicht die Vielfalt ist, die die augenblickliche konfessionelle Situation so ärgerlich macht. Sie ist unvermeidbar, wünschenswert und legitim. Ärgerlich, ja ein christliches Skandalon ist der gegenseitig erhobene Exklusivitätsanspruch, »die Bestreitung der christlichen Legitimität des Christentums der anderen Konfession, die Exkommunikation der je anderen« (OHLIG, 1990, S. 205).
   Ziel ökumenischer Bewegung kann deshalb nur sein, die gegenseitige Nicht-Anerkennung aufzuheben und dies durch praktisches Verhalten zu dokumentieren. Aufgrund der gemeinsamen Taufe muß es zur »versöhnten« – nicht getrennten – Verschiedenheit kommen.
   Mit dieser Sicht von Ökumene rennt man bei den Jugendlichen offene Türen ein, weil die Konfessionalität gegenüber dem gemeinsamen Christsein an Normativität verloren hat und keinen Wert an sich mehr darstellt.

Diese sechs aufgezeigten möglichen Unterrichtsansätze – es gibt natürlich noch andere – verdeutlichen das didaktische Geflecht, das die entsprechenden Lehrpläne in diesem Sachzusammenhang darstellen.
Methodisch bedeutet das: Das Unterrichtsmodell »Taufe« braucht nicht als geschlossene Unterrichtsreihe gehalten zu werden. Seine Ziele und ein Teil der Inhalte können auch in anderen thematischen Zusammenhängen vermittelt werden. So könnte man beispielsweise die Reihe aufteilen auf die Themen: »Religiöse

Symbole«, »Christen leben in Gemeinden«, »Taufe als Lebensprogramm«, »Verflochtenheit in die Unheilssituation«, »Die eine Christenheit« u. a.
Natürlich ist es auch möglich, bei einer Unterrichtsreihe über die Taufe einzelne Elemente einzubringen.
Folgende anzustrebende Qualifikationen wären dabei denkbar:
Die Schüler sollen befähigt werden

- die an ihnen vollzogene Taufe im Nachhinein aufzuarbeiten und zu bewerten,
- den Wert von Zeichen und symbolischen Handlungen einzuschätzen,
- sich – ihrem Alter entsprechend – sachgerecht an der Diskussion über die Kindertaufe zu beteiligen.

Diesen Qualifikationen könnten als Lernziele zugeordnet werden:

- Zeichen und Symbole benennen und erklären
- Funktion von Zeichen aufzeigen
- die lebenswichtige Funktion des Wassers darlegen
- »Durst« symbolisch deuten als Verlangen nach Geborgenheit und Gemeinschaft
- Zeichenhandlungen bei der Taufe benennen und erklären
- Taufe als Aufnahme in die Gemeinschaft der Kirche deuten
- Beziehungen zwischen der Taufe und gelebter Christlichkeit aufzeigen
- Erkenntnis gewinnen, daß die Säuglingstaufe erst mit der eigenen Entscheidung erfüllt wird
- Gründe für und gegen die Säuglingstaufe erläutern
- das Begriffspaar »Alter – Neuer Mensch« erklären

2.1.3.3 Literaturangaben

Religionslehrern/innen und Katecheten/innen, die ihr theologisches Hintergrundwissen im Hinblick auf eine Unterrichtseinheit über die Taufe und die übrigen Sakramente auffrischen wollen, seien folgende leicht greifbare Bücher empfohlen:

- EICHER, P. (Hrsg.): Neues Handbuch theologischer Grundbegriffe, Bde. 1-4, München 1984-1985
- HASENHÜTTL, G.: Kritische Dogmatik, Graz/Wien/Köln 1979
- KATHOLISCHER ERWACHSENENKATECHISMUS, hrsg. von der DBK, Bonn [2]1985
- VORGRIMLER, H.: Sakramententheologie, Düsseldorf 1987

Religionspädagogisch-katechetische Literatur, praktische Hilfen:

- EMEIS, D.: Zielgruppe Eltern, Ein Handbuch der katechetischen Elternbildung mit Entwürfen zu Einzelprojekten, Freiburg 1974
- Glaubensverkündigung für Erwachsene – Deutsche Ausgabe des Holländischen Katechismus, Nimwegen/Utrecht 1968
- GRUNDRISS DES GLAUBENS – Kath. Katechismus zum Unterrichtswerk ZIELFELDER RU, hrsg. vom DKV, München 1980
- HALBFAS, H.: Religionsunterricht in der Grundschule, Lehrerhandbuch 1-4, Düsseldorf/Zürich 1985-1986.

2.2 Die Firmung

Wer sich heute zur Theologie der Firmung äußern soll, gerät in Verlegenheit, aber nicht, weil es zu wenige, sondern, weil es zu viele Theologien der Firmung gibt.
Auf diese Tatsache möchte auch der Berichterstatter für die Sachkommission II bei der Behandlung der Synodenvorlage »Firmpastoral« auf der 3. Vollversammlung der gemeinsamen Synode der Bistümer in der Bundesrepublik Deutschland im Januar 1973 in Würzburg aufmerksam machen, wenn er die Schwierigkeiten darin sieht, daß man bei der Vorlage, in der es nicht um eine neue Theologie, sondern um eine neue Praxis der Firmung geht, zwar theologische Aussagen zugrundelegen müsse, es aber verschiedene Ansätze einer Theologie der Firmung gebe, die nicht ohne weiteres harmonisiert werden könnten.
Wie sieht der KKK das Problem? Was sagt er von der Firmung aus?

2.2.1 Was steht im KKK ? (1285-1321)

Der Artikel über die Firmung ist wie folgt gegliedert:
I. Die Firmung in der Heilsökonomie (KKK 1286-1292)
II. Die Zeichen und der Ritus der Firmung (KKK 1293-1301)
III. Die Wirkungen der Firmung (KKK 1302-1305)
IV. Wer kann die Firmung empfangen? (KKK 1306-1311)
V. Der Spender der Firmung (KKK 1312-1314)
Den Abschluß bilden die Kurztexte (KKK 1315-1321).
Im Eingangsabschnitt (KKK 1285) werden Taufe, Eucharistie und Firmung »die Sakramente der christlichen Initiation genannt. Sie gehören zusammen, so daß ihre Einheit »bewahrt werden muß«.

Zu I. (Die Firmung in der Heilsökonomie):
Da nach katholischem Glauben das Sakrament der Firmung jene gottesdienstliche Symbolhandlung ist, die den göttlichen Geist »sinnenfällig vermittelt, sind zum Verständnis dieses Sakraments... die biblischen Aussagen über den Hl. Geist vorauszusetzen« (VORGRIMLER, 1987, S. 141). Einige davon werden in den Abschnitten 1286-1287 angeführt.
Die unterschiedlichen Traditionen der Ost- und Westkirche werden in KKK 1290-1292 aufgezeigt.
Dabei wird die Praxis der Ostkirchen vor allem mit der Einheit der christlichen Initiation, die der lateinischen Kirche mit der Beziehung des neuen Christen zu seinem Bischof, dem Garanten der Einheit, Katholizität und Apostolizität der Kirche, begründet (vgl. KKK 1292).

Zu II. (Die Zeichen und der Ritus der Firmung):
In den Abschnitten 1293-1301 werden Symbole und Ritus der Firmfeier beschrieben.

Dabei spielen vor allem die beiden Symbolbegriffe »Salbung« und das durch sie hervorgerufene »geistliche Siegel« (Sphragis) – man spricht auch von »Versiegelung« oder »Kennzeichnung durch ein Siegel« – eine Rolle. Die Salbung gilt als sinnfällige Vermittlung innerer Kraft, die sogar das Martyrium möglich macht, während die Besiegelung als Übereignung in das Eigentum und in den Dienst Christi verstanden wird. Von daher wird erklärlich, daß man das unauslöschliche Zeichen (Charakter) auch der von der Taufe abgelösten Firmung zusprach (vgl. KKK 1304).

Zu III. (Die Wirkung der Firmung):
Die Firmung bringt:
- Ausgießung des Hl. Geistes in Fülle (vgl. KKK 1302)
- Wachstum und Vertiefung der Taufgnade (vgl. KKK 1302)
- ein unauslöschliches Prägemal (Charakter) – (vgl. KKK 1304)
- Vervollkommnung des allgemeinen Priestertums (vgl. KKK 1305).

Zu IV. (Wer kann Firmung empfangen?):
Weil die Firmung Teil der christlichen Initiation ist, soll sie entsprechend dem Kanonischen Recht (CIC, can. 890) »rechtzeitig« empfangen werden. In der lateinischen Tradition gilt das »Unterscheidungsalter« als der gegebene Zeitpunkt (CIC, can. 891). In Todesgefahr sind schon Kinder zu firmen, die dieses Alter noch nicht erreicht haben, weil die Firmgnade aus sich heraus – unabhängig vom Alter – wirksam ist (vgl. KKK 1308). Bei der Firmvorbereitung stehen Christus und Kirche in besonderer Weise im Blickpunkt (vgl. KKK 1309).

Zu V. (Der Spender der Firmung):
Die unterschiedliche Praxis in Ost- und Westkirche – im Osten spendet der Priester, der tauft, bei Verwendung des vom Patriarchen oder Bischof geweihten Myron (Chrisma) in der gleichen Feier die Firmung – ändert nichts an der Tatsache, daß der Bischof als der ursprüngliche Spender der Firmung gilt.
In der lateinischen Kirche ist er sogar der »ordentliche« Firmspender, der aus schwerwiegenden Gründen seine Vollmacht auch Priestern übertragen kann.
Die ostkirchliche Praxis gilt in der lateinischen Kirche bei der Erwachseneninitiation (vgl. KKK 1312-1314).
Getaufte, aber Nicht-Gefirmte, die in Todesgefahr geraten, können die Firmung von jedem Priester empfangen (vgl. KKK 1314).

2.2.2 Kritische Reflexion

2.2.2.1 Gebrauch der Hl. Schrift

1. Bei den Aussagen des KKK zur Firmung fällt wieder ein undifferenzierter, historisierender Schriftgebrauch auf. Es heißt in Abschnitt 1287, daß Christus »die Ausgießung des Geistes« verheißen und »sein Versprechen vorerst am Ostertag« (Joh 20, 22) und »noch offensichtlicher am Pfingsttag« (Apg 2, 1-4)

eingelöst hat. Es wird bei dieser Interpretation nicht bedacht, daß es nicht möglich ist, den Bericht des Johannes-Evangeliums von einer besonderen Geistverleihung mit der Apostelgeschichte (Apg 2, 1-4,) wo die Pfingstgeschichte erzählt wird, zu harmonisieren. Nach diesen Ereignissen konnte es kein weiteres Warten geben. »Die Kirche konnte nicht noch vollständiger (der KKK gebraucht das Wort »offensichtlicher«) für ihre Sendung ausgerüstet werden.« (BARRETT, 1990, S. 546). Wir haben es also – und das ist nicht überraschend – mit divergierenden Traditionen über die grundlegende Gabe des Geistes zu tun, oder anders ausgedrückt, mit zwei Versionen des gleichen Geschehens. »Wahrscheinlich war für die ersten Christen die Auferweckung Jesu und seine Erscheinungen vor ihnen, seine Erhöhung (wie immer auch diese verstanden wurde) und die Gabe des Geistes eine Erfahrung, die erst später in unterschiedlichen Elementen und Ereignissen beschrieben wurde« (ebd.).

2. Die Apostelgeschichte unterscheidet deutlich Wasser- und Geisttaufe; dabei kann die Geisttaufe auch vor der Wassertaufe erfolgt sein (Apg 10, 47-48). Das klassische Zeugnis für das Firmsakrament wird in der Theologie in der Apostelgeschichte (8, 14-17) gesehen. In Samaria fanden sich Gläubige, die getauft waren, ohne daß der Hl. Geist auf sie gefallen war. Die Jerusalemer Apostel sandten Petrus und Johannes zu ihnen. Diese beteten um das Kommen des göttlichen Geistes und legten den Glaubenden die Hände auf, und auch diese Christen empfingen den Hl. Geist.
   Im Folgenden wird gesagt, der göttliche Geist sei »durch die Auflegung der Hände der Apostel« verliehen worden (V. 18). So drückt es auch der KKK in Abschnitt 1288 aus. *Vorgrimler* macht darauf aufmerksam, daß eine solche Aussage nicht exklusiv zu verstehen sei, weil »der Ritus der Handauflegung nicht gegen die Fürbitte um das Kommen des Geistes ausgespielt werden (dürfe)«. (VORGRIMLER, 1987, S. 142 f.). Ebenfalls muß bedacht werden, daß Lukas – er ist ja der Autor der Apostelgeschichte – keine Schilderung historischer Einzelgeschehnisse bieten, noch die Tauflehre entfalten will. Es geht ihm vielmehr um die Eingliederung neugegründeter Gemeinden in die apostolische Kirche: Kirche und Geist Jesu sind nur dort, wo Gemeinschaft mit den Aposteln als den Garanten der Botschaft Jesu besteht.

2.2.2.2 Zur Firmkonzeption

Die Zusammenhanglosigkeit der Firmung ist nicht behoben und konnte auch nicht im KKK behoben werden. Auf der einen Seite wird der Zusammenhang mit der Taufe betont (vgl. KKK 1306), auf der anderen Seite wird de facto durch die im Westen übliche Reihung der Sakramente (Taufe, Buße, Eucharistie, Firmung) dieser Zusammenhang wieder aufgelöst, zumindest in Frage gestellt. Nur wenn Taufe und Firmung in derselben liturgischen Feier stattfinden (wie in der Ostkirche), ist der innere Zusammenhang von Taufe und Geistempfang wirklich deutlich. Bei Absonderung der Firmung vom Taufgottesdienst und Spendung erst nach Buße und Eucharistie ist es schwierig, eine einleuchtende, nicht gekünstelte theologi-

sche Begründung zu finden. Man könnte fragen, wie jemand nach der jetzt üblichen Sequenz (Taufe, Buße, Eucharistie) anschließend »durch das Sakrament der Firmung ... vollkommener der Kirche verbunden und mit der besonderen Kraft des Heiligen Geistes ausgestattet« werden kann (LG 11; CIC, Can. 879; KKK 1285) und ob die Hauptsakramente Taufe und Eucharistie dadurch nicht eine Abwertung erfahren? Die Begriffe »vollkommener« und »besondere Kraft« sind einer Denkweise entnommen, die den in der Taufe gegebenen Geistempfang abwertet und den Hl. Geist selbst zu quantifizieren scheint (vgl. BROSSEDER, 1985, S. 175).
Dennoch muß man auch im Westen der Kirche zu einer akzeptablen Lösung kommen, die dann aber auch durchzuhalten ist.
Die Kluft zwischen der Theologie und der Praxis der Firmspendung ist grundsätzlich in zwei Richtungen behebbar:

1. Man sagt der jetzigen Praxis Lebewohl und steuert auf die altkirchliche Abfolge Taufe, Firmung und Eucharistie zu. Das geschieht mit Hilfe der alten Initiationstheologie, die die in der lateinischen Kirche übliche Firmtheologie der »Entscheidung« oder der »Mündigkeit« ersetzt. Konsequent durchgedacht, führt dieser Weg zum ostkirchlichen Modell der Säuglingsfirmung. Mit einer gewissen Inkonsequenz kann man dann zur Firmung von Sechs- oder Siebenjährigen kommen, wie es auch der KKK vorsieht, wenn er »das Unterscheidungsalter« als den gegebenen Zeitpunkt für den Empfang der Firmung erachtet (vgl. KKK 1302). Hier übernimmt der Katechismus die Bestimmung des Kirchlichen Rechts (vgl. Can. 891 CIC).
   Was es mit dem Unterscheidungsalter auf sich hat, erfährt man in Can. 97 Abschnitt 2. Das Unterscheidungsalter wird ab dem siebten Lebensjahr vermutet. Diese rechtliche Festlegung entspricht nicht mehr dem Stand der entwicklungspsychologischen Forschung. Ihre Erkenntnisse zeigen uns, daß Entwicklungsstände – so z. B. das sogenannte Unterscheidungsalter – keineswegs so eng an das Lebensalter gebunden sind, wie man bisher vermutet hatte. So wird auch die Vorstellung eines strikt lebensaltergebundenen Reifungsschritts nicht mehr vertreten. Zudem datiert man heute den Lebensabschnitt der Kindheit vom 4. bis zum 11./12. Lebensjahr (vgl. OERTER, 1982, S. 195) und nach Piaget das Stadium der autonomen Vernunft (= Unterscheidungsalter) vom 10. bzw. 11. Lebensjahr an (vgl. MOKROSCH, 1980, S. 78). Es ist erstaunlich, wie lange sich im kirchlichen Recht und in kirchlichen Publikationen längst überholte Positionen der Humanwissenschaften halten können. Wenn man die Firmung der Sechs- bzw. Siebenjährigen will – das Unterscheidungsalter ist, wie wir gesehen haben, später anzusetzen –, ist der Schritt zur ostkirchlichen Praxis – Taufe und Firmung in einer liturgischen Feier – oder wenigstens dicht beieinander – eigentlich nicht groß.

2. Der zweite Weg, das Dilemma zu beheben, besteht darin, daß man die im Westen gewachsene Firmtheologie der »Entscheidung« bzw. »Mündigkeit« ernst nimmt, weiter entwickelt und daraus die Folgerung ableitet, nur noch

junge Erwachsene zu firmen, selbst auf die Gefahr hin, daß dann nur mehr wenige gefirmt werden. Auf diesem Weg – wenn auch halbherzig – ist die Kirche in Deutschland. Er wird dadurch ermöglicht, daß Canon 891 CIC den Bischöfen das Recht gibt, ein anderes als dort vorgesehenes Firmalter festzusetzen. Die bei uns gültige Praxis besteht darin, die Firmung etwa im 12. Lebensjahr (Stadium der autonomen Vernunft) zu spenden. Für diese Praxis gibt es sicher gute Gründe, auch wenn im Hinblick auf »Mündigkeit« die Firmung des jungen Erwachsenen ein deutlicheres Zeichen wäre.

2.2.2.3 Ökumenische Sicht

Es fällt auf, daß im KKK immer wieder auf die Firmspendung der Ostkirchen hingewiesen wird, mit keinem Wort jedoch die reformatorische Praxis der Konfirmation Erwähnung findet. Das muß jeden, der sich der Ökumene verpflichtet weiß, stören und enttäuschen. Der Katechismus wird damit nicht der Zielsetzung des Zweiten Vatikanischen Konzils, »zu fördern, was immer zur Einheit aller, die an Christus glauben, beitragen kann« gerecht. Er erweist sich gerade hier als ein Produkt römisch-katholischer Binnensicht und römisch-katholischer Teiltradition.
Der Blick auf den reformatorischen Traditionsstrom zeigt, daß die Konfirmation eine mit gründlicher Glaubensunterweisung verbundene Tauferneuerung, Segnung und Zulassung zum Abendmahl bedeutet. Das Bedürfnis nach der Konfirmation in der evangelischen Kirche zeigt aber auch, daß die Existenz der Firmung den ökumenischen Bemühungen nicht im Weg stehen muß.
Wenn vor allem im französischen Protestantismus die Konfirmation als Festigung des königlichen Priestertums verstanden wird, »das den Christen befähigt, Zeugnis abzulegen in der Welt, das Leben auszustrahlen durch brüderliche Liebe und schließlich teilzunehmen am Hl. Mahl« (FOX, 1971, S. 102), dann kommt das der Firmtheologie der römischen Kirche sehr nahe, auch wenn die Konfirmation nicht als Sakrament verstanden wird.

2.2.3 Didaktische Hinweise

2.2.3.1 Grundsätzliche Überlegungen

In vielen Gemeinden sind erfreuliche Bemühungen um eine Aufwertung des Firmsakramentes festzustellen. Man bemüht sich, Eltern und Paten als Katecheten aktiv in die Firmvorbereitung einzubeziehen.
Diese vom Zweiten Vaticanum initiierte und von den Synoden geforderte Erneuerung eines stark ins Hintertreffen geratenen Sakramentes ist zu begrüßen, wenn hierbei nicht ein Sonderfall der Pastoral verhandelt wird, sondern wenn all diese Bemühungen in die Gesamtpastoral integriert werden.
Tragender Grundpfeiler im gesamten pastoralen Bemühen könnte in der Bitte um den Hl. Geist und in seiner zeichenhaften (sakramentalen) wirksamen Gegenwärtigsetzung gesehen werden, so daß alle sakramentalen Vollzüge des Grundsakramentes »Kirche« ihren gemeinsamen Nenner in der Paraklese hätten. Das Sprechen vom Geist diente so als Verbindungslinie allen seelsorglichen Handelns.

2.2.3.2 Zur Situation der Firmbewerber

In früheren Zeiten stieß die Spendung des Sakramentes beim Firmbewerber auf eine Disposition, die normalerweise vom familiären und auch sekundären Beziehungsfeld her christlich geprägt war. Da dieses christliche Umfeld heute bei keiner Altersstufe mehr als gegeben vorausgesetzt werden kann, sind die sozialen Bezüge der Firmbewerber entscheidend mit in die Firmpraxis einzubeziehen. Das bedeutet, daß die Einladung zum Empfang des Sakramentes an den Jugendlichen und darüber hinaus auch ausdrücklich an seinen ganzen Lebensraum gerichtet sein muß. Der Firmbewerber kann nur – wenn das Unternehmen Erfolg haben soll - in seiner sozialen Eingebundenheit (Eltern, Paten, Gemeinde, Freunde) angesprochen werden. Nur dann hat das Sakrament einen konkreten Lebensbezug. Das bedeutet aber, daß eine Verlagerung der Firmvorbereitung aus der Schule in die Gemeinde notwendig würde. Dennoch muß das Thema Firmung im schulischen Religionsunterricht zur Sprache kommen. So ist es sinnvoll, parallel zur gemeindlichen Firmvorbereitung, auch im Religionsunterricht das Thema Firmung anzusprechen.

2.2.3.3 »Firmung« im schulischen Religionsunterricht und in der Gemeindekatechese

Im Religionsunterricht der Schule dürfte als Ergänzung der in Gruppen verlaufenden gemeindlichen Firmvorbereitung vor allem das Thema »Geist«, »Hl. Geist«, »Geist Gottes« zu thematisieren sein (vgl. KKK 1286-1289).
Als Lernziele sind u. a. möglich:

1. Mit dem Wort »Geist« vernünftige Vorstellungen verbinden können.
   - Das Wort »Geist« in der Umgangssprache und seine verschiedenen Bedeutungen.
   - Der phänomenologische Aspekt des Wortes »Geist«.

2. Israels Erfahrung des Geistes Gottes und seiner Geschichte kennenlernen.
   - Gottes Geist im Wirken der Charismatiker und Richter.
   - Gottes Geist in der Ekstase, im Wirken der Propheten.
   - Erfahrung des Geistes Gottes als Strafe und vernichtende Macht.
   - Die Antithetik von »Fleisch« und »Geist«.
   - Erwarten des Wirkens des Geistes Gottes in der Zukunft.

3. Sich-kundig-Machen mit Geisterfahrungen und Hl. Geist im Neuen Testament.
   - Johannes der Täufer: Neues Wirken des Hl. Geistes.
   - Jesus von Nazareth, der einzigartige Geistträger.
   - Die Wirksamkeit des Geistes Jesu in der Kirche.

Bei der Firmvorbereitung in der Gemeinde sollen die Firmbewerber sich eingeladen wissen, den Weg der Glaubenserfahrungen mit anderen (Gemeinde, Kirche) nachzugehen. Dabei kommt den Firmhelfern sowie allen Gliedern der Gemeinde die Funktion von Orientierungsgestalten versuchten Lebens aus dem Glauben zu. Folgende inhaltlichen Grundelemente der Firmkurse können benannt werden:

- Lebenswelt der Firmbewerber
- Sinn des Firmkurses
- Leben im Geiste Jesu
- Firmung als Bitte um den Geist Jesu
- Christlicher Glaube und Leben
- Menschen für die Gemeinde
- Die Liturgie der Firmung
- Firmung und Konfirmation
- Engagement in der Gemeinde

Das didaktische Grundprinzip der gemeindlichen Firmvorbereitung ist – im Gegensatz zum schulischen Religionsunterricht – das Erfahrungslernen in der Gruppe.

2.2.3.4 Literaturangaben

Bei der grundlegenden Literatur zur Firmung sei auf 2.1.3.3 verwiesen.
Religionspädagogisch-katechetische Literatur, praktische Hilfen:

- Die Feier der Firmung in den Katholischen Bistümern des deutschen Sprachgebietes, Einsiedeln/Köln 1971.
- GRUNDRISS DES GLAUBENS – Kath. Katechismus zum Unterrichtswerk ZIELFELDER RU, hrsg. vom DKV, München 1980.
- THEMENFELDSKIZZEN zum Zielfelderplan 5/6; 7/8; 9/10, München 1974.
- ZIELFELDER RU 5/6; 7/8; 9/10, München 1975-1979.

2.3 Die Eucharistie

2.3.1 Was steht im KKK? (1322-1419)

Der Artikel über die Eucharistie, die die christliche Initiation vollendet, ist in sieben Kapitel gegliedert:

I. Die Eucharistie – Quelle und Höhepunkt des kirchlichen Lebens (KKK 1324-1327)
II. Wie wird dieses Sakrament genannt? (KKK 1328-1332)
III. Die Eucharistie in der Heilsökonomie (KKK 1333-1344)
IV. Die liturgische Feier der Eucharistie (KKK 1345-1355)
V. Das sakramentale Opfer: Danksagung, Gedächtnis, Gegenwart (KKK 1356-1381)
VI. Das österliche Mahl (KKK 1382-1401)
VII. Die Eucharistie – »Unterpfand der künftigen Herrlichkeit« (KKK 1402-1405)

Das Kapitel wird durch zusammenfassende Kurztexte abgeschlossen (KKK 1406-1419).

Zu I. (Die Eucharistie – Quelle und Höhepunkt des kirchlichen Lebens):
Daß die Eucharistie unter den Sakramenten der Kirche den höchsten Rang einnimmt, ja daß sie die Liturgie schlechthin und Inbegriff des christlichen Glaubensbekenntnisses darstellt, kommt in den Abschnitten 1324-1327 deutlich zum Ausdruck.

Zu II. (Wie wird dieses Sakrament genannt?):
Die terminologische Vielfalt weist auf die Offenheit der theologischen Vorstellungen und auf die Unterschiede im praktischen Vollzug hin.
Man kann sagen, daß die Wandlungen im Verständnis des Herrenmahls als Auswirkungen einer Entfaltung der Christologie und Soteriologie (Erlösungslehre) sich in vielen Benennungen niedergeschlagen haben. Einige davon sind in den Abschnitten 1328-1332 aufgeführt.

Zu III. (Die Eucharistie in der Heilsökonomie):
Die biblischen Texte, die die Eucharistie bereits theologisch reflektieren, setzen ein verwandeltes Geschehen an den Gaben voraus. So werden das Manna in der Wüste, die wunderbare Brotvermehrung und das Weinwunder zu Kana als Vorausbild (»Typos«) des wahren Gottesbrotes verstanden (KKK 1334-1335).
Unter Berufung auf das Trienter Konzil wird in der Stunde des Abendmahles, das als Paschamahl beschrieben wird (vgl. KKK 1337), die Einsetzung des neutestamentlichen Priestertums gesehen (KKK 1337). Der Anamnesisbefehl (»Dies tut zu meinem Gedächtnis«, 1 Kor 11, 24-25) gilt als Auftrag Jesu an die Apostel und ihre Nachfolger, das Gedächtnis Jesu liturgisch zu begehen (vgl. KKK 1341-1344).

Zu IV. (Die liturgische Feier der Eucharistie):
In der liturgischen Feier zeigt sich, wie die Kirche die Eucharistie versteht. Aus den vom Neuen Testament an erhaltenen Zeugnissen ist zwar eine Rekonstruktion des Abendmahls Jesu unmöglich, dennoch läßt sich das Grundschema dieser Feier erkennen. Es besteht aus dem Wortgottesdienst, der Gabenbereitung, dem Eucharistiegebet (mit Danksagung, Epiklese, Einsetzungsbericht, Anamnese) und der Kommunion (vgl. KKK 1345-1355).

Zu V. (Das sakramentale Opfer):
Um drei Begriffe konzentrieren sich die Aussagen des KKK:

- Danksagung/Lobpreis:
  Die Eucharistie meint schon vom Begriff her (Eucharistia, Eulogia) Danksagung und Lobpreis für die wunderbaren Taten Gottes (magnalia Dei), die in der sakramentalen Feier in verdichteter Form zur Darstellung kommen. Sie ist das große Lobopfer der Kirche (vgl. KKK 1359-1361).
- Opfergedächtnis:
  Die Eucharistie wird Gedächtnisopfer genannt, weil in ihr des Kreuzesopfers und aller Heilsereignisse gedacht wird, die in diesem liturgischen Geschehen wieder lebendig und gegenwärtig werden. In dem Sinn wird also von der Eu-

charistie als Gedächtnisopfer gesprochen, als sie »sakramentale Vergegenwärtigung, Gedächtnis und Zuwendung des Kreuzesopfers (ist)« (KATH. ERWACHSENENKATECHISMUS, [2]1985, S. 354). Sie wird auch als Opfer der Kirche verstanden, insofern Christus sein Opfer durch den Dienst der versammelten Gemeinde und durch ihr Lobopfer darbringt (vgl. KKK 1362-1364).

- Die Gegenwart Christi:
  Unter Berufung auf das Konzil von Trient spricht Abschnitt 1376 von der Wesensverwandlung (Transsubstantiation), die durch die Konsekration des Brotes und Weines geschieht. Die eucharistische Gegenwart Christi ereignet sich im Zeitpunkt der Konsekration (vgl. KKK 1377).
  Die Verehrung und Anbetung der Eucharistie in und außerhalb der Meßfeier wird als sinnvoll und richtig erachtet (vgl. KKK 1378-1381).

Zu VI. (Das österliche Mahl):
In diesem Kapitel werden der Mahlcharakter der Eucharistie und ihre Früchte beschrieben. Es ergeht die eindringliche Einladung, Christus im Sakrament der Eucharistie zu empfangen (vgl. KKK 1384). Die Kommunion darf, falls die Voraussetzungen erfüllt sind, bei jeder Teilnahme an einer Messe erfolgen, besonders an den Sonn- und Feiertagen, an denen der Meßbesuch geboten ist (vgl. KKK 1387-1389). Als Früchte der Kommunion werden u.a. genannt (vgl. KKK 1391-1401):

- Verdichtung der Gemeinschaft mit Christus
- Vermehrung des Gnadenlebens
- Bewahrung vor Todsünden
- Tilgung von läßlichen Sünden
- Aufbau des Leibes Christi
- Stärkung des mitmenschlichen Engagements.

Zu VII. (Die Eucharistie – »Unterpfand der künftigen Herrlichkeit«):
In vier Abschnitten (KKK 1402-1405) wird die eschatologische Dimension der Eucharistie in Erinnerung gebracht.

2.3.2 Kritische Reflexion

Die Aussagen des KKK zur Eucharistie enttäuschen in weiten Stücken, vor allem im Hinblick auf die zwischen der reformatorischen und römisch-katholischen Tradition kontroversen Fragen. Hier entpuppt sich das Werk weitgehend als ein Produkt festgeschriebener römischer Schultheologie. Die Hl. Schrift wird oft zitiert; dabei werden Bibelstellen, Konzilstexte, Väterzitate, Lehrentscheidungen des Trienter Konzils kunterbunt und ohne Gewichtung angeführt und durcheinandergemischt. Es fällt die statische Sicht im Sinne neuscholastischer Positionen auf, die hinter denen der scholastischen Theologie, die insgesamt »offener« war, zurückbleiben. Ökumenische Annäherung findet sich nicht. Eine ökumenische Zielrichtung ist nicht zu erkennen; statt dessen setzt der Katechismus auf Stabilisierung des überliefert Trennenden und damit auf Abwehr und Verteidigung.

Diese insgesamt negative Charakterisierung soll im Folgenden an einigen Themen verifiziert werden.

2.3.2.1 »Stiftung« und »Paschamahl«

Mit unbekümmerter Sicherheit werden die vorliegenden Abendmahlstexte als »Berichte der Einsetzung des Abendmahls« verstanden, obwohl es heute unstrittig ist, daß kein einziger der Texte des Neuen Testaments, welche das Herrenmahl auf Jesus selbst zurückführen, einen einfachen Bericht über einen Einsetzungsakt Jesu während seines irdischen Lebens darstellt (vgl. KKK 1323, 1338-1339). Diese Texte spiegeln vielmehr Praxis und Deutung der Handlung Jesu durch die junge Kirche und die theologische Konzeption der Autoren wider. Es ist also nicht möglich, zu einem geschichtlichen Ur-Bericht der Einsetzung durch Jesus zu gelangen. Die Verfasser dieser Texte wollen in der Tat das Herrenmahl auf Jesus selbst zurückführen, das ja im letzten Mahl Jesu mit seinen Jüngern aber auch in den häufigen Mahlfeiern des irdischen Jesus mit den unterschiedlichen Teilnehmern seine Wurzeln hat; aber das muß nicht heißen, daß sie dies im historischen Sinn tun wollen.

Wenn wir also mit Recht sagen, Jesus habe das Herrenmahl gestiftet, so bedeutet dieser Satz: »Solange überhaupt Kirche existiert, hat sie ... (das) Herrenmahl gefeiert und die Verpflichtung dazu in Tod und Auferstehung begründet gesehen.« (NEUES GLAUBENSBUCH, 1973, S. 383).

In Abschnitt 1340 geht der KKK davon aus, daß das »Letzte Abendmahl« als Paschamahl gefeiert wurde, obwohl dies in der Exegese fast einhellig ausgeschlossen wird. Daß es sich hier um eine legitime theologische Deutung, parallel zur Vorstellung Jesu als dem »wahren Pascha-Lamm« handelt, hätte in einem Katechismus, der in erster Linie die Bischöfe als Adressaten hat, vermerkt werden müssen. Immer wieder kann man bei den Texten des Katechismus feststellen – so auch hier bei Abschnitt 1340 –, daß die historische Ebene und die Ebene der Deutung nicht unterschieden werden, sondern undifferenziert vorkommen.

2.3.2.2 Einsetzung der Apostel als Priester des Neuen Bundes

Im Zusammenhang mit der Stiftung der Eucharistie wird auch von der Einsetzung des neutestamentlichen Priestertums gesprochen (vgl. KKK 1337). Dabei beruft man sich auf das Konzil von Trient, ja zitiert im besagten Abschnitt aus dem Ersten Hauptstück der 22. Sitzung »Von der Einsetzung des hochheiligen Opfers der Messe«. In der nämlichen Sitzung wurde im neunten Hauptstück »Vom Opfer der Messe in Canon 2 verfügt: »Wenn jemand sagt, Christus habe durch jene Worte: «Thuet», die Apostel nicht zu Priestern eingesetzt, oder habe nicht angeordnet, daß sie und die anderen Priester seinen Leib und sein Blut opfern sollen: der sei im Banne.« (SMETS, 1989, S. 110).

Der Katechismus bezieht sich in Abschnitt 1337 auf die tridentinische Lehre vom »Weihesakrament« ohne zu beachten, wie sehr diese durch zeitbedingte, apologetisch gegen die reformatorischen Vorstellungen gerichtete außersakramentale Faktoren bestimmt ist.

Es wird bei der statischen Sicht der Stiftung des neutestamentlichen Priestertums wie sie der KKK bietet, auch nicht zur Kenntnis genommen, daß das Entstehen des kirchlichen Amtes – in den neutestamentlichen Schriften wird nie der Begriff »Priester« für die kirchlichen Dienste bzw. Ämter verwandt – und ihre Ausformung eines langen Prozesses bedurfte, der im wesentlichen erst gegen Ende des 2. Jahrhunderts abgeschlossen war. Wir müssen uns die entstehende Kirche als charismatische Bewegung vorstellen, in der Wanderprediger (Apostel, Propheten, Evangelisten, Lehrer) die Jesusbotschaft verkünden und Anhänger sammeln. Durch die paulinischen Briefe wissen wir, daß das Missionsprogramm des Apostels auf dauerhafte Vergemeinschaftung der Jesusjünger in der Ortsgemeinde und auf die Koinonia der Gemeinden untereinander zielte. In den Gemeinden der Großstädte kommt es aufgrund der größeren Zahl der Mitglieder zur Differenzierung der Funktionen. Hausgemeinschaften bzw. Hausgemeinden bildeten die Basis für die Organisation auf Stadtebene. Dem einladenden Hausherrn bzw. der Hausfrau kam neben den Aposteln, Propheten und Lehrern eine spezifisch organisatorische Funktion zu.
In der zweiten oder dritten christlichen Generation (60-100) verlieren die Wandercharismatiker ihre Bedeutung. Es kommt zwangläufig zur Anpassung – natürlich in unterschiedlichem Maß – an das zeitgenössische Milieu und seine Ordnungsmuster.
Das Leitungsamt (Episkopos) zieht die für die Gemeinde relevanten Funktionen (Lehre und Leitung des Gottesdienstes) an sich und wird durch Handauflegung übertragen. Die übrigen Charismen verlieren an Bedeutung und werden dem Leitungsamt untergeordnet, auch wenn sich zunächst noch Elemente der charismatischen Gemeindeordnung erhalten. Daß Kirche in ihrer Organisationsstruktur sich so entwickelt hat, ist sicher nicht von Jesus dekretiert. Es entspricht der soziokulturellen Situation, in die hinein Kirche wirkt (vgl. dazu HOFFMANN, ^{2}1989, S. 12-61). Der völlig unzulängliche Versuch, die Stiftung des priesterlichen Dienstes gemäß der Auffassung des Konzils von Trient »direkt« von Jesus her zu begründen (im Sinne eines Dekretes oder Stiftungswortes) mutet beim heutigen exegetischen Befund abenteuerlich an. Der Übergang von den »Zwölfen«, zu den Bischöfen und Priestern erfolgt zu selbstverständlich.
Im übrigen kann für die Zeit des irdischen Lebens Jesu nicht von Aposteln gesprochen werden, da »Apostel« mit Sicherheit ein nachösterlicher Begriff ist.

2.3.2.3 Wesensverwandlung – Transsubstantiation

Bei der Frage der Gegenwart Christi unter den eucharistischen Gestalten wird das Konzil von Trient bemüht. Es tauchen in den Abschnitten KKK 1374 und 1375 die Begriffe »wahrhaft und wirklich substanzhaft«, »substantiell«, »Verwandlung« sowie »Wesensverwandlung« (= Transsubstantiation) auf.
Gemeint ist mit diesen Termini: Die irdischen Substanzen (Brot und Wein) werden umgewandelt, während die äußeren Gestalten bleiben. Der Fachterminus »Transsubstantiation« (»Transsubstantiatio«) wurde in unserem Sinn zum ersten Male im Hochmittelalter (12. Jhdt.) verwandt; er verschaffte sich Eingang in kirchenamtliche Äußerungen (endgültig am 4. Laterankonzil 1215) und diente

fortan der Kennzeichnung der wahrhaften Gegenwart des Herrn in der Eucharistiefeier. In den früheren Jahrhunderten wurde diese gleich und gleichermaßen geglaubte Gegenwart des Herrn mit anderen Begriffen bezeichnet (vor allem: Anamnese = Gedächtnis, Mysterium = Geheimnis). Die Verwendung von »Transsubstantiation« im KKK mutet lehrhaft und dogmatisch an. Es wird nicht gesagt, daß wir es mit einem mittelalterlichen Erklärungsversuch zu tun haben, der in unsere Sprache und in unsere Denkweise – will er keine Leerformel bleiben – übertragen werden muß.

Bedingung für die Redeweise von der Transsubstantiation ist der Einfluß germanischen Denkens. Während in der christlichen Antike (und bis heute in der Ostkirche) der Blick gerichtet ist auf das ganze geheimnisvolle Geschehen der Mahlfeier im Namen Jesu und so die Gegenwart des Herrn in der ganzen Feier aufleuchtet, hat dinglich-massives germanisches Denken eine Blickverengung auf die gegenständlichen Elemente dieses Mahles bewirkt. Gefragt wird jetzt nach der Gegenwart Jesu in Brot und Wein, die doch offensichtlich – nach außen hin – Brot und Wein bleiben. So kam man – gefördert durch lateinisch-scholastische Lust an präzisen Formulierungen (aristotelischer Herkunft) – zur Lehre von der Transsubstantiation. Aus dieser historisch bedingten Blickverengung befreit und ausgerichtet auf das ganze Geschehen, müßte diese Lehre (besonders in einem Katechismus) immer wieder rückübersetzt werden.

Im Grunde sagt die Transsubstantiationslehre: Die Gegenwart Christi ist so real wie die Gegenwart des Brotes und Weines. Die sich zu Christus bekennende Gemeinde (Kirche) hat ein neues Verhältnis zu den Gaben Brot und Wein, in denen uns wirklich Christus begegnet. Diese neue Sinnstiftung bzw. dieser neue Bezugszusammenhang von Brot und Wein auf den Menschen – herbeigeführt durch das Wirken Gottes – ist das, was mit Wesensverwandlung gemeint ist. Was sonst zum leiblichen Essen und Trinken bestimmt ist, ist jetzt Begegnung mit Christus, so daß Brot und Wein zu wirkmächtigen Zeichen (Symbolen) werden für eine neue Sache. Geändert hat sich die Relation der Kirche zu Brot und Wein, die im Glauben erkannt und anerkannt wird.

Der KKK bleibt bei der Begrifflichkeit stehen, ohne den Versuch einer Rückübersetzung zu unternehmen.

2.3.2.4 Realpräsenz – Konsekration

Im Abschnitt 1377 haben wir es mit einer Blickverengung zu tun, wenn der Zeitpunkt der eucharistischen Gegenwart Jesu »im Zeitpunkt der Konsekration (beginnt)«. Wenn jedoch hier noch Zweifel bestehen, was mit dem »Zeitpunkt der Konsekration« näherhin gemeint ist, genügt ein Blick in die Kurztexte, um Klarheit zu erhalten. Abschnitt 1412 läßt keinen Zweifel daran, daß damit der Zeitpunkt gemeint ist, in dem der Priester die Worte spricht: »Das ist mein Leib, der für euch hingegeben wird... Das ist der Kelch meines Blutes...«

In Abschnitt 1413 heißt es dann bestätigend: »Durch die Konsekration vollzieht sich die Wandlung (Transsubstantiation) von Brot und Wein in den Leib und das Blut Christi«.

Die Liturgie der Kirche zeigt uns jedoch, »daß die Fragen, zu welchem »Zeitpunkt« die Wandlung/Konsekration erfolge und welche Worte sie genau bewirkten..., ein liturgiegeschichtlich und theologisch falsch gestelltes Problem kennzeichnen« (VORGRIMLER, 1987, S. 171). Das Eucharistiegebet insgesamt mit seinen drei Teilen (Anamnese unter Danksagung von »gratias agamus« an; Einsetzungsbericht; Epiklese = Anrufung des göttlichen Geistes) ist an Gott den Vater und nicht auf die Gaben gerichtet. Das bedeutet: »Das Hochgebet als solches und im ganzen «eucharistiert» Brot und Wein« (ebd.). Damit wird deutlich, daß es nicht möglich und nicht erforderlich ist, den genauen Zeitpunkt zu bestimmen. Diese Auffassung entspricht der Liturgie der Kirche und überwindet ein magisches Verständnis von Konsekration.

2.3.2.5 Verehrung der Eucharistie

Mit Recht wird in den Abschnitten KKK 1378-1381 auf die Notwendigkeit und tiefe Sinnhaftigkeit der Verehrung und Anbetung der Eucharistie auch außerhalb der Meßfeier hingewiesen. Man vermißt den Hinweis, daß eine strenge Rückbindung der eucharistischen Frömmigkeit an die Eucharistiefeier unbedingt erforderlich ist, denn ihre Isolierung führt zwangsläufig zu Mißbräuchen, magischen Verhaltensweisen und zu einer theologischen Verarmung, wie es ein Blick in die Frömmigkeitsgeschichte zeigt.
Wenn katholische Gläubige die Gegenwart ihres Herrn im Tabernakel bekennen, muß dies so verstanden werden, daß diese zeichenhafte Präsenz mit allem, was sie ist, rückverweist auf die Gegenwart Jesu in der Mahlfeier. Nur hier ist diese Gegenwart in der Fülle des Zeichens gegeben.

2.3.2.6 Das »unblutige Opfer«

Auf seiner 22. Sitzung verabschiedete das Konzil von Trient 1562 seine »Lehre über das heiligste Meßopfer«. Sie besteht aus acht Kapiteln und neun Lehrsätzen (Canones). Der KKK zitiert in Abschnitt 1367 aus dem 2. Kapitel den Satz: »In diesem göttlichen Opfer, das in der Messe vollzogen wird, (ist) jener selbe Christus enthalten und (wird) unblutig geopfert... der auf dem Altar des Kreuzes ein für allemal sich selbst blutig opferte« (vgl. auch SMETS, 1989, S. 111). Wir haben es hier mit einer mißverständlichen, vermeidbaren, das ökumenische Klima störenden Formulierung zu tun. Denn die Messe als solche ist kein Opfer im eigentlichen Sinn. Insofern sie Gedächtnis Jesu, seines Todes und seiner Auferstehung ist, werden in ihr Jesus, seine Sache und sein Kreuzestod zeichenhaft vergegenwärtigt (repraesentatio). Der Opfercharakter der Messe ist also die im Zeichen geschenkte Erinnerung (Anamnese) des Kreuzesopfers Jesu. Aussagen verschiedener Katechismen von einer »unblutigen Wiederholung« des Kreuzesopfers Jesu finden in der katholischen dogmatischen Tradition keine Deckung. Davon ist auch im KKK nicht die Rede.
Dennoch muß gefragt werden, ob die benutzte Formulierung – es ist eine Redeweise in kultischen Begriffen – nicht besser vermieden worden wäre. Auf jeden Fall ist es notwendig, daß in Glaubensunterweisung und Predigt eine aktuellere und leichter verstehbare Terminologie benutzt wird. Es dürfte kein Problem sein,

die gemeinte Sache auch anders auszudrücken, z. B.: Jesus Christus als der Mensch für andere, der versucht hat, gerade in diesem Einstehen bis zum Tod »Gott« zur Sprache zu bringen. Zeichenhaft findet das seine Erinnerung (Anamnese) in der Messe.

2.3.2.7 Eucharistie und Ökumene

In Abschnitt 1398 wird *Augustinus* zitiert mit dem Satz: »O Sakrament der Ehrfurcht! O Zeichen der Einheit! O Band der Liebe!« In KKK 1400 wird die Interkommunion mit den Kirchen der Reformation abgelehnt.
Mit keinem Wort wird auf die unbestreitbare Tatsache hingewiesen, daß die Eucharistie nicht nur als Zeichen der vollen Glaubensgemeinschaft der Kirche zu verstehen ist. »Hat die Einheit der Christen, die in ihr lebendig ist, nicht ihren Grund in der Einheit der Glaubenden, so daß Eucharistie nicht nur Zeichen und Ausdruck schon bestehender kirchlicher Einheit ist, sondern auch die Quelle und Wurzel, aus der die Einheit der Christen lebt und immer wieder, wo sie zerbrochen, erneuert wird? So gesehen bräuchte die Abendmahlsgemeinschaft nicht erst am Ende des Prozesses kirchlicher Einigung zu stehen, sondern könnte auch schon die gegenwärtige Kraft Christi für den Weg zu diesem Ziele sein« (FOX, [2]1977, S. 147).
Von einer solchen Sicht scheint auch der ehemalige Straßburger Bischof *Léon Arthur Elchinger* auszugehen, wenn er in seinen am 30. November 1972 herausgegebenen Richtlinien für die Gläubigen seiner Diözese (»Eucharistische Gastbereitschaft für die konfessionsverschiedenen Ehen. Richtlinien für die Gläubigen der Diözese Straßburg«) erstmals die Teilnahme katholischer Christen am evangelischen Abendmahl in besonderen Fällen für vertretbar hält. *Elchinger* beruft sich dabei auf die Hochschätzung des evangelischen Abendmahles, die im Ökumenismusdekret des 2. Vatikanischen Konzils zum Ausdruck kam. Er zieht aus dieser positiven Einschätzung des Abendmahlsempfangs evangelischer Christen eine praktische Konsequenz für die Katholiken seines Bistums. »Ein Katholik«, so heißt es in den Richtlinien, »der aus schwerwiegenden Gründen gelegentlich die angebotene Gastlichkeit einer protestantischen Gemeinde annimmt..., macht dabei auf seine Weise kund, was das II. Vaticanum Positives über bestimmte reformatorische Kirchen ausgesagt hat.« Er kann dabei »Christus in der Weise empfangen, wie ER dieser Gemeinschaft seine Gegenwart schenkt« (ebd. S. 148).
Es fehlen in den Abschnitten, die von der »Eucharistie und der Einheit des Christen« handeln (vgl. KKK 1398-1401), die positiven Signale. Man setzt allein auf das Gebet.

2.3.3 Didaktische Hinweise

2.3.3.1 Grundsätzliche Überlegungen

Ohne Zweifel ist die Feier der Eucharistie ein Zentralpunkt, ja die Mitte des ganzen kirchlichen Lebens. Das bedeutet, daß im schulischen Religionsunterricht wie in der Gemeindekatechese »Eucharistie« und »Eucharistiefeier« einen wichtigen Platz einnehmen müssen, wenn auch jeweils aus unterschiedlicher

Zielsetzung. Kinder des 2. bzw. des 3. Schuljahres, die in ihren Pfarrgemeinden auf die erste feierliche Kommunion, (meist ist es auch für sie die erste überhaupt), vorbereitet werden, sollten im schulischen Religionsunterricht Teilgebiete von Stoffen behandeln, die den gemeindlichen Kommunionkurs ergänzen können. Das kann vor allem geschehen durch die Durchnahme der entsprechenden biblischen Perikopen (Speisung in der Wüste, das Weinwunder zu Kana, die Abendmahlsberichte, Fußwaschung), wie durch das Aufzeigen der Bedeutung anthropologischer Gegebenheiten (z. B. miteinander essen, Mahl halten, ein Fest feiern usw.). Bereits in der Grundschule muß eine naiv-historisierende Behandlung biblischer Texte vermieden werden. Die sicheren Erkenntnisse der Bibelwissenschaft – natürlich in altersadäquater Weise umgesetzt – dürfen nicht außen vor bleiben. Damit kein magisches Verständnis Platz greift, soll die Gegenwart des Herrn in der Eucharistie vordringlich in ihrem Beziehungsgeflecht und Bezugszusammenhang auf den Menschen hin interpretiert werden, also in der neuen Beziehung oder im neuen Verhältnis der gesellschaftlichen Gruppe »Gemeinde« (Kirche) zu diesem Brot und Wein, welche Zeichen geworden sind für die Gott gewirkte und im Glauben angenommene Gegenwart Christi und die Begegnung mit ihm.

2.3.3.2 Hinweise zur Ausgangslage der Schüler

Kinder bzw. junge Menschen wachsen nicht durch den schulischen Religionsunterricht, der in erster Linie die Aufgabe hat »zu verantwortlichem Denken und Verhalten im Hinblick auf Religion und Glaube (zu) befähigen« (GEMEINSAME SYNODE, 1976, S. 139) in den Glauben der Gemeinde hinein. Das geschieht, wenn sie in den praktischen Glaubensvollzug einer Gemeinde hineingenommen werden. Dieses Lernen aus Erfahrung darf heute nicht als selbstverständlich vorausgesetzt werden, weil die Erfahrungsträger (Eltern, Erwachsene, Gemeindemitglieder) häufig keine glaubhafte und überzeugende Erfahrung vermitteln können. Das hat natürlich Konsequenzen für die spätere Einstellung der Jugendlichen zur Kirche und ihren Vollzügen, also auch zur Eucharistiefeier.
Heute besucht nur noch ein geringer Teil der Jugendlichen (man kann das bereits von den Kindern sagen) regelmäßig die sonntägliche Eucharistiefeier. Sie widersetzen und entledigen sich zunehmend eines eventuellen Zwanges durch das Elternhaus. Diese Distanz zur Messe wird vorgebracht als Kritik an deren Gestaltung. »Eine Unterrichtseinheit über Eucharistie muß versuchen, Ansatzpunkte im Leben der Schüler zu finden, von denen aus Sinn und Wert der Eucharistiefeier erschlossen werden könnte.« (THEMENFELDSKIZZEN 7/8, 1974, S. 146).

2.3.3.3 Pastorale Voraussetzungen (im Hinblick auf die Eucharistie) für die Arbeit mit Jugendlichen in Religionsunterricht und Gemeindekatechese

Hinführung zur Eucharistie
- setzt die Kenntnis der Schwierigkeiten und Hemmnisse der Jugendlichen voraus, die einem solchen Unterfangen im Wege stehen,

- verlangt die Beachtung der anthropologischen Gegebenheiten,
- darf die Aspekte nicht übersehen, die dem jungen Menschen in seinem Alter kongenial oder noch nicht kongenial sind,
- verlangt immer wieder Angebote jugendgemäß gestalteter Gottesdienste.
- bedarf des Kennenlernens der Abendmahlsfeier in den anderen christlichen Traditionen,
- geschieht letztlich – wenn auch nicht explizit – durch christliche Erziehung überhaupt.

2.3.3.4 Literaturangaben

Bei der grundlegenden Literatur zur Eucharistie sei auf Zweiter Teil 2.1.3.3 verwiesen;

Religionspädagogisch-katechetische Literatur, praktische Hilfen:

- GRUNDRISS DES GLAUBENS – Kath. Katechismus zum Unterrichtswerk ZIELFELDER RU, hrsg. vom DKV, München 1980
- THEMENFELDSKIZZEN zum Zielfelderplan 5/6; 7/8; 9/10, München 1974
- ZIELFELDER RU 5/6; 7/8; 9/10, München 1975-1979

2.4 Das Bußsakrament

2.4.1 Was steht im KKK? (1422-1498)

Das Sakrament der Buße und der Versöhnung – zusammen mit der Krankensalbung als Sakramente der Heilung bezeichnet – wird im KKK in elf Kapiteln (KKK 1422-1498) abgehandelt.

I. Wie wird dieses Sakrament genannt?
Hier tauchen die gängigen Bezeichnungen »Sakrament der Umkehr«, der »Buße«, der »Beichte«, der »Vergebung« und der »Versöhnung« auf (vgl. KKK 1423-1424).

II. Wozu ein Sakrament der Versöhnung nach der Taufe?
Wegen der Neigung des Menschen zur Sünde, der sogenannten «Konkupiszenz», hervorgerufen durch die auch nach der christlichen Initiation weiterbestehende »Gebrechlichkeit und Schwäche« der menschlichen Natur, gibt es dieses Sakrament (vgl. KKK 1425-1426).

III. Die Umkehr der Getauften:
Die Buße wird die »zweite Umkehr« (gegenüber der Taufe als der ersten, grundlegenden Umkehr) genannt, die eine fortwährende Aufgabe für die ganze Kirche sei. Es wird darauf hingewiesen, daß die zweite Umkehr eine gemeinschaftliche Komponente hat (vgl. KKK 1427-1429).

IV. Die innere Buße:
Der Ruf Jesu zielt zunächst auf die Bekehrung des Herzens, d. h. »radikale Neuausrichtung des Lebens« und »Umkehr zu Gott«, was Lebensänderung einschließt (vgl. KKK 1430-1433).

V. Die vielfältigen Formen der Buße im christlichen Leben:
Genannt werden u. a.: Fasten, Beten, Almosengeben, Taten der Versöhnung, Feier der Eucharistie, Lesung der Hl. Schrift, Beachten der Bußzeiten der Kirche und Teilnahme an ihren Bußliturgien (vgl. KKK 1434-1439).

VI. Das Sakrament der Buße und der Versöhnung:
Die Sünde, die Gott allein vergeben kann, wird als Beleidigung Gottes und Bruch mit der Glaubensgemeinschaft charakterisiert. Der Kirche (speziell dem apostolischen Amt) ist von Christus der Dienst der Versöhnung anvertraut. Der Katechismus beruft sich dabei auf Mt 16,19 (vgl. KKK 1440-1445).
In den Abschnitten 1446-1449 ist von der Einsetzung des Bußsakramentes durch Christus, von der Geschichte der Bußpraxis, von den bleibenden Elementen des Bußsakramentes (Handeln des Menschen: Reue, Bekenntnis, Genugtuung; Handeln Gottes durch Dienst der Kirche) und von der Absolutionsformel die Rede.

VII. Die Akte des Pönitenten:
In diesem Kapitel wird von den Akten des Pönitenten (Reue, Bekenntnis, Genugtuung) gesprochen (KKK 1450-1460)

- Bei der Reue wird zwischen vollkommener und unvollkommener Reue (contritio, attritio) unterschieden und ihre Wirkung beschrieben.
- Vom Bekenntnis, auf das man sich durch die Erforschung des Gewissens vorbereiten soll, wird gesagt, daß es »befreit« und die Versöhnung mit anderen erleichtert.
  Entsprechend dem Trienter Konzil wird das Bekenntnis vor dem Priester als wesentlich und notwendig für alle Todsünden (offen oder verborgen) erachtet.
  Es wird weiterhin die Vorschrift eingeschärft, ab dem »Unterscheidungsalter« alle schweren Sünden wenigstens einmal im Jahr zu beichten. Kinder müssen vor der ersten heiligen Kommunion zur Beichte gehen (vgl. auch Can. 914 CIC).
  Das Bekenntnis der läßlichen Sünden wird nachdrücklich empfohlen.
- Der Pönitent muß das durch Sünde verursachte Unrecht durch Genugtuung (Sühne oder Buße) wiedergutmachen. Die vom Beichtvater auferlegte Buße »soll der persönlichen Situation des Pönitenten« (KKK 1450) entsprechen.

VIII. Der Spender des Bußsakramentes:
Die Bischöfe als Nachfolger der Apostel üben mit ihren Mitarbeitern, den Priestern, den Dienst der Versöhnung aus, der mit Gott und der Kirche versöhnt. In Abschnitt 1463 ist von der Reservierung der Lossprechung bei besonders schweren Sünden die Rede und in Abschnitt 1467 wird die absolute Geltung des Beichtgeheimnisses eingeschärft. Des weiteren wird gesagt: Der Beichtvater versehe den Dienst des »Guten Hirten«, des »gerechten Richters« und des »guten Samariters« (vgl. insgesamt KKK 1461-1467).

IX. Die Wirkungen des Bußsakramentes:
Es werden genannt: »Versöhnung mit Gott«, »Friede und Heiterkeit des Gewissens«, »Tröstung des Geistes«, »geistige Auferstehung«; zudem »Versöhnung mit der Kirche« (vgl. KKK 1468-1470).

X. Die Ablässe:
Hier wird die traditionelle kirchliche Lehre über den Ablaß – Erlaß der zeitlichen Sündenstrafen – in Erinnerung gerufen. Die Kirche sieht den büßenden Christen in der Gemeinschaft der Heiligen (zu ihr gehören: die Heiligen im Himmel, die Sühnenden im Reinigungsort, die Pilgernden auf Erden), in der ihm durch die Kirche geistliche Güter (Kirchenschatz) zum Nachlaß der zeitlichen Sündenstrafen zugesprochen werden (vgl. KKK 1471-1478).

XI. Die Feier des Bußsakramentes:
In den Abschnitten 1480-1484 wird die Buße als liturgische Feier beschrieben. Es wird hingewiesen auf die Absolutionsformeln der byzantinischen Liturgie, auf die gemeinschaftliche Feier des Bußsakramentes mit persönlichem Sündenbekenntnis und individueller Absolution und – in einer schweren Notlage – mit allgemeinem Sündenbekenntnis und allgemeiner Absolution sowie auf den ordentlichen Weg der Versöhnung.

In 14 Kurztexten (KKK 1485-1498) wird die Lehre über das Bußsakrament oder das Sakrament der Versöhnung zusammengefaßt.

2.4.2 Kritische Reflexion

In der Neubesinnung auf das Bußsakrament bestimmt heute ein Aspekt die Denkrichtung: die ekklesiale Dimension. Wegweisend dafür ist die klare Entscheidung des II. Vaticanums:
»Diejenigen, die zum Sakrament der Buße hinzutreten, erhalten für ihre Gott zugefügten Beleidigungen von seiner Barmherzigkeit Verzeihung und werden zugleich mit der Kirche versöhnt...« (Lumen Gentium 11/2).
Dieser Gedanke des »Friedens mit der Gemeinde (pax cum ecclesia)«, der jahrhundertelang das altkirchliche Bußverständnis auszeichnete, findet sich auch im KKK, wenn neben der Vergebung Gottes als Wirkung des Bußsakramentes die Versöhnung mit der Kirche genannt wird (vgl. dazu KKK 1429, 1440, 1443, 1445, 1482). Das ist sicher erfreulich. Dennoch ist die Behandlung des Sakramentes der Versöhnung als Ganzes enttäuschend.
Es muß bedauernd vermerkt werden:

- ein unangemessener Gebrauch der Hl. Schrift, der den Vorrang der Dogmatik vor der Exegese kundtut.
- Eine vorschnelle Berufung auf »Einheitlichkeit und einheitliche Verpflichtung der Lehre, die ein genauer, theologisch korrekter Blick auf Bibel und Überlieferung so nicht hergibt« (PISSAREK-HUDELIST, 1990, S. 241).
- Eine Einengung und rechtliche Fixierung des Bußgeschehens sowie Weiterführung einer Schuldmoral im Sinne des Trienter Konzils
- eine mangelnde ökumenische Sensibilität.

2.4.2.1 Stiftungsworte Jesu?

In Abschnitt 1442 wird gesagt, Christus habe »die Ausübung der Absolution« dem apostolischen Amt anvertraut. Diese wird mit dem Dienst der Versöhnung von 2 Kor 5, 18 identifiziert. Die Vollmacht zu diesem Tun wird in Abschnitt 1444 mit Mt 16, 19 begründet, wo Christus dem Petrus (nach KKK 1444 »auch dem mit seinem Haupt verbundenen Apostelkollegium«) das Amt des »Bindens und Lösens« zugeteilt hat.

Die verbreitetste kirchliche Deutung dieser Stelle ist diejenige auf die Vergebung der Sünden im Bußsakrament bzw. »damit verwandt, auf Exkommunikation und Wiederaufnahme in die Kirche« (LUTZ, 1990, S. 479). Damit hätten wir es hier mit der Einsetzung des Bußsakramentes zu tun. Interessanterweise hat das Tridentinum, das eine seiner dringlichsten Aufgaben darin sah, die Einsetzung des Bußsakramentes durch Jesus Christus zu klären, als Einsetzungswort Joh 20, 22 f. und nicht (wie der KKK) Mt 16, 18 angeführt, vermutlich deshalb, weil das hier sich vorfindende Jesuswort bereits auf »dem vollendeten Erlösungswerk (beruht)« (GANOCZY, [3]1991, S. 85). Erst zur Untermauerung der These über den rechtmäßigen Spender des Bußsakramentes (Bischof und Priester) wird Mt 18, 18 (die primäre und ältere Fassung gegenüber Mt 16, 19) herangezogen. Daß sich das Konzil von Trient über die Historizität der angeführten Jesusworte keine Gedanken machte, »ist nach dem damaligen Stand der exegetischen Wissenschaften verständlich« (vgl. ebd. S. 86); daß der KKK es ihm gleich tut, jedoch nicht.

Wir können die Einsetzung des Bußsakramentes nicht in der Stelle vom »Binden und Lösen« bei Mt 16, 19 und 18, 18 erblicken, ebensowenig bei Joh 20, 22. In der Exegese wird allgemein bezweifelt, daß es sich bei Mt 16 wie auch 18 um authentische Jesusworte handelt (vgl. VORGRIMLER, 1987, S. 230). Ebenfalls verweist Joh 20, 22, eine alternative Formulierung zu der »Schlüsselgewalt« des »Bindens und Lösens« (Mt 16, 19; 18, 18) – also eine Überlieferungsvariante –, auf die Praxis in der Gemeinde, in der schon früh Einschluß- und Ausschlußbedingungen für die Mitglieder formuliert waren, die durch die Autorität Jesu legalisiert wurden.

Hier sind wie bei Mt 18 »die Angesprochenen nicht Amtsträger, sondern die Jünger des Auferstandenen« (ebd.). Die Sündenvergebung ist also der ganzen Kirche zugesprochen, so daß alle ihre Glieder an ihr Teil haben.

Daß diese Texte später ausschließlich als Beweis für die Lossprechungsgewalt der Bischöfe und Priester verwendet wurden und verwendet werden (wie man am KKK sehen kann), ist eine Verkürzung ihres Sinngehalts. Gegen Mitte des 3. Jahrhunderts liegt die Absolutionsvollmacht im Westen bei den Bischöfen und Priestern und im Notfall bei den Diakonen. *Thomas von Aquin* (1225-1274) war allerdings noch der Meinung, daß im Notfall (in casu necessitatis) der Priester durch einen Laien ersetzt werden könne. Sein Lehrer *Albertus Magnus* (1200-1280) äußert sich dahingehend, daß in einer Notsituation jeder Laie (auch die Frau) die Lossprechungsvollmacht besitzt (vgl. LEHMANN, 1974, S. 246 f.).

Diese darf jedoch nicht – die biblischen Texte in historisierendem Verständnis interpretierend – anders verstanden werden als bei den übrigen Selbst- und Lebensvollzügen der Kirche (wir nennen sie »Mysterien« oder »Sakramente«), die auf Jesus als die Primärursache allen kirchlichen Handelns zurückzuführen sind. Das Dogma kann die historischen Kenntnisse der Bibelwissenschaft nicht einfach übergehen.

2.4.2.2 Die Akte des Pönitenten

Die Amtskirche nährt die Vorstellung – das zeigen die Bußkanones des Trienter Konzils deutlich –, als könne sie über die »Versöhnung« nach eigenem Gutdünken verfügen.

Bei der Beschreibung der Akte des Pönitenten (Reue, Bekenntnis, Genugtuung) werden im KKK die Aussagen der 14. Sitzung dieser Kirchenversammlung »Vom hl. Sakrament der Buße« zugrundegelegt und weitgehend rezipiert. Diese sich hier findenden Details (z. B. vollständiges Sündenbekenntnis nach Zahl und Umstand, Erschwerungsmechanismen wie die Reservationen (vgl. KKK 1463 u. a.)) sind Rechtsbestimmungen, die größtenteils die Angst fördern, zahllose Neurosen hervorgebracht und die heutige Krise des Bußsakramentes mitprovoziert haben. Rechtsbestimmungen und von der Kirche erlassene Verhaltensregeln werden auf die gleiche Stufe gestellt wie Bestimmungen göttlichen Rechts (vgl. KKK 1456-1457). So ist es einleuchtend, daß sich aus der Existenz des Bußsakraments das Sündenbekenntnis kraft »göttlichen Rechts« ergibt. Der umkehrbereite Mensch muß seine Schuld vor Gott eingestehen. Daß dieses Bekenntnis vor Gott mit der gleichen Notwendigkeit im Einzelgeständnis vor dem Priester geschehen müsse, wird man nicht behaupten können, wie die komplizierte Geschichte des Bußsakramentes zeigt (vgl. VORGRIMLER, 1987, S. 241). Es ist auch zu fragen, ob hinter den Überlegungen Trients zur Furcht- und Liebesreue (vgl. KKK 1452-1453) nicht ein magisches Lossprechungsverständnis steht. Die Institution gleicht sozusagen durch die Absolution den Mangel in der Einstellung des Büßenden (Furchtreue) aus, während die Liebesreue per se zur Schuldvergebung führt.

Die Vorschrift, »Die Kinder müssen, bevor sie zum ersten Mal die heilige Kommunion empfangen, zur Beichte gehen« (KKK 1457) – sie beruht auf der Deklaration der Sakramenten- und Kleruskongregation vom 24. Mai 1973 zur Einhaltung des Dekrets »Quam singulari« vom 03. August 1910 –, gibt eine Rechtsnorm wieder, ohne (was man von einem Katechismus erwarten müßte) über die Sinnhaftigkeit einer solchen Norm nachzudenken. Wenn der KKK, wie es in der Apostolischen Konstitution »Fidei depositum« vom 11. Oktober 1992 heißt »eine Darlegung des Glaubens der Kirche und der kath. Lehre...« (KKK S. 33 f.) sein will, gewinnt man zuweilen den Eindruck, es mit Rechtsverordnungen zu tun zu haben, die nichts mit dem Glauben der Kirche zu tun haben. So hatte sich die in einigen deutschen Diözesen in den sechziger Jahren probeweise eingeführte Praxis, die Kinder später zur Beichte zu führen (im 4. Schuljahr nach der ersten Hl. Kommunion oder später), durchaus bewährt. Das sogenannte »Unterscheidungsalter«, von dem Abschnitt 1457 spricht, kann nicht, wie bereits unter 2.2.2.2 ausgeführt, vor dem 10. bzw. 11. Lebensjahr (Stadium der autonomen Vernunft) angesetzt werden; nach kirchlicher Tradition ist aber das 7. Lebensjahr damit gemeint. Es ist eine völlig abstruse, von den Humanwissenschaften nicht gedeckte

Vorstellung, bei Kindern dieses Alters von schweren bzw. Todsünden zu sprechen.

2.4.2.3 Schuldmoral

Der KKK huldigt einer einseitigen Schuldmoral, die den Christen in einen ständigen Anklagezustand versetzt, was der befreienden Botschaft Jesu widerspricht. Schon Kinder (ab dem 7. Lebensjahr; hier etwa setzt die Kirche nach der Tradition das Entscheidungsalter an) werden gehalten, ihr Gewissen nach schweren Sünden (sie werden mit Todsünden gleichgesetzt) zu erforschen. Welche Konflikte und Gewissensnöte dies bei Kindern auslösen kann, zeigt sehr anschaulich der autobiographische Bericht von J. NOSBÜSCH, (1993, vgl. besonders S. 72 ff.). Hintergrund dieser Maßgabe ist »das Bemühen, bei allen konkreten Handlungen möglichst genau zwischen Todsünde und läßlicher Sünde zu unterscheiden, ein Bemühen, bei dem man noch einmal mehr den Kreis der Todsünden erweitert und vieles als Sünde dieser Art zu erkennen meint« (WEBER, 1991, S. 288 f.) Als Kriterium für das Erkennen von schweren Sünden im Unterschied von läßlichen Sünden gilt allein der Maßstab der schweren oder leichten Sache, was eine quantitativ-objektivistische Sicht des Sachverhalts nach sich zieht. Aufgrund der Botschaft des Neuen Testaments über die zum Tode führende Sünde ist zu bezweifeln, daß solche Todsünden im Leben des durchschnittlichen Christen häufig begangen werden. Überhaupt wird die einzelne Sünde bzw. Schuld und Verfehlung nicht eingeordnet in die lebensorientierte Grundentscheidung, die in einer von Schuld durchwobenen (Erbsünde) zugleich aber durch Christus erlösten Geschichte geschieht.

2.4.2.4 Sündenauffassung

Sünde kann allgemein »als Macht, als Entfremdung, als Verkehrung des menschlichen Herzens, als negative Grundentscheidung« (HÄRING, Bd. I, 1989, S. 380) verstanden werden. Sie ist Sklaverei in der Unheilssolidarität, während Heil als »Freiheit in der Heilsgemeinschaft« identifiziert wird.

Eine bekannte Sündendefinition lautet: Die Sünde sei eine Abkehr von Gott und eine Hinkehr zum Geschaffenen. Diese Bestimmung kommt immer wieder im KKK sinngemäß zum Ausdruck, auch wenn in ihm legalistische Verengungen nicht überwunden sind. Das zeigt sich vor allem dort, wo das Wesen der Sünde zu stark vom Objekt und zu wenig von ihrem subjektiv-personalen Charakter her bestimmt wird. So qualifiziert der KKK bestimmte Handlungen als schwere bzw. Todsünden (die Begriffe werden wechselseitig gebraucht), ohne den persönlichen Grad an Bosheit, der erforderlich ist, damit ein Mensch der gnadenhaften Verbindung mit Gott verlustig geht, überhaupt zu berücksichtigen. Ob wir es mit einer Schuld zu tun haben, die einen radikalen, das Ganze des Menschseins berührenden Abbruch seiner Beziehung zum letzten Sinngrund seines Daseins und damit Identitätszerstörung, radikale Nicht-Identität und Entfremdung bedeutet – nur das ist Todsünde –, ist nie mit letzter Sicherheit auszumachen. »Ob Todsünde oder nicht, bleibt in der Tat für den Menschen unaufhebbar verhüllt

und verborgen.« (WEBER, 1991, S. 298). Es kann deshalb nicht gesagt werden, wer dies oder jenes tut, der begeht eine Todsünde. Es scheint somit sinnvoll, zwischen Sünde als objektivem Verstoß, der schwerwiegend sein kann, weil er schweres Unrecht zufügt, die Liebe zerstört und die Gemeinschaft schädigt, und der Todsünde, die letztlich Bruch mit Gott bedeutet, zu unterscheiden.
Schwerwiegende objektive Verstöße und Todsünden sind Größen verschiedener Art, da die vom Objekt her gesehen schwere Sünde keineswegs subjektiv schwer, d. h. Todsünde, zu sein braucht.
Man muß der subjektiven Tragweite des Aktes Rechnung tragen, wenn man die Schwere einer Sünde beurteilen will, also dem persönlichen Engagement, durch welches der Akt »subjektiv Sünde, sittlicher Fehltritt ist.« Damit ist praktisch an die Stelle des Objektes als Kriterium zur Feststellung der Schwere einer Sünde in letzter Instanz die Intensität und Tiefe des persönlichen Einsatzes getreten« (REINERS, 1966, S. 116). Diese entziehen sich jedoch jeder Beurteilung von außen. So kann man nicht sagen: Du hast durch die Übertretung dieses Gebotes eine Todsünde begangen, wohl aber einen schwerwiegenden Verstoß, der bei entsprechender Disposition Todsünde sein kann, aber keineswegs sein muß.
Der KKK ist dieser Sicht nicht gefolgt. Vielmehr wird »bei Einzelversagen... kasuistisch die Verbindlichkeit eines Gebotes, besonders auch eines Kirchengebotes, mit dem Stempel «schwere» versehen« (GRÜNDEL, 1994, S. 131), die immer im Sinne von Todsünde verstanden wird (vgl. KKK 2181).

2.4.2.5 Formen der Vergebung

In den Abschnitten 1434-1439 werden verschiedene Bußformen im christlichen Leben aufgezeigt (u. a. Beten und Almosengeben, Taten der Versöhnung, Sorge für die Armen, Eucharistie und tägliche Umkehr, Lesen der Hl. Schrift, Beten des ›Vater unser‹), jedoch wird nicht deutlich, daß all diese Formen insofern Versöhnung stiftend und sakramental sind, als sie eine Hinordnung haben auf die dichteste Symbolhandlung der Vergebung und Versöhnung, das Bußsakrament. Im KKK scheinen sie nichts mit dem Sakrament zu tun zu haben, da die Kirche nur eine Umkehr als sakramental anerkennt, die vor einem Priester stattfindet. Alles andere wird nicht als besondere Zeichenhandlung angesehen, obwohl damit über ihre Wirkung nichts ausgesagt ist.

2.4.2.6 Ökumenische Sicht

Buße wird auch in den reformatorischen Kirchen als Kernbegriff christlicher Verkündigung verstanden. Jesu Bußruf gilt als Freudenbotschaft, weil er Kennzeichen des Aufbruchs zur Freiheit ist. Im Protestantismus sieht man die Geschichte des kirchlichen Bußwesens im Gegensatz zum biblischen Bußverständnis. Man kritisiert, daß die Buße zu einer juristischen Sühneleistung unter der Obhut der Hierarchie verkommen sei, auch wenn man die vielfältigen Formen der »Beichte« pflegte und bis heute praktiziert. Die Ausführungen des KKK zum Bußsakrament, die in weiten Teilen die tridentinische Bußlehre rezipieren, verstärken nur diesen Vorbehalt. Sie verdinglichen und objektivieren Buße und

Sünde und erschweren und verrechtlichen den Bußvorgang durch kasuistische Festlegungen und Reservationen von Sünden. Buße und Umkehr als Freudenbotschaft und Befreiung – dafür sensibel zu machen, ist dem Katechismus nicht gelungen.

2.4.3 Didaktische Hinweise

2.4.3.1 Allgemeine Überlegungen

Die Erfahrung von Schuld und Sünde ist eine Grunderfahrung im Leben des Menschen. Sie stellt eine erhebliche Belastung für den Menschen dar und führt, wenn nicht richtig verarbeitet, häufig zu seelischen Störungen. So bilden Schuld und Sünde ein zentrales Thema in den Lernprozessen und Lernorten religiöser und ethischer Erziehung (Familie, Gemeindekatechese und Schule), weil sie für die Gewissenserziehung und eine christliche Lebenspraxis unabdingbar sind. Gleichzeitig muß immer auch die Hoffnung auf Vergebung und Befreiung im Blick bleiben, die das Sündenbekenntnis vor Gott als wesensnotwendigen Akt der Buße prägt. Ein verantwortetes Sprechen von Sünde steht daher immer im Horizont des Evangeliums von der versöhnenden Liebe Gottes in Jesus Christus. Wenn Christen aber schuldig werden, berührt das zugleich die Gemeinschaft der Kirche, die in einer Symbolhandlung, dem Sakrament der Buße, die Vergebung erfahrbar macht.
So kommt der Hinführung zu dieser sakramentalen Zeichenhandlung der Kirche eine wichtige Bedeutung zu, »da sie greifbarer Ausdruck dafür (ist), daß der Mensch seine Schuld eingestehen, sich ändern und ein neues gelingendes Leben beginnen kann, weil der Gott Jesu Christi ihn das «Fest» feiern läßt (LENTZENDEIS, 1986, S. 359).
Jedoch darf die Bußerziehung nicht allein auf das Sakrament zielen, vielmehr muß deutlich werden, daß alle anderen Formen der Umkehr, die sich im sozialen Beziehungsgeflecht eines Menschen ereignen (z. B. Versöhnung durch Wiedergutmachung, Versöhnung durch produktive Liebe u.a.) als erfahrbare (sakramentale) Zeichen hingeordnet sind auf die Symbolhandlung der Kirche, die wir Sakrament der Buße nennen. Es könnte sein, daß die Zeichenkraft dieser Umkehr- bzw. Versöhnungshandlungen stärker zur Geltung kommt und intensiver erfahren wird, als ein von jedem sozialen Bezug entkleidetes, privatisiertes Bußgericht (so bezeichnet das Tridentinum auf seiner 14. Sitzung »Vom heiligsten Sakrament der Buße«, Canon 9 die Lossprechung eine richterliche Handlung, was die heutige Skepsis und Zurückhaltung gegenüber diesem Sakrament verständlich macht.).

2.4.3.2 Das Bußsakrament in der Grundschule

Im Zielfelderplan für den Katholischen Religionsunterricht in der Grundschule zieht sich das Rahmenthema »Versöhnung mit Gott und den Menschen« durch alle vier Schuljahre.
In der 3. und 4. Klasse ist unter den dem Rahmenthema zugeordneten Unterrichtsthemen und Intentionen von der »Beichte« (3. Klasse: »Verschiedene Formen der Vergebung – die Besonderheit der sakramentalen Buße von anderen

kirchlichen Bußformen unterscheiden«) die Rede. Es ist die Zeit, in der die Kinder in den Gemeinden auf das Bußsakrament vorbereitet werden. Entsprechend einer römischen Deklaration vom 24. Mai 1973 (vgl. KKK 1457) müssen die Kinder – allen pädagogischen und psychologischen Einsichten zum Trotz – vor dem Empfang der ersten Hl. Kommunion zur Beichte gehen.
Auch im Beichtvorbereitungskurs muß es Anliegen sein, alle Formen der Sündenvergebung kennenzulernen, damit bei den Kindern keine Fixierung allein auf das Bußsakrament erfolgt. Das hätte fatale Folgen. Es leistete einem magischen Sakramentenverständnis insofern Vorschub, als nach jedem Versagen die »Lossprechung in der Beichte« und nicht die eigentliche Umkehr vor Gott erstrebt werden könnte.
Von schwerer Schuld bzw. Todsünde soll bei Kindern dieses Alters noch nicht gesprochen werden. Gewissensbildung im Hinblick auf die soziale Dimension jeder Schuld, nicht das ängstliche Suchen nach Todsünden (vgl. KKK 1456, 1457) ist angesagt. Das Kind soll in erster Linie lernen, sein Fehlverhalten in seinen sozialen Bezügen (Familie, Klasse, Freundeskreis) zu korrigieren, d.h. Umkehr zu üben. Die Feier der Versöhnung in einem liturgischen Akt kann (muß jedoch nicht) krönender und frohmachender Höhepunkt dieser Umkehr sein.

2.4.3.3 Bußsakrament und Jugend

Der Religionsunterricht muß heute in zunehmendem Maße mit Schülern rechnen, die christlichen Werten skeptisch und fremd gegenüberstehen. So kann nicht davon ausgegangen werden, daß alle Schüler Schuld als Sünde verstehen. Mehr noch ist eine Entfremdung gegenüber der kirchlichen Praxis festzustellen. Der größte Teil der jungen Leute hat seit der ersten Beichte in der 2. oder 3. Klasse dieses Sakrament nicht mehr empfangen. Es ist daher notwendig, »Schuld und Vergebung« so in den Unterricht einzubringen, daß ein Zugang zu diesem Thema gefunden werden kann. Das kann nur auf induktive Weise mit Hilfe von konkreten Handlungsmustern geschehen. Es geht darum, beispielhaft Handlungssituationen und Handlungsabläufe zu veranschaulichen die zeigen, wie sich eine sittliche Grundhaltung, z. B. Nächstenliebe, in konkrete Handlungen umsetzt und wie Fehlverhalten (Sünde) korrigiert werden kann.
Wenn es gelingt, Schuld und Versagen auch in ihrer sozialen Dimension deutlich zu machen, dazu Formen der Umkehr aufzuweisen, ist ein Schritt auf die Symbolhandlung »Bußsakrament« hin getan.
Der KKK kann hierbei keine große Hilfe leisten. Es wird deduziert und verordnet; es werden Bestimmungen des Konzils von Trient angeführt (vgl. KKK 1454-1457), die gemäß einer Aktmoral die punktuelle Einzelentscheidung im Blick haben. Dabei muß gerade bei der Bußerziehung Wert auf die Einordnung der einzelnen Verfehlungen in die lebensorientierte Grundentscheidung gelegt werden, von der alle Einzelhandlungen ihre Güte beziehen.
Die Erkenntnis, daß mit jedem Schuldigwerden die Glaubensgemeinschaft der Kirche berührt ist und daß solches Schuldigwerden in jeder Form auch Schuld gegenüber Gott darstellt, ist nicht so leicht vermittelbar und setzt bereits Glauben voraus.

Auf jeden Fall verweisen zeichenhafte Vergebungsrituale im sozialen Beziehungsgflecht (z. B. Kuß, Umarmung, Geschenke u. a.) – wenn auch unbewußt – auf die Zeichenhandlung Sakrament.

2.4.3.4 Literaturangaben

Bei der grundlegenden Literatur zum Sakrament der Buße sei auf 2.1.3.3 verwiesen.

Religionspädagogisch-katechetische Literatur, praktische Hilfen:

- BITTER, G./MILLER, G. (Hrsg.): Handbuch religionspädagogischer Grundbegriffe, Bände 1 und 2, München 1986.
- GRUNDRISS DES GLAUBENS – Kath. Katechismus zum Unterrichtswerk ZIELFELDER RU, hrsg. vom DKV, München 1980.
- HALBFAS, H.: Religionsunterricht in der Grundschule, Lehrerhandbuch 1-4, Düsseldorf 1983-1986.
- KALDEWEY, R./NIEHL, F. W.: Grundwissen Religion, München 1985.
- THEMENFELDSKIZZEN zum Zielfelderplan 5/6; 7/8; 9/10, München 1974.
- ZIELFELDER RU 5/6; 7/8; 9/10, München 1975-1979

2.5 Die Ehe

2.5.1 Was steht im KKK? (1601-1666)

Der Traktat über die Ehe ist in sechs Kapitel gegliedert:

I. Die Ehe im Plane Gottes (KKK 1602-1620)
II. Die Feier der Trauung (KKK 1621-1624)
III. Der Ehekonsens (KKK 1625-1637)
IV. Die Wirkungen des Sakramentes der Ehe (KKK 1638-1642)
V. Die Werte und die Forderungen der ehelichen Liebe (KKK 1643-1654)
VI. Die Hauskirche (KKK 1655-1658)
Kurztexte: KKK 1659-1666

Zu I. (Die Ehe im Plane Gottes):
In diesem Abschnitt ist von der »Ehe in der Schöpfungsordnung« (KKK 1603-1605), »der Ehe unter der Herrschaft der Sünde« (KKK 1606-1608), der »Ehe in der Schule des Gesetzes« (KKK 1609-1611, 1617) und der »Jungfräulichkeit um des Himmelreiches willen« (KKK 1618-1620) die Rede.
Die Leitaussage ist, daß die Ehe von Gott kommt, der ihr auch Sinn und Ziel gegeben hat und daß sie ein »Mysterium« darstellt.
Nach dem Plane Gottes begründet sie eine unauflösliche Einheit von Mann und Frau, die aufgrund ihrer Natur auf sie hingeordnet sind. Freilich steht auch die Ehe unter dem Gesetz der Sünde, die zur Unordnung in den Beziehungen zwischen Mann und Frau führen kann.
Im Alten Testament war das Bewußtsein für die Einheit und Unauflöslichkeit der

Ehe noch unterentwickelt. Polygamie und Ehescheidung waren möglich. Christus dagegen hat den ursprünglichen Sinn der Ehe unmißverständlich verkündet. Jetzt gilt: »Was Gott verbunden hat, das darf der Mensch nicht trennen« (Mt 19, 6; vgl. KKK 1614). Die »christliche Ehe wird nun zum Zeichen des Bundes zwischen Christus und der Kirche« (KKK 1617), also zum Sakrament.
Die »Jungfräulichkeit um des Himmelreiches willen« gilt als Entfaltung der Taufgnade und als eschatologisches Zeichen (KKK 1619). Sowohl das Sakrament der Ehe wie jene Lebensform »kommen vom Herrn selbst«. Es wird ein Chrysostomuszitat angeführt, das besagt, daß Preis oder Herabwürdigung des einen, Preis oder Herabwürdigung des anderen bedeutet (vgl. KKK 1620).

Zu II. (Die Feier der Trauung):
Es wird darauf hingewiesen, daß die Feier der Trauung »wegen des Zusammenhanges aller Sakramente mit dem Paschamysterium Christi« normalerweise im Verlauf der Hl. Messe stattfindet (KKK 1621). Die Brautleute sollten sich durch den Empfang des Bußsakramentes auf die Trauung vorbereiten. Die unterschiedliche Auffassung zwischen der lateinischen Kirche und den Ostkirchen über den Spender des Ehesakramentes wird in Abschnitt 1623 referiert.

Zu III. (Der Ehekonsens):
Kernstück der Aussagen ist die Feststellung, daß ohne »freien Ehekonsens (frei vom Zwange oder schwerer Furcht) keine gültige Ehe zustande kommen kann. Zum freien Ehekonsens gehört auch das Freisein von die Ehe ungültig machenden Ehehindernissen. Priester oder Diakon nehmen »im Namen der Kirche den Konsens der Brautleute entgegen« (KKK 1630). Es werden dann mehrere Gründe für die Beibehaltung der tridentinischen Formpflicht genannt (vgl. KKK 1631). In einem Abschnitt über »Mischehen« und Ehen bei »Religionsverschiedenheit« (vgl. KKK 1633-1637) werden die Gefahren und Gefährdungen aufgezeigt und die Bestimmungen des kirchlichen Rechts hinsichtlich der Erlaubtheit oder Gültigkeit solcher Ehen erwähnt. Das ganze Kapitel zum Ehekonsens schließt sich eng an den CIC an und verweist (meist in Fußnoten) auf die entsprechenden Canones (Gesetze).

Zu IV. (Die Wirkungen des Sakramentes der Ehe):
Als Wirkungen des Ehesakramentes werden genannt:
- das Eheband – von Gott selbst geknüpft –, das seiner Natur nach »lebenslang und ausschließlich« ist (KKK 1638), so daß eine zwischen Getauften geschlossene und vollzogene Ehe nie aufgelöst werden kann (vgl. KKK 1639-1640).
- die Sakramentsgnade, die die Liebe der Gatten vervollkommnet und die unauflösliche Einheit stärkt (KKK 1641).
- die Gegenwart Christi in der ehelichen Gemeinschaft (KKK 1642).

Zu V. (Die Werte und die Forderungen der ehelichen Liebe):
Eheliche Liebe erfordert von Natur aus Unauflöslichkeit und Treue. Sie ist offen für die Fruchtbarkeit. Es wird nicht verkannt, daß es Situationen geben könne,

die das eheliche Zusammenleben unmöglich machen. Die Kirche gestattet in diesem Falle eine Trennung der Gatten. Aber auch hier bleibt das Eheband bestehen, so daß diese nicht frei sind, eine neue Ehe zu schließen (vgl. KKK 1649). Die Ehe nach zivilen Gesetzen Geschiedener und Wiederverheirateter kann von der Kirche – falls die erste Ehe gültig war – nicht als gültige Verbindung anerkannt werden, weil sie »dem Gesetze Gottes objektiv widerspricht« (KKK 1650).
Es wird dann betont, daß Geschiedene, die zivil wiederverheiratet sind, nicht »die Kommunion empfangen« und »gewisse kirchliche Aufgaben nicht ausüben« dürfen, solange diese Situation anhält (vgl. KKK 1650): Für die Gewährung der Lossprechung im Bußsakrament (der pax cum ecclesia = Frieden, Aussöhnung mit der Kirche) ist die Verpflichtung zur vollständigen Enthaltsamkeit bzw. Änderung dieses sündhaften Zustandes unerläßlich.
Die in einer solchen Situation lebenden Katholiken werden mit einem Wort aus dem Lehrschreiben »Familiaris consortio« ermahnt, sich dennoch am Leben der Kirche zu beteiligen.
Im Hinblick auf die Fruchtbarkeit wird betont, daß die eheliche Liebe und die Ehe als Institution auf »Zeugung und Erziehung von Nachkommenschaft hingeordnet sind und... darin gleichsam ihre Krönung (finden)« (vgl. KKK 1652).
Ehe ohne Kindersegen kann fruchtbar werden durch Werke der Nächstenliebe.

Zu VI. (Die Hauskirche):
Die Familie wird gemäß dem 2. Vatikanischen Konzil als »Ecclesia domestica« (Hauskirche) bezeichnet, in der das gemeinsame Priestertum aller Familienmitglieder zur Geltung kommen kann und soll. Die Kirche soll Haus und Familie für alle sein, besonders auch für die, die keine menschliche Familie haben.

Acht Kurztexte fassen die wesentlichen Aussagen des Artikel 7 »Das Sakrament der Ehe« zusammen (vgl. KKK 1659-1666).

2.5.2 Kritische Reflexion

2.5.2.1 »Die Ehe unter der Herrschaft der Sünde«

Der KKK sieht in den biblischen Erzählungen von Schöpfung und Sündenfall Berichte über tatsächlich so Geschehenes. Es wird nicht deutlich herausgearbeitet, daß es sich bei diesen Geschichten um eine Ätiologie handelt. Man versteht darunter eine Erzählung, die im Rückverweis auf früheres Geschehen, den Grund (aitia = Ursache) des gegenwärtigen Zustandes erblickt.
Vor allem erweckt der Abschnitt »Die Ehe unter der Herrschaft der Sünde« (KKK 1606-1608) die Vorstellung, als hätten wir es bei der Sündenfallerzählung mit einem historischen Tatsachenbericht zu tun. Damit wird die zentrale Aussage dieser Geschichte nicht erkannt. Sie besteht darin, die Doppelbödigkeit menschlicher Existenz wiederzugeben: nämlich, der Mensch ist in seinem Fragen und seinem Leben auf Jahwe verwiesen, er hat einen guten Anfang; zum anderen, er ist ganz von der Sünde gezeichnet, von der der Gläubige weiß, daß sie nicht von

Gott kommt, also ganz menschliche Schuld ist. Solange es Menschen gibt, von Anfang an, sündigen sie und lehnen sich gegen Gott auf.
Diese Deutung nun wird vom Jahwisten (die jahwistische Erzählschicht stammt aus der frühen Königszeit etwa 950-800) in weiteren Bildern auseinandergefaltet: der gute Anfang wird mit dem Namen Jahwe benannt, aber auch anschaulich im Bild des Paradieses und seiner Implikationen symbolisiert. Die Negativität des Menschen äußert sich in Schuld, Todverfallenheit, Leid, Schmerz, Verlust des Paradieses. Mit anderen Worten: Obwohl der Jahwist von einer ersten Sünde des ersten Menschenpaares spricht, intendiert er damit etwas anderes. In Wirklichkeit will er sagen: Der Mensch ist vor Jahwe ein Sünder; er war es immer und wird es immer bleiben. Mit diesem Satz interpretiert er seine leidvollen Erfahrungen, die gleichfalls die Erfahrungen jedes Menschen sind, zu jeder Zeit und in jeder Kultur. Nur, andere Kulturen würden diese Erfahrungen in anderen Vorstellungen und Bildern oder auch ohne Bilder benennen. Das. 3. Kapitel der Genesis kann also in keiner Weise als Beleg für eine erste Sünde, die dann auf alle Menschen überging, benutzt werden.
Der KKK hat es versäumt, dem heutigen Menschen einsichtig zu machen, daß unsere negativen Erfahrungen bis hin zur Erfahrung des Todes - in der Ehe können das sein Zwietracht, Herrschsucht, Untreue, Eifersucht, zuweilen sogar Haß – im Alten Testament mit einer Ätiologie gedeutet werden und nicht Folgen eines wirklichen Geschehens sind.
Man hat zuweilen den Eindruck – auch wenn nicht ausdrücklich erwähnt –, daß die Ehelehre des *Augustinus* Pate gestanden hat, der der Meinung war, daß durch den Sündenfall (für ihn ein historisches Faktum) eine objektive Verschlechterung der menschlichen Sexualität eingetreten ist und daß das Erstreben der Lust sündhaft sei. Vor dem Sündenfall wäre der Geschlechtsverkehr frei von jeder sexuellen Erregung gewesen, der der Mensch nach dem Sündenfall ausgesetzt ist. So ist in Abschnitt 1607 die Rede davon, daß die »gegenseitige, vom Schöpfer eigens geschenkte Zuneigung« der Gatten zur Begierde entartet. Im Paradies dagegen, lehrt *Augustinus,* gab es keine Libido. Sie (also die Begierde) entstand erst nach der Sünde im Leib des Todes.
Bedenklich scheint mir der Hinweis in KKK 1609, der in den »Geburtsschmerzen« wie in der Arbeit »im Schweiße deines Angesichts« Heilmittel sieht, »die die schlimmen Folgen der Sünde in Grenzen halten«. Wie schon häufig festgestellt, offenbart sich auch in diesem Kapitel über die Ehe wieder ein Gebrauch der Hl. Schrift, der den Erkenntnissen der Exegese keine Rechnung trägt.

2.5.2.2 Vorwiegend statische Sicht

In dem Abschnitt 1603 wird zwar darauf hingewiesen, daß die Ehe »im Lauf der Jahrhunderte je nach verschiedenen Kulturen, Gesellschaftsstrukturen und Geisteshaltungen zahlreiche Veränderungen durchgemacht hat«, dennoch überwiegt eine statische Sicht. Die unterschiedlichen Eheauffassungen werden als defizitäre Etappen auf dem Weg zu einem endgültigen und bleibenden Verständnis der christlichen und sakramentalen Ehe verstanden.

Thomas von Aquin sah das Problem der Wandelbarkeit der Ehe deutlich. »Auf die Frage, ob die Ehe eine von Natur aus festgelegte Ordnung habe, antwortet *Thomas,* es gebe zwar eine natürliche Hinneigung des Menschen zur Ehe, die konkrete Gestaltung der Eheordnung geschehe aber in menschlicher Verfügung« (KRAMER, 1982, S. 132). Es ist unstrittig, daß das, was Natur ist, dem Menschen vorgegeben ist, »aber so, daß es seiner Freiheit aufgegeben bleibt« (ebd.). In bezug auf die Ehe meint *Thomas,* »daß die menschliche Natur durchaus nicht unveränderlich (sei).« Es gehört zur Natur der Ehe, daß sie geschichtlich bestimmt und sozio-kulturell orientiert ist (vgl. ebd.).
Das gilt zu allen Zeiten und heute, denn die Ordnung auch der christlichen Ehe bleibt eine geschichtliche Ordnung. Freilich gilt, daß nach Christus einige Grunddaten (z. B. die personale Partnerstruktur, die Dynamik auf Bleibendheit der Bindung) unaufhebbar sind. Daß das neue Kirchenrecht von 1983, dem sich der KKK verpflichtet weiß, christliche, von Jesus inspirierte Grundgedanken stärker ins Bewußtsein gehoben hat als das kirchliche Rechtsbuch von 1917, ist als positive Weiterentwicklung der kirchlichen Ehelehre zu verbuchen. Dem hat auch der KKK Rechnung getragen.
Man hätte sich noch deutlichere Aussagen zur Geschichtlichkeit und Wandelbarkeit der Institution Ehe gewünscht.

2.5.2.3 Die Unauflöslichkeit der Ehe

Mit Recht betont der KKK die Unauflöslichkeit der Ehe. Es ist ohne Zweifel dem Willen Jesu gemäß, dieses Postulat immer wieder einzufordern. Dennoch sollte berücksichtigt werden, daß die Veränderungen der Ehe selbst eine allzu schematische, unflexible Anwendung des Prinzips der Unauflöslichkeit unmöglich machen. Diese liegt sicher vor, wenn kategorisch bestimmt wird, daß Geschiedene, die zivil wiedergeheiratet haben, vom Empfang der Kommunion ausgeschlossen sind. Ihnen ist auch die Lossprechung im Bußsakrament verwehrt, solang ihre sündhafte Situation andauert und sie sich nicht verpflichten, in vollständiger Enthaltsamkeit zu leben (vgl. KKK 1650). Die im KKK gemachten Aussagen sind in dieser absoluten Form nicht kommunikabel, sie sind nicht pastoral verträglich, aber auch weder biblisch noch dogmatisch zwingend.
Die Bestimmung in Abschnitt 1650, daß Aussöhnung im Bußsakrament nur solchen gewährt werden kann – was natürlich Zulassung zur Eucharistie bedeutet –, die enthaltsam leben, zeigt, daß die Sündhaftigkeit des Zusammenlebens ausschließlich in der Unerlaubtheit der geschlechtlichen Begegnung gesehen wird. Dazu vermerkt *Karl Lehmann,* eine Diskussionsposition wiedergebend: »Ob die Wertung der menschlichen Geschlechtlichkeit, die in einer solchen Beurteilung aufscheint, sich heute noch sachlich überzeugend vertreten läßt, wird bezweifelt: Die geschlechtliche Hingabe in der Zweitehe, die ja oft der Ausdruck einer neu gewachsenen, irreversiblen und ernsthaften zwischenmenschlichen Realität ist, kann nicht ohne weiteres und von vornherein als in sich schlecht verurteilt werden« (LEHMANN, 1974, S. 279). Die Frage der Zulassung zur Kommunion bei zivil Wiederverheirateten muß auf jeden Fall differenziert gesehen und beantwor-

tet werden. Eine differenzierte Betrachtung haben jüngst die Bischöfe der Oberrheinischen Kirchenprovinz (Freiburg, Mainz, Rottenburg-Stuttgart) zur Frage der wiederverheirateten Geschiedenen vorgelegt. Darin wird die Zulassung zur Eucharistie letztlich der persönlichen Gewissensentscheidung des einzelnen überlassen. In dem am 10. Juli 1993 veröffentlichten Dokument heißt es: »Es kann... keine allgemeine und förmliche, amtliche Zulassung geben, weil damit die Treue der Kirche zur Unauflöslichkeit der Ehe verdunkelt würde... . Aber in dem klärenden seelsorglichen Gespräch der Partner einer zweiten ehelichen Bindung mit einem Priester... kann sich... herausstellen, daß die Ehepartner sich in ihrem Gewissen ermächtigt sehen, an den Tisch des Herrn zu treten... . Eine solche Entscheidung kann nur der einzelne in einer persönlichen Gewissensentscheidung unvertretbar fällen« (LEITLINIEN, 1993, S. 465).

Zu einer solch differenzierten Sicht leistet der KKK keinen Beitrag. Er ermuntert auch nicht, nach neuen Lösungen zu suchen. Er argumentiert kategorisch, gesetzlich, abstrakt und wird damit der konkreten Situation nicht gerecht.

Zudem muß die Berufung allein auf Mk 10, 11-12 (vgl. KKK 1650), ohne die anderen Positionen, die sogenannten Ausnahmeregelungen (Mt 5, 32; 19, 9; 1 Kor 7, 12-16), in den Blick zu nehmen, einseitig erscheinen. Hier wird deutlich, daß die verschiedenen Gemeinden des Neuen Testaments das Trennungsverbot Jesu in verschiedener Weise aufgenommen haben, so daß an bestimmten Orten und in bestimmten Situationen Scheidungen möglich waren. Dennoch bleibt das Wort Jesu: »Was Gott verbunden hat, soll der Mensch nicht trennen« ein Grundsatzwort – kein juristischer Bescheid –, das in den Gemeinden auf die je konkrete Situation angewendet wird. Die Weise, wie die ersten Gemeinden den Geist Jesu für ihre Ehegestaltung fruchtbar gemacht haben, könnte ein Modell auch für die Christen von heute sein. Gerade am Beispiel der Unauflöslichkeit der Ehe zeigt sich wieder die Unfähigkeit des KKK, bei aller Wahrung der Glaubenssubstanz, flexibel auf neue Herausforderungen zu reagieren und missionarisch zu wirken.

2.5.2.4 Fruchtbarkeit der Ehe

Die Ehe wird im KKK als Institution verstanden, die auf Zeugung und Erziehung von Nachkommenschaft hingeordnet ist (vgl. KKK 1652). »Ohne Hintansetzung der übrigen Eheziele« hebt er gerade dieses besonders hervor.

Natürlich muß positiv verbucht werden, daß die Sicht des Kirchenrechts von 1917 (vgl. Can. 1073 § 1 CIC), nach der der erstrangige Zweck (finis primarius) der Ehe die Erzeugung und Erziehung von Kindern, der zweitrangige (secundarius) die gegenseitige Hilfe und Heilmittel für die Begierlichkeit sei, sich im KKK nicht niedergeschlagen hat. Damit wurde auch hier die sogenannte »Finislehre« – wie schon in den einschlägigen Texten des 2. Vatikanischen Konzils – fallengelassen. Es wird nicht mehr der Versuch unternommen, von Zwecken der Ehe zu reden und von ihnen her zu argumentieren. Die Kirche ist dabei, einen lange bestehenden und belastenden Sexual- und Ehepessimismus abzubauen. Dennoch wird im KKK Sexualität noch eindeutig fortpflanzungszentriert verstanden, wie es der Tradition der katholischen Sexualethik entspricht. Daß sexuelle Fruchtbarkeit mehr meint als Fortpflanzung – sie schließt sie ein und überschreitet sie zugleich –, wird nicht deutlich. Die lebensschöpferische und lebenspendende sexuelle Begegnung, die in der Schaffung und Ermöglichung, in Anregung und Inspiration von Leben auf viele Weise und in vielfältigen Formen fruchtbar wird, kann bei dieser monovalenten Sicht von Sexualität nur eingeschränkt zum Tragen kommen.

2.5.2.5 Mischehen und Ökumene

Mischehen zwischen Katholiken und getauften Nichtchristen werden vorwiegend unter dem Gesichtspunkt der »Gefahren« und der »Probleme« gesehen, die solche Verbindungen mit sich bringen könnten und nicht unter dem Gesichtspunkt der positiven Chance für die Ökumene. So tauchen Begriffe wie »besondere Achtsamkeit«, »Probleme nicht unterschätzen«, »Gefahr, religiös gleichgültig zu werden« auf. Es wird zwar nicht wie im Mischehendekret vom 29. April 1970 von solchen Ehen abgeraten, weil sie »die Erfüllung der Forderungen des Evangeliums« erschwerten (MATRIMONIA MIXTA, 1970, S. 270), aber es wird zur »Achtsamkeit« aufgerufen (vgl. KKK 1633). Der Hinweis, daß um erlaubt zu sein, eine Mischehe der ausdrücklichen Zustimmung der kirchlichen Autorität bedarf, entspricht dem geltenden Recht (vgl. Can. 1124 CIC). Eine von den betroffenen Kirchen getragene gemeinsame Mischehenpastoral wird begrüßt.

2.5.2.6 Zusammenfassende Bemerkungen

Wenn man die Aussagen des KKK zur Ehe mit denen des »Holländischen Katechismus« vergleicht, stellt man fest, daß erstere sich vorwiegend auf das kanonische Recht stützen – vierzehnmal wird auf die einschlägigen Gesetze verwiesen –, während letztere durchaus unter Berücksichtigung des kirchlichen Rechts mehr vom Anthropologischen her und damit pastoral argumentieren.
Der KKK trennt bei der Behandlung der Ehe die Aussagen in einen mehr dogmatisch-kirchenrechtlichen (vgl. KKK 1601-1666) und in einen moraltheologisch-ethischen Teil (vgl. KKK 2360-2391), während der »Holländische Katechismus« das Thema ganzheitlich angeht (HOLLÄNDISCHER KATHECHISMUS, 1968, S. 427-455). Da diese Untersuchung dem Aufbau des KKK folgt, kommen die mehr ethischen Fragestellungen zum Thema Ehe bei der Behandlung des »Sechsten Gebots« zur Sprache.
Es fällt auf, daß im KKK das Wort »Zivilehe« nur umschrieben in negativer Besetzung vorkommt (so KKK 1665: »Geschiedene, die zu Lebzeiten des rechtmäßigen Gatten wieder heiraten, verstoßen...« und KKK 2384: »Das Eingehen einer, wenn auch vom Zivilrecht anerkannten, neuen Verbindung ...«). Man vermeidet es peinlichst, eine solche Verbindung mit der Bezeichnung »Ehe«, wenn auch nur »Zivilehe« zu belegen.
Müßte man kirchlicherseits – nicht zuletzt aus pastoralen Gründen – in einer zweiten (kirchenrechtlich ungültigen) Ehe nicht mehr sehen als eine bloße Formalität? Kann nicht doch eine Ehe Wiederverheirateter – unbeschadet der Erfahrung von gebrochenem Heil – der Anfang einer neuen heilsamen und geglückten

Verbindung sein? Die Respektierung durch die Kirche wäre jedoch Zeichen für eine evangelische Humanität.

2.5.3 Didaktische Hinweise

2.5.3.1 Allgemeine Überlegungen

Die Ehe ist für Schüler der Sekundarstufe I ein Ereignis in weiter Ferne, das noch keine Bedeutung für die gegenwärtige Lebenssituation hat. Dennoch könnte sie als eine spätere mögliche Lebensform in den Lehrplanthemen implizit in den Blick genommen werden.

Während in der 5. und 6. Klasse die Ausdrucksformen der Zuneigung und Liebe sowie die Schwierigkeiten ihrer Verwirklichung erarbeitet und analysiert werden müssen, wird man in der 7. und 8. Klasse von einem umfassenden Verständnis des Begriffs »Liebe« auszugehen und aus biblischer Sicht die Sexualität als Möglichkeit zur Selbstverwirklichung und als Sinnbild der sozialen Bindung des Menschen darzustellen haben. Wichtig ist es gerade in dieser Altersstufe (11.-13. Lebensjahr), den Zusammenhang von Sexualität, Liebe und personaler Bindung zu erörtern und einsichtig zu machen, daß Liebe den Menschen befähigt, über sich selbst hinauszuwachsen.

In der 9. und 10. Klasse (13.-15. Lebensjahr) wird es darauf ankommen, gegen den modernen Konsum- und Leistungszwang sowie die ideologischen Tendenzen im Bereich der Sexualität und Liebe neue Maßstäbe und Sinngebung aus christlicher Motivation zu gewinnen. Gerade im Religionsunterricht muß Sexualerziehung betrieben werden im Hinblick auf die Lebensformen, in die Sexualität integriert wird.

2.5.3.2 Mögliche Lernziele

Der Lehrplan für das Fach Katholische Religionslehre an den beruflichen Schulen im Saarland vom 01.August 1986 weist unter Aspekt 9 »Geschlechtlichkeit, Partnerschaft und christliche Liebe« u. a. folgende Lernziele auf (LEHRPLAN SAARLAND, 1986, S. 41):

- »Bewußtsein der Bedeutung der Sexualität in den verschiedenen Entwicklungsphasen für das Werden der Persönlichkeit.
- Fähigkeit und Bereitschaft, eigene begründete Vorstellungen von Freundschaft und Partnerschaft zu entwickeln.
- Fähigkeit und Bereitschaft, partnerschaftliche Beziehungen aufzubauen und einzüben.
- Überblick über unterschiedliche Sichtweisen der Sexualität und Ehe in den verschiedenen Religionen und Weltanschauungen.
- Fähigkeit und Bereitschaft, die Auswirkungen verschiedener kultureller Vorstellungen von Sexualität und Ehe auf die jeweilige Rechtsordnung zu bedenken.
- Fähigkeit, in der Gesellschaft verbreitete Auffassungen von Sexualität und Ehe auf das zugrundeliegende Menschenbild zu befragen.

- Kenntnis wichtiger Aussagen der Bibel und der Kirche zu Sexualität, Partnerschaft und Liebe.
- Bereitschaft, diese Aussagen für das eigene Leben zu überdenken.
- Fähigkeit, bei biblischen und kirchlichen Aussagen zu Sexualität und Ehe zwischen den Grundüberzeugungen und den zeitbedingten Konkretisierungen zu unterscheiden.«

Den Lernzielen sind Entfaltungen der Inhalte zugeordnet, von denen einige genannt seien (ebd.):
- »Wie sieht die Bibel Geschlechtlichkeit und Liebe?
- Sexualität und Ehe in kirchlichen Dokumenten.
- Was macht eine Ehe christlich?
- Ist heute eine christliche Ehe noch zu verwirklichen?
- Warum kirchliche Trauung?
- Das katholische und evangelische Verständnis der Ehe.
- Wieso gibt es eine zivile, aber keine kirchliche Ehescheidung?
- Vergleich zwischen Ehe früher und Ehe heute.
- Zusammenleben ohne öffentliche Erklärung.
- Ehen können scheitern.«

2.5.3.3 Literaturangaben

Auch hier gelten die Angaben von Zweiter Teil, 2.1.3.3
Dazu sei verwiesen auf:

- KRAMER, H.: Ehe war und wird anders, Düsseldorf 1982.
- MOLINSKI, W.: Theologie der Ehe in der Gegenwart, Aschaffenburg 1976.

Religionspädagogisch-katechetische Literatur, praktische Hilfen:

- GLAUBENSVERKÜNDIGUNG FÜR ERWACHSENE, Deutsche Ausgabe des Holländischen Katechismus, Nimwegen 1968.
- GRUNDRISS DES GLAUBENS – Kath. Katechismus zum Unterrichtswerk ZIELFELDER RU, hrsg. vom DKV, München 1975-79.
- THEMENFELDSKIZZEN zum Zielfelderplan 5/6; 7/8; 9/10, München 1974.

Helmut Fox

3 Das Leben in Christus – Die Zehn Gebote

Der dritte Teil des KKK, der sich mit der katholischen Sittenlehre befaßt, ist dem Umfang nach mit 866 Nummern am zweitstärksten gewichtet. Ihm kommt nach dem Glaubensbekenntnis (erster Teil: 1 039 Nummern) umfangmäßig die größte Bedeutung zu. Nicht nur quantitativ ist die Bedeutung des dritten Teils hervorzuheben, sind doch die Fragen, die hier verhandelt werden, diejenigen, die die Menschen am meisten interessieren, aber auch der besonderen Skepsis und Kritik ausgesetzt sind. Wenn selbst, wie eine Allensbachuntersuchung, die im Auftrag der Deutschen Bischofskonferenz 1988 durchgeführt wurde, zeigt, 53 Prozent der katholischen Religionslehrer mit der offiziellen Haltung der Kirche zur Sexualmoral und 62 Prozent zur Empfängnisverhütung unzufrieden sind, wenn also bei denen, die in besonderer Weise damit betraut sind, den Glauben an die nächste Generation weiterzugeben, die Position der Kirche zu diesen Fragen insgesamt wenig Verständnis findet (vgl. ALLENSBACH, 1988, S. 145,148), ist es nicht verwunderlich, daß dem KKK in diesem Bereich von vorneherein mit Mißtrauen begegnet wird.
Der Titel des ethischen Teils hat sich gegenüber dem Entwurf aus dem Jahre 1989 (CATECHISME pour l'Eglise universelle, Projet révisé, texte provisoire) nicht geändert: »Das Leben in Christus – La vie dans le Christ«. Demgegenüber ist nun der erste Abschnitt mit »Berufung des Menschen: Das Leben im Heiligen Geist« betitelt. Ursprünglich war der Titel »Das Gesetz Christi – La loi du Christ« vorgesehen. Dieser Titel, der an *Härings* moraltheologisches Handbuch für Priester und Laien »Das Gesetz Christi« aus dem Jahre 1954 erinnert, fiel der umfassenden Revision des Moralteils, zu der sich die Katechismuskommission aufgrund der zahlreichen Einwände und Bedenken entschlossen hatte, mit Recht zum Opfer. Auch *Häring* ist von seinem ursprünglichen Titel abgerückt und hat sein späteres, völlig überarbeitetes moraltheologisches Werk (1979-1981, drei Bände) »Frei in Christus« genannt. Das sollte ein Programm sein.
Im KKK wird durch das Aufgeben der ursprünglich vorgesehenen Überschrift »Das Gesetz Christi« das Bemühen deutlich, über ein dominantes juridisches Verständnis hinaus, das Element der Gnade wesentlich miteinzubeziehen.
Daß dieses Bemühen nicht durchgehalten wird und immer wieder gesetzliches Denken und eine juridische Terminologie Platz greift, muß man bedauern.

Gegliedert ist der ethische Teil des KKK in zwei Abschnitte:

- Erster Abschnitt: Die Berufung des Menschen: Das Leben im Heiligen Geist (KKK 1699-2051)
- Zweiter Abschnitt: Die Zehn Gebote (KKK 2052-2557).

Der erste Abschnitt, der über die Grundlagen des sittlichen Lebens handelt (z. B. »Die Freiheit des Menschen«, »Das Gewissen«, »Die Tugenden«, »Die Sünde«, »Das sittliche Gesetz« u. a.), wird den Zehn Geboten als einleitender Teil voran-

gestellt. Es fällt auf, daß das bei jedem der Hauptstücke so gehandhabt wird. Allen geht ein einleitender Abschnitt voraus: dem »Glaubensbekenntnis« die göttliche Offenbarung, ihre Weitergabe durch die apostolische Überlieferung und die Heilige Schrift und ihre Annahme im Glauben, der »Feier des christlichen Mysteriums« (Sakramente) Liturgie und Gottesdienst, dem »Vater unser« ein Abschnitt über das Gebet.
Ich beschränke mich in diesem 3. Kapitel auf den zweiten Abschnitt, die Zehn Gebote, weil gerade sie mit ihren Fragen und Problemen im Religionsunterricht der Schule wie in der Gemeindekatechese, ja in der christlichen Erziehung überhaupt, eine wichtige Rolle spielen und hänge einen Exkurs über das Gewissen an.

3.1 Allgemeines zu den Zehn Geboten

Der Dekalog war zur Zeit Jesu den Juden sehr vertraut. Als man 1902 in Ägypten den Papyrus »NASH« vermutlich aus dem 2. Jahrhundert v. Chr. (nach anderen Autoren erfolgt die Datierung bis ins 2. Jahrhundert n. Chr.) fand, war darauf neben dem »Schema Israel« (Dtn 6, 4-9) der Dekalog verzeichnet, ein Zeichen für die besondere Hochschätzung, die ihm im Judentum zukam. Er war zeitweise sogar Teil der täglichen Gebete. Es wundert deshalb nicht, daß die Rezeption durch das Christentum nur zögernd und relativ spät vonstatten ging. Man wollte sich vom Judentum absetzen. Das gleiche gilt im übrigen auch für die Psalmen, die man als jüdisches Gebetbuch zunächst nicht ins Christentum übernehmen wollte. In den ersten drei Jahrhunderten findet man somit nur wenige Anspielungen auf die zehn Gebote; und wenn, dann nur in einem apologetischen Klima, um die Bedeutung des christlichen Ethos vor dem Dekalog zu betonen. In diesem Zusammenhang hat *Tertullian* bestritten, daß der Dekalog ausdrücklich Offenbarung Gottes sei.
Die Reserve dem Dekalog gegenüber ging im Laufe der Zeit verloren, die Einstellung zum Alten Testament wurde unbefangener. In der Zeit der Christianisierung der Germanen (250-1000) erfolgt die Übernahme der alttestamentlichen Bestimmungen, wobei man mehr auf die einzelnen Gebote als auf den heilsgeschichtlichen Hintergrund blickte, so etwa in der Karolingischen Renaissance. Wir stellen also eine Verkürzung des biblischen Ethos auf ein Ethos der Gesetzlichkeit fest. Die Germanen brauchten klar gefaßte Normen, sie wußten dagegen mit dem biblischen Hintergrund nichts anzufangen.
In die Moraltheologie hat man den Dekalog erst im 12./13. Jahrhundert als Grundschema eingebaut, zu einer Zeit, als die Beichtbücher und Bußsummen aufkamen. Die einzelnen Gebote des Dekalogs galten als Fixpunkte, denen man mehr oder weniger willkürlich verschiedene moralische Normen zuordnen konnte. Eine besonders weite Verbreitung erfuhr durch die neu aufgekommene Buchdruckerkunst die Moralsumme des *Antonin von Florenz* (gest. 1459), die nach den Geboten des Dekalogs aufgebaut war. Von da ab wurde der ethische Stoff der Moraltheologie nur noch nach dem Dekalog geordnet. An diesem Schema änderten auch die Reformatoren nichts. Es findet sich sowohl im »Catechismus

Romanus« von 1566 als auch in Luthers Katechismen wie in den meisten folgenden Katechismen bis heute.
In der Ostkirche nahm die Entwicklung einen anderen Verlauf. Die Reserve der frühen Christen gegenüber dem Dekalog hatte sich hier länger gehalten. Das Einteilungsprinzip der Moral in der Ostkirche waren lange Zeit die »Acht Seligkeiten« (Makarismen) der Bergpredigt. Später wurde der Dekalog auch hier Einteilungsschema der Moral.

3.2 Vorspann

3.2.1 Was steht im KKK? (2052-2082)

Im KKK sind die zwei nur unwesentlich verschiedenen Versionen des Dekalogs Exodus 20, 2-17 und Deuteronomium 5, 6-21 abgedruckt. Ebenfalls wird eine früher häufig in der Katechese wie in den Katechismen gebrauchte Form geboten. Die biblischen Texte liegen in der Fassung der Einheitsübersetzung vor, die 1978 durch die Deutsche Bischofskonferenz für den kirchlichen Gebrauch in Gottesdienst und Schule approbiert wurde. Die Abschnitte 2064-2068 sagen etwas zur Überlieferung des Dekalogs in der Kirche, nachdem in KKK 2056-2063 seine Bedeutung in der Hl. Schrift herausgestellt wurde. Auf die verschiedene Einteilung und Numerierung wird in KKK 2066 hingewiesen.
Ausdrücklich ist davon die Rede, daß Gott »im Rahmen einer Theophanie« die »zehn Worte« verkündete (KKK 2059), die zugleich Bestandteil des Bundes sind, »den Gott mit den Seinen geschlossen hat« (KKK 2060).
Er ist der eigentliche Urheber des Dekalogs; sein Finger (Ex 31, 18) hat die beiden Steintafeln beschrieben (vgl. KKK 2056), die er Mose als die Bundesurkunde übergab (vgl. KKK 2058). Erst im Neuen Bund wurde in Christus ihr tiefster Sinn enthüllt (vgl. KKK 2054 f.). In Abschnitt 2063 ist vom »Dialog zwischen Gott und dem Menschen« die Rede, der sich darin kundtut, daß jener »stets in der ersten Person spricht ... und sich dabei immer an einen Einzelnen wendet« (KKK 2063).
Weiterhin wird der Dekalog, obwohl geoffenbart, als Ausdruck des natürlichen Sittengesetzes verstanden, dessen Forderungen erst durch göttliche Offenbarung vollständig und sicher erkannt werden können (KKK 2070 f.).
Die Zehn Gebote enthalten »Grundpflichten des Menschen gegenüber Gott«. Sie müssen als schwerwiegende Verpflichtungen vom Menschen angenommen werden (vgl. KKK 2072).

3.2.2 Kritische Reflexion

3.2.2.1 Zählung und Einteilung

Die Frage der Zählung und Einteilung des Dekalogs ist nicht von großer Bedeutung; dennoch ist es richtig, daß sie im KKK 2066 Erwähnung findet. Es könnten Irritationen entstehen, wenn bei der Lektüre ein anderes Einteilungs- und Nume-

Ich bin Jahwe, dein Gott... (Ex 20, 2)	
I Du sollst neben mir keine anderen Götter haben (Ex 20, 3).	I Du sollst neben mir keine anderen Götter haben Du sollst Dir kein Gottesbild machen… (Ex 20, 3-6).
II Du sollst dir kein Gottesbild machen… (Ex 20, 4-6).	
III Du sollst den Namen des Herrn, deines Gottes, nicht mißbrauchen (Ex 20, 7).	II ➜ dto.
IV Gedenke des Sabbats: Halte ihn heilig!… (Ex 20, 8-11).	III ➜ dto.
V Ehre deinen Vater und deine Mutter… (Ex 20, 12).	IV ➜ dto.
VI Du sollst nicht morden (Ex 20, 13).	V ➜ dto.
VII Du sollst nicht die Ehe brechen (Ex 20, 14).	VI ➜ dto.
VIII Du sollst nicht stehlen (Ex 20, 15).	VII ➜ dto.
IX Du sollst nicht falsch gegen deinen Nächsten aussagen (Ex 20, 16).	VIII ➜ dto.
X Du sollst nicht nach dem Haus deines Nächsten verlangen. Du sollst nicht nach der Frau deines Nächsten verlangen… (Ex 20, 17).	IX Du sollst nicht nach der Frau deines Nächsten ver- langen (Dtn 5, 21 a).
	X und du sollst nicht das Haus deines Nächsten verlangen (Dtn 5, 21 b).

rierungsschema begegnet. Unumstritten ist, daß die Zehnzahl in der Bibel bewußt gewählt wird. Sie ist in der semitischen Denkart der Inbegriff der Totalität oder der Ausdruck »eines abgerundeten Ganzen« (WEBER, 1991, S. 38). In den Zehn Geboten offenbart also Gott die Totalität seines Willens, so wie er in den zehn Plagen die Totalität seiner Wundermacht kundtut. Bis heute besteht im Judentum die Vorschrift des Minjan, wonach ein offizieller Gottesdienst nicht abgehalten werden darf, wenn nicht mindestens zehn Männer anwesend sind, weil zehn Männer aus der Gemeinde legitim die Gesamtheit darstellen. Die Zehnzahl ist an mehreren Stellen im Alten Testament bezeugt (Ex 34, 28; Dtn 4, 13 und 10, 4).
Bei der Zählung selbst kommen zwei Versionen zustande aufgrund der unterschiedlichen Bewertung des Bilderverbots in den einzelnen christlichen Traditionen. *Philo* und die älteren Kirchenväter zählen das Bilderverbot – wohl richtig – als selbständiges (zweites Gebot) und nehmen die beiden Begehrungsverbote als zehntes zusammen. In den orthodoxen Kirchen und im Calvinismus ist diese Zählung üblich.
Die seit *Augustin* (gest. 430) in der katholischen Kirche gebräuchliche Numerierung gliedert das Bilderverbot dem ersten Gebot ein und teilt das zehnte Gebot, um die Zehnzahl zu erreichen, in zwei selbständige Gebote auf. *Luther* schließt sich dieser Zählweise an. In der Bibel jedoch ist eine Zählung der Gebote im einzelnen nirgends eindeutig gegeben (vgl. HAAG, 1956, S. 318).
Was die Aufteilung der Gebote auf die beiden in der Bibel erwähnten Tafeln angeht (KKK 2058), wird nach der jüdischen Tradition die entscheidende Zäsur nach dem Elterngebot gesehen, »das zudem auch hier als das fünfte gilt, so daß den beiden Tafeln eine jeweils gleiche Anzahl von Geboten zugewiesen wird« (WEBER, 1991, S. 39). In der christlichen Tradition – wohl auf *Augustinus* zurückgehend – wird der Einschnitt nach dem Sabbatgebot gemacht, so daß die eine Tafel mit drei Geboten gegenüber Gott der anderen Tafel mit sieben Geboten gegenüber dem Nächsten gegenübersteht. Diese Einteilung, der Sache nach zutreffend, entspricht nicht ganz dem biblischen Befund, nach dem das Sabbatgebot bereits eine Verpflichtung gegenüber dem Nächsten impliziert (vgl. ebd.).

Die eben genannten Zählversionen vergleichen Sie bitte mit der Tabelle auf der Seite 177.

3.2.2.2 Gebrauch der Hl. Schrift
Wiederum kann man feststellen, daß der KKK in der Erzählung von der Gesetzgebung auf dem Sinai (Ex 19, 20-25) bzw. Horeb (Dtn 5, 20) und der Übergabe der Steintafeln an Mose (Dtn 5, 22) Tatsachenberichte sieht. Zumindest wird dem Leser, der die literarische Gattung der Texte nicht erkennt und damit auch nicht ihren tieferen Sinn, suggeriert, daß sich das Geschilderte tatsächlich so zugetragen hat (vgl. KKK 2058 ff.).
Demgegenüber müßte ein Katechismus, der sich an den modernen Menschen wendet, welcher seit dem Aufkommen der historischen Wissenschaften vor allem an wahren Begebenheiten interessiert ist und der historisch garantierte Ant-

worten auf die historische Wahrheitsfrage will, deutlich machen, was die eigentliche Wahrheit der Geschichte ist, die uns angeht und trifft bzw. betrifft.
Wenn es im KKK 2058, die Bibel zitierend, heißt: »Diese Worte sagte der Herr auf dem Berg ... mitten aus dem Feuer, aus Wolken und Dunkel, unter lautem Donner«, dann ist das nicht Protokoll eines Geschehens, sondern Versprachlichung der Theophanie. Die Gotteserscheinung wird durch das Ausdrucksmittel der Naturphänomene (Feuer, Beben, Rauch, Donner u. a.) beschrieben. Es handelt sich also um Bilder, mit denen etwas Wichtiges ausgedrückt werden soll, was mit Handeln, mit einem »challenge« oder Aufruf zu einer bestimmten Lebenshaltung zu tun hat. Für den Menschen einer vorkritischen Kultur war die historische Faktizität von Geschichten weniger von Belang. Wichtig war die bestimmte ethische oder religiöse Sicht der Wirklichkeit, die sie vermittelten. So hatten sowohl reale als auch fiktive Geschichten die gleiche Funktion und realistische Dichte.
Das ist beim heutigen Menschen, der diese »narrative« Unschuld verloren hat, nicht möglich. Wenn ein Katechismus nichts anderes zu tun weiß, als den Bibeltext vom Geschehen am Sinai bzw. Horeb zu zitieren und zu paraphrasieren, leistet er einem naiv-historisierenden Bibelverständnis Vorschub.

Was hat es nun mit dem Dekalog auf sich?
»Der Dekalog ist in der Frühzeit Israels erwachsen aus sittlichen und rechtlichen Traditionen, die diese halbnomadischen Sippen immer besaßen und tradierten« (AUER, 1971, S. 58).
In den neueren Forschungen wurde überzeugend nachgewiesen, daß es sich bei den Geboten der zweiten Tafel, also des Weltethos, nicht um spezifisch israelische Ethik handelt. Damit muß die These von der »volksgebundenen israelitischen jahwistischen« Herkunft des Dekalogs dieser Einsicht weichen. Es werden vielmehr die ethischen Vorstellungen und Normen »von außen«, aus der Umwelt übernommen; doch dieses Ethos erfährt eine Veränderung vom Jahweglauben her. Israel partizipiert an der Moral und den Volkssitten des Alten Orients, die es glaubensmäßig erfaßt und verändert. So ist durch die Begegnung mit Jahwe ein anderes Verhältnis zu ethischen Normen entstanden. Dabei handelt es sich nicht um eine »ideologische Überhöhung« vorliegender Gebote, sondern um deren Vertiefung aufgrund einer intensiven Glaubenserfahrung. Diese bewirkt eine inhaltliche Weiterbildung des vorliegenden Ethos auf eine größere Menschlichkeit hin. Sie läutert das fremde Ethos und gibt ihm damit eine neue Zielrichtung.
Abschließend läßt sich sagen: Es ist typisch für die Moral des Alten Testaments, daß sie nicht unmittelbar aus der Offenbarung stammt, sondern eine Sittlichkeit ist, die sich inhaltlich zunächst selbständig in der alttestamentlichen Gesellschaft herausgebildet hat. Da sie aber in den Horizont des Jahweglaubens hineingenommen und von ihm her kritisch bewertet wurde, konnte sie sich im Geiste dieses Glaubens entfalten. Das originär Israelitische am Dekalog ist der Satz: »Und Gott redete alle diese Worte. Er sprach: Ich bin Jahwe, dein Gott, der dich aus dem Lande Ägypten herausgeführt hat, aus dem Haus der Knechtschaft« (Ex 20, 1 f.; Dtn 5, 6).

Die Formel, Gott habe alle diese Worte gesprochen, schließt nicht aus, daß die apodiktischen Sätze des Dekalogs auf natürliche Weise entstanden sind und daß erst in einem späteren theologisierenden Stadium die Imperative oder Verbote der schützenden Autorität Jahwes, in dessen Willen sie letztlich begründet sind, unterstellt wurden (vgl. AUER, 1971, S. 62 f.) Daß der Dekalog als das maßgebliche Dokument des Horeb-Bundes gedeutet wurde (Dtn 5), weist auf die Bedeutung hin, die ihm in Israel zukam.

Schließlich ist noch zu vermerken, daß die Erzählungen vom Sinai oder Horeb sehr stark geprägt sind durch den liturgischen Ablauf eines alten Festes, das den ersten Bundesschluß feierte und gegenwärtig setzte.

Wenn das hier Gesagte auch nicht in einen Katechismus gehört, so muß dieser sich doch dem Problem stellen, daß auf der einen Seite die historische und literarische Untersuchung die Traditions- und Bearbeitungsprozesse deutlich macht, daß auf der anderen Seite die Behauptung steht, dieser Text sei durch einen geheimnisvollen Offenbarungsempfang zustande gekommen. Darüber gibt der KKK keine Auskunft. Er sieht das Problem gar nicht; dabei hätten nur wenige Hinweise genügt, dieses Defizit zu beseitigen.

3.2.2.3 Die Einheit des Dekalogs

In KKK 2069 wird auf Jak 2, 10-11 verweisend gesagt, daß der, »der ein Gebot übertritt... gegen das ganze Gesetz (verstößt).«

Hinter dem gesetzwidrigen Handeln sieht man die gesetzwidrige Gesinnung; diese ist immer zu verwerfen, in welcher Gebotsübertretung sie sich auch äußern mag.

Es ist interessant, daß wir ein Gegenstück zu diesem Satz, der nachweislich jüdischer Herkunft ist, in dem stoischen Gedanken von der Solidarität der Tugenden finden: »Wer eine hat, der hat sie alle.« *Philo von Alexandrien,* ein jüdischer Philosoph und Theologe (13 v. Chr. bis 45/50 n. Chr.), kennt diese Lehre in Form eines anerkannten Grundsatzes. *Augustinus* hat die Jakobusstelle in seiner Epistula 167 an Hieronymus § 4, mit dieser stoischen Lehre zusammengebracht. »Denn wer eine Tugend hat, hat alle, und wer eine nicht hat, der hat keine. Daß dies wahr ist, wird durch die Meinung z. B. des Jakobus bekräftigt.« Das Parallelisieren beider Sätze, obwohl sie ursprünglich einander nichts angehen, ist berechtigt. Der Grundsatz jüdischer Gesetzespraxis kann kaum mehr von der stoischen Lehre unterschieden werden. Freilich kommt er nur als Gesinnungsforderung in Betracht. Paulus setzt diesen Gedanken voraus, wenn er von jedem Beschnittenen das Halten des ganzen Gesetzes verlangt (Gal 5, 3).

Der KKK bewegt sich bei dieser Frage (vgl. KKK 2069) nicht nur auf der Ebene der Gesinnung. Er bringt vielmehr zwei Handlungsbeispiele. Wenn es sicher richtig ist (2. Beispiel), daß echte Anbetung Gottes ohne Nächstenliebe nicht erfolgen kann, wird man jedoch nicht apodiktisch behaupten dürfen, es sei nicht möglich, den Mitmenschen zu ehren »ohne Gott, seinen Schöpfer, zu preisen« (1. Beispiel). Es ist unfair, arrogant, ja falsch, dem Atheisten diesen Ausdruck humanen Handelns abzusprechen, als ob dort, wo nicht an Gott geglaubt wird, wo es kein Gotteslob gibt, nur Inhumanität und Chaos herrschten.

Wir finden vielmehr – so lehrt uns die Geschichte – Anbetung Gottes und grausamste Menschenverachtung (Hexen- und Ketzerprozesse, Judenpogrome u. a.) wie radikalen Einsatz für das Wohl des Menschen und Atheismus häufig beisammen.

3.2.2.4 Der Dekalog und das natürliche Sittengesetz

Der Dekalog wird im KKK 2070 als »hervorragender Ausdruck des natürlichen Sittengesetzes« betrachtet. Er ist »unveränderlich« und gilt »immer und überall« (KKK 2072).
Diese Aussage wird der Bibel nicht gerecht, weil in ihr der Dekalog »nicht als eine starre Sammlung von Gesetzesvorschriften weitergegeben, sondern jeweils auf neue Situationen hin aktualisiert wird« (EXELER, 1981, S. 28). In Israel wurde das Gesetz Jahwes als etwas Dynamisches verstanden, das sich auf die veränderte politische oder gesellschaftliche Situation je neu einstellt. Es gab keinen über der Zeit stehenden, unveränderlichen Rechtswillen Jahwes. Jede Zeit und jede Generation waren vielmehr aufgerufen, den für sie gültigen Willen Gottes auf ihre Situation hin auszulegen. Der Alttestamentler *Gerhard von Rad* sieht in den Zehn Geboten »ein Geschehen, das jeder Generation von Jahwe her jeweils in ihrem hic et nunc (Hier und Jetzt) widerfuhr und dem sie sich zu stellen hatte« (von RAD, 1961, S. 200). Er meint, daß die Fehlentwicklung dort begann, wo man den Dekalog als absolute Größe ansah (vgl. ebd., S. 201).
Man kann also dem Gebotstext keine normative Handlungsanweisung etwa im Hinblick auf aktuelle Probleme wie Schwangerschaftsabbruch, Suizid, Todesstrafe, Notwehr, sogenannte Sterbehilfe u.a. entnehmen. Hier sind andere Orientierungen vonnöten. »In einer konkreten Problemsituation kann tatsächlich der Dekalog nur wenig dazu beitragen, eine angemessene Lösung zu finden« (EXELER, 1981, S. 29). Der KKK legt den Akzent deutlich auf ein unwandelbares Sittengesetz, das sich im Dekalog ausdrückt.
Die Lehre vom unwandelbaren natürlichen Sittengesetz, das jeder positiven Gesetzgebung vorausgeht, hat seinen Ursprung in der Philosophie der Sophisten (5./4. Jhdt. v. Chr.). In der Stoa wird sie zum Zentralen, ja zum Angelpunkt der gesamten Ethik. Da sich nach dem Verständnis der Kirchenväter in der Bibel keine umgreifende Begründung des Sittlichen findet, suchte man diese in der stoischen Lehre, die im spezifisch christlichen Kontext verstanden und weitergebildet wurde. In dieser modifizierten Form kommt die stoische Lehre ins Mittelalter, wo sie bei *Thomas von Aquin* die »für die Folgezeit wirksamste Ausformung« erfahren hat (vgl. WEBER, 1991, S. 104).
Sinn und Wert hat das Reden vom natürlichen Sittengesetz heute nur, wenn darunter »eine begrenzte Zahl sehr allgemeiner, ... fundamentaler ethischer Grundnormen« verstanden wird, die Frage aber nach dem genauen Inhalt wie den konkreten Weisungen ausgespart bleibt (ebd., S. 123).
Diese müssen gefunden werden, wenn man den konkreten Menschen im Blick hat und wenn er für seine Existenz eine Sinngebung findet. Jedoch muß man sich bewußt bleiben, daß auch diese Sinngebung wandelbar ist. Daraus ergibt sich ein Pluralismus der moralischen Auffassungen, da es ja in einer bestimmten sittli-

chen Frage verschiedene menschenwürdige Lösungen geben kann. Denken wir nur an das Problem der Geburtenkontrolle (vgl. dazu FOX, 1991, S. 707-711).

3.2.2.5 Der Christ und die Zehn Gebote

Im KKK wird in Abschnitt 2068 auf die Lehre des Konzils von Trient verwiesen, nach der die Zehn Gebote auch für den gerechtfertigten Menschen, also den Christen, »verpflichtend sind« (ebd.). Das Konzil hatte in seiner 6. Sitzung »Von der Rechtfertigung« in Canon 19 die Auffassung verurteilt »die Zehn Gebote gingen den Christen nichts an« (SMETS, 1989, S. 34).

Im KKK wird der Eindruck erweckt, als handle es sich beim Dekalog um ewige, geschichtslose unveränderliche Gebote, während doch die Einzelbestimmungen geschichtliche Größen darstellen, die im Laufe der Zeit eine Veränderung erfahren.

Zudem findet man Parallelen dieser Einzelbestimmungen im ganzen alten Orient, so daß es vermessen wäre zu behaupten, Israel habe allein eine wahre Ethik entwickelt. So waren z. B. die Ägypter und die Babylonier überzeugt, daß die Eltern geehrt werden müssen und auf diesem Tun ein eigener Segen der Gottheit ruht. Der Codex des babylonischen Großkönigs *Hamurrabi* enthält Gesetze gegen den Menschenraub und in den negativen Beichten des sogenannten Totenbuches der Ägypter aus der Zeit nach 1550, also nach dem Beginn des Neuen Reiches (ca. 1580-1000 v. Chr.) stehen ähnliche Postulate.

Der fromme Ägypter glaubte, daß er vor dem Eingang ins Totenreich ein Bekenntnis seiner Taten ablegen müsse. Aus ihm ergibt sich, was man für recht hielt:

- Ich habe nicht Unrecht getan gegen die Menschen.
- Ich habe keinen Untergebenen bei seinem Vorgesetzten schlechtgemacht.
- Ich habe nicht hungern lassen.
- Ich habe nicht weinen gemacht.
- Ich bin nicht habgierig gewesen.
- Ich habe nicht Lüge geredet.
- Ich bin nicht gegen ein wahres Wort taub gewesen.
- Ich habe nicht Schrecken erregt.
- Ich habe nicht gestritten.
- Ich habe nicht viele Worte gemacht.
- Ich habe nicht gegen einen, der Böses tat, gesündigt.
- Ich habe dem Hungernden Brot gegeben und dem Dürstenden Wasser und dem Nackten Kleider und dem Schifflosen eine Fähre (Totenbuch ca. 1400 v. Chr.).

H. Haag sieht allerdings einen fundamentalen Gegensatz zwischen der ägyptischen und dekalogischen Moral: »So sehr sich auch die ägyptische Religion um das Recht des einzelnen und den Schutz des Schwachen bekümmert, so verlegt sie doch die Begegnung des Menschen mit der Gottheit ins Jenseits. Jahwe hingegen tritt schon auf dieser Erde mit seinen sittlichen Forderungen vor den Menschen und verpflichtet sein Gewissen durch Gebote« (HAAG, 1964, S. 25).

Das Besondere am Dekalog ist also nicht der Inhalt der Einzelbestimmungen, sondern ihre Theologisierung. Alles wird von Jahwe her gesehen und auf ihn bezogen. So kann er verstanden werden als die Aussage Gottes in einer zeitbedingten jüdischen Form, die im Geiste des Neuen Testaments (vgl. Bergpredigt Mt 5-7) anders lauten mag.
Es muß ebenfalls festgehalten werden, daß die Zehn Gebote nicht den absolut wichtigsten Höhepunkt der christlichen Ethik darstellen. Sie sind auch nicht der Gipfel der alttestamentlichen Moral. Mit ihnen sollten lediglich die Grenzen markiert werden, innerhalb derer sich sittliches Verhalten konkretisieren muß.

3.2.2.6 Die Verbindung von Dekalog und Bund

Die Theologisierung der Zehn Gebote hat ihre Einbettung in den Bundesgedanken zur Folge. Das wird im KKK 2058-2063 deutlich ausgesprochen.
Es zeigt sich, daß der Dekalog ganz vom Bundesgedanken her zu verstehen ist und die dort aufgestellten Gebote keine isoliert dastehenden Forderungen sind. Sie gelten vielmehr als Konsequenz der Initiative Jahwes, die in der Erwählung Israels als sein Eigentumsvolk besteht. Der Dekalog wird somit im Heilsplan Gottes begründet und von daher motiviert. Er gilt als das Buch des Bundes.
Es zeigt sich weiterhin, daß man im Dekalog die Bundessatzung zwischen Jahwe und dem Volk erblickt. Wo die Annahme der Forderungen Jahwes endet, da endet der Bund. Israel fällt aus dem Heilsbereich des Bundes heraus, wenn es die Bundesverpflichtungen nicht einhält.
Daraus ergibt sich:

- Der Dekalog benennt nur die äußeren Grenzen, die beachtet werden müssen, wenn man sich nicht außerhalb des Bundes stellen will. Es werden lediglich Grenzbereiche abgesteckt, die jeder bewältigen kann.
- Nicht der einzelne wird letztlich angesprochen, sondern primär das Volk. Das »Du« in den Geboten meint die Gesamtheit. Dadurch wird der soziale Charakter der Gebote unterstrichen. Daß natürlich in diesem »Du« der einzelne als Glied des Volkes mitgemeint ist, ist selbstverständlich. Der KKK hat in 2063 das Volk als den primären Adressaten des Dekalogs gegenüber dem einzelnen zu wenig gewichtet.

Die Theologisierung des Dekalogs bzw. seine Hochstilisierung zur Bundesurkunde ist sicher die beste Motivierung des Volkes wie jedes einzelnen, seine Forderungen, hinter denen man Gott selbst sieht, zu erfüllen.

3.2.2.7 Der Dekalog – ein Freiheitsdokument

In KKK 2057 werden die Zehn Gebote als »Bedingungen für ein von der Sklaverei der Sünde befreites Leben« verstanden. Außerdem wird von der »befreiende(n) Kraft des Dekalogs« gesprochen, die letztlich als Folge der »großen Befreiungstat Gottes« (Befreiung aus dem Sklavenhaus Ägypten) gedeutet wird.
Dennoch kommt der Grundtenor des Dekalogs und jedes seiner Gesetze, »die Befreiung«, nicht deutlich genug zur Geltung.

Es wird bei der Behandlung der »Einzel-Worte« noch aufzuzeigen sein, wie häufig Enge und Ängstlichkeit, ein herrschaftlich-anmaßender Ton des Befehlens und Alles-schon-Wissens, alte Positionen, legalistisches und kasuistisches Denken, bibelferne Normierung, imperativische, autoritative Setzung von Normen und Werten sowie ihre undynamische Handhabung u.a. die Freiheitsbotschaft des Dekalogs zumindest verdunkeln, wenn nicht gar unkenntlich machen.
Die Präambeln beider Dekalogversionen (Ex 20, 2; Dtn 5, 9) beginnen mit der Erinnerung an das befreiende Handeln Gottes beim Auszug aus Ägypten. Läßt man sie fort, wird dem Dekalog das Fundament genommen. Der Religionspädagoge *Adolf Exeler* betont mit Recht: »Der Dekalog ist eine Aufforderung zur Ausgestaltung der von Gott geschenkten Freiheit... Das Hauptthema aller Zehn Gebote läßt sich wie folgt kennzeichnen: Sie laden die Glaubenden ein, mitzuwirken bei dem befreienden Wirken, das Gott selbst begonnen hat, damit alle Menschen als Ebenbilder Gottes ihr Recht erhalten und als freie Menschen leben können« (EXELER, 1981, S. 67 f.).

3.2.3 Didaktische Hinweise

3.2.3.1 Kurzer geschichtlicher Überblick

Die »Zehn Gebote« waren bis in die sechziger Jahre dieses Jahrhunderts ein Kernstück der schulischen Katechese sowie fester Bestandteil der Lehrpläne für den katholischen RU. Es ist ohne weiteres klar, daß das mit der Orientierung der Sittenlehre am Dekalog in den gängigen Katechismen zusammenhing. Die alte Kirche wie das frühe Mittelalter hatten – von Ausnahmen abgesehen – die Moralkatechese nicht an den Zehn Geboten orientiert. Zum Grundschema für die Sittenlehre und den Beichtspiegel wurde der Dekalog erst im 15. Jahrhundert (vgl. JUNGMANN, 1955, S. 99 f.).
Der »Deharbsche Katechismus« (1847) wie auch der »Einheitskatechismus von Mönnichs« (1925) behandeln die Zehn Gebote im zweiten Hauptstück nach dem Glaubensbekenntnis, so auch im »Kleinen Katechismus für das Bistum Trier« aus dem Jahre 1952. Der 1955 eingeführte »Neue Katechismus« (auch als »Grüner Katechismus« bekannt) bietet die Sittenlehre, die sich weiterhin am Dekalog orientiert, im dritten Teil (nach der Gottes-, Christus- und Erlösungslehre sowie der Lehre von der Kirche und den Sakramenten).
Im nachkonziliaren Arbeitsbuch »glauben – leben – handeln« (1969) werden die Zehn Gebote nur noch im Lehrstück 93 »Gottes Weisungen und Gebote« genannt und aufgezählt. Damit ging im Bereich des schulischen RU und der Katechese die Katechismus-Ära zu Ende.
Dem Dekalog kommt in den meisten folgenden Katechismusversuchen – sie haben alle keine Verbindlichkeit erlangt – keine herausragende Bedeutung mehr zu. Die Gebote werden gerade noch erwähnt und in Kurzform aufgeführt. Nur der Katechismus »Botschaft des Glaubens« (1978) widmet ihnen, zusammen mit dem Hauptgebot und den Weisungen der Kirche, 17 Seiten (vgl. BOTSCHAFT DES GLAUBENS, 1978, 315-331).

Zwei Argumente haben das Ende der dekalogorientierten Sittenlehre in den Katechismen mitprovoziert. Einmal war es der Vorwurf, sie bleibe auf der Stufe des Alten Testaments stehen; zum andern betraf die Beschwerde die negative Formulierung der ethischen Normen: »Du sollst nicht«! Die Entfaltung dieser »Du-sollst-nicht-Gebote« hatte tatsächlich dazu geführt, daß aus der Sittenlehre eine Sündenlehre geworden ist.
Der »Holländische Katechismus« richtet seine Ethik im vierten Teil am Weg Christi aus. Er folgt noch der Einteilung der Zehn Gebote, auch wenn er sich nicht an »ihre Reihenfolge bindet« (HOLLÄNDISCHER KATECHISMUS, 1968, S. 416). Der vom DKV (Deutscher Katechetenverein) herausgegebene Katechismus zum Unterrichtswerk ZIELFELDER RU subsumiert die Morallehre unter dem Hauptgebot, dem dann die »Weisungen Gottes: Die Zehn Gebote« – sie finden sich im Kapitel 35.4 in Kurzform – untergeordnet werden.

3.2.3.2 Ethische Erziehung im Religionsunterricht

Die hier zitierten Leitsätze für ethisches Lernen im RU sind meinem Buch »Kompendium Didaktik. Katholische Religion«, München ²1992, S. 25-26 entnommen:

- Ethisches Lernen im RU ist ein kognitiv-affektiv-praktischer Lernprozeß. Ethisches Lernen unter Ausschluß einer der drei Lernarten greift zu kurz, weil es sowohl das Verstehen, die kritische Reflexion, wie ethische Praxis umfassen muß.
- Ethisches Lernen erfolgt als nicht-organisierter Vorgang in der Familie, in informellen und formellen Gruppen angesichts von Sozialisation und in Auseinandersetzung mit Sozialisationsprozessen.
- Organisiertes ethisches Lernen geschieht vorwiegend in Unterricht und Katechese, wobei dem RU ethisches Lernen von der Sache her zugewiesen ist, insofern Glaube immer auch Handeln bedeutet.
- Die schulischen Lernmöglichkeiten liegen vor und nach dem Handeln. Sie liegen nicht nur auf kognitiver Ebene, (STACHEL, 1977, S. 26).
- In der Interaktion zwischen Lehrer und Schülern besteht die Möglichkeit, gelernte ethische Grundsätze auch zu praktizieren; der Umgang miteinander ermöglicht ebenfalls unorganisiertes ethisches Lernen.
- Die im kognitiven und affektiven Lernen erworbenen Einstellungen motivieren zum Handeln, wobei Sozialisationsmomente erschwerend oder begünstigend mitwirken.
- Vor allem ein problemorientierter RU wie die entsprechende Form der Katechese begünstigen ethisches Lernen und tragen zur Einstellungsänderung bei.
- Die Inhalte des ethischen Lernens basieren auf anthropologischen und theologischen Aspekten. Daß sich das Ich sozial entfalten und bewähren muß (Mitmenschlichkeit, Nächstenliebe, Hingabebereitschaft usw.), verweist auf die anthropologische Basis. Daß sich darin jedoch die konkrete Gestalt der Nachfolge Christi kundtut, läßt den theologischen Aspekt aufleuchten. Soziale Praxis als Forderung Jesu wird in seiner anthropologischen Basis im Lichte des Evangeliums identifiziert.

- Ethisches Lernen bezieht sich auch auf die Schöpfung, die nicht beliebig in Gebrauch genommen werden kann, sondern sachgerechtes, erhaltendes Wirken erfordert.
- Ethische Erziehung muß sich vermehrt um Spiritualität bemühen. Gebet und Medidation machen es dem Menschen leichter, sich der Welt gegenüber sachgerecht und dem Menschen gegenüber kommunikativer zu verhalten und sich selbst der Tiefe zu öffnen. In der Meditation findet sich der Mensch letztlich vor Gott. Hier lernt er auch, das Sterben einzuüben in den vielen kleinen und großen Abschieden seines Lebens. Hier lernt er weiterhin, daß Selbstverwirklichung nicht im Sich-Behalten, sondern nur im Sich-Schenken, in der Hingabe geschieht.
- Ethisches Lernen ist auch Lernen am Modell. Vom beobachteten Modell werden Eigenschaften und Motive übernommen und verinnerlicht. Die Modellperson muß vom Heranwachsenden als solche erkannt und ihre Einstellung als bedeutsam empfunden werden. Die Beliebtheit eines Modells wird beim Kind vor allem durch affektive Zuwendung, beim Jugendlichen durch verständnisvolle Gesprächsbereitschaft erreicht. Gerade der Religionslehrer sollte sich bemühen, alles zu investieren, um dem Schüler Modell ethischen Lernens sein zu können.

3.2.3.3 Ethische Erziehung und der Dekalog

Natürlich behalten die Zehn Gebote in der Moralerziehung weiterhin ihre Bedeutung, auch wenn diese nicht mehr dekalogorientiert vonstatten geht. War in einer solchen das Erziehungsziel die Unterwerfung des zu Erziehenden unter die Autorität des Schöpfergottes sowie der Gehorsam seinen Geboten (Dekalog) gegenüber, erkennt man heute immer mehr, daß der bloße Gehorsam nicht trägt und den Menschen nicht zu sich selbst kommen läßt. »Der Mensch ist nur Mensch im Selbstvollzug seiner Freiheit... Die(se) menschliche... Freiheit hat in der Freiheit Gottes nicht ihre Konkurrenz oder ihre Grenze, sondern ihre unendliche Offenheit.« (LANGER, 1986, S. 266). Der tragende Begriff der Moralerziehung kann deshalb nicht mehr Gehorsam heißen, sondern Verantwortung, so daß die Hauptaufgabe der ethischen Erziehung darin besteht, den jungen Menschen in einen verantwortlichen Vollzug von Freiheit einzuüben.

Wenn wir den Dekalog als Freiheitsdokument verstehen, nämlich als Aufforderung, die von Gott geschenkte Freiheit in Eigenverantwortung auszugestalten, dann sind die aus ihm folgenden ethischen Forderungen nichts anderes als Konsequenzen aus der Befreiungstat Gottes.

Man wird die Zehn Gebote im schulischen RU wie der Gemeindekatechese nicht im Sinne von »Du-sollst-nicht-Geboten« darbieten, sondern als hilfreiche, freimachende Wegweisungen. Sie sind Markierungszeichen für einen richtigen Umgang mit Gott, Mitmensch und Welt.

Drei Aspekte könnten in diesem Zusammenhang hervorgehoben werden:

- Die gesellschaftliche Bedeutung der Freiheitsgeschichte, die ja gerade in der Kirche Lateinamerikas seit 1965 eine bedeutende Rolle spielt, wenn es darum geht, Zustände zu schaffen, in denen göttliche Weisungen überhaupt erst gelebt werden können.

- Die befreiende Wirkung des Dekalogs gegenüber seinem legalistischen Mißverständnis, das eine jeweilige Aktualisierung verhindert und zudem geschichtslos ist. Formulierungen wie: die Gebote sind »unveränderlich«, sie »gelten immer und überall« (KKK 2072) leisten einem statisch-abstrakten ungeschichtlichen Verständnis des Dekalogs Vorschub.
- Die Bedeutung der Gottesbeziehung für das rechte Verständnis des Dekalogs. Erst wenn die Zehn Gebote von der Erfahrung des uns rettenden und befreienden Gottes her gedeutet werden, wenn also der Zusammenhang von Ethos und Glaube beachtet wird, kann das »tiefsitzende legalistische Mißverständnis des Dekalogs« überwunden werden (EXELER, 1981, S. 67).

Man könnte durch eine solche Moralerziehung dem Dekalog wieder ein stärkeres Gewicht geben.

3.2.3.4 Literaturangaben

- AUER, A.: Autonome Moral und christlicher Glaube, Düsseldorf 1971
- CRÜSEMANN, F.: Bewahrung der Freiheit. Dekalog, Gütersloh 1993
- EXELER, A.: In Gottes Freiheit leben. Die Zehn Gebote, Freiburg 1981
- HAAG, H.: Dekalog, in: Bibellexikon (Hrsg. HAAG, H.), Einsiedeln 1956, S. 316-320
- HÄRING, B.: Frei in Christus, 3 Bde., Freiburg 1979/81
- MCKENZIE, J. L.: Geist und Welt des Alten Testaments, Luzern 1962
- NOTH, M.: Das zweite Buch Mose (Exodus), Göttingen [3]1965
- RAD, G. von: Theologie des Alten Testaments I, München 1961
- WEBER, H.: allgemeine Moraltheologie, Graz/Wien/Köln 1991

3.3 Das erste Gebot

3.3.1 Was steht im KKK? (2084-2141)

Das Gebot wird mit der Präambel – zuweilen auch Prolog genannt – nach der Exodusfassung (Ex 20, 2-5) in der Einheitsübersetzung vorgelegt. Dabei wird der dort verwandte Gottesname »Jahwe« durch »der Herr« ersetzt.

Die Präambel lautet:
»Ich bin der Herr, dein Gott, der dich aus Ägypten geführt hat, aus dem Sklavenhaus« (Ex 20, 2).

Das Gebot lautet:
»Du sollst neben mir keine anderen Götter haben. Du sollst dir kein Gottesbild machen und keine Darstellung von irgend etwas am Himmel droben, auf der Erde unten oder im Wasser unter der Erde. Du sollst dich nicht vor anderen Göttern niederwerfen und dich nicht verpflichten, ihnen zu dienen« (Ex 20, 3-5).

Das Gebot wird in vier Abschnitten, deren plakative aus der Bibel genommene Überschriften den Tenor angeben, entfaltet.
Dem I. Abschnitt »Du sollst den Herrn, deinen Gott, anbeten und ihm dienen« werden die theologischen Tugenden Glaube (KKK 2087-2089), Hoffnung (KKK 2090-2092) und Liebe (KKK 2093-2094) zugeordnet.

- *Glaube:*
  Glaubensgehorsam wird als Verpflichtung des Menschen gegenüber Gott begriffen, den wir wegen seiner Unbeweglich- und Unveränderlichkeit – hier wird der »Römische Catechismus« zitiert – als »treu ohne jede Ungerechtigkeit« bekennen (KKK 2086).
  Im »Verkennen«, man könnte auch sagen »Nicht-Erkennen« Gottes, wird der Grund für alle sittlichen Verfehlungen gesehen.
  Darum muß der Glaube behütet, genährt und verteidigt werden (vgl. KKK 2088). Es wird zwischen Glaubenszweifel (freiwillig bzw. unfreiwillig) und Unglauben unterschieden.
- *Hoffnung:*
  Die Hoffnung wird als Erwartung der Gottesschau definiert, die dennoch die Befürchtung hegt, sich Gott gegenüber zu versündigen. Verzweiflung und Vermessenheit sind die Sünden gegen die Hoffnung.
- *Liebe:*
  Die Gottesliebe wird befohlen. »Gleichgültigkeit«, »Undankbarkeit«, »Lauheit«, »Überdruß an geistlichen Dingen« wie »geistige Trägheit« sind Sünden gegen die Liebe Gottes.

Der II. Abschnitt »Ihm allein sollst du dienen« beschäftigt sich mit der »Anbetung« (KKK 2096-2097), dem »Gebet« (KKK 2098), dem »Opfer« (KKK 2099-2100), dem »Versprechen und Gelübde« (KKK 2101-2103) und der »Verpflichtung der Gesellschaft zur Gottesverehrung und (dem) Recht auf Religionsfreiheit« (KKK 2104-2109).
Die einzelnen Akte der Gottesverehrung werden erklärt bzw. mit Hilfe des kanonischen Rechts (CIC) definiert (siehe KKK 2102). Besonders beim Abschnitt über das Recht auf Religionsfreiheit greift der KKK auf die Lehrtradition der Päpste (Pius VI., Pius IX., Leo XIII., Pius XI., Pius XII.) sowie des 2. Vatikanischen Konzils (»Erklärung über die Religionsfreiheit«) zurück.
Im III. Abschnitt »Du sollst neben mir keine anderen Götter haben« geht es um »Aberglaube« (KKK 2111), »Götzendienst« (KKK 2112-2114), »Wahrsagerei und Magie« (KKK 2115-2117), »Verfehlungen gegen die Gottesverehrung« (KKK 2118-2122), »Atheismus« (KKK 2123-2126) sowie »Agnostizismus« (KKK 2127-2128).
Die einzelnen Positionen finden eine inhaltliche Erklärung. Häufig wird dabei auf Schriftstellen verwiesen. Das kirchliche Recht spielt zweimal eine Rolle: bei der Frage nach dem Sakrileg (KKK 2120) und den Stolgebühren (KKK 2122).
Vom Atheismus wird gesagt, daß er oft »auf einer falschen Auffassung von der menschlichen Autonomie« basiere (KKK 2126). Er wird als »Sünde gegen die Tu-

gend der Gottesverehrung« qualifiziert (KKK 2125). Als Formen des Atheismus gelten der praktische Materialismus wie der atheistische Humanismus (vgl. KKK 2124). Häufig komme »der Agnostizismus dem praktischen Atheismus gleich« (KKK 2128).

»Du sollst dir kein Gottesbild machen« charakterisiert den IV. Abschnitt (KKK 2129-2132).

Es wird zur Kenntnis gebracht, daß das absolute Bilderverbot im AT selbst seine Relativierung erfährt. Genannt werden »die eherne Schlange«, »die Bundeslade« und »die Kerubim« (KKK 2130). Für die Christen ist das »Mysterium des fleischgewordenen Wortes« – Gott selbst ist ein Stück Welt und damit Materie geworden – das entscheidende Kriterium für die Legitimität der Bilderverehrung (vgl. KKK 2131 f.).

Neun Kurztexte (KKK 2133-2141) fassen die Aussagen zum ersten Gebot zusammen.

3.3.2 Kritische Reflexion

3.3.2.1 Die Präambel und ihre Bedeutung

Es wird m. E. in der Präambel (vgl. KKK 2084) zu wenig auf die Bedeutung der Befreiungstat Jahwes verwiesen, von der her erst der Sinn aller Gebote zu verstehen ist. Schlüsselwort ist dabei der Begriff »Freiheit«, der durch die Chiffre von der Herausführung aus dem Sklavenhaus Ägypten illustriert wird. Die Gottesbeziehung wird nicht als Herrschaftsbegriff, sondern als Freiheitsbegriff gedacht. Wenn das nicht gesehen wird, erscheint der Dekalog als Ausdruck einer Gehorsams- bzw. Unterwerfungsethik, mit der Gott den Menschen diszipliniert. Dagegen ist der Dekalog mit seinen Einzelgeboten und seinem »du sollst nicht« Ausdruck einer Beziehung zwischen Gott und Mensch, die in »kommunikativer Freiheit« gründet. »Dieser – aus der Hegel-Interpretation gewonnene – Begriff bedeutet, daß der eine den anderen nicht als Grenze, sondern als die Bedingung der Möglichkeit seiner eigenen Selbstverwirklichung erfährt« (CRÜSEMANN, 1993, S. 39). Damit ist letztlich gemeint, daß der Mensch, der seine Existenz allein in seiner Beziehung zu Gott hat, auch nur in der Beziehung zum Mitmenschen sich selbst verwirklichen kann. Die Beziehung zu Gott wie zum Mitmenschen ist das Thema der einzelnen Gebote des Dekalogs.

3.3.2.2 Die Unveränderlichkeit und Unbeweglichkeit Gottes

Gott wird »unbeweglich« und »unveränderlich« genannt (vgl. KKK 2086). Er »bleibe immer der gleiche«.

In kirchenamtlichen Lehräußerungen – von Nizäa 325 bis zum 1. Vatikanischen Konzil 1870 – wird mit so großer Selbstverständlichkeit von der Unveränderlichkeit Gottes gesprochen, »als handle es sich dabei um ein nicht hinterfragbares Axiom« (VORGRIMLER, 1985, S. 149). Überlegungen der griechischen Philosophie, in der dieses Axiom zu suchen ist, gingen in die christliche Theologie ein. Heute ist das Unveränderlichkeitsaxiom nicht mehr allgemein anerkannt. Gerade die nordamerikanische Prozeßtheologie wie auf katholischer Seite die Gedanken

Teilhard de Chardins haben das Verdienst, die Frage aufgeworfen zu haben, ob man mit den griechischen Wesensaussagen von Gott heute noch zurecht kommen kann. Der große katholische Theologe *Karl Rahner* löste das Problem dialektisch und paradox. Er hielt an der Unveränderlichkeit Gottes fest und bejahte gleichzeitig seine Veränderlichkeit. »Der an sich selbst Unveränderliche kann selber am anderen veränderlich sein« (RAHNER, 1960, S. 147; ders. 1976, S. 219). *Rahner* meint damit, daß die biblische Offenbarung ein wirkliches Werden Gottes in der Menschwerdung bezeugt und daß ein solches Werdenkönnen – was ja Veränderung beinhaltet – nicht als Mangel, sondern als höchste Vollkommenheit zu denken sei. Außerhalb der veränderlichen Wirklichkeit und Erfahrungswelt des Menschen jedoch ist er der Unverfügbare, Unveränderliche, Namenlose, das absolute Geheimnis, Ursprung und Ziel unserer Transzendenz, die außerhalb der Geschichte liegen (vgl. VORGRIMLER, 1985, S. 157). Es wäre sicher sinnvoll gewesen, dieses Problem – Gott ist unveränderlich und wird zugleich –, das in der Selbstentäußerung Gottes seinen Grund hat, auch im Katechismus anzusprechen. Bei seinen Aussagen bleibt der faszinierende Gedanke, daß Gott die »Unmöglichkeit« hat, sich selbst wegzugeben an das Nichtgöttliche, außen vor. Zudem scheint es mir zu einfach und nicht angemessen, in dieser Frage nur den »Römischen Catechismus« zu zitieren (vgl. auch Zweiter Teil, 1.1.2.1).

3.3.2.3 Der transzendentale und kategoriale Aspekt der Frömmigkeit

Karl Rahner unterscheidet zwischen dem transzendentalen und kategorialen Aspekt christlicher Frömmigkeit, die sich gegenseitig bedingen (vgl. RAHNER, 1966, S. 64-70).

Unter transzendentaler Frömmigkeit versteht er eine christliche Grundhaltung, die in der Hingabe an Gott oder im »Sich-fest-Machen« an Ihm in Glaube, Hoffnung und Liebe besteht. Die kategoriale Frömmigkeit meint die Akte, in denen diese Grundhaltung Ausdruck findet. Die Grundakte »Glaube«, »Hoffnung« und »Liebe« werden transzendental genannt, weil sie den innerweltlichen Erfahrungsbereich übersteigen, d.h. transzendieren und »in das unsagbare Geheimnis selbst hinein« (ebd., S. 65) weisen. Diese Akte sind die Sache, um die es beim Glauben geht. Die kategorialen Akte dagegen sind bestimmt durch innerweltlich auszumachende Verhaltensformen (Kategorien) wie z. B.: Bekennen, Fest-für-wahr-Halten, Bitten, Anbeten, Opfern, Danken u.a. Es sind die Mittel, die dem transzententalen Aspekt der Frömmigkeit Gestalt geben. Das Entscheidende am Glauben ist die Selbstübergabe des Menschen in die Unbegreiflichkeit Gottes hinein. Gleichwohl kommt den Ausdrucksformen – also dem kategorialen Aspekt des Glaubens eine große Bedeutung und Notwendigkeit zu, weil sie das heilsmittlerische Tun der Kirche anzeigen.

Wenn der KKK von Glaube, Hoffnung und Liebe, von Anbetung und Opfer (vgl. KKK 2087-2103) redet, hat er ausschließlich ihre kategorialen Ausdrucksformen im Blick. So soll z. B. alles geglaubt werden, »was Gott geoffenbart hat und die Kirche zu glauben vorlegt« (KKK 2088). Der »Daß-« bzw. »Aussage-Glaube« ist an-

gesprochen. Es geht um Glaubenssätze, um Glaubenswahrheiten, das Doktrinäre, das von der Kirche Vorgelegte, in denen sich der Glaube artikuliert. Daran zu zweifeln, es zurückzuweisen oder abzulehnen ist Sünde wider den Glauben, die in verschiedenartiger Schwere und Gestalt vorliegen kann.
Das Entscheidende am Glauben und an der Frömmigkeit überhaupt, die Selbstübergabe des Menschen in die Unbegreiflichkeit Gottes hinein steht auf jeden Fall in Gefahr, »übersehen und erdrückt zu werden durch die Vielfalt und Eindrücklichkeit des kategorialen Elementes in der Religion, durch die Vielfalt der Worte der christlichen Lehre, durch die Eindrücklichkeit und Komplexheit des Rituellen, Sakramentalen und Rechtlichen« (ebd.). Alles einzelne, das im Bereich der Frömmigkeit geschieht – auch das Fest-für-wahr-Halten von Glaubenslehren wie Anbetung, Gelübde und Opfer –, wird in dem Maße zum Götzendienst, wie es nicht jenem Glauben dient, »der dadurch erst er selber wird, daß Gott durch sich selbst ... diesen Akt des Menschen erwirkt und trägt« (ebd.).
Transzendentale und kategoriale Aspekte von Religion, Glaube und Frömmigkeit sind immer wieder aufeinander zu beziehen. Es muß jedoch jede Gestalt der Frömmigkeit geprüft werden, ob an ihr deutlich wird, daß sie Hilfe zur Vermittlung ist und nicht schon das Vermittelte selbst zu sein beansprucht.
Daß es zu den Grundaufgaben religiöser Erziehung gehört, den Menschen anzuleiten, eigene ihm gemäße Erfahrungen mit Religion und Glauben zu machen und nicht das Zeichen mit dem Bezeichneten zu verwechseln, kommt im KKK nicht zur Sprache; ebensowenig, daß über den dem Menschen geschenkten Freiraum, in dem sich die befreiende Macht Gottes kundtut, kein kirchliches Amt, kein Katechismus und kein kirchliches Rechtsbuch verfügen kann.
Die starke Betonung der kategorialen Elemente der Frömmigkeit im KKK läßt ihre transzendentale Seite nicht deutlich werden.

3.3.2.4 Religionsfreiheit – Absolutheit des Christentums – Gottesverehrung

3.3.2.4.1 Religionsfreiheit (vgl. KKK 2106-2109)
Im 18. Jahrhundert nannte Papst *Gregor XVI.* in seiner Enzyklika »Mirari vos« (15. August 1832) die Meinung, »einem jeden müsse die Freiheit des Gewissens zugesprochen und sichergestellt werden«, eine »widersinnige und irrige Auffassung bzw. vielmehr Wahn« (DENZINGER-HÜNERMANN, 1991, Nr. 2730), die Forderung nach Meinungsfreiheit einen »pesthaften Irrtum« (ebd., Nr. 2731).
Diese Auffassung wird drei Jahrzehnte später von *Pius IX.* in seinem Rundschreiben »Quanta cura« vom 08. Dezember 1864 bekräftigt. Der Enzyklika angefügt war noch der berühmte »Syllabus«, eine Sammlung von zeitgenössischen Meinungen, die der Papst bereits in früheren Stellungnahmen verurteilt hatte. In den beiden letzten Nummern (79 und 80) des »Syllabus« wird gefordert, daß alle Söhne der katholischen Kirche folgende Meinung als »vollends verworfen, geächtet und verdammt« betrachten sollen:

Nr. 79: »Es ist nicht wahr, daß die bürgerliche Religionsfreiheit sowie die allen gewährte unbeschränkte Meinungs- und Gedankenfreiheit dazu beitragen, Geist und Sitten der Völker zu verderben und die Seuche des Indifferentismus zu verbreiten.«
Nr. 80: »Der Römische Papst kann und soll sich mit dem Fortschritt, mit dem Liberalismus und mit der modernen Zivilisation aussöhnen und abfinden« (HILPERT, 1991, S. 141).

Mit der »Erklärung über die Religionsfreiheit«, die das 2. Vatikanische Konzil am 07. Dezember 1965 verabschiedet hat, hat die katholische Kirche mit der bisherigen Lehrtradition Schluß gemacht und auch in dieser Frage der Aggiornamento-Idee *Johannes XXIII.* Rechnung getragen. Das Konzil hatte bis zuletzt um diesen Text gerungen, der für jeden ökumenischen Fortschritt als unabdingbar galt.
So wird im KKK die Religionsfreiheit als Fundament der Rechte, »(das) auf der Natur des Menschen (gründet)« verstanden. Dieses Recht bleibt »auch denjenigen erhalten, die der Verpflichtung, die Wahrheit zu suchen und an ihr festzuhalten, nicht nachkommen« (KKK 2106).
Jedoch warnt man vor einer subjektivistischen Konzeption des sittlichen Urteils, das im Recht auf Religionsfreiheit »ein angebliches Recht auf Irrtum« oder »die moralische Erlaubnis, einem Irrtum anzuhängen« erblicken könnte (vgl. KKK 2108).
Hier schlägt die traditionelle katholische Lehre durch – es wird in Fußnoten auf *Leo XIII.* und *Pius XII.* verwiesen –, die von dem Prinzip ausgeht, daß der Irrtum kein Recht gegenüber der Wahrheit beanspruchen kann, weil ihr der Vorrang vor der individuellen Freiheit zukommt. Den Grundsatz: »kein Recht für den Irrtum« findet man zum ersten Mal ausformuliert bei *Augustinus:* »Was für einen schlimmeren Tod kann es für die Seele geben als die Freiheit des Irrtums?« (AUGUSTINUS, Ep. 166). Das ist sowohl an den einzelnen wie an die staatliche Gewalt gerichtet, die ja im Dienst des Gemeinwohls steht.
Daß auch der KKK so tendiert, zeigt der Abschnitt 2109, wo davon die Rede ist, die dem Recht auf Religionsfreiheit innewohnenden Grenzen seien durch die staatliche Autorität »nach rechtlichen Normen, die der objektiven sittlichen Ordnung entsprechen« zu bestimmen.
Natürlich setzt diese Auffassung als sicher voraus, »daß die Wahrheit auch stets erkennbar ist und daß sie sich unabhängig vom jeweiligen Einsichtsstand der sie suchenden Personen subjektivieren läßt« (HILPERT, 1991, S. 152). Die menschliche Erkenntnisfähigkeit wie auch die situativen Gegebenheiten sittlicher Entscheidungen finden keine Berücksichtigung, so daß es nur die Alternative zwischen Wahrheit und Irrtum gibt, der seinen letzten Ursprung in moralischen Defiziten hat.
Im Grunde führt die Überzeugung vom unbedingten Recht der Wahrheit gegenüber dem Irrtum zur Verwerfung der Freiheit im Sinne der Grundrechte, die letztlich »Offenheit auch zum Sinnlosen, zum Verkehrten, zum Bösen« einschließt (ISENSEE, 1981, S. 98).

Gerade diese Offenheit gegenüber dem verkehrten Gebrauch der Freiheit, »gegenüber dem Sinnlosen, Bösen, Unwahrhaftigen, Egoistischen« (HILPERT, 1991, S. 151) gehört zum Menschenrecht der Religionsfreiheit, das im KKK im Sinne der katholischen Doktrin interpretiert wird.

3.3.2.4.2 Absolutheit des Christentums (vgl. KKK 2104-2105; s. a. 2106-2109)

Man hat den Eindruck, daß sich in den Passagen über die Religionsfreiheit ein arroganter Absolutismus breitmacht, statt einen christlichen Universalismus, der für das Christentum nicht Ausschließlichkeit, wohl aber »Einzigartigkeit« beansprucht, zu betonen.

Denn auch die Christenheit ist nicht einfach im Besitz der bekannten Wahrheit. Sie muß deshalb je neu – zwar der eigenen Tradition verpflichtet, aber ohne dogmatische Fixierung –, mit allen Religionen nach der größeren und damit unbekannten Wahrheit suchen. Nur so wird ihre einzigartige Botschaft aufleuchten und überzeugen (vgl. KÜNG, 1974, S. 102-108).

Es ist vollends unerträglich, wenn die christliche Religion (ihre Wahrheit und Einzigartigkeit) einseitig, absolut und exklusiv in der römisch-katholischen Kirche verwirklicht sieht (vgl. KKK 2105). Das 2. Vatikanische Konzil hat auch den nicht-römisch-katholischen »Kirchen und kirchlichen Gemeinschaften« dadurch, daß es sie so nennt, »Katholizität« zugesprochen – sie gilt ja als Wesenseigenschaft von Kirche und Kirchlichkeit -, so daß der Exklusivanspruch auf sie durch die römische Kirche nicht mehr gerechtfertigt ist (vgl. II. VAT., LG 15).

3.3.2.4.3 Gottesverehrung (vgl. KKK 2105)

Wenn wir heute davon ausgehen müssen, daß in unserer pluralistischen Gesellschaft christliche Gläubigkeit weder selbstverständlich noch unangefochten ist, sondern mit anderen Arten von Weltverständnis konkurrieren muß, mutet es seltsam, weltfremd, ja völlig unrealistisch an, eine Pflicht der Gesellschaft zur Gottesverehrung bzw. der Gesellschaften »gegenüber der wahren Religion und der einzigen Kirche Christi« (KKK 2105) zu konstatieren.

Man scheint den weltanschaulichen Pluralismus moderner Gesellschaften, in denen eine Vielzahl von Bekenntnissen, Weltanschauungen und Ethiken einen Verzicht auf die Vormachtstellung des eigenen Wertesystems erforderlich macht und zum Kulturrelativismus führt, völlig zu ignorieren.

Weil zum Menschen wesentlich eine Bestimmung gehört, gibt es eine ganze Reihe von pluralen Entwürfen vom Menschen, je nachdem wie dessen Funktion innerhalb des Weltganzen beurteilt wird. Ihnen allen ist, auch solchen, in denen kein Raum mehr bleibt für Gott, eines gemeinsam: die Suche nach dem authentisch Humanen. Sie ist letztlich der immer neue Versuch, die sich in der Wirklichkeit des Lebens darbietenden und durch die Erfahrung gefaßten negativen Faktoren menschlicher Seinsentwürfe zu überwinden.

Solche modernen pluralistischen Gesellschaften, in denen der Transzendenzbezug nicht selten fehlt, in denen die christliche Situation als Diaspora charakterisierbar ist (vgl. RAHNER, 1959, S. 24), in denen Säkularismus vorherrscht und

Atheismen gang und gäbe sind, sind zur Gottesverehrung nicht fähig, ja sie kann nicht einmal ihre Aufgabe sein. Erst recht vermögen sie nicht den Wahrheitsanspruch der einzelnen in ihnen existenten Religionen bzw. christlichen Kirchen zu beurteilen.

3.3.2.5 Atheismus und Agnostizismus

Das wichtige Thema des Atheismus (vgl. KKK 2123-2127) wird m. E. im Weltkatechismus zu oberflächlich behandelt. Man hätte darauf hinweisen müssen, daß nicht – wie häufig kirchlicherseits behauptet – der atheistische Humanismus wegen des Fehlens der Möglichkeit einer absoluten Zukunft notwendig in Unmenschlichkeit scheitern muß, auch wenn bei ihm die Gefahr gegeben ist, sich ideologisch zu verabsolutieren und zur Ideologie zu verkommen, genausowenig wie das kirchliche Christentum durch seine Anerkennung Gottes vor Unmenschlichkeit bewahrt blieb und bleibt.

Man vermißt auch einen Rekurs auf das II. Vaticanum, das die bislang auf Verurteilung und Abgrenzung ausgerichtete kirchenamtliche Position dem Atheismus gegenüber hin zu einer Dialogbereitschaft verändert hat, »in der auch die im neuzeitlichen Atheismus enthaltenen Anfragen und Vorwürfe an die Kirche selbstkritisch reflektiert werden« (ROLFES, 1984, S. 70).

Das I. Vaticanum verwirft den absoluten Autonomieanspruch des Menschen wie auch die Bestreitung der Möglichkeit einer natürlich begründeten Gotteserkenntnis. Positiv ausgedrückt heißt das: Es muß sich zeigen lassen, daß der Mensch auch ohne Offenbarung zur Erkenntnis Gottes gelangen kann (wider den Agnostizismus).

Diese Auffassung liegt der Aussage (vgl. KKK 2127) zugrunde, die sich mit dem Agnostizismus und seinen Erscheinungsformen beschäftigt. Kritisch ist zu vermerken, daß Gott durch die Überbetonung seiner Beweis- und Erkennbarkeit zu einem Wissensobjekt wird. Von Gott zu sprechen hat jedoch nur Sinn, wenn er in irgendeiner Weise im Erfahrungshorizont des Menschen aufleuchtet, weil ein Gottesglaube, der jeder Erfahrung entbehrt, nicht verifizierbar und ohne Bedeutung für das menschliche Leben ist. Die sogenannten Gottesbeweise (vgl. KKK 2127) sind nichts anderes als besonders ausgeprägte Reflexionsgestalten, »die der transzendentalen Grunderfahrung des menschlichen Daseins gelten« (VORGRIMLER, 1985, S. 24).

3.3.3 Didaktische Hinweise

3.3.3.1 Grundlegende Überlegungen

Die Behandlung des ersten Gebotes in Religionsunterricht und Katechese muß nach Darlegung und Erarbeitung der ursprünglichen Intention vor allem die heutige Aktualisierung im Blick haben. Überall dort, wo sich Ideologien – sei es von links oder rechts – breit machen und den Menschen vereinnahmen, steht nicht mehr Gott im Mittelpunkt, sondern ein Götze. Ideologien haben keinen Transzendenzbezug, sie vergöttern geschöpfliche Werte. Damit zerstören sie systema-

tisch die Humanität ihrer Anbeter. Ideologien erweisen sich letztlich als inhuman, auch wenn sie ausgeben, eine humanere Welt schaffen zu wollen.
Andere Götzen unserer Zeit, wenigstens in den westlichen Industriegesellschaften, denen unendlich viel an Humanität geopfert wird, sind: Materielles Wachstum, Erfolg, Konsum, Genuß, Ansehen, Geld, Erfolg, Macht u.a. Gerade für die Gefährdungen, die für Mensch und Umwelt von ihnen ausgehen, sind die jungen Menschen heute sensibler als in früheren Zeiten, auch wenn sie häufig mit Hilfe von Ideologien den Kampf gegen sie führen möchten.
Es bedarf deshalb der gründlichen ideologiefreien Information. Denn wo diese »Götzen« verabsolutiert werden, wird das menschliche Sein zerstört. Es muß deutlich werden, daß es nicht um Geringschätzung der geschöpflichen Werte geht, sondern um ihre »Entgöttlichung« (vgl. dazu EXELER, 1981, S. 99-102).

3.3.3.2 Einzelthemen

Unter dem Stichwort »Das erste Gebot« sind im Weltkatechismus einige Themen angesprochen, die im schulischen RU wie in der Katechese Unterrichtseinheiten notwendig machen. Zu drei Bereichen folgen einige didaktische Überlegungen.

3.3.3.2.1 Anbetung – Gebet – Gottesverehrung

Das Gebet (vgl. KKK 2096-2098) als zentrale Form der Gottesverehrung sowie als wichtiges religiöses Phänomen muß im RU und in der Katechese immer wieder thematisiert werden. Es ist auch in Lehrplänen und Arbeitsbüchern ein traditioneller Gegenstand der religiösen Unterweisung.
Freilich sollte zwischen dem RU in der Schule und den verschiedenen Formen der Gemeindekatechese, in denen eine Einübung in die Gebetspraxis intendiert wird, unterschieden werden. Beten als Ausdruck und Vollzug des Glaubens und als Akt der Gottesverehrung ist nur dort möglich, wo der Glaube – wenn auch angefochten – noch trägt oder wo Glaubenkönnen ersehnt wird. Das ist bei den Teilnehmern des RU nur noch eingeschränkt der Fall. Hier gilt es, die Vorräume des Betens zu bereiten. So sind Schweigen-, Staunen-, Dankenkönnen und Ehrfurcht Vorstufen des Gebetes.

Die Religionslehrer sollten bedenken:

- Direkte Gebetserziehung ist heute im RU der pluralen Schule kaum mehr möglich; indirekte Gebetserziehung ist sinnvoll.
- Unterrichtseinheiten über das Gebet sind im Primar- und Sekundarbereich unerläßlich. Das Beten muß im RU Gegenstand eines eingehenden, geplanten, kritschen Reflexionsprozesses werden.
- Die Gebetspraxis anderer Völker und Religionen kann für das Gebetsleben der Schüler motivierend sein.
- Das Gebet wird im RU nur erfolgen können, wenn die Klassensituation es zuläßt.

- Die Schüler sollen angeleitet werden, ihre religiösen Erfahrungen, aber auch ihre Zweifel, in selbstformulierten Gebeten zum Ausdruck zu bringen.
- Christliches Engagement kann ausdrückliches Beten sein (vgl. SAUER, 1979, S. 67 f.; FOX, [2]1992, S. 187 f.)

3.3.3.2.2 Aberglaube – Wahrsagerei – Magie

Im Grundlagenplan für den katholischen RU im 5. bis 10. Schuljahr ist für das 9./10. Schuljahr unter den Wahlthemen »Glaube und Aberglaube« (vgl. KKK 2111-2117) angegeben.

Die anthropologischen Wurzeln für den Aberglauben liegen in dem Wunsch des Menschen, die Zukunft zu enträtseln. Gerade auch in unserer hochtechnisierten und von der Wissenschaft geprägten Welt ist ein solches Bedürfnis festzustellen. Zudem nimmt in dem Maße, wie der Glaube schwindet, der Aberglaube zu. Viele nehmen Zuflucht bei der Astrologie oder bei spiritistischen Praktiken.

Theologisch gesehen, versucht der Aberglaube letztlich, sich Gott verfügbar zu machen, ihn zu beherrschen. Er ist latent in jeder Religion vorhanden. Allein der Glaube an den liebenden Vater-Gott und das Vertrauen auf ihn entmachtet die Götzen. Folgende Inhalte sind bei besagtem Thema wichtig:

- Abergläubige Praktiken im Alltag (Horoskop, Wahrsagen, Zauberei, Exorzismus, Amulett, Unglückszahl, Hand- und Kartenlesen, spiritistische Sitzungen u. a.)
- Tabu, Zauber, Bann
- Geschichte vom »Goldenen Kalb« (Ex 32, 1-35)
- Psychologische Funktion des Aberglaubens
- Prophetische Kritik an Götzen und Götzenbildern (Jes 44, 9-20)
- Gebet und Vertrauen (vgl. GRUNDLAGENPLAN, S. 121).

3.3.3.2.3 Atheismus und seine Spielarten

Das Thema »Atheismus und seine Spielarten« (vgl. KKK 2123-2128) kann nicht losgelöst vom Thema »Reden von Gott« behandelt werden. Es ist eine Thematik, die vorwiegend die Schüler des Sekundarbereichs II betrifft.

Die Lebenssituation des modernen Menschen – also auch die des Schülers – ist geprägt vom Bewußtsein der Machbarkeit der Welt, das heute sicher eine heilsame Erschütterung erfahren hat, aus der uns nicht mehr so sehr die »vestigia Dei«, sondern die »vestigia hominis« entgegenleuchten. So zeigen viele Schüler dieser Altersstufe im Unterricht mehr als nur kognitives Interesse an atheistischen Gedankengängen und Lebensentwürfen. Das mag daran liegen, daß den verschiedenen Formen, in denen der Atheismus auftritt, und den jeweiligen Motivationen, denen er entspringt, ganz bestimmte Entstellungen oder Verzerrungen des Gottesbildes zugrunde liegen, die oft auch beim Schüler noch überwunden werden müssen. So kann man sagen, daß die atheistischen Positionen häufig durch allzu naive Vorstellungs- und Ausdrucksweisen des Gottesglaubens nahegelegt wurden.

Die Faszination, die heute für viele junge Menschen von atheistischen Entwürfen auszugehen scheint, hat zur Folge, daß die Gottesfrage nicht mehr isoliert angeboten werden kann. Sie hat sich zu bewähren in der Auseinandersetzung mit dem Atheismus, der in vielfältiger Gestalt theoretisch und emotional zur Lebensgrundlage vieler Zeitgenossen geworden ist. So durchzieht die Radikalität der Atheismusproblematik heute den gesamten RU und somit auch das Thema »Reden von Gott«. Man wird nun von einer theologischen Auseinandersetzung mit dem Atheismus nicht sinnvoll erwarten können, daß etwa die Wirklichkeit Gottes definitiv bewiesen würde. Die Wirklichkeit Gottes wird strittig bleiben, wenn es sich in der Theologie um den Gott handelt, den der christliche Glaube meint. Aber darum geht es gerade: Der Schüler soll die Gottesfrage nicht vorschnell zur Illusion erklären, sondern sie vielmehr in ihrer Strittigkeit offenhalten, nicht nur für die einsame Glaubensentscheidung, sondern auch vor dem Forum vernünftiger Argumentation.

3.3.3.3 Literaturangaben

- CRÜSEMANN, F.: Bewahrung der Freiheit, Gütersloh 1993
- EXELER, A.: In Gottes Freiheit leben. Die Zehn Gebote, Freiburg/Basel/Wien 1981
- HASENHÜTTL, G.: Einführung in die Gotteslehre, Darmstadt 1980
- HILPERT, K.: Die Menschenrechte, Geschichte, Theologie, Aktualität, Düsseldorf 1991
- VORGRIMLER, H.: Theologische Gotteslehre, Düsseldorf 1985

Religionspädagogisch-katechetische Literatur , praktische Hilfen:
siehe Zweiter Teil, 2.5.3.3

3.4 Das zweite Gebot

3.4.1 Was steht im KKK? (2142-2167)

Das Gebot lautet:
»Du sollst den Namen des Herrn, deines Gottes, nicht mißbrauchen«
(Ex 20, 7; Dtn 5, 11).

Das Gebot wird in drei Abschnitten entfaltet:

I. Der Name des Herrn ist heilig:
In den Abschnitten 2142-2145 geht es um die Ehrfurcht, die der Mensch dem Namen Gottes und damit Gott selbst schuldet. In KKK 2146-2148 kommt der Mißbrauch des Namens Gottes in seinen wichtigsten Formen (z. B. Gotteslästerung, Flüche) zur Sprache.

II. Mißbrauch des Namens Gottes:
In sechs Nummern wird eine spezielle Form des Mißbrauchs des Namens Gottes beschrieben: der Meineid. Er ist deshalb verwerflich, weil er Gott zum Zeugen für eine Lüge nimmt.

Unter Berufung auf 2 Kor 1, 23 wird der Eid bei einer schwerwiegenden und gerechten Sache gestattet, obwohl es in der Bergpredigt (Mt 5, 34-37) heißt: »Schwört überhaupt nicht!«

III. Der christliche Name

Es wird darauf aufmerksam gemacht, daß der in der christlichen Taufe empfangene Name »ein Name auf ewig« ist. Darum soll auch gemäß Can. 855 CIC »kein Name gegeben (werden), der christlichem Empfinden fremd ist« (KKK 2156). Wichtig ist sicher der Gedanke, daß Gott jeden Menschen bei seinem Namen ruft.

In acht Kurztexten (KKK 2160-2167) werden die Aussagen zum zweiten Gebot zusammengefaßt.

3.4.2 Kritische Reflexion

3.4.2.1 Ursprüngliche Bedeutung

Dem Bilderverbot folgt im ursprünglichen Bestand des Dekalogs das Verbot, Jahwes Namen, dessen Offenbarung im Volk Israel als kostbares Geschenk gilt, zu Falschem (= Bösem) in den Mund zu nehmen. Im Hintergrund steht die Auffassung, daß der Name ein Wesensbestandteil des Namensträgers ist, ja daß der Namensträger in geheimnisvoller Weise in seinem Namen anwesend ist. Derjenige, der den Gottesnamen kennt, kann die in ihm vorhandene und anwesende göttliche Macht zu Segen und Fluch, zu Beschwörungs- und Zauberhandlungen und zu allerlei magischen Unternehmungen ausnutzen (vgl. NOTH, [3]1965, S. 131). So wendet sich das Gebot in seiner ursprünglichen Bedeutung gegen die im damaligen Orient weit verbreitete Magie. Man war der Meinung, es komme darauf an, den wichtigen Namen der Gottheit zu kennen, um sie sich durch die Nennung dieses Namens dienstbar machen zu können.

»Das Verbot richtet sich außerdem mit besonderem Nachdruck gegen diejenigen, die Gott zum Zeugen für die Wahrheit einer falschen Aussage anrufen« (EXELER, 1981, S. 107).

3.4.2.2 Die Akzente im Weltkatechismus

Man hat den Eindruck, daß der KKK dem zweiten Gebot weder was seine ursprüngliche Intention, noch die heutige Akzentuierung angeht, ganz gerecht wird. Im Laufe der moralpädagogischen Tradition degenerierte dieses Gebot immer mehr zu einem Sammelsurium für alles, was mit Ehrfurcht vor dem Heiligen zu tun hat. So ging es z.B. um das Aussprechen heiliger Namen, das Verbot des Fluchens und der Gotteslästerung, die Ehrfurcht vor allem, was Gott geweiht ist, den Meineid, das Gelübde als Akt der Gottesverehrung. *Luther* spricht verächtlich von »Puppensünden«.

Der KKK ist dieser kleinkariert anmutenden Interpretationslinie, wie sie auch in Beichtspiegeln zu finden ist, gefolgt, als ob es nur darum ginge, das Fluchen oder unbedachte Aussprechen des Gottesnamens zu meiden. Freilich haben alle diese genannten Dinge etwas mit dem zweiten Gebot zu tun. Wo man jedoch nur diese Momente sieht, wird der Zusammenhang mit dem Exodusmotiv nicht deutlich.

Es wäre jedoch wichtig, aufzuzeigen, daß sich unser Gebot letztlich »im Geist der Freiheit gegen eine falsche Berufung auf den Namen Gottes wendet« (EXELER, 1981, S. 109)
Auf fürchterliche Weise hat man – das zeigt die Unheilsgeschichte des Christentums – den Namen Gottes mißbraucht.
Ob Päpste oder der hl. *Bernhard von Clairvaux* im Mittelalter im Namen Gottes die Christenheit zu Kreuzzügen aufriefen, ob im Namen Gottes der erste große Völkermord der europäischen Geschichte im Kreuzzug gegen die Albigenser (12./13. Jahrhundert) stattfand, ob im Namen Gottes Hexen verbrannt, Judenpogrome inszeniert und schreckliche Urteile gefällt wurden, es war Mißbrauch des Namens Gottes. Auch heute gibt es vielerlei Verletzungen des zweites Gebotes durch Mißbrauch des göttlichen Namens in Kirche, Gesellschaft und im individuellen Leben der einzelnen Christen.
Bei aller berechtigten Hervorhebung der Einzelaspekte vermißt man im KKK den Hinweis, »daß den Namen Gottes richtig gebrauchen heißt: sich in seinem Namen und in der Kraft seines Namens dafür einsetzen, daß die Würde des Menschen, der Ebenbild Gottes ist, gefördert wird. Sich auf den Namen Gottes berufen heißt: sich auf ihn als Garanten von Leben und Freiheit berufen. Den Namen Gottes hält der heilig, der danach trachtet, in dieser Perspektive den Willen Gottes zu erkennen und auch zu tun« (ebd., S. 111).

3.4.3 Didaktische Hinweise

3.4.3.1 Grundlegende Überlegungen

Der katholische Katechismus zum Unterrichtswerk »ZIELFELDER RU« »Grundriß des Glaubens« (1980) führt auf S. 212 zum zweiten Gebot an:
»Das zweite Gebot warnt davor, sich in falscher Weise auf Gott zu berufen. Wo immer man sich auf ihn beruft, um im Namen Gottes Leben und Freiheit der Menschen zu beeinträchtigen, wird der Name Gottes mißbraucht.«
Im Katechismus »Botschaft des Glaubens« (1978) heißt es dagegen beim zweiten Gebot:
»Für den Christen bedeutet das zweite Gebot: Du sollst Gottes Namen heilig halten in allem, was du tust und redest.
Im Alltag heißt das, daß man Gottes Namen (und andere heilige Worte) nicht mißbrauchen darf zu Flüchen und Äußerungen im Zorn, aber auch nicht als gedankenlose Redensart. Verunglimpfungen der Ehre Gottes nennt man Gotteslästerung« (S. 320).
Wenn man einer korrekten und nicht einseitigen Interpretation des zweiten Gebots Rechnung tragen will, sollte eine religionsunterrichtliche bzw. katechetische Verarbeitung nur im Sinne des Katechismus »Grundriß des Glaubens« erfolgen.
Es kann anhand von eindrucksvollen Beispielen deutlich gemacht werden, wie unter Berufung auf den Willen Gottes und seinen heiligen Namen von den christlichen Kirchen, ihren Vertretern und Mitgliedern gerade dieser Name häufig instrumentalisiert und damit mißbraucht wurde. Positiv wäre zu erörtern, daß der

Name Gottes dann richtig gebraucht und damit geheiligt wird, wenn er als Garant für die Würde und Freiheit eines jeden Menschen, der Ebenbild Gottes ist, gilt. Eine Unterrichtseinheit könnte folgende Schritte aufweisen:

- Die Bedeutung des Namens (vor allem im alten Orient, aber auch heute) erläutern. Der Name ist ein Teil und Wesensmerkmal des Menschen. Wer den Namen eines Menschen kennt, kann ihn anreden. Eigenschaften werden häufig durch Namen (Spitz- oder Uznamen, Kosenamen) gekennzeichnet.
- Der Name Gottes in der Bibel drückt oft Erfahrungen aus, die Menschen mit Gott gemacht haben (der Barmherzige, der Gütige, der Herr). Weil Gott der ganz andere ist, macht er zugunsten aller Menschen offenbar, wer er ist. Er offenbart seinen Namen, d. h. sich selbst. Er ist Jahwe, das heißt »Ich bin da«.
- Christen beginnen ihre Gebetszeiten und Gebete im Namen Gottes. Damit stellen sie ihr Tun unter seinen Schutz. Auch sie sind in der Taufe von Gott bei ihrem Namen gerufen.
- Der Name Gottes kann geschändet, gelästert (Fluch, Gotteslästerung) und mißbraucht (dazu gehört auch der Meineid) werden, sogar von denen, die ihn verteidigen wollten bzw. wollen.
  Hier können Beispiele aus Vergangenheit und Gegenwart angeführt werden (z. B. Kreuzzüge, Kriege, Ketzerverfolgung im Namen Gottes u. a.).
- Den Namen Gottes nicht vergeblich nennen, heißt, ihn heiligen. »Geheiligt werde dein Name!« Gottes Name wird geheiligt, wenn sein Wille überall geschieht. Dies ist nur dort der Fall, wo die Menschen sich um das Rechtwerden der Welt bemühen, wo sie miteinander umgehen, wie Gott es will.

Diese Unterrichtseinheit ist sowohl im Primar- wie Sekundarbereich I – selbstverständlich auf entsprechendem Anspruchsniveau – möglich.

3.4.3.2 Literaturangaben

Literaturangaben wie unter Zweiter Teil, 3.3.3.3

3.5 Das dritte Gebot

3.5.1 Was steht im KKK? (2168-2195)

Das Gebot lautet:

»Gedenke des Sabbat: Halte ihn heilig! Sechs Tage darfst du schaffen und jede Arbeit tun. Der siebte Tag ist ein Ruhetag, dem Herrn, deinem Gott, geweiht. An ihm darfst du keine Arbeit tun« (Ex 20, 8-10).

Der KKK behandelt das Gebot in zwei Abschnitten:

I. Der Sabbat (KKK 2168-2173)

II. Der Tag des Herrn (KKK 2174-2188)

Sieben Kurztexte (KKK 2189-2195) fassen die Aussagen zum 3. Gebot zusammen.

Zu I. (Der Sabbat):
Es wird darauf hingewiesen, daß Gott Israel den Sabbat als Zeichen des Bundes anvertraut hat. Ebenfalls spielen das Schöpfungshandeln Gottes (»am siebten Tag ruhte er«) wie die Befreiung Israels aus dem Sklavenhaus Ägypten bei der Begründung des Sabbatgebots eine Rolle.

Zu II. (Der Tag des Herrn):
Der Sonntag als der erste Tag der Woche und der »achte Schöpfungstag« ist für die Christen an die Stelle des Sabbat getreten. In Erinnerung an die Auferstehung des Herrn feiern sie an ihm seit apostolischer Zeit seine Eucharistie.
Die Pfarrei gilt heute als der Ort, wo sich die Gläubigen mit ihrem Pfarrer unter der Autorität des Diözesanbischofs zur sonn- wie feiertäglichen Meßfeier, zu deren Teilnahme sie unter schwerer Sünde verpflichtet sind, versammeln.
Weiterhin wird die Arbeitsruhe eingeschärft, Besinnung, Stille und Freizeit zur Erholung angemahnt sowie auf die Frömmigkeitstradition der guten Werke hingewiesen. Die Christen werden aufgefordert, sich für die gesetzliche Sicherung der Sonn- und Feiertage einzusetzen.

3.5.2 Kritische Reflexion

3.5.2.1 Der Sabbat

Beim dritten Gebot kommt sowohl die Abhängigkeit als auch die Eigenständigkeit des biblischen Ethos am stärksten zum Ausdruck: Abhängigkeit, da der Sabbat selbst vermutlich außerbiblischen Ursprungs ist, Eigenständigkeit, da er im AT eine neue Motivation erfährt: im Deuteronomium durch die angefügten sozialen Verpflichtungen (Dtn 5, 12-15), im Exodus durch seine Begründung in der Ruhe Gottes am siebten Tag. Inhaltlich findet sich eine deutliche Verbindung von Kult und Sozialverhalten.

3.5.2.2 Sabbat und Sonntag

Der KKK unterscheidet zwar zwischen Sonntag und Sabbat (vgl. KKK 2175), dennoch wird jener »in Erfüllung des Sabbatgebotes« zu schnell und unproblematisch in seiner Kontinuität gesehen.
Der Sonntag ist nicht – wie behauptet wird – die Weiterführung des Sabbats etwa in der Weise, daß man nach alttestamentlichem Vorbild allwöchentlich einen religiös geweihten Tag hätte einhalten wollen, dafür nur einen anderen Wochentag gewählt hätte. Die Idee eines Ruhetages, die für den Sabbat – wenn auch verschieden motiviert – grundlegend ist, war keineswegs bei den Christen vorhanden. Man spottete sogar über die Juden, die einen Tag der Woche im Müßiggang zubringen. Mehrere Jahrhunderte hindurch kommt man gar nicht auf den Gedanken, den Sonntag vom dritten Gebot her zu verstehen. Die Christen glaubten sich an das Gebot der Sabbatruhe nicht mehr gebunden, sie setzten sich bewußt darüber hinweg; sie feierten aber ihrerseits von Anfang an am ersten Wochentag, dem Sonntag, zur Erinnerung an die Auferstehung des Herrn die Eucharistie.

Nicht einmal in der konstantinischen Zeit änderte sich diese Praxis. Die Kirchenväter warnen geradezu, jüdische Auffassungen vom Sabbat als einem Tag der Arbeitsruhe auf den Sonntag zu übertragen. Der Sonntag ist der Tag höchster Aktivität. An einem solchen Tag darf man nicht ruhen und damit wieder in das Alte Testament zurückfallen. Man gibt dem dritten Gebot eine allegorische Deutung auf die Sabbatruhe des Geistes, die der Christ immerfort festhält oder die Sabbatruhe der Ewigkeit, zu der er hinstrebt.
Die volle Arbeitsruhe am Sonntag hat sich im Abendland erst seit dem 6. Jahrhundert durchgesetzt, einerseits infolge von Anregungen, die von den nun christlich gewordenen germanischen Stämmen ausgingen und andererseits infolge der nun beginnenden Übernahme einschlägiger Bestimmungen aus dem Alten Testament.

3.5.2.3 Das Sonntagsgebot

Der KKK verschweigt, daß das allgemeine Kirchengesetz, das zur Teilnahme an der Sonntagsmesse unter schwerer Sünde verpflichtet (vgl. KKK 2181), erst auf dem 4. Laterankonzil (1215) erlassen wurde. Es ist richtig, daß »die sonntägliche Eucharistie den Grund zum ganzen christlichen Leben (legt)«, es ist ebenfalls richtig, daß die Gemeinden die Teilnahme erwarteten, ja daß es in einzelnen Gemeinden schon früh strenge Gesetze hinsichtlich des Meßbesuchs am Sonntag gab, sogar mit zeitweiser Exkommunikation bei häufigem unentschuldigten Fernbleiben; aber eine Verpflichtung im Sinne eines Kirchengebotes, wie wir es heute kennen, gab es nicht, denn die Feier des Sonntags galt nicht als Pflicht des einzelnen, sondern als Sache der Gemeinde als solcher. Nach bestimmten Synodalordnungen war nur eine Person einer Familie oder eines Hofes in Vertretung der übrigen zur Teilnahme verpflichtet.
Man kann sicher der Meinung sein, daß in der heutigen Situation eines Wahl- und nicht eines Nachwuchschristentums sich ein Kirchengesetz dieser Art erübrigt. Das schließt nicht aus, an die persönliche Entscheidung der Gläubigen zu appellieren und deutlich zu machen, daß die Kirche die sonntägliche Eucharistiefeier deshalb für so wichtig hält, weil sich in ihr am radikalsten und intensivsten die Danksagung vollzieht, in der sich Kirche am dichtesten manifestiert.
Es wäre wohl ansprechender gewesen, wenn der KKK die theologische Bedeutung der Eucharistie für Kirche und Gemeinde stärker herausgestellt und um die grundsätzliche Zustimmung der Gläubigen geworben hätte, anstatt in kasuistischer Manier punktuell von schwerer Sünde zu sprechen. Nach Ausweis der Tradition ist die absolute Regelmäßigkeit kein göttliches Gesetz, jedoch ein Mittel, religiöse Nachlässigkeit der Gläubigen zu vermeiden. Wahrscheinlich war der hl. *Antonin von Florenz* (gest. 1459) der erste, der behauptete, das Gottesdienstgebot verpflichte »sub gravi«. Jedoch weist *Häring* darauf hin, daß man zu dieser Zeit das »sub gravi« nicht im Sinne von »unter Sanktion der Todsünde« interpretierte, sondern als Warnung vor Gleichgültigkeit und Nachlässigkeit im Kirchenbesuch. »Noch zur Zeit des Konzils von Trient wurde das ›sub gravi‹ von führenden Theologen so verstanden« (HÄRING, Bd. I, 1989, S. 401).

Man sollte die Gläubigen einladen, sich mehr oder minder stabil einer »Sonntagsgemeinde« anzuschließen und sich zu bemühen, in dieser Gemeinde Kontakte zu pflegen.
Auch der alte Gedanke der Stellvertretung und der stellvertretenden Teilnahme ist wieder des Bedenkens wert.
Das Kirchengebot kann eigentlich nur im Sinne einer Erwartungshaltung der konkreten Gemeinde gedeutet werden. Eine solche Erwartungshaltung bedarf des Druckmittels »schwere Sünde« nicht.

3.5.3 Didaktische Hinweise

3.5.3.1 Situationsbeschreibung

Bei der aktualisierenden Behandlung des dritten Gebotes in RU und Katechese muß einer immer stärker um sich greifenden Verflachung und Aushöhlung des Sonntags entgegengewirkt werden. Die Wochenendfreizeit bringt nicht unbedingt nur glückliche Menschen hervor. Psychologen sprechen sogar von einer grassierenden Krankheit, der »Sonntags- bzw. Feiertagsneurose«, die so manche Ehe- und Familienkrise heraufbeschwört. Man erklärt diese Neurose damit, daß viele Menschen den Sinn ihres Daseins nur in Beruf und Arbeit zu sehen glauben. Sobald die berufliche Betriebsamkeit für eine gewisse Zeit zum Stillstand kommt – so an Sonn- und Feiertagen und im Urlaub –, werden Inhaltsleere und Sinnverlust besonders deutlich bewußt. Sehr gravierend dürfte das Problem zudem von Langzeitarbeitslosen empfunden werden, die auch an den übrigen Wochentagen in einer Sinnkrise stehen.

3.5.3.2 Die Zielrichtung der Unterweisung

Zwei Faktoren, den Sonntag sinnvoll zu begehen, müßten hervorgehoben werden:

- Die »Heiligung«:
  Gemeint ist, den Sonntag aus dem Bannkreis des Gewöhnlichen herauszunehmen und ihn in Verbindung mit Gott zu bringen, sei es durch Besuch des Gottesdienstes oder den Versuch, zu sich selbst zu kommen, in sich hineinzuhorchen, das eigene Ich zu entdecken und dadurch zu Gott, dem Urgrund allen Seins, zu finden. Beides bedingt sich irgendwie und gehört zusammen.
- Die »Gemeinschaft« mit geliebten Menschen:
  Der Sonntag sollte ein Tag der personalen Beziehungen und Begegnungen sein, an dem die Kommunikation im Vordergrund steht, an dem Familienleben, Freundschaft und Partnerschaft in besonderer Weise gepflegt werden.

Der KKK – das ist positiv zu vermerken – hat auf beides hingewiesen (vgl. KKK 2186 f.).
Ausgehend von dieser Zielrichtung: »Heiligung« und »Gemeinschaft« könnten Unterrichtsstunden bzw. Unterrichtseinheiten geplant, konzipiert und durchgeführt werden.

3.6 Das vierte Gebot

3.6.1 Was steht im KKK? (2197-2257)

Das Gebot:
»Ehre deinen Vater und deine Mutter, damit du lange lebst in dem Land, das der Herr, dein Gott, dir gibt« (Ex. 20, 12).

3.6.1.1 Gliederung

Nach fünf einleitenden Ziffern folgen fünf Abschnitte:

I. Die Familie im Plane Gottes (KKK 2201-2206)
   - Natur der Familie (KKK 2201-2203)
   - Christliche Familie (KKK 2204-2206)

II. Familie und Gesellschaft (KKK 2207-2213)

III. Pflichten der Familienmitglieder (KKK 2214-2231)
   - Pflichten der Kinder (KKK 2214-2220)
   - Pflichten der Eltern (KKK 2221-2231)

IV. Familie und Reich Gottes (KKK 2232-2233)

V. Autorität in der Gesellschaft (KKK 2234-2245)
   - Pflichten der Behörden (KKK 2235-2237)
   - Pflichten der Bürger (KKK 2238-2243)
   - Staat und Kirche (KKK 2244-2246)

Elf Kurztexte (KKK 2247-2257) fassen den Artikel 4: Das »4. Gebot« zusammen.

3.6.1.2 Inhalt

In den Einleitungsziffern wird betont, daß mit dem vierten Gebot die zweite Tafel des Dekalogs beginnt. Es ist ein positiv formuliertes Gebot, das sich an die Kinder wendet und ihre Beziehungen zu den Eltern betrifft. Darüber hinaus sind auch andere Bezüge angesprochen.

Zu I. (Die Familie im Plane Gottes):
Es wird über die Natur der Familie nachgedacht. Gott hat sie gegründet und ihr die Grundverfassung gegeben. In ihr gibt es verschiedene Rechte, Pflichten und Verantwortlichkeiten. Die Familie besteht aus Mann und Frau, die miteinander verheiratet sind, und ihren Kindern. Sie geht »jeder Anerkennung durch die öffentliche Autorität voraus« (vgl. KKK 2202). Die christliche Familie als spezifische Verwirklichung von Kirche kann »Hauskirche« genannt werden.

Zu II. (Familie und Gesellschaft):
Die Familie ist Urzelle des gesellschaftlichen Lebens. Die Gesellschaft hat ihr gegenüber eine besondere Verpflichtung. Natürlich muß die Staatsgewalt die Eigenart von Ehe und Familie anerkennen und schützen. Das vierte Gebot umfaßt auch die anderen Beziehungen in Kirche und Gesellschaft.

Zu III. (Pflichten der Familienmitglieder):
Die Vaterschaft Gottes wird als Quelle der menschlichen Elternschaft angesehen. Es wird an die Pflicht zur Kindesliebe und Dankbarkeit gegenüber den Eltern erinnert; die unmündigen Kinder werden zum Gehorsam ermahnt, die erwachsenen dazu, ihren Eltern in Krankheit, Einsamkeit, Not und Alter beizustehen.
Die Eltern müssen ihre Kinder als Kinder Gottes ansehen, als menschliche Personen achten und sie im Glauben erziehen. Sie haben die Pflicht, ihre leiblichen und geistigen Bedürfnisse zu stillen. Sie dürfen weder bei der Berufs- noch Partnerwahl »auf ihre Kinder Zwang ausüben«.

Zu IV. (Familie und Reich Gottes):
Die Berufung eines ihrer Kinder zum Priester- oder Ordensstand sollen die Eltern dankbar annehmen und fördern.

Zu V. (Autorität in der Gesellschaft):
Das vierte Gebot wird hier auch auf die bezogen, die in der Gesellschaft ein öffentliches Amt innehaben. Es ist von den Pflichten der Vorgesetzten wie der politischen Autoritäten die Rede. Die staatsbürgerlichen Rechte dürfen von den »öffentlichen Gewalten ... nicht ohne berechtigten und angemessenen Grund außer Kraft (gesetzt werden)«.

Die Bürger sollen ihre Vorgesetzten als »Diener Gottes« ansehen. Sie haben »das Recht und manchmal sogar die Pflicht« in angemessener Weise Kritik zu üben an dem, »was der Menschenwürde oder dem Gemeinwohl zu schaden scheint«.
»Heimatliebe« und »Einsatz für das Vaterland« gelten als Dankespflichten. Der Gehorsam gegenüber den rechtmäßigen Autoritäten wird eingeschärft wie Einsatzbereitschaft für das Gemeinwohl. Widersprechen die Vorschriften der staatlichen Autoritäten der sittlichen Ordnung wie dem »rechten« Gewissen, ist der Gehorsam zu verweigern. Bewaffneter Widerstand ist in Extremsituationen – zwar an Bedingungen gebunden – u. U. berechtigt (KKK 2243). Die Pflicht der reicheren Nationen, Ausländern Zuflucht zu gewähren, wird hervorgehoben.
Die Sendung der Kirche im Verhältnis zum Staat wird darin gesehen, das transzendente Wesen des Menschen zu schützen wie auch »politische Angelegenheiten einer sittlichen Beurteilung« zu unterziehen. In den Kurztexten sind die wichtigsten Aussagen der einzelnen Abschnitte thesenartig zusammengefaßt.

3.6.2 Kritische Reflexion

Mit dem Elterngebot setzt die Reihe der Sozialgebote ein. Die Spitzenstellung dieses Gebotes ist kein Zufall; denn in allen Rechtssammlungen (z. B. Ex 21, 15 ff.; Dtn 27, 16; Lev 19, 3; 20, 9), in den Weisheitssprüchen (Spr 1, 8; 19, 26; 20, 20; 23, 22; 28, 24; Sir 3, 1-16) wie in der Prophetie (Ez 22, 7; Mi 7, 6; Mal 1, 6) kommt dem Verhalten gegenüber den Eltern große Bedeutung zu, so daß die Häufigkeit der Belege und die Stellung des Gebotes im Dekalog die Wichtigkeit des Problems dokumentieren. Worum geht es?

3.6.2.1 Der ursprüngliche Sinn

Die Adressaten dieses Gebotes sind nicht die Kinder, sondern die erwachsenen, freien Israeliten. Ihnen wird die Pflicht auferlegt, für die alten Eltern bzw. die arbeitsunfähige Generation zu sorgen. Das Gebot wendet sich also keineswegs an die noch ohnmächtigen Kinder oder die Ohnmächtigen überhaupt, damit sie den Eltern bzw. den mächtigen Autoritäten gehorchen. Es geht vielmehr um die Altersversorgung der Alten, was oft eine sehr lange und schwere ökonomische Belastung für die erwerbstätige Generation bedeuten kann. Es gab in Israel damals keine außerhäusliche Altersversorgung, so daß die Kranken, Alten und Schwachen allein auf die Hilfe der Jüngeren angewiesen waren, wenn sie überleben wollten. Für diese Unterstützung der Alten kamen ausschließlich die Söhne in Frage, da die Töchter normalerweise in die Sippe ihrer Männer, d. h. nach auswärts heirateten. Auf diesem Hintergrund wird der Wunsch vor allem nach männlichen Nachkommen, die für die Zeit des Alters lebensnotwendig waren, verständlich. Die jüdische Tradition hat das Elterngebot oft als das schwerste im ganzen Dekalog bezeichnet.

Daß die hier gebotene Versorgungspflicht den Alten gegenüber – man könnte modern vom Generationenvertrag sprechen – häufig Probleme aufwarf und nicht immer beachtet wurde, zeigen die Mahnungen, die an diese Pflicht erinnern wollten. »Und die in ihnen angesprochenen Möglichkeiten des negativen Umgangs mit den alten Eltern kann man sich wohl kaum drastisch genug vorstellen: schlagen (Ex 21, 15), fluchen (Ex 21, 17), verachten (Ex 22, 7), verspotten (Spr 30, 17), berauben (Spr 28, 24), unterdrücken (Spr 19, 26) vertreiben (Spr 19, 26)« (CRÜSEMANN, 1993, S. 60). Dahinter darf man nicht nur Bosheit sehen, denn in Notzeiten wurden zunächst die Söhne und Töchter in die Schuldsklaverei bzw. Dauersklaverei gegeben. Hier lag es nahe, überflüssige Esser loszuwerden.

Das im Gebot benutzte Wort »ehren« meint nicht nur etwas Geistig-Spirituelles, sondern schließt, wie Erbschaftsurkunden zeigen, die materielle Versorgung ein. Darunter verstand man eine angemessene Versorgung der alten Eltern mit Kleidung, Nahrung, Wohnung bis zum Tod, »darüber hinaus einen respektvollen Umgang und würdige Behandlung ...« (ebd., S. 61), ja, schließlich eine würdige Bestattung. Das kommt ihnen sowohl als Eltern als von Jahwe befreiten Israeliten zu. »Ihre Freiheit ... realisiert sich ausschließlich noch über das Verhalten der Söhne.« (ebd., S. 62) Der Nachsatz des Gebotes will sagen, daß die von Jahwe verliehenen Tage auf der Ackererde (adama) in ihrer Länge dem Verhalten gegen die Eltern entsprechen werden. Damit ist den Adressaten des Gebotes das eigene Schicksal vor Augen gestellt. Die im Prolog des Dekalogs betonte kommunikative Freiheit der Angesprochenen wird auch bei diesem Gebot deutlich.

3.6.2.2 Die späteren Verzeichnungen und Mißdeutungen

Im Laufe der Kirchengeschichte wurde das vierte Gebot – abweichend von der ursprünglichen Intention – ge- bzw. mißbraucht, um die vorgegebenen Autoritäten zu stützen. Ungefragt übertrug man es auf jeden Vorgesetzten und Herren, auf Lehrmeister im Berufsleben, auf staatliche Autoritäten, auf den Landesvater, auf Vorgesetzte und Dienstherren im Arbeitsverhältnis, ja auf jedwede Obrigkeit.

Wir lesen in einem Katechismus von 1897 zu den Pflichten der Dienstboten: »Sie müssen ihre Herrschaften als ihre Vorgesetzten betrachten und denselben in allem was diese erlaubterweise befehlen, gehorsam sein. Dies müssen sie tun nicht aus Zwang, sondern in dem Bewußtsein, daß sie durch treue Pflichterfüllung die Aufgabe erfüllen, zu der sie geboren sind. Erleichtert wird ihnen diese Aufgabe, wenn sie bedenken, daß es leichter ist zu gehorchen als zu befehlen, und daß nicht sie, sondern die Herrschafft für diese Befehle verantwortlich ist ... Sie sollen freundlich und höflich sein, auf den Nutzen der Herrschaft sehen, Schaden abwenden, mit Geduld die Launen der Herrschaft ertragen.« (ROLFUS, 1897, S. 409).

Selbst der Katechismus von 1955 (als »Grüner Katechismus« bekannt) liegt auf dieser patriarchalischen Linie. In den Lehrstücken zum vierten Gebot (107-113) werden nicht nur die familiären Beziehungen angesprochen, sondern es wird auch das Verhältnis zu Vorgesetzten sowie zur staatlichen und kirchlichen Obrigkeit erörtert (KATECHISMUS, 1955, S. 217-228). Im Katechismus »Grundriß des Glaubens« wird der ganze Themenkomplex, den man früher dem vierten Gebot zugeordnet hatte, beim Abschnitt über die Nächstenliebe angesiedelt (vgl. S. 230-236).

Es ist erstaunlich, daß der KKK die Verzeichnungen und Mißdeutungen des vierten Gebotes mitmacht und dieses scheinbar als Absicherung einer patriarchalischen Gesellschaftsordnung völlig falsch versteht. Schon der Ansatz ist nicht haltbar, wenn es unter Abschnitt 2199 heißt: »Das vierte Gebot wendet sich ausdrücklich an die Kinder...«

Eben nicht! Es wendet sich an den erwachsenen Christen.

In einer pluralistischen und demokratischen Gesellschaft wie der unseren, in der alle staatliche Gewalt vom Volke ausgeht und auch in seinem Namen agiert, mutet es anachronistisch an, wenn z. B. in Abschnitt 2238 davon die Rede ist, daß »die der Autorität Unterstellten ... ihre Vorgesetzten als Diener Gottes ansehen (sollen)«. Der demokratische Staat versteht sich nicht als »Diener Gottes«, sondern als rein säkulare Größe. Der hier zitierte Paulustext (Röm 13, 1-2) will keineswegs eine Theorie über die staatliche Gewalt geben. »So generell und absolut die Gehorsamsforderung in Röm 13 auch ist, so zeitbedingt und begrenzt ist nun doch zweifellos der Aspekt, unter dem Paulus diese Sätze geschrieben hat« (WILCKENS, 1982, S. 41). Es ist darum nicht sinnvoll, obwohl es immer wieder geschehen ist und auch geschieht – so im KKK –, diesen Paulustext auf »unser gegenwärtiges Verhältnis zum Staat zu beziehen« (ebd.).

Insgesamt deuten viele Passagen und Ausdrücke sowie der ganze Tenor der Aussagen des Weltkatechismus auf eine in ihm vorausgesetzte patriarchalische, autoritäre Ordnung:

– Der Bürger hat zwar das Recht, »manchmal sogar die Pflicht« Kritik zu üben; das muß aber in »angemessener Weise« geschehen (vgl. KKK 2238).
  Daß mit dem Grundgedanken der modernen Demokratie nicht nur die Möglichkeit, sondern geradezu die Verpflichtung zu permanenter (nicht gelegentlicher) Kritik aller Tätigkeiten und Vorhaben der Regierungen sowie der gesellschaftlichen Gruppen verbunden ist, darauf wird mit keinem Wort hingewiesen.

- Häufig erfolgt der Aufruf zum Gehorsam gegenüber den rechtmäßigen Autoritäten (vgl. KKK 2239 f.) Im modernen Staat kann Gehorsam nicht »in einfältig-bejahendem Hinnehmen dessen, was von oben kommt, bestehen« (ebd., S. 42 f.)

  Auch negative, harsche Kritik an Legislative und Exekutive – also an den staatlichen Obrigkeiten – verstößt nicht gegen Röm 13,1-2, da Paulus hier einen traditionellen Topos ausführt. Überhaupt spielt die Sekundärtugend »Gehorsam« im KKK eine beachtliche Rolle.
- Heimatliebe und Einsatz für das Vaterland werden als »Dankespflichten« angemahnt.
- Die Beziehungen zwischen den Familienmitgliedern wie zwischen den Gliedern der Gesellschaft werden im Sinne von »oben und unten«, d.h. hierarchisch, nicht partnerschaftlich verstanden. Das hat eine starke Gewichtung und Betonung der Autorität bzw. der Autoritäten und Obrigkeit zur Folge.
- Gegenüber Dienstherren und Arbeitgebern wird Ehrerbietung und Botmäßigkeit erwartet, als ob es keine Interessenvertretung der Arbeitnehmer (Gewerkschaften) gäbe.
- Den unmündigen Kindern sind in der Familie keine Mitsprachemöglichkeiten eingeräumt, sie haben einfach zu gehorchen.
- Wenn von der Kirche, die »Schützerin des transzendenten Wesens des Menschen (ist)«, gesprochen wird (vgl. KKK 2245), ist wie selbstverständlich die römisch-katholische Kirche gemeint, obwohl es andere christliche Kirchen gibt, die sich genauso um das Wohl und Heil des Menschen bemühen. Der Exklusivanspruch der katholischen Kirche läßt jede ökumenische Offenheit und Sensibilität vermissen.
- Statt zur Kritikfähigkeit, Eigenverantwortung und richtig verstandener Emanzipation zu erziehen, werden die alten autoritären Strukturen fortgeschrieben und der Unterordnung das Wort geredet.
- Die ursprüngliche Intention des vierten Gebotes läßt sich in den Ausführungen des KKK nicht mehr entdecken.

Man könnte gegenüber der angeführten Kritik einwenden, der KKK richte sich nicht nur an die modernen, aufgeklärten und emanzipierten westlichen Industrienationen, sondern auch an Völker mit unterentwickelter, archaischer Gesellschaftsstruktur. Gerade dies zeigt jedoch die ganze Fragwürdigkeit des »Unternehmens Weltkatechismus«.

3.6.3 Didaktische Hinweise

3.6.3.1 Allgemeine Überlegungen

Im RU und der Katechese muß unbedingt der ursprüngliche Sinn des vierten Gebotes in den Blick gerückt werden. Das Gebot darf nicht benutzt werden, um autoritäre Herrschaftsstrukturen in Familie, Kirche und Gesellschaft zu stabilisieren bzw. festzuschreiben. Es kann auch kein moralisches Druckmittel der Eltern gegenüber ihren Kindern sein. Die jüngere Generation sollte erkennen, daß es letztlich um das geht, was wir als »Generationenvertrag« bezeichnen. Religionslehrer und Katecheten dürfen sich nicht über die Tatsache hinwegsetzen, daß heute den Mütter- wie Väterfiguren nicht mehr dasselbe Gewicht wie früher zukommt. So ist, wie eine Umfrage unter kirchlich organisierten Jugendlichen beweist, auch die Redeweise von der »Mutter Kirche« und dem »Heiligen Vater« in der Jugend obsolet. Man sollte das im eigenen Sprachstil beachten.

Die Aktualisierung des vierten Gebotes im Rahmen des Unterrichts kann leicht einsichtig machen, daß die finanzielle Versorgung der alten Eltern und Senioren – sie mag bei uns weitgehend durch die Sozialversicherung garantiert sein – nicht alles bedeutet. Zudem weiß man, daß heute auch in diesem Bevölkerungskreis materielle Armut nicht selten ist. Die Eltern »ehren« heißt nun, ihnen im umfassenden Sinn zur Seite stehen, nicht zuletzt die Hilfe durch Kontakt. Wenn wir begreifen, daß dies das Schwerste beim Altwerden ist, zu erleben, wie reihum einer nach dem anderen buchstäblich wegstirbt, mit dem man zusammen das Leben verbracht hat und wie die wachsende Einsamkeit, das Alleinsein im Sterben und die Einsamkeit des Todes ihre Schatten vorauswerfen, dann versteht man, daß auch die großzügigsten materiellen Geschenke wenig sind im Vergleich zu der Zeit, die wir alten Menschen im Gespräch widmen.

Weil mit dem vierten Gebot im Laufe der Geschichte immer wieder das Phänomen »Gehorsam« verbunden war, sollen drei Grundsätze aufgezeigt werden, die das Zusammenleben erleichtern:

- Erwachsene Kinder sind in gar keinem Fall zum »Gehorsam« gegen ihre Eltern verpflichtet. Eltern haben keinen Grund und kein Recht, sich über den »Ungehorsam« erwachsener Kinder zu beklagen, wenn diese in eigener Verantwortung ihren Lebensweg zu gehen wünschen und sich in entscheidenden Lebensfragen (Wahl des Partners, Berufswahl u. ä.) die Einmischung ihrer Eltern nicht gefallen lassen wollen.
- Unmündige Kinder sind ihren Eltern Gehorsam schuldig. Aber auch hier sollten sich die Eltern vor einer schematischen Handhabung von »Befehl« und »Parieren« hüten. Die Erkenntnisse der Kinder- und Jugendpsychologie belehren uns, daß der Anspruch des Kindes auf sein eigenes und eigenverantwortliches Leben nicht einfach bis zum 18. Geburtstag gleichsam unter Vorbehalt steht. Man weiß, daß ein junger Mensch heute spätestens mit dem 12. Lebensjahr beginnt, sein eigenes Gewissen zu den Anforderungen des Lebens zu entwickeln und nicht mehr nur nachzuahmen, was die Eltern ihm vormachen.
- Erwachsene Kinder sind zwar nicht zum Gehorsam, wohl aber zu einer besonderen Form der Rücksicht gegenüber den Eltern verpflichtet, wenn und solange sie, aus welchen Gründen auch immer, im Haushalt der Eltern leben. Hier haben diese das erste Recht.

  Solange in einem solchen Fall durch das Verhalten der Eltern nicht das elementare Eigenrecht des erwachsenen Kindes bedroht ist (Ehe, Beruf, Partnerschaft, Freizügigkeit, wie sie einem erwachsenen Menschen zusteht), können jene mit Recht die Beachtung ihrer Wünsche verlangen. Wenn erwachsene Kinder das nicht wollen, müssen sie sich um eine eigene Wohnung bemühen, koste es auch die Einbuße von manchen Bequemlichkeiten, die im Elternhaus gerne angenommen wurden.

3.6.3.2 Perspektiven einer möglichen Unterrichtseinheit

Als Grundtendenz biblischer Aussagen zum vierten Gebot läßt sich festhalten, daß die Generationen vor Gott und füreinander Verantwortung tragen. Diese konkretisiert sich in der Wahrnehmung von Aufträgen. Das »Füreinander« enthält den Auftrag an die Generationen,

- füreinander zu sorgen,
- das Recht des Schwächeren zu wahren,
- dem Kind zur Entfaltung seiner Möglichkeiten zu verhelfen,
- das eigene Versagen zuzugeben,
- den Weg in die Gesellschaft zu öffnen und Normen kritisch zu befragen.

Das »Vor Gott« begründet diesen Auftrag. Es konkretisiert sich in dem Angebot,

- dem Versöhnungswillen Gottes zu vertrauen,
- darum einander anzunehmen,
- einander zu vergeben,
- einen neuen Anfang miteinander zu wagen

und damit die von Christus verwirklichte und geforderte Nächstenliebe in den familiären Bezügen zu üben. Der Mensch erfährt in diesen Bezügen das Angewiesensein auf Geborgenheit und Liebe. Er muß aber auch befähigt werden, Bindungen in außerfamiliären Bereichen einzugehen.

3.6.3.3 Literaturangaben

- Crüsemann, F.: Bewahrung der Freiheit, Gütersloh 1993
- Exeler, A.: In Gottes Freiheit leben. Die Zehn Gebote, Freiburg 1981
- Gemeinsame Synode der Bistümer in der Bundesrepublik Deutschland, Offizielle Gesamtausgabe II, Freiburg/Basel/Wien 1977, 65-69
- Mitscherlich, A.: Auf dem Weg zur vaterlosen Gesellschaft, München 1968
- Schwägler, G.: Soziologie der Familie, Tübingen 1970

3.7 Das fünfte Gebot

3.7.1 Was steht im KKK? (2258-2330)

Das Gebot lautet:
»Du sollst nicht morden« (Ex 20, 13).

Das fünfte Gebot ist im KKK in drei Abschnitte gegliedert, die ihrerseits Untergliederungen aufweisen.

I. Die Achtung vor dem menschlichen Leben (KKK 2259-2283)
- Das Zeugnis der Heilsgeschichte (KKK 2259-2283)
- Notwehr (KKK 2263-2267)
- Mord (KKK 2268-2269)
- Abtreibung (KKK 2270-2275)
- Euthanasie (KKK 2276-2279)
- Selbstmord (KKK 2280-2283)

II. Achtung der Menschenwürde (KKK 2284-2301)
- Achtung der Seele des Anderen: Das Ärgernis (KKK 2284-2287)
- Achtung der Gesundheit (KKK 2288-2291)
- Achtung des Menschen und der wissenschaftlichen Forschung (KKK 2292-2296)
- Achtung der körperlichen Unversehrtheit (KKK 2297-2298)
- Achtung der Toten (KKK 2299-2301)

III. Aufrechterhaltung des Friedens (KKK 2202-2317)
- Friede (KKK 2302-2306)
- Vermeidung des Krieges (KKK 2307-2317)

Dreizehn Kurztexte (KKK 2318-2330) fassen die Aussagen zum fünften Gebot thesenartig zusammen.

Zu I. (Achtung vor dem menschlichen Leben):
Ausgehend vom atl. Verbot, menschliches Leben zu ermorden, wird auf die Überbietung und exemplarische Zuspitzung dieser unbedingten Forderung durch Jesus hingewiesen. Zur Geltendmachung des eigenen Rechts auf Leben wie zum Schutz der eigenen Familie oder des Gemeinwesens ist Notwehr erlaubt, ja sie kann sogar »eine schwerwiegende Verpflichtung« sein.
Der KKK verbleibt bei der traditionellen kirchlichen Lehre, die zum Schutz des Gemeinwohls und der Gesellschaft für schwerste Verbrechen auch die Todesstrafe nicht ausschließt (vgl. KKK 2266). Die Strafe überhaupt soll der Sühne, dem Schutz der öffentlichen Ordnung, der Umkehr des Schuldigen wie der Wiedergutmachung der herbeigeführten Unordnung dienen.
In vier Unterabschnitten werden nun einzelne Sünden gegen das menschliche Leben zur Sprache gebracht:

- *Mord:*
  Nicht nur der direkte, willentliche Mord ist durch das fünfte Gebot verboten; der Tod eines Menschen darf auch nicht auf indirekte Weise herbeigeführt werden. Die menschliche Gesellschaft macht sich schuldig, wenn sie »mörderische Hungersnöte« hinnimmt, ohne zu helfen.
- *Abtreibung:*
  Es entspricht der Lehrtradition der Kirche, die Abtreibung als moralisch verwerfliche Tat zu erklären, weil das menschliche Leben vom Augenblick der Empfängnis an zu schützen ist. Die formelle Mitwirkung an einer Abtreibung hat darum die Kirchenstrafe der Exkommunikation zur Folge. Von der bürgerlichen Gesetzgebung wird ein wirksamer Schutz des ungeborenen Lebens erwartet.

- *Euthanasie:*
  Direkte Euthanasie, d.h. eine Handlung, die dem Leben behinderter, kranker oder sterbender Menschen ein Ende setzt, ist »sittlich unannehmbar« und ein schweres Vergehen gegen die Menschenwürde; eine solche Handlung ist letztlich Mord.
  Außerordentliche Mittel oder Therapie um jeden Preis sind sittlich nicht geboten. Schmerzlindernde Mittel dürfen auch auf die Gefahr hin verwendet werden, daß sie das Leben des Kranken abkürzen.
- *Selbstmord:*
  Da der Mensch nur Verwalter, nicht Eigentümer des Lebens ist, darf er nicht über sein Leben verfügen. Darum ist Selbstmord eine schwere Verfehlung gegen die »Selbstliebe«, aber auch gegen die Nächstenliebe.
  Psychische Störungen, Angst und Furcht mindern die Verantwortlichkeit des Selbstmörders.

Zu II. (Achtung der Menschenwürde):
In diesem Abschnitt geht es um die »Respektierung der Menschenwürde«, die sich in der Achtung vor fünf dem Menschsein zugehörenden »Essentials« ausdrückt.
- *Achtung der Seele des anderen:*
  Wer Ärgernis gibt und damit die Mitmenschen zum Bösen verführt, versündigt sich schwer an ihnen, wenn sie absichtlich »zu einem schweren Fehltritt verleitet werden« (KKK 2284). Auf Respektspersonen, Erziehern, Lehrern lastet deshalb eine besondere Verantwortung.
  Es dürfen keine Gesetze und gesellschaftlichen Strukturen geschaffen werden, »die zum Verfall der Sitten und zur Zersetzung des religiösen Lebens führen«. Denn Ärgernis kann durch Gesetze, Institutionen, »durch Mode oder öffentliche Meinung hervorgerufen werden« (vgl. KKK 2286).
- *Achtung der Gesundheit:*
  Jeder hat für Leben und Gesundheit, die Gaben Gottes sind, Sorge zu tragen. Auch die Gesellschaft muß mithelfen, daß menschenwürdige Existenzbedingungen für alle erreicht werden. Der KKK wendet sich gegen Körperkult und Vergötzung des Körpers, da leibliches Leben keinen absoluten Wert darstellt. Es wird zu mäßigem Gebrauch aller Genußmittel aufgerufen und vor Drogengebrauch gewarnt.
- *Achtung des Menschen und der wissenschaftlichen Forschung:*
  Wissenschaftliche Forschung muß sich ihrer Verantwortung bewußt sein. Es darf hier nichts geschehen, was die Menschenwürde verletzt und dem sittlichen Gesetz widerspricht.
- *Achtung der körperlichen Unversehrtheit:*
  Geiselnahme, Terrorismus, physische wie psychische Folter verletzen die Menschenwürde. Nur aus therapeutischen Gründen sind »Amputationen, Verstümmelungen oder Sterilisationen« statthaft. In jedem anderen Fall verstoßen sie gegen das sittliche Gesetz.

- *Achtung der Toten:*
  Sterbebegleitung und Beistand sollen dem Sterbenden zuteil werden. Dazu gehören auch Hinführung zu Gebet und Sakramentenempfang. Totenbestattung gilt als Werk der leiblichen Barmherzigkeit. Unentgeltliche Organspende nach dem Tod kann verdienstvoll sein.

Zu III. (Aufrechterhaltung des Friedens):
Jesus hat uns den Frieden verheißen und gestiftet. Wenn unser Leben auf ihn ausgerichtet bleibt, erkennen wir, was dem Frieden dient.

- *Friede:*
  Zorn, Rache, Haß zerstören den Frieden. Friede ist noch nicht dort, wo kein Krieg ist, sondern wo Menschen so miteinander umgehen, wie Gott es will. Friede wird nach *Augustinus* definiert als »Ruhe in der Ordnung« (KKK 2304). Friedliche Mittel zur Lösung von Konflikten und zur Verteidigung der Menschenrechte einsetzen, heißt die Liebe des Evangeliums bezeugen.
- *Vermeidung des Krieges:*
  Zur Vermeidung von Kriegen sind alle verpflichtet. Einem Volk ist es gestattet, »sich in Notwehr militärisch zu verteidigen« (KKK 2309). Es werden Bedingungen genannt, die eine solche Verteidigung sittlich erlaubt machen. Sie entsprechen der traditionellen Lehre vom »gerechten Krieg«.
  Ob die Bedingungen, die einen Verteidigungskrieg sittlich rechtfertigen, erfüllt sind, wird von der jeweiligen Obrigkeit festgestellt. Kriegsdienstverweigerer aus Gewissensgründen sollen der Gemeinschaft in anderer Form dienen.
  Handlungen gegen das Völkerrecht wie die Vernichtung ganzer Städte und weiter Gebiete sind Verbrechen. Die Besitzer von ABC-Waffen stehen in Gefahr, solche Verbrechen zu begehen.
  Rüstungswettlauf, Waffenerzeugung und Waffenhandel dienen letztlich nicht dem Frieden. Der Friede wird vor allen Dingen bedroht durch das Wohlstandsgefälle in der Welt.

3.7.2 Kritische Reflexion

3.7.2.1 Grundsätzliche Erörterung

Leben ist die Voraussetzung alles anderen. Die Grundintention des fünften Gebotes ist die elementare Lebenssicherung des Nächsten und seiner Familie. Da mit dem Tötungsverbot zahlreiche aktuelle Fragen in den Blick kommen: z.B. Notwehr, Abtreibung, Euthanasie, Todesstrafe, Selbstmord, Kriegsdienst und damit verbunden Rüstung, ist eine grundsätzliche Erörterung sinnvoll.
Das im Dekalog (Ex 20, 13; Dtn 5, 17) verwendete Verb »rasach« entstammt der Alltagssprache. Es meint nicht »Töten« schlechthin, sondern gewalttätiges, schuldhaftes, absichtliches Töten, das Töten aus Haß und Feindschaft oder einem Hinterhalt, also das, was wir als »morden« bezeichnen. Es kann aber auch den unbeabsichtigten Totschlag wie die fahrlässige Tötung und den legitimen Vorgang

der Blutrache benennen. Es fällt auf, daß »rasach« nie für das Töten im Krieg oder in der Notwehr gebraucht wird. Auf den Selbstmord wird es nicht angewandt, ebensowenig auf das Töten von Tieren (vgl. dazu HOSSFELD, 1993, Sp. 652-663).

Der ursprüngliche Sinn des fünften Gebotes wendet sich gegen jede Form der Selbstjustiz. Niemand darf töten, um sein Recht durchzusetzen. Ein solcher Mord zerstört die Würde des Menschen, der Ebenbild Gottes ist.

Im Laufe der Zeit stellten sich Verschiebungen im Verständnis des Gebotes ein, dergestalt, daß alle Verhaltensweisen gemeint sind, die »direkt oder indirekt den Tod anderer Menschen veranlassen« und die der einzelne angeredete Israelit zu verantworten hat (CRÜSEMANN, 1993, S. 68), weil er wie sein Tun nach der ganzen Anlage des Dekalogs im Blick steht.

In der prophetischen Tradition wird Töten auch im übertragenen Sinn »jemanden in seinen Lebensmöglichkeiten beschneiden« gebraucht. Ein solches Tun wird mit der Vokabel »Blutschuld« belegt.

Jesus selbst vertieft das fünfte Gebot, indem er die innere Haltung, die oft die Urheberin der äußeren Tat ist, miteinbezieht (vgl. Mt 5, 22).

3.7.2.2 Möglichkeit der Todesstrafe

Was auffällt ist die Aussage, daß der Staat »der Schwere des Verbrechens angemessene Strafen ... verhängen (kann), ohne in schwerwiegendsten Fällen die Todesstrafe auszuschließen« (KKK 2266).

Im Gefolge schwerer Gewaltverbrechen wird immer wieder der Ruf nach der Todesstrafe laut, zumal diese noch in den Strafgesetzen vieler Staaten als Höchststrafe verankert ist. 1987 bestand die gesetzliche Möglichkeit der Todesstrafe in mehr als 100 Staaten der Erde, so nach Recherchen von »amnesty international«. Sie kann also nicht als ein Fossil eines längst überholten Strafsystems angesehen werden.

Auch unter Christen ist die Einstellung zur Todesstrafe strittig. Während die einen auf eine jahrhundertealte Lehre der Kirche verweisen, »die dem Staat das Recht zuspricht, zur Abschreckung besonders schlimme Gewaltverbrechen mit dem Tode zu bestrafen« (KERBER, 1977, S. 793), wird diese Position von anderen entschieden abgelehnt.

Unter menschenrechtlichen Gesichtspunkten erscheinen folgende Argumente gegen die Todesstrafe als stichhaltig (vgl. dazu HILPERT, 1991, S. 282-288):

- Die Todesstrafe ist endgültig. Sie beendet Leben und Dasein des Straftäters unwiderruflich. Ein Irrtum ist nicht mehr korrigierbar.
- Dem Täter ist die Möglichkeit genommen, sein Leben zu ändern, neu anzufangen und irgendwie Wiedergutmachung zu leisten.
- Die Todesstrafe als Institution des Staates birgt immer die Gefahr des politischen Mißbrauchs in sich.
- Die Exekution ist letztlich bei allen bekannten Hinrichtungsarten ein Akt der Brutalität, der eines Rechtsstaates unwürdig ist.
- Dort, wo die Todesstrafe praktiziert wird, wird die Frage nach den milieuhaften und sozialisatorischen Bedingungen eines Verbrechens nicht berücksichtigt.

- In der Kriminologie sieht man es als erwiesen an, daß von der Todesstrafe keine wirksame Abschreckung auf den Verbrecher ausgeht. »In vielen Ländern ging nach Abschaffung der Todesstrafe die Zahl der «todeswürdigen» Verbrechen eher zurück« (KERBER, 1977, S. 794). Unter den Experten wird sie deshalb immer weniger befürwortet, weil man sie nicht mehr als notwendiges und geeignetes Mittel ansieht, um die öffentliche Ordnung aufrechtzuerhalten.

Im KKK ist die mögliche Todesstrafe als ein Notwehrrecht des Staates gesehen, das nur in schwerwiegendsten Fällen zur Anwendung kommen darf. Ohne dieses scheint der moderne Staat unfähig – wenn wir an den Erpressungs-Terrorismus denken –, Schutz und Sicherheit zu garantieren. Ein solches Argument hat sicher sein Gewicht. Dennoch kann die Todesstrafe »nicht mehr als unabdingbar für die Erhaltung des inneren Friedens behauptet werden« (HILPERT, 1991, S. 287). Als archaische Strafe ist sie völkerrechtlich zu ächten. Dieses Ziel wurde auch in Resolutionen der Generalversammlung der Vereinten Nationen 1971 und 1977 ausdrücklich bestätigt.
Es ist bedauerlich, daß der KKK hier keine Vorreiterrolle einnimmt und seine Bemühungen darauf konzentriert, die Todesstrafe, wo sie noch rechtlich möglich ist, zurückzudrängen und für ihre Abschaffung zu plädieren. Statt dessen werden die Staaten, in denen die Todesstrafe gesetzlich institutionalisiert ist, kirchlicherseits in ihrer Rechtsordnung bestätigt.

3.7.2.3 Selbstmord

Die Einstellung zum Selbstmord, wie sie im Weltkatechismus (vgl. KKK 2280-2283) zutage tritt, zeigt wenig Einsicht in die Problematik. Wir haben es hier mit einem komplexen und ethisch drängenden Problem zu tun, das nicht angemessen zur Sprache kommt. Die im KKK gewählte Bezeichnung »Selbstmord« bringt bereits eine ethisch disqualifizierende Vorentscheidung zum Ausdruck, die man wegen der Differenziertheit des suizidalen Syndroms tunlichst vermeiden und stattdessen besser den neutralen Begriff »Selbsttötung« (= Suizid) wählen sollte.
Die natur- und humanwissenschaftlichen Disziplinen (Psychologie, Psychotherapie und Medizin) machen uns darauf aufmerksam, daß die allermeisten Suizidfälle das Resultat einer psychischen Krankheit oder Störung sind. »Man hat deshalb in der ethischen Beurteilung davon auszugehen, daß im Prinzip jede Selbstmordhandlung als Symptom einer abnormalen Entwicklung bzw. einer seelischen Erkrankung aufgefaßt werden muß« (FURGER, 1985, S. 38). Man stimmt heute darin überein, daß als Suizidursache an erster Stelle Depressionen stehen, die eine schwere »Aggressionserkrankung« signalisieren und den Wunsch nach Selbsttötung permanent gegenwärtig machen. Selbstverständlich muß die Suizidhandlung auch im Zusammenhang mit gesellschaftlichen Strukturen gesehen werden, was für eine ganzheitliche ethische Perspektive von Bedeutung ist.
Wenn heute von einigen das Recht auf Selbsttötung als »unveräußerliches Menschenrecht« eingefordert wird, stellt sich die ethische Frage in voller Schärfe.

Aber auch hier muß gesehen werden, daß Selbsttötung zugunsten höherer ethischer Werte erfolgen kann (ebd., S. 41). Zudem ist zu bedenken, daß in anderen Kulturkreisen (z.B. dem japanischen) dem Suizid ein anderer Stellenwert zukommt als im jüdisch-christlichen Raum.
Bei der ethischen Beurteilung der Tat ist auf jeden Fall davon auszugehen, daß es keine monokausale Deutung des Phänomens der Selbsttötung gibt. Wird sie behauptet, entspricht das mehr abstrakten Überlegungen als der Wirklichkeit.
Die Katechismuspassagen zum Selbstmordproblem muten hilflos an und sind merkwürdig geschichtslos. Sie korrespondieren nicht mit den Aussagen der Humanwissenschaften und bieten keine Hilfe bei der Bewältigung aktueller Schwierigkeiten.

3.7.2.4 Was ist Friede?

Im Abschnitt über den Frieden (vgl. KKK 2304) wird dieser nach *Augustinus* (vgl. CIV, Dei XIX, 13) als »Ruhe der Ordnung« (tranquillitas ordinis) definiert, was einen Frieden meint, der im »geordneten gläubigen Gehorsam gegen das ewige Gesetz« (lex aeterna) zu suchen, zu bewahren und wiederherzustellen ist. In der Familie und im politischen Gemeinwesen manifestiert er sich als »geordnete Eintracht des Befehlens und Gehorchens unter Bürgern« (ebd.). Um dieses Ziel zu erreichen bzw. eine Störung der gerechten Friedensordnung zu beseitigen und die »Ruhe der Ordnung« zu bewahren, schließt *Augustinus* kriegerische Machtmittel nicht aus. In Anlehnung an *Cicero* betont er, daß für einen gerechten Krieg (bellum iustum) ein gerechter Grund (iusta causa) vorliegen müsse.
Die Augustinusdefinition des Friedens ist für ein demokratisch strukturiertes Gemeinwesen ebensowenig brauchbar wie für die moderne Familie; selbst für die Kirche, in der kooperative Pastoral angesagt ist, kann das Prinzip der »geordneten Eintracht des Befehlens und Gehorchens« nicht mehr gelten. »Ruhe der Ordnung« mutet fast wie Friedhofsruhe an; es ist ein Friedensbegriff für unmündige Bürger und Untertanen.
Dagegen setzt die Friedensvorstellung der Enzyklika *Paul VI.* »Populorum progressio« (über die Entwicklung der Völker), in der Entwicklung (progressio kann auch Fortschritt und Wachstum heißen) als neuer Name für Frieden gilt, den engagierten, mündigen Bürger bzw. das mündige Glied einer Gemeinschaft voraus.
Außer der Passage (KKK 2305), daß »der irdische Friede ... Abbild und Frucht des Friedens Christi (ist)«, ist vom biblischen Friedenskerygma im KKK nichts zu lesen. Nirgends wird uns z. B. die atl. Bedeutungsfülle des Schalom-Begriffs, der die individuelle und soziale, die religiöse und profane, die naturale und kulturelle Dimension umfaßt, erschlossen.

3.7.2.5 Der »gerechte Krieg«

Bei der Frage nach den Bedingungen, unter denen sich ein Volk in Notwehr militärisch verteidigen darf, setzt der KKK auf die traditionelle Lehre vom »gerechten Krieg« und zählt die entsprechenden Elemente auf (vgl. KKK 2309).

Der Terminus geht auf *Aristoteles* zurück, der vor allen Dingen dabei an Auseinandersetzungen zwischen den griechischen Stadtstaaten dachte. *Cicero* hat die Lehre weiterentwickelt, indem er betonte, ein Krieg sei nur gerecht, wenn sein Ziel der Friede ist. Natürlich ging es ihm um die Pax Romana, den allumfassenden Frieden im römischen Imperium.
Die Theorie vom »gerechten Krieg« wird von den Christen des 4. und 5. Jahrhunderts vom klassischen Altertum übernommen mit dem Ziel, Gerechtigkeit durchzusetzen und Frieden wiederherzustellen. Von *Cicero* beeinflußt, formuliert *Ambrosius* als erster Kirchenvater eine christliche Ethik vom gerechten Krieg. *Augustinus* stellt fünf Grundregeln auf. Ausgebaut und strukturiert finden wir diese Lehre vor allem bei *Thomas von Aquin* in der berühmten Quaestio 40 (I-II) der »Summa Theologiae«. Ihre Antwort behielt Jahrhunderte hin Gültigkeit. Krieg wird zwar grundsätzlich als ein Übel angesehen, aber es gibt Ausnahmen; ein gerechter Krieg ist statthaft. Er ist sogar geboten, wenn er der Ausbreitung des Glaubens und dessen Schutz gilt.
Im Laufe der Zeit werden die Bedingungen der Erlaubtheit eines gerechten Krieges verschärft. Es sind im wesentlichen die, die in Abschnitt 2309 genannt werden.
Die in den letzten Jahrzehnten weit verbreitete Ansicht, daß es unter den heutigen Umständen einen gerechten Krieg nicht mehr geben könne, ist gut begründet.
Zwar schließt das II. Vaticanum eine »sittlich erlaubte« Verteidigung nicht aus, geht aber deutlich in Richtung einer grundsätzlichen Ächtung des Krieges. In der Pastoralen Konstitution über die Kirche in der Welt von heute (GAUDIUM ET SPES, Nr. 77) wird sogar optimistisch von einer jetzt neu erreichten Stufe der Einsicht und Reife der Menschheit gesprochen, die den Begriff eines »gerechten Krieges« als eine Fiktion erscheinen lassen muß.
Das »Neue Glaubensbuch« steht dafür, daß auch der gerechteste Verteidigungskrieg aufgehört hat, ein sittlich erlaubtes Mittel zur Durchsetzung berechtigter Ansprüche zu sein, weil angesichts der modernen Waffentechnik die meisten aufgestellten Bedingungen des gerechten Krieges nicht mehr einzuhalten sind (vgl. GRÜNDEL, 1973, S. 522) »Wenn es also wahr ist, daß Gerechtigkeit und Friede die soziale und politische Form der Liebe sind, dann kann es für den Glauben nicht mehr darum gehen, die Frage nach den Voraussetzungen des gerechten Friedens zu klären, sondern nur noch darum, den Krieg als solchen schlechthin zu ächten« (ebd.).
Daß der KKK den Krieg, auch den »konventionellen«, in scharfen Formulierungen verurteilt hat, und ihn Verbrechen nennt (vgl. KKK 2302-2330), ist positiv anzumerken. Dennoch bezieht er sich weiterhin auf die herkömmliche Lehre vom gerechten Krieg, die heute obsolet geworden ist. Eine kritische Auseinandersetzung mit dieser Lehre ist statt dessen gefragt.

3.7.2.6 Wehrdienstverweigerung

In Abschnitt 2311 werden die staatlichen Behörden aufgefordert, sich um die Wehrdienst- bzw. Kriegsdienstverweigerer »in angemessener Weise« zu kümmern.
Es wird keine Aussage darüber gemacht, inwieweit es auch Sache der Kirchen ist, den betroffenen Menschen in dieser Frage mit Rat und Tat beizustehen.

Tatsächlich gibt es in den einzelnen Diözesen der Bundesrepublik Deutschland bestellte Beauftragte für diesen Personenkreis, so daß man sagen kann, daß die deutsche Kirche ihrer Verpflichtung durchaus nachkommt. Im KKK jedoch bleibt diese wichtige pastorale Aufgabe außen vor. Man sieht – so hat man den Eindruck – in der Wehrdienstverweigerung mehr eine Außenseiterposition, die man tolerieren muß, als eine positiv zu erstrebende Einstellung und einen prophetischen Protest.
Selbst die traditionelle Moraltheologie lehrte, daß sich niemand am Militärdienst oder an der Kriegführung beteiligen darf, wenn er nicht in seinem Gewissen von der gerechten Sache überzeugt ist, auch wenn – wie man sagte – die Rechtsvermutung zugunsten der gerechten Sache einer rechtmäßigen Regierung steht. Wenn man jedoch die Kriegsgründe der vergangenen Jahrhunderte kritisch unter die Lupe nimmt, so wird man sagen müssen, daß es nur in seltenen Fällen um eine gerechte Sache ging.
Wenn der KKK den Anspruch erhebt, den katholischen Christen in aller Welt (siehe Weltkatechismus) Weisung und Richtschnur zu sein, müßte den Wehrdienst- bzw. Kriegsdienstverweigerern, die ein prophetisches Friedenszeichen setzen, mehr Aufmerksamkeit zuteil werden.

3.7.2.7 Massenvernichtung

Der KKK läßt keinen Zweifel daran, »daß jede Kriegshandlung, die auf die Vernichtung ganzer Städte oder weiter Gebiete und ihrer Bevölkerung« zielt, ein Verbrechen gegen Gott und die Menschen darstellt. Eine solche Gefahr ist bei den ABC-Waffen in besonderer Weise gegeben (vgl. KKK 2314).
Hier spricht der Katechismus klar und ohne Vorbehalt. Da die modernen Waffensysteme – nicht nur die ABC-Waffen – von den kriegführenden Parteien immer weniger zu kontrollieren sind und die Zivilbevölkerung beim Kriegsgeschehen kaum ausgespart bleiben kann, müssen letztlich alle modernen Kriege zu den vom KKK verurteilten Folgen führen. So gesehen, kann die Theorie des gerechten Krieges kaum noch gerechtfertigt werden (vgl. Zweiter Teil, 3.7.2.5).
Dankenswerter Weise warnt der KKK vor jedem Rüstungswettlauf; zudem äußert er schwere moralische Vorbehalte gegenüber der Strategie der Abschreckung.

3.7.2.8 Defizite

Man vermißt im KKK das Benennen der verschleierten Formen des Tötens, die bereits in der prophetischen Verkündigung eine Rolle spielten. So kann für die Propheten Töten neben seiner ursprünglichen Bedeutung auch heißen: einen Menschen wirtschaftlich ausbeuten und ruinieren »sowie ihn sozial und rechtlich unterdrücken« (EXELER, 1981, S. 137). Ein solches Tun wird mit der Vokabel »Blutschuld« belegt. Besonders drastisch stellt Micha diese Art des Tötens dar, wenn er von den Reichen, die die Armen ausbeuten, sagt: »Sie fressen mein Volk auf, sie ziehen den Leuten die Haut ab und zerbrechen ihnen die Knochen, sie zerlegen sie wie Fleisch für den Kochtopf, wie Braten für die Pfanne« (Mi 3, 3).
Diese Gedanken lassen sich mit Blick auf die Weltwirtschaft sehr leicht aktualisieren. Hat sie wirklich die Lebensmöglichkeiten aller Menschen und Völker im

Auge oder nur den Profit? Leben die reichen Industrienationen nicht doch auf Kosten der armen Völker, deren Existenzbedingungen fortwährend beschnitten werden?
Daß es sich hierbei um sehr komplexe Probleme handelt, die keine einfachen Lösungen zulassen, leuchtet ein. Das wirtschaftliche und soziale Gefälle zwischen den industrialisierten Zonen und den Entwicklungsgebieten erhält Abhängigkeiten und schafft Konflikte. Insoweit die Entwicklungspolitik der Industrienationen diese Unterschiede zu beseitigen versucht – und nur dann –, schafft sie die wirtschaftliche und gesellschaftliche Grundlage für eine gerechtere Ordnung.
Auf jeden Fall wird das fünfte Gebot tangiert, wo ein einzelner, ein Volk oder Völker auf Kosten anderer ihr Glück, ihren Reichtum und ihren Erfolg rücksichtslos durchsetzen.
Christen sollten dazu beitragen – es wäre auch eine Aufgabe des KKK –, den Gedanken lebendig zu halten, daß man Menschen durch den Entzug ihrer Lebens- und Entwicklungsmöglichkeiten töten kann.

3.7.3 Didaktische Hinweise

Das fünfte Gebot bietet für die Behandlung in RU und Katechese eine ganze Reihe wichtiger Einzelthemen (Euthanasie, Abtreibung, Selbstmord, Gesundheit, Krieg und Frieden u.a.), die zur gegebenen Zeit und in der entsprechenden Altersstufe zu behandeln sind. Ich beschränke mich auf ein paar Überlegungen zur Friedensethik.

3.7.3.1 Friedenserziehung im schulischen RU

3.7.3.1.1 Der Beitrag des RU

Der schulische RU ist wie alle anderen Schulfächer der Friedenserziehung verpflichtet. Er hat jedoch einen spezifischen Beitrag zum Thema »Frieden« zu leisten.
- Er hat ihn zu leisten vom Inhalt der Offenbarung her, der eine Schlüsselstellung bei der Friedensdiskussion zukommt.
- Er hat ihn zu leisten vom Anspruch der christlichen Botschaft her, die Impulse für menschliches Handeln gibt.
- Er hat ihn zu leisten, indem die Universalität und Dynamik des christlichen Friedensbegriffs deutlich wird.
- Er hat ihn zu leisten im Hinblick auf die Verwirklichung der christlichen Existenz, die wesentlich »Frieden machen« einschließt.

3.7.3.1.2 Die Bedingungen

Bei der Reflexion der anthropogenen und sozio-kulturellen Bedingungen werden die Feststellungen zu beachten sein, daß gerade junge Menschen unter aktuellen und strukturellen Ungerechtigkeiten leiden, denen sie sich hilflos ausgeliefert sehen und daß auch das Arbeits- und Lebensfeld Schule keine friedliche Insel bildet, sondern ein Spiegelbild der Gesellschaft ist.

3.7.3.1.3 Die Lernziele

Als Grobziel wäre möglich, die Schüler zu befähigen, Frieden als Aufruf zum persönlichen Engagement im Geiste des Evangeliums zu verstehen und zu praktizieren. Die Feinziele sind dem »Grundlagenplan für den katholischen RU im 5. bis 10. Schuljahr«, hier 10. Klasse, entnommen:

a) »Ängste vor Krieg und Vernichtung und die Sehnsucht nach Frieden und freier Entfaltung aller Menschen zur Sprache bringen.
b) Widersprüche bei der aktuellen Bemühung um den Frieden aufdecken.
c) Sich ansprechen lassen von der biblischen Verheißung und Hoffnung auf Frieden.
d) Zu einer begründeten eigenen Stellungnahme in konkreten Teilfragen der Friedenssicherung finden.
e) Bereit werden, sich in den Bereich von Familie, Schule und Gemeinde für ein friedvolles Miteinander einzusetzen« (GRUNDLAGENPLAN, S. 208 f.).

3.7.3.2 Literaturangaben

- EMEIS, D.: Zum Frieden erziehen, München 1968
- GRUNDLAGENPLAN für den katholischen RU im 5. bis 10. Schuljahr, München o. J.
- HÄRING, B.: Frei in Christus, Moraltheologie für die Praxis des christlichen Lebens, Bd. III, Freiburg 1989
- HENTIG, H. von: Erziehung zum Frieden, Wuppertal-Barmen 1968
- HIRTENWORTE zu Krieg und Frieden, hrsg. von der DBK, Köln 1983
- PFISTER/WOLF: Friedenspädagogik heute, Waldkirch 1972
- STALLMANN, M., (Hrsg.): Friedenserziehung und Religionsunterricht, Stuttgart/München 1972

3.8. Das sechste Gebot

3.8.1 Was steht im KKK?

Das Gebot lautet:
»Du sollst nicht die Ehe brechen« (Ex 20, 14; Dtn 5, 18).

Der Artikel über das sechste Gebot behandelt das Thema in vier Abschnitten, die ihrerseits thematisch gegliedert sind:

I. »Als Mann und Frau schuf er sie...« (KKK 2331-2336)
II. Berufung zur Keuschheit (KKK 2337-2359)
   - Unversehrtheit der Person (KKK 2338-2345)
   - Ganzheit der Selbsthingabe (KKK 2346-2347)
   - Verschiedene Formen der Keuschheit (KKK 2348-2350)
   - Verstöße gegen die Keuschheit (KKK 2351-2356)
   - Keuschheit und Homosexualität (KKK 2357-2359)

III. Eheliche Liebe (KKK 2360-2363)
- Eheliche Treue (KKK 2364-2365)
- Eheliche Fruchtbarkeit (KKK 2366-2372)
- Kinder sind ein Geschenk (KKK 2373-2379)

IV. Verstöße gegen die Würde der Ehe (KKK 2380-2391)
- Ehescheidung (KKK 2382-2386)
- Weitere Verstöße gegen die Würde der Ehe (KKK 2387-2391)

Neun Kurztexte (KKK 2392-2400) fassen thesenhaft die wichtigsten Aussagen zusammen.

Zu I. (»Als Mann und Frau schuf er sie…«):
Der Mensch als Abbild Gottes ist von Gott zur Liebe, Gemeinschaft und Fruchtbarkeit geschaffen. Die leibliche, moralische und geistige Verschiedenheit von Mann und Frau sind auf Ehe und Familie hingeordnet. Beide besitzen in gleicher Weise personale Würde. Jesus hat die ursprüngliche Reinheit der Schöpfung, so auch der Ehe, wiederhergestellt und den Ehebruch verboten.
Es ist kirchliche Tradition, das sechste Gebot »auf die gesamte menschliche Geschlechtlichkeit« zu beziehen.

Zu II. (Berufung zur Keuschheit):
Keuschheit wird als »geglückte Integration der Geschlechtlichkeit« in die menschliche Person definiert. Sie wahrt die Unversehrtheit des Menschen, erfordert Selbstbeherrschung und ist die persönliche Aufgabe des Menschen. Keuschheit gilt als sittliche Tugend, die der Übung bedarf und sich in der Freundschaft entfaltet. Jeder Getaufte ist zu dieser Tugend berufen.
Die Brautleute sollen »die Keuschheit in Enthaltsamkeit« leben.
Unkeuschheit wird im »ungeregelten Genuß der geschlechtlichen Lust« oder im »ungeordneten Verlangen nach ihr« gesehen.
Als Verstöße gegen die Keuschheit werden hintereinander aufgezählt: Masturbation, Unzucht, Pornographie, Prostitution, Vergewaltigung, homosexuelle Handlungen.

Zu III. (Eheliche Liebe):
Die Sexualität ist auf die eheliche Liebe von Mann und Frau hin geordnet. Sie betrifft Kern und Wesen der menschlichen Person. Als doppelter Zweck der Ehe, der sich in der Vereinigung der Gatten verwirklicht, wird genannt: »Das Wohl der Gatten... und die Weitergabe des Lebens«.
Dem entspricht die Forderung der Treue und Fruchtbarkeit. So muß »jeder eheliche Akt von sich aus auf die Erzeugung menschlichen Lebens ausgerichtet bleiben«.
Von den Eheleuten wird verantwortliche Elternschaft verlangt, die eine Empfängnisregelung notwendig machen kann. Die dazu verwandten Methoden müssen jedoch den objektiven Kriterien der Moral entsprechen, wie zeitweilige Enthaltsamkeit oder die Wahl von unfruchtbaren Perioden der Frau. Handlungen, die darauf angelegt sind vor, während oder nach dem ehelichen Akt die Fortpflanzung zu verhindern, sind abzulehnen (Verhütungsmittel, direkte Sterilisation).

Der Staat ist berechtigt, durch »taktvolle Information« auf das Bevölkerungswachstum einzuwirken, jedoch nicht durch Zwangsprogramme.
Kinder sind ein Geschenk. Man darf aber nicht alles tun, was technisch möglich ist, um seinen Kinderwunsch zu erfüllen. Ei- oder Samenspende und Leihmutterschaft (heterologe künstliche Insemination und Befruchtung) gelten als verwerflich; auch die homologe künstliche Insemination und Befruchtung wird als moralisch unannehmbar qualifiziert. Es gibt kein Recht auf das Kind, das auch nicht als Eigentum betrachtet werden kann.

Zu IV. (Verstöße gegen die Würde der Ehe):
Als Verstöße gegen die Würde der Ehe gelten: Ehebruch, Ehescheidung, Polygamie, Inzest, sexueller Mißbrauch von Kindern, Verhältnis (gemeint ist die dokumentenfreie Lebensgemeinschaft).

3.8.2 Kritische Reflexion

3.8.2.1 Ursprüngliche Bedeutung des sechsten Gebotes

Entsprechend der kirchlichen Tradition subsumiert der KKK unter dem sechsten Gebot alles, was mit Sexualität zusammenhängt. Von dieser kirchlichen Praxis her ist die katechetische Um-Formulierung dieses Gebotes »Du sollst nicht Unkeuschheit treiben« – so in früheren Katechismen und Beichtspiegeln – zu verstehen.
Das entspricht nicht der ursprünglichen Intention. Ja, das machte das Gebot zu einer legalistischen Rechtsnorm.
Von der Präambel her gesehen (Ex 20, 2), kommt das Ehebruchsverbot jedoch nicht als moralisches oder gar sexuelles Verbot in den Blick. Es geht ihm von seiner ursprünglichen Intention her vielmehr um das Gut der Ehe und Familie und seinen Schutz. Männern wird verboten, in eine bestehende Ehe einzudringen. Verboten ist also die Beziehung zu einer verheirateten bzw. durch rechtliche Verlobung in den Besitz des Mannes übergegangenen Frau. Nur die Frau konnte im strengen Sinne die eigene Ehe brechen, der Mann als Besitzer der Frau nur die fremde. Er verletzt mit dem Ehebruch das Besitzrecht eines anderen. Sexuelle Beziehungen mit einer unverheirateten Frau oder einer Prostituierten galten nicht als Ehebruch. Die verheiratete Frau dagegen galt auch dann als Ehebrecherin, wenn der Mann, mit dem sie außerhalb der Ehe geschlechtliche Beziehungen aufnahm, unverheiratet war. Ehebruch bedeutet also, das geschlechtliche Besitzrecht eines Ehemannes mißachten. Das Gebot ist zunächst an Männer gerichtet und hat daher den Sinn: Du sollst die Ehefrau eines anderen nicht antasten. Erst in zweiter Linie richtet sich das Gebot an verheiratete Frauen und verbietet ihnen den Verkehr mit fremden Männern.
Bei Ehebruch stand das Leben der damaligen patriarchalischen Großfamilie auf dem Spiel; er stellte einen massiven Bruch der Eigentumsrechte dar und brachte psychologische Ängste und Verletzungen. Zudem waren die Sicherung des Erbbesitzes und das Aufziehen von legitimen Söhnen als Garanten der Alterssicherung in Frage gestellt.

»Das sechste Gebot stellte in seiner ursprünglichen Fassung für Männer und Frauen verschiedene Maßstäbe auf« (EXELER, 1981, S. 152). In späterer Zeit, besonders im Neuen Testament, wurde dieses Messen mit zweierlei Maß überwunden (vgl. z. B. Lk 16, 18; Mt 5, 32 und 19, 9).
Während das Alte und Neue Testament aufs ganze gesehen grundsätzlich positiv zur menschlichen Sexualität standen, übernahm die kirchliche Moral beim Eindringen des Christentums in die hellenistische Welt neuplatonisch-stoische Auffassungen und manichäisch-dualistische Einflüsse, die zu einem leibfeindlichen Sexualpessimismus führten. Schon das naturhafte Begehren, die sexuelle Lust, wurde von *Augustinus* als Folge, ja geradezu als Vehikel der Erbsünde und damit als Unordnung angesehen. Geschlechtliche Beziehungen in der Ehe sind nur dann frei von Sünde, wenn die Zeugung eines Kindes beabsichtigt wird. Der Sinngehalt der Ehe wird ausschließlich vom Fortpflanzungsgedanken bestimmt.
Diese Betrachtungsweise führte zur Überbetonung des Sexualverhaltens, besonders unter dem Aspekt der Sünde. In der »materia-gravis-Lehre« des 17. Jahrhunderts erfuhr das vom Sündenbewußtsein geprägte Sexualverständnis eine weitere Zuspitzung. Alle frei gewollte Bejahung sexueller Lust wird als schwere Sünde gewertet, ja die Sünden in diesem Bereich galten weithin als die schwersten. Wenn die Theologie diese Vorstellungen auch längst überwunden hat, sind sie dennoch in der kirchlichen (nicht nur katholischen) Mentalität latent vorhanden.
Das sechste Gebot wurde sozusagen wie eine Art »Sammeltopf« behandelt und mit allen Fragen der Sexualethik in Zusammenhang gebracht. Der KKK führt diese bedenkliche Praxis fort, obwohl das sechste Gebot ausschließlich auf den Schutz von Ehe und Familie zielt.

3.8.2.2 Verstöße gegen die Keuschheit

Der KKK zählt Verstöße gegen die Keuschheit undifferenziert auf. So werden hintereinander abgehandelt: Masturbation, Unzucht, Pornographie, Prostitution und Vergewaltigung. Die Ausführungen sind abstrakt und merkwürdig geschichtslos – was für den gesamten Bereich der Sexualethik im KKK zutrifft – und bleiben weit hinter dem zurück, was sich als ein verantwortbarer Konsens unter den Moraltheologen in den letzten Jahrzehnten herausgeschält hat.
Mit größter Selbstverständlichkeit und ohne die geringste Differenzierung werden Menschen, die miteinander geschlechtlich verkehren, dadurch, daß ihr Tun ohne Wenn und Aber als Unzucht qualifiziert wird (vgl. KKK 2353), auf dieselbe Stufe wie Dirnen, Strichjungen und Vergewaltiger gestellt, selbst wenn sie Brautleute sind und ihre Beziehung als reife und auf Treue angelegte Partnerschaft verstehen.
Was zur Masturbation unter Berufung auf die Lehrtradition der Kirche gesagt wird (vgl. KKK 2352), ist wenig hilfreich, da die humanwissenschaftlichen Erkenntnisse gänzlich ausgeblendet bleiben. Man kann jedoch heute nur unter Berücksichtigung der Human- und Sozialwissenschaften kompetent über menschliche Sexualität sprechen. Bei einer Zusammenschau dieser Erkenntnisse wie der philosophischen Einsichten in den Sinn des Menschseins treten unübersehbare Dringlichkeiten einer fruchtbaren und sinnvollen menschlichen Existenz

hervor. Wo solche menschlichen Dringlichkeiten sich zeigen, werden ethische Normen statuiert. Diese können nicht im luftleeren Raum abstrakter Prinzipien durch Deduktion gewonnen werden.
Sie entstehen vielmehr induktiv, »von unten her«, d. h. aus der Reflexion der menschlichen Erfahrungen. Ethische Normen sind nichts anderes als die Übersetzung dieser Erfahrungen in die Sprache der sittlichen Verbindlichkeit.
Im Folgenden werden einzelne der im KKK angesprochenen Bereiche näherhin beleuchtet:

3.8.2.2.1 Unkeuschheit (vgl. KKK 2351)
Die Geschlechtslust wird ungeordnet genannt – was Unkeuschheit bedeutet –, »wenn sie... von ihrer inneren Hinordnung auf Weitergabe des Lebens... losgelöst wird«.
Heutige existentielle Erfahrung hat sich auf die Sinninterpretation des Geschlechtlichen auch dadurch ausgewirkt, daß die einseitige Festlegung auf den »Zeugungszweck« durch eine umfassende Deutung überwunden wurde. Gegenüber der katholisch-traditionellen Verengung – sie zeigt sich deutlich im KKK – wird in dieser Gesamtdeutung der Stellenwert der Sexualität auch in der personalen Selbstverwirklichung des einzelnen herausgearbeitet. So lesen wir im Arbeitspapier »Menschliche Sexualität« der Würzburger Synode: »3.1.2.2 Die Sexualität vermittelt dem Menschen existentielle Erfahrungen:
- in der Selbstbestätigung und in der Bestätigung durch den Partner, durch die Zuweisung von sozialen Rollen und durch die Förderung der personalen Entwicklung;
- im Erlebnis der Lust;
- in der Liebe zum Partner, im Angenommensein durch den Partner und in den sexuellen Ausdrucksformen dieser Liebe;
- in Zeugung und Erziehung des Kindes, im Geprägtwerden durch das Kind und durch die Selbsterfahrung in Vater- und Muttersein.«

Im Punkt 3.2.3 des Arbeitspapiers heißt es dann weiter: »Im Verlauf seines Lebens kann der Mensch die verschiedenen Sinngehalte der Sexualität verwirklichen« (GEMEINSAME SYNODE II, 1977, S. 167 f.).
Der Aspekt der Förderung der personalen Entwicklung – in der traditionellen Moral überhaupt nicht betont – korrespondiert mit dem Aspekt der Sexualität als Wirkmacht zwischen zwei Menschen, als eine Kraft, die in der liebenden Begegnung aufbricht.
Die Integration der Sexualität in die menschliche Person, die nie statisch begriffen werden darf, hat ihre Gestaltbarkeit und Plastizität zur Folge. Welcher Sinnwert der menschlichen Geschlechtlichkeit jeweils dargestellt und gelebt werden kann, hängt von der personalen Existenz wie von der jeweiligen Partnerschaft ab. Auf jeden Fall wird die verengte Sicht des KKK dem komplexen Phänomen Sexualität durch die Qualifizierung der nicht auf Zeugung gerichteten Geschlechtslust als »ungeordnet« und damit »unkeusch« nicht gerecht.

3.8.2.2.2 Masturbation (vgl. KKK 2352)
Die Bezeichnung »Masturbation«, die sich heute in der Fachliteratur durchgesetzt hat, wird verschieden gedeutet:

a) manu stuprare = mit der Hand schänden;
b) manu turbare = mit der Hand Verwirrung anrichten;
c) mas turbatio = Verwirrung in der männlichen Geschlechtlichkeit.

Der Ausdruck hat von vorneherein einen pejorativen Sinn und ist zudem ungenau. Das Problem der Masturbation ist für den biblischen Menschen uninteressant, zumindest wird es nirgendwo erwähnt. Sexualität ist in der Bibel grundsätzlich auf einen andersgeschlechtlichen Partner gerichtet. Das atl. Gesetz beschäftigt sich lediglich mit dem unfreiwilligen Samenerguß des Mannes (Dtn 23, 11 f.; Lev. 15, 16), »der die Pflicht zur Waschung und den Zustand der kultischen Unreinheit bis zum Abend nach sich zieht« (HAAG/ELLIGER, 1986, S. 111). Wenn nun die Bibel nichts von Masturbation gesagt hat, heißt das nicht, daß es sie nicht gegeben hätte. In der Tat haben die Ethnologen festgestellt, daß die Masturbation uralt ist und in allen Völkern und Kulturen verbreitet war.

Die strenge Beurteilung und Verurteilung der Masturbation in der früheren Moraltheologie ist weitgehend in einem biologischen Irrtum begründet. Man sah im männlichen Sperma das keimende Leben, das im Mutterschoß – wie der Samen im Schoß der Erde – bis zur Geburt heranwachse. Samenerguß war dementsprechend gleichbedeutend mit der Zerstörung menschlichen Lebens, was die entsprechende sittliche Beurteilung fand. Als man 1827 die weibliche Eizelle entdeckte und die Zeugung durch Zellverschmelzung bekannt wurde, kam der Ursprung der Argumentation nicht mehr deutlich zum Vorschein. Masturbation wurde jetzt als unbeherrschte unkeusche Lust gesehen und undifferenziert mit dem Verdikt der schweren Sünde belegt. Ihre Bedeutung wurde »in der Tradition der katholischen Moraltheologie stark übertrieben, wo sie, vor allem für den heranwachsenden jungen Mann oft zu dem Problem der Sittlichkeit überhaupt wurde« (FURGER, 1985, S. 99).

Im KKK wird das Problem im Sinne der traditionellen katholischen Doktrin abgehandelt, auch wenn man eingesteht, daß »affektive Unreife«, »die Macht der eingefleischten Gewohnheiten«, »Angstzustände« und »weitere psychische Faktoren« die moralische Schuld mindern, wenn nicht gar aufheben können. Das ist sicher positiv zu vermerken.

Dennoch wird nicht deutlich, daß Masturbation nicht nur ein sicher nicht harmloses regressives Phänomen – ein Ausweichen vor der gefürchteten heterosexuellen Begegnung, ein Indiz für Kontaktunfähigkeit, autistische Fixierung und Narzismus – darstellt, sondern auch ein progressives Phänomen sein kann, in dem der junge Mensch (vor allem der Junge) seine sexuelle Vitalität erfährt, das ihn für den Partner öffnet und so ein normales Durchgangsstadium darstellt. »Wenn ein erfahrener Mediziner außerdem betont, daß die sexuelle Erregung unter Umständen so stark sein könne, daß nur eine entsprechende Entspannung Schlaf oder auch geregelte Arbeit ermögliche, wird man aber auch mit dem Urteil, Selbstbefriedigung sei nichts anderes als egoistischer Lustgewinn, vorsichtig sein müssen« (ebd., S. 101)!

3.8.2.2.3 Unzucht (vgl. KKK 2353)
Im KKK wird unter Unzucht »die körperliche Vereinigung zwischen einem Mann und einer Frau, die nicht miteinander verheiratet sind« verstanden. Sie gilt als schwerer Verstoß, als schweres Ärgernis und damit als schwere Schuld.
Hier fällt, wie so häufig, die mangelnde Unterscheidungsfähigkeit der KKK-Autoren auf, durch die nahezu alle Verlobten der Unzucht geziehen werden. Auch wenn man weiterhin der Meinung ist, daß »volle geschlechtliche Beziehungen ihren Ort in der Ehe« haben, so muß doch zwischen unverbindlichen, promiskuitiven Kontakten und vor- bzw. eheähnlichen unterschieden werden. Im Beschluß »Ehe und Familie« der gemeinsamen Synode der Bistümer in der Bundesrepublik Deutschland heißt es dazu: »Es ist offensichtlich, daß der wahllose Geschlechtsverkehr mit beliebigen Partnern anders zu bewerten ist als intime Beziehungen zwischen Verlobten oder fest Versprochenen...« Es wird außerdem vermerkt, daß »eine undifferenzierte Verurteilung bestehender vorehelicher sexueller Beziehungen den betreffenden Menschen in ihrem Verhalten« nicht gerecht wird (GEMEINSAME SYNODE I, 1976, S. 442).
Auf ähnliche Weise argumentiert eine Denkschrift der Evangelischen Kirche in Deutschland zu Fragen der Sexualethik: »Daher wird der Geschlechtsverkehr Verlobter oder fest befreundeter Paare in einer ganzheitlich-personalen Beziehung, die mit der Absicht auf Dauer verbunden ist, grundsätzlich anders gesehen als das Ausprobieren mit wechselnden Partnern« (DENKSCHRIFT DER EKD, 1973, S. 27 f.).
Der KKK läßt Behutsamkeit und Verständnis in dieser Frage vermissen. Das wäre um so notwendiger, als Jesus selbst eine verblüffende Interesselosigkeit und Zurückhaltung dem Sexualbereich gegenüber an der Tag legte und es in den Evangelien keine Andeutungen gibt, daß er gegenüber der Erotik irgendwelche Vorbehalte gemacht hätte. Daraus ziehen *Haag* und *Elliger* den Schluß: »Damit anerkennt (Jesus) die Erlaubtheit des Geschlechtsverkehrs zwischen Verlobten und sieht offenbar im Umgang eines (ledigen oder verheirateten) Mannes mit einer ledigen Frau nichts Unmoralisches« (HAAG/ELLIGER, 1986, S. 90).
Wenn im KKK noch vom schweren Ärgernis gesprochen wird, wodurch »junge Menschen sittlich verdorben werden« könnten, dann geht eine solche Behauptung an der Wirklichkeit unserer Gesellschaft vorbei, in der sich kaum noch jemand – regelmäßige Meßbesucher eingeschlossen – an Sexualkontakten Unverheirateter stößt.
Einer der Gründe für diese Toleranz dürfte darin liegen, daß sexualethische Normen, die konkretes Verhalten regulieren wollen, weder als absolut noch als unwandelbar gelten. So kann niemand sagen, ob kommende Entwicklungen nicht ein neues Verständnis insinuieren.

3.8.2.3 Homosexualität
Über die Genese der Homosexualität (vgl. KKK 2357-2359) kann man keine wissenschaftlich gesicherte Aussage machen. So ist es zutreffend, wenn es im KKK 2357 heißt: »Ihre psychische Entstehung ist noch weitgehend ungeklärt.« Alle bisher aufgestellten Theorien lassen sich nicht beweisen.

Im Gegensatz zu den Griechen, Römern und dem alten Orient, wo die Homosexualität weit verbreitet war, galt sie in Israel als Greuel (Lev 18, 22). Die Gründe dürften im Bestreben liegen, sich von Kult und Sitte der synkretistischen Umwelt abzusetzen wie auch im Widerspruch der Homosexualität zur Pflicht der Juden, Nachkommen zu erzeugen.
Die Evangelien erwähnen die Homosexualität mit keinem Worte. Wir wissen also auch nicht, wie sie von Jesus beurteilt wurde. Jedoch kann man annehmen, daß er in der Tradition der gängigen Auffassung stand. Als sicher darf gelten, daß Homosexualität bei den Juden »eine viel geringere Rolle spielte als in der griechisch-römischen Welt« (HAAG/ELLIGER, 1986, S. 146). Paulus nennt sie widernatürlich und eine sittliche Verirrung; er sieht in ihr das Laster der Heiden.
Der KKK nimmt auf die biblische Ablehnung Bezug, ohne jedoch ihre kulturelle Bedingtheit zu berücksichtigen. Paulus ist z. B. abhängig von der religiös begründeten jüdischen Tradition spontanen Abscheus gegenüber der Lebensweise hellenistischer Kultur.
Dazu kommt, daß die biblische Ablehnung des homosexuellen Geschlechtsverkehrs von der homotropen Prägung eines Menschen nichts wissen konnte, sondern immer davon ausging, daß die Beteiligten auf Partner des anderen Geschlechts hinbezogen sind und bleiben, also »heterosexuell« sind, jedoch einen vorübergehenden sexuellen Nervenkitzel und isolierte Bedürfnisbefriedigung im Verkehr mit gleich-geschlechtlichen Partnern suchen. Ihre homosexuellen Verhaltensweisen sind Folge von Verführung und unsittlichem Verhalten. Den Verfassern der biblischen Schriften war die gleichgeschlechtliche Zuneigung im Sinne unserer Bestimmung als einer fundamentalen und der sittlichen Entscheidung vorausliegenden Hinordnung vollkommen unbekannt.
Schließlich: Mit den homosexuellen Praktiken sind an den betreffenden Stellen der Bibel immer schwere Verstöße gegen fundamentale Normen der damaligen religiös-politischen Gesellschaft verbunden: Bruch des geheiligten Gastrechts, Götzendienst, Vergewaltigung, sexuelle Verführung und Ausbeutung.
Die Gesichtspunkte des biblischen Befundes lassen also eine einfache Anwendung der sittlichen Wertung der Bibel auf die heutige Fragestellung nicht ohne weiteres zu. Wenn die christliche Tradition die biblische Sicht übernommen hat und homosexuelle Handlungen als schwere Sünde erachtet, wird dabei – entsprechend heutigen Kenntnissen – nicht die genuine Homosexualität als gegebene Anlage abgelehnt, sondern deren genitale Aktivierung. So anerkennt der KKK – wie bereits die Erklärung der Glaubenskongregation vom 29. Dezember 1975 »Persona humana« – die Homotropie und beschränkt ihre Ablehnung auf die Sexualakte.

Es bleiben Fragen, die vom Weltkatechismus nicht gestellt werden:

- Darf eine gleichgeschlechtliche Zuneigung – im Sinne einer vorausliegenden Grundorientierung verstanden – als Krankheit eingeordnet werden?
- Kann von einem Menschen, der in seinem Wesen und Erleben auf Partner des gleichen Geschlechts bleibend ausgerichtet ist, das Bemühen um Heilung oder vollkommene Enthaltung gefordert werden?

- Dürfen alle homosexuellen Akte als in sich schlecht bezeichnet und damit dem einzelnen die Lasten »schöpferischer Fehlplanung« aufgebürdet werden?
- Ist es Sache einer christlichen Ethik, die in dieser Frage herrschenden Meinungsverschiedenheiten der Humanwissenschaften zu entscheiden?

3.8.2.4 Empfängnisregelung – Empfängnisverhütung

Die Aussagen des Weltkatechismus zur Empfängnisregelung – Empfängnisverhütung finden sich an verschiedenen Stellen (vgl. KKK 2368, 2370, 2399).
Kirchliche Dokumente haben in neuester Zeit immer wieder von einer verantworteten Elternschaft gesprochen und betont, daß es Sache der Gatten sei, über die Zahl ihrer Kinder zu entscheiden (vgl. DIE KIRCHE IN DER WELT VON HEUTE, Art. 51; HUMANAE VITAE, Nr. 10). Das läßt die Empfängnisregelung als »besondere(n) Aspekt dieser Verantwortung« für viele Ehepaare als notwendig erscheinen (vgl. KKK 2368).
Wenn es dann um die Frage nach dem »Wie« geht, werden abortive und nichtabortive Methoden mit den Worten der Enzyklika *Paul VI.* »Humanae vitae« (Nr. 14) verurteilt (vgl. KKK 2370), wobei übersehen wird, daß ein fundamentaler Unterschied zwischen Methoden besteht, die die Befruchtung verhindern und solchen, die ein befruchtetes Ei, also menschliches Leben, töten.
Die sogenannte, am 07. März 1966 zur Kardinalskommission erhobene, päpstliche internationale Expertenkommission – von *Paul VI.* 1964 als Kommission für Ehe- und Familienfragen neu konstituiert –, die mit 64 gegen 4 Stimmen ihren Abschlußbericht verabschiedete und ihn am 28. Juni 1966 dem Papst übergab, kam in der Frage der Methoden zu einem differenzierten Ergebnis. Dieses Abschlußgutachten – fälschlich auch »Gutachten der Mehrheit« genannt – ist bemüht, eine Lösung des moraltheologischen Problems der Geburtenregelung auf dem Hintergrund eines Verständnisses von Geschlechtlichkeit zu finden, wie es durch neuere psychologische und anthropologische Erkenntnisse geboten schien« (FOX, 1991, S. 708). Die Methodenfrage verliert dabei ihren Vorrang. Die Wahl der Mittel bleibt zwar objektiv an Kriterien gebunden, entscheidend ist aber, daß in der Handlung »der ganze Sinn des gegenseitigen Schenkens und der menschlichen Fortpflanzung in den Kontext wahrer Liebe verflochten bleibt« (HAUPTGUTACHTEN, 1967, S. 422). Ist das gegeben, dann gilt die Auswahl der Mittel als zweitrangig, »denn der Mensch kann seinen Leib so gebrauchen, daß er ihn fähiger macht, seine eigenen Zwecke zu erreichen« (DAS MORALTHEOLOGISCHE FACHGUTACHTEN, 1967, S. 422). Es wird also nicht zwischen natürlichen und künstlichen Mitteln unterschieden.
Der Papst hat sich in seiner Enzyklika »Humanae vitae« dieser differenzierten Sicht nicht angeschlossen.

Der KKK vertritt ohne die geringste Rücksicht auf die Gewissensnot vieler Katholiken, ohne Hilfe zu geben etwa im Sinne der Königsteiner Erklärung der deutschen Bischöfe von 1968, in der die Gewissensentscheidung des einzelnen ins Spiel gebracht wird, und ohne einen Anflug von Zweifel der eigenen Moralposition gegenüber, die traditionelle Doktrin. Nicht die geringste Bereitschaft zum Dialog mit den Humanwissenschaften ist signalisiert.

3.8.2.5 Ehescheidung

Die Ehescheidung wird im KKK unter den »Verstößen gegen die Würde der Ehe« (vgl. KKK 2382-2386) abgehandelt. Sie gilt als »schwerer Verstoß gegen das natürliche Sittengesetz«, der durch das Eingehen einer neuen zivilrechltich anerkannten Verbindung verstärkt wird. Ein so Wiederverheirateter lebt »in dauerndem öffentlichen Ehebruch« (vgl. KKK 2384). Im Grunde wird hier die traditionelle kirchliche Lehre bekräftigt.

Das Scheitern einer Ehe – in Deutschland ist das z. Zt. mindestens jede dritte – geht in der Regel nicht ohne Beschädigung an den Betroffenen vorüber. Viele suchen in einer neuen Partnerschaft eine Heilung von der schmerzlich erlittenen Verwundung. In der öffentlichen Meinung gelten heute weder Scheidung noch Wiederheirat als Makel, was zu begrüßen ist, weil das erlittene Scheidungs-Trauma durch gesellschaftliche Stigmatisierung noch verstärkt würde. Die herkömmliche katholische Lehre und vor allen Dingen Praxis hinsichtlich der Wiederheirat Geschiedener – im KKK ohne das geringste Verständnis für schwierige menschliche Situationen vorgetragen – ruft deshalb nach einer differenzierten Betrachtung.

Das grundlegende Wort Jesu in unserer Frage lautet: »Was Gott verbunden hat, soll der Mensch nicht trennen!« (Mk 10, 9; Mt 19, 6). Das heißt: Alle Jesusworte über die Ehescheidung sind nichts anderes als Ausfaltungen dieser einen Grundaussage durch die Gemeinde. Diese ist freilich kein juristischer Bescheid. Sie appelliert an den freien Gehorsam des Menschen als Geschöpf Gottes.

So wird auch heute in der katholischen Kirche gefragt:

- Ob die Worte Jesu zur Ehescheidung recht verstanden sind, wenn man sie zu einer gesetzlichen Regelung verfestigt?
- Ob die Worte Jesu nicht richtiger als eine sittliche Maxime christlichen Handelns aufgefaßt werden müssen, die man nicht einfach als Gesetz ins Kirchenrecht übernehmen kann?
- Ob Jesus mit der Ablehnung der jüdischen Scheidungspraxis jede Wiederverheiratung gesetzlich unmöglich machen oder nur das (prinzipielle) sittliche Nicht-sein-Sollen solchen Verhaltens aufdecken wollte? (die »Hartherzigkeit« – Mt 19, 18 –, aufgrund derer »Mose« die Scheidung erlaubt hat, ist nicht etwa mit dem Kommen Jesu zu Ende; vgl. dazu RAHNER, 1959, S. 42).
- Ob nicht im Neuen Testament, selbst der (bleibende) Konflikt zwischen idealer Sollensnorm (Unauflöslichkeit) und erbsündlicher Realität (gescheiterte Ehen) zu barmherzigeren rechtlichen Praktiken Anlaß gab? (vgl. die beiden Ausnahmeregelungen: Mt 5, 32; 19, 9; 1 Kor 7, 15.16)?
- Ob nicht die aus der Kirchengeschichte bekannten Ausnahmen von einer gesetzlichen Regelung (Möglichkeit der Wiederverheiratung für unschuldig Geschiedene in der Ostkirche; die Praxis der Kirchen der Reformation) auf ihre theologische Aussage und ihre pastorale Relevanz hin bedacht werden müßten?

Gänzlich unverständlich, wenn auch zwangsläufige Folge des traditionellen kirchlichen Eheverständnisses, ist die diskriminierende Aussage des Weltkatechismus, daß sich der geschiedene Ehepartner, »der sich wieder verheiratet hat..., in einem dauernden öffentlichen Ehebruch (befindet)«, damit also ständig in schwerer Sünde lebt (vgl. KKK 2384).

Wenn die Ehe – so das Eheverständnis des Zweiten Vatikanischen Konzils – »nicht ein Rechtsverhältnis zwischen zwei Partnern (ist), das in dem wechselseitigen Recht zur geschlechtlichen Vereinigung besteht...«, sondern eine »personale Lebens- und Liebesgemeinschaft von Mann und Frau, die sich gegenseitig als Person schenken und annehmen und von Gott zu einer neuen Wirklichkeit verbunden werden...«, hat das Konsequenzen (KAISER, 1993, S. 745).

Wird der Ehekonsens durch Scheidung von einem oder von beiden aufgekündigt, ist die personale Lebens- und Liebesgemeinschaft zerstört, so daß auch kein Recht mehr auf geschlechtliche Vereinigung, »die ja Ausdruck der personalen Einheit ist« (ebd., S. 746), besteht. *Kaiser* folgert daraus: »Nach dem erneuerten Eheverständnis des Konzils ist also die geschlechtliche Vereinigung Geschiedener, die wiedergeheiratet haben, anders zu beurteilen als ... ehebrecherische Geschlechtsbeziehungen« (ebd., S. 746). Wenn demnach auch beim Zerfallen einer Ehe nicht jede neue sexuelle Bindung als dauernder Ehebruch (KKK 2384) qualifiziert werden darf, so widerspricht dennoch »eine leichtfertige Annahme ehelicher Zerrüttung mit rascher Scheidung und Wiederheirat der Sittlichkeit...« (FURGER, 1985, S. 91).

Aufgabe der Kirche ist es, die Sache Jesu durch die Geschichte weiterzutragen. In ihrem Verhalten und in ihrem Recht müßte somit die von Jesus gelebte Solidarität mit allen Menschen, gerade den Schwachen und Gescheiterten, Gestalt annehmen. So ist es unerträglich, wenn die Kirche Jesu Christi hier mit Hilfe des Katechismus Menschen, die nicht allen Idealnormen entsprechen, auf ihre Schuld festlegt.

3.8.2.6 Prostitution

Mit Recht wird im KKK 2355 die Prostitution, die *Thomas von Aquin* zwar sittlich ablehnt, aber gesellschaftlich als zu tolerieren erklärt, als ein Tun verurteilt, das die Würde der Person verletzt und diese zum Lustobjekt herabwürdigt.

Dennoch kommt nicht deutlich genug zum Ausdruck, daß es häufig die soziale Not ist, die die Menschen (zumeist Frauen und Kinder) in die Prostitution zwingt, so in manchen fernöstlichen und afrikanischen Ländern, und daß gerade Männer aus den reichen Industrienationen durch einen widerwärtigen Sextourismus die Not dieser Menschen ausnützen und Frauen und Kinder in übelster Weise ausbeuten.

Nicht durch Moralpredigten und Entrüstung, sondern allein durch Verbesserung der sozialen Verhältnisse in den entsprechenden Ländern, aber auch durch ein Verbot der Kinderprostitution kann hier Abhilfe geschaffen werden.

3.8.2.7 Eheliche Liebe, geschlechtliche Lust und Fortpflanzung

In der Pastoralkonstitution über die Kirche in der Welt von heute heißt es in Artikel 50: »Ehe und eheliche Liebe sind ihrem Wesen nach auf Zeugung und Erziehung von Nachkommenschaft ausgerichtet.«

Auch im KKK wird an den verschiedenen Stellen (KKK 2351, 2355, 2357, 2363, 2366 u. a.) immer wieder darauf verwiesen. In Abschnitt 2366 zitieren die Autoren des

KKK aus der Enzyklika »Humanae vitae« folgenden Satz: Die Kirche lehrt, »daß jeder eheliche Akt von sich aus auf die Erzeugung menschlichen Lebens hingeordnet bleiben muß« (Nr. 11).
In gleicher Weise argumentierte bereits *Pius XI.* in seiner Eheenzyklika »Casti conubii« aus dem Jahre 1930.
Hier geht man offensichtlich über die Aussage der Pastoralkonstitution hinaus; jedoch muß dieser Text von »Humanae vitae« (und KKK 2366) im Lichte des II. Vaticanums ausgelegt werden.
Nach *Häring* dürfte dann der Text interpretierend so übersetzt werden: »von sich aus auf Zeugung hinweisen«.
Es könne unmöglich behauptet werden, daß Akte, die mit Sicherheit die Empfängnis ausschließen (so auch bei den berechneten unfruchtbaren Tagen), »von sich aus zur Zeugung bestimmt sind«, was die wörtliche Übersetzung der lateinischen Textfassung (»per se destinatus«) wäre (vgl. HÄRING II, 1989, S. 498).
Wenn menschliche Geschlechtlichkeit etwas ist, das den ganzen Menschen geschlechtlich bestimmt, geht es letztlich um sein Personsein und darum, ihn aus selbstbezogenem Streben zu befreien und in der Begegnung mit dem Partner zur Selbstwerdung und Reifung zu führen.
Darum ist es m. E. fragwürdig, den Geschlechtstrieb einseitig nur in den Dienst der Fortpflanzung zu stellen. *Bernhard Häring* macht auf eine interessante Unterscheidung aufmerksam, die beim hl. *Alfons von Liguori,* dem bedeutenden Moraltheologen und Kirchenlehrer des 18. Jahrhunderts – er lebte von 1696-1786 – zu finden ist. Nach diesem gibt es innerwesentliche Ehezwecke (so die gegenseitige Selbstübergabe der Gatten, also das totale Sich-Schenken und die daraus resultierende Unauflöslichkeit) und die von innen kommenden, aber nur zufälligen Ehezwecke. Dazu zählt vor allem die Weitergabe des Lebens. Während die innerwesentlichen Ehezwecke niemals ausgeschlossen werden dürften – ein Ausschluß mache die Ehe gar ungültig –, sei dagegen unter gewissen Umständen der Ausschluß eines von innen kommenden, aber der Ehe nur zufallenden Zweckes (so z. B. die Fortpflanzung) keineswegs unerlaubt. Freilich dürfe ein solcher Ausschluß nicht willkürlich geschehen (vgl. HÄRING II, 1989, S. 493).
Das Hauptgutachten der Kardinalskommission von 1966 meint im Grunde das gleiche. Es ist der Auffassung, »daß verantwortete Elternschaft zwar grundsätzlich auf Zeugung ausgerichtet ist, daß aber die Sittlichkeit nicht von der Fruchtbarkeit jeder Einzelhandlung abhängt. Diese Hinordnung der Ehe auf Fruchtbarkeit bleibt also auch dann erhalten, wenn aus einem gerechten Grund (eine egoistische, hedonistische und kontrazeptive Grundeinstellung bleibt ausgeschlossen) die Unfruchtbarkeit des Aktes erreicht werden soll oder muß. Alle Einzelakte werden von der Grundintention des ganzen ehelichen Lebens beseelt und erhalten von ihr ihre sittliche Qualität. Mit dieser Meinung wenden sich die Autoren des Gutachtens gegen eine einseitige Aktmoral und neigen einer Tendenzmoral zu, die jeden Akt ganzheitlich betrachtet« (FOX, 1991, S. 710).
Das ist sicher eine erfreuliche Sicht menschlicher Handlungen, weil ihre sittliche Beurteilung einen dynamischen Aspekt gegenüber einer statischen Aktmoral er-

hält, in der die Einzelakte aus den besonderen Umständen herausgelöst und isoliert betrachtet werden, was in Widerspruch zu den Ergebnissen moderner Psychologie steht. Demgegenüber wird in einer dynamischen Tendenzmoral (bzw. in einer Moral der Grundhaltungen) der Einzelakt nie außerhalb seiner psychologischen Kontinuität (Absicht, Umstände) in den Blick genommen.
Leider kommt im KKK nicht zum Ausdruck, daß es bei den Schwierigkeiten und Spannungen, die diese Fragen in der Kirche hervorrufen, »um das Suchen nach wahrheitsgemäßen Lösungen in einem geschichtlichen Wandel ohnegleichen« geht (HÄRING II, 1989, S. 502).

Im Hinblick auf die geschlechtliche Lust sei Folgendes vermerkt:
So wie es nicht angeht, den Geschlechtstrieb einseitig in den Dienst der Arterhaltung zu stellen, ist es ebenso unzureichend, menschliche Sexualität nur zum Zwecke der Lust auszuüben.
In KKK 2351 wird eine solche Lust ungeordnet und damit unkeusch genannt, weil sie losgelöst »von ihrer inneren Hinordnung auf die Weitergabe des Lebens und auf liebende Vereinigung« erstrebt wird. Vielleicht genügt es zu sagen, daß Geschlechtslust zwar zur geschlechtlichen Begegnung gehört, als solche also nicht als Egoismus diffamiert werden darf, daß sie aber der personalen Formung, der partnerschaftlichen Liebe, der Steuerung, Humanisierung, ja Erlösung bedarf, wenn sie nicht zum rein biologischen Tun und Reagieren – was unmenschlich wäre – verkommen will (vgl. NEUES GLAUBENSBUCH, 1993, S. 502).

3.8.2.8 Nicht-eheliche Lebensgemeinschaften

Das, was sich in den fortgeschrittenen Industriestaaten (Westeuropa, USA) in den letzten zwanzig Jahren als Variante zur Ehe herausgebildet hat, »nichteheliche« oder »dokumentenfreie« Lebensgemeinschaften, wird im KKK mit dem Ausdruck »Verhältnis« bezeichnet (vgl. KKK 2390), das »die Würde der Ehe (verletzt)«, »den Grundgedanken der Familie (zerstört)«, »den Sinn für Treue (schwächt)« und »gegen das moralische Gesetz: Der Geschlechtsakt darf ausschließlich in der Ehe stattfinden (verstößt)« (vgl. auch KKK 2353).
Es wird dann noch gesagt, daß solches Tun stets schwere Sünde ist und vom Empfang der Hl. Kommunion ausschließt (KKK 2391).
Damit wird der Katechismus diesem Phänomen nicht gerecht, weil er auch diesmal eine differenzierende Betrachtungweise vermissen läßt.
In Deutschland leben ca. 2,5 bis 3 Mio. Männer und Frauen unverheiratet zusammen, davon sind zwei Drittel unter 30 Jahre. Nichteheliche Lebensgemeinschaften sind in allen sozialen Schichten vertreten und werden von Gesellschaft und Öffentlichkeit toleriert, ja weitgehend anerkannt. Sie bilden aber keine in sich einheitliche Gruppierung, sondern sie unterscheiden sich in der Art des Zusammenlebens, in Motiven und Zielen.
Bischof *Lehmann* von Mainz nennt drei Typen (LEHMANN, 1984, S. 172):
- »Gemeinschaft von Mann und Frau in relativ stabiler Form, um nach gemeinsamen Interessen zu leben, vor allem im Bereich der Sexualität...«

- »nichteheliche Lebensgemeinschaften mit dem Wunsch nach einer tragfähigen und zuverlässigen zwischenmenschlichen Beziehung: man schließt nicht aus, später einmal zu heiraten (»Probe-Ehe«)...«
- »Nichteheliche Lebensgemeinschaft, die die Eheschließung und die öffentliche Gestalt von Ehe überhaupt grundsätzlich als gesellschaftliche Zwänge ablehnt... (»Alternativ-Ehe«)...«

Am wichtigsten und häufigsten ist sicher die Gruppe derer – es ist die zweite Gruppe –, die eine Ehe von vornherein nicht ausschließt, ja sie im Grunde anstrebt und einkalkuliert. Man dürfe, so meint *Lehmann,* gerade »solche Lebensgemeinschaften nicht pauschal gleichsetzen mit beliebig abbrechbaren Partnerschaften und von vornherein als ganze diffamieren« (ebd., S. 174).
Wenn auch die kirchenamtlichen Äußerungen keinen Zweifel daran lassen, daß volle geschlechtliche Beziehungen ihren eigentlichen Ort in der Ehe haben und daß nichteheliche Lebensgemeinschaften fragwürdige Vorformen sind, sollte dennoch mit Ernst und Verantwortungsbewußtsein gefragt werden dürfen:
- Ob solche nicht-ehelichen Lebensgemeinschaften für junge Menschen nicht »Anfahrwege sein können, die zu einer höher kultivierten Eheform führen, als sie der neuen Generation generell bisher vorgelebt und vermittelt werden konnte?« (KRAMER, 1984, S. 589).
- Ob es denkbar ist, »daß in einem bestimmten Fall auch einmal positive Folgen überwiegen«, so daß sexuelle Intimität vor der Ehe wohl nicht als unmoralisch abzulehnen wäre? (ebd., S. 590).
- Ob man nicht den Gedanken des Prozeßcharakters der Ehe ins Spiel bringen kann, der von der Maxime ausgeht, daß auch vorehelich gelebte Sexualität prinzipiell dem Kriterium des personalen Wohls partnerschaftlicher Liebesfähigkeit zu unterwerfen ist, vorausgesetzt, daß ein Konsens vorliegt, der über reinen Lustgewinn hinausgeht? (vgl. LANGER, 1986, S. 283).

3.8.3 Didaktische Hinweise

3.8.3.1 Hinweise zur Situation

Das Thema Sexualität, das auch im RU eine Rolle spielt, stellt große Anforderungen an den Religionslehrer und verlangt viel Einfühlungsvermögen. Die Schüler der Sekundarstufe I stehen entweder am Anfang der Pubertät (Kl. 7/8) oder mitten in der pubertären Entwicklung (Kl. 9/10).
Mit dem Eintritt in diese Entwicklungsphase wächst das Interesse der Jungen und Mädchen an Fragen der Sexualität. Über die biologisch-medizinischen Fakten hinaus sollen sie genauer erfahren, um was es bei der Sexualität geht, damit sie in einer Welt, die sie mit Sex überflutet, Orientierung erhalten können.
Die etwas älteren Schüler erfahren ihre eigene Geschlechtlichkeit in verstärktem Maße. Durch diese Entwicklungssituation und die ihnen angebotenen vielfältigen Möglichkeiten werden sie verunsichert. Die Ich-Findung der Jugendlichen wird begleitet von starken gegensätzlichen Gefühlsäußerungen, von Zeiten der

Begeisterung, abwechselnd mit Mutlosigkeit. Der Erzieher wird bei allen Schwierigkeiten, die den Umbruch begleiten, genügend Verständnis aufbringen, wenn er sich über den Sinn dieser Phase klar geworden ist: Der junge Mensch ist auf dem Weg zur persönlichen Freiheit.
Der RU soll ihn auf diesem Wege begleiten und ihm die Möglichkeit einer echten Auseinandersetzung mit der eigenen Position bieten.

3.8.3.2 Religionspädagogische Begründung der Thematik

Die christliche Sexualmoral steht auch in der Kirche zur Diskussion. Traditionelle Positionen sind vielfach nicht mehr kommunikabel, d.h. vermittelbar. Die Kluft zwischen der Theorie des kirchlichen Lehramtes und der gelebten Moral der Christen wird immer größer. Hier ist es Aufgabe des RU, einerseits die geschichtliche, sozio-kulturelle Bedingtheit der Perspektiven, andererseits die bleibenden Grundnormen aufzuzeigen. Die Sexualität muß als eine Qualität der Person und als Möglichkeit der Selbstwerdung und Hingabe an das Du erkannt und bejaht werden. Von wirklich menschlicher Liebe kann so nur gesprochen werden, wenn das Geschlechtliche Mittel und Ausdruck personaler Verbundenheit ist. Daher geht es um mehr als um die Frage nach der Instrumentalisierung der Sexualität. Die Formen der Sexualität sind als Ausdrucksformen der Liebe zu behandeln, so daß Sexualerziehung als Erziehung zur Liebesfähigkeit und zum positiven Sozialverhalten zu begreifen ist.

3.8.3.3 Thesen zur Geschichte der christlich-abendländischen Sexualmoral

Folgende Thesen stützen sich auf die »Trierer Impuls Papiere« (TIP), Heft 6, Freundschaft und Liebe, S. 2-3:

- Die biblische Botschaft bietet keine konkreten Weisungen für das christliche Sexualverhalten.
- Sexualfeindliche Tendenzen gibt es bereits im AT und im NT. Hierher gehören die Reinheitsvorschriften, denen auch das Geschlechtsleben unterworfen ist, die seit dem 5. Jahrhundert v. Chr. aufkommenden leib- und frauenfeindlichen Elemente wie die Abwertung der Sexualität bei Paulus.
- Mit dem Eindringen des Christentums in die hellenistische Welt finden auch neuplatonisch-stoische und manichäisch-dualistische Auffassungen Zugang in die kirchliche Moral. Sie führen zu einem Sexualpessimismus.
- Die sittliche Erlaubtheit des ehelichen Beischlafs wird vom Zeugungszweck und von der Fortpflanzung her legitimiert.
- Sexuelle Lust betrachtet *Augustinus* als Vehikel der Erbsünde. Es setzte sich die Meinung durch, eheliche Geschlechtsgemeinschaft sei zwar an sich gut, sie könne aber nicht ohne Sünde vollzogen werden.
- Nur zögernd kommt die personal-partnerschaftliche Bedeutung der Geschlechtsgemeinschaft in den Blick. Die juridische Sicht der Ehe (Ehe als Institution) wird vorherrschend.
- Geschlechtserziehung beschränkt sich zumeist auf die Beherrschung der Triebe durch den Geist.

- Die einseitige Hochschätzung der Jungfräulichkeit führte in der katholischen Kirche zu einer Minderbewertung der Ehe.

3.8.3.4 Moralpädagogische Gesichtspunkte

Die nachfolgenden Gesichtspunkte sind in wesentlichen *M. Langer* entnommen (vgl. LANGER, 1986, S. 274-284).

- Geschlechtlichkeit ist nicht Teil des Menschen, sondern der ganze Mensch ist geschlechtlich geprägt. Für die Sexualerziehung heißt das, daß sie im Grunde mit der Geburt des Kindes beginnt und mit dem Tode des Menschen aufhört.
- Es gibt wohl keine Dimension im Menschsein, in der die soziale Beziehung so herausgefordert ist wie in diesem Bereich, und zwar für den ganzen Menschen in seiner leib-seelischen Einheit.
- Sexualerziehung sollte die Konzepte und Ideologien entlarven, die nur von der Lust des Augenblicks leben und nicht längerfristig tragen.
- Als mögliche Sinn-Norm christlicher Sexualerziehung läßt sich die Kurzformel »partnerschaftliche Liebesfähigkeit« bestimmen.
- »Masturbation kann ein Spiel sein zur Erforschung der sexuellen Möglichkeiten des eigenen Körpers... Es ist dies zunächst eine jugendliche Übergangserscheinung, die sich beim physisch gesunden Menschen wie von selbst wieder verliert« (FEIFEL, 1983/84, S. 131).
- Für die voreheliche genitale Praxis ist zu differenzieren zwischen einem Verhalten, »das durchaus ganzheitlich, personal und partnerschaftlich gelebt werden kann, bei dem allerdings der soziale und öffentliche Charakter in Form des institutionalisierten Eheabschlusses... zu kurz kommt, und einem Verhalten, das rein «freizügig» promiskuitiv voreheliche genitale Praxis vollzieht« (LANGER, 1986, S. 282).
- Es ist aufgrund der Geschichte der katholischen Sexualpädagogik verständlich, daß die Sexualität für viele junge Menschen (aber nicht nur für sie) ein Störfaktor in der Gottesbeziehung und in ihrem Verhältnis zur Kirche geworden ist, der nur durch eine zeitgemäße, an den Humanwissenschaften orientierte, verantwortungsvolle Sexualmoral beseitigt werden kann. Der KKK hilft nicht nur **nicht** diesen Störfaktor zu beseitigen, sondern verstärkt ihn zudem noch.

3.8.3.5 Mögliche Einzelthemen

Vgl. »Zielfelderplan, Klassen 7/8; 9/10«:

7/8
- Die geheimen Verführer
- Die Entwicklung und Reifung
- Was ist Partnerschaft?
- Sexualität und Liebe

9/10
- Mann und Frau – der sexuelle Mensch
- Sexualität als eigenes Erleben – die persönliche Beziehung
- Was ist weiblich – was ist männlich?
- Liebe = Verantwortung
- Zärtlichkeit und Liebe – contra Sex

3.8.3.6 Literaturangaben

- Bartholomäus, W.: Glut der Begierde – Sprache der Liebe, München 1987
- ders.: Unterwegs zum Lieben, München 1988
- Denkschrift der EKD zu Fragen der Sexualethik, Gütersloh 1973
- Denzler, G.: Die verbotene Lust. 2000 Jahre christliche Sexualmoral, München/Zürich 1988
- Furger, F.: Ethik der Lebensbereiche, Freiburg/Basel/Wien 1985
- Grundlagenplan für den kath. RU 5.-10. Schuljahr, München o. J.
- Grundriss des Glaubens, Kath. Katechismus zum Unterrichtswerk Zielfelder RU, München 1980
- Haag, H./Elliger, K.: Stört nicht die Liebe. Die Diskriminierung der Sexualität – ein Verrat an der Bibel, Olten 1986
- Häring, B.: Frei in Christus, Bd. II, Freiburg/Basel/Wien 1989
- Kramer, H.: Wie moralisch sind dokumentenfreie Lebensgemeinschaften?, in: StdZt 109 (1984) 579-590
- Langer, M.: Katholische Sexualpädagogik im 20. Jahrhundert, München 1986
- Leist, F.: Der sexuelle Notstand und die Kirchen, Gütersloh [2]1972
- Ussel, J. von: Sexualunterdrückung, Gesch. d. Sexualfeindschaft, Gießen 1977
- Wiesböck, E. (Hrsg.): Geschlechtliche Erziehung in der Schule, München 1966
- Zielfelderplan:
  Themenfeldskizzen 7/8, München 1974
  Themenfeldskizzen 9/10, München 1974

3.9 Das siebte Gebot

3.9.1 Was steht im KKK? (2401-2463)

Das Gebot lautet:
»Du sollst nicht stehlen« (Ex 20.15; Dtn 5, 19).

Artikel 7 ist in sechs Abschnitte gegliedert:

I. Bestimmung der irdischen Güter für alle Menschen und das Recht auf Privateigentum (KKK 2402-2406)
Es wird darauf verwiesen, daß die Güter der Schöpfung dem ganzen Menschengeschlecht gehören. Das Recht auf Privateigentum hebt die Verpflichtung nicht auf, dieses sozialpflichtig zu verwenden. Der Staat kann die Ausübung des Eigentumsrechtes »zugunsten des Gemeinwohls« regeln.

II. Achtung der Menschen und ihrer Güter (KKK 2407-2418)
Mäßigung, Gerechtigkeit und Solidarität sind auf wirtschaftlichem Gebiet gefordert. In zwei Unterpunkten (Achtung fremden Gutes, Achtung der Unversehrtheit der Schöpfung) wird der II. Abschnitt entfaltet.
Diebstahl ist die widerrechtliche Aneignung fremden Gutes gegen den Willen des Besitzers. In äußerster Notlage gilt der Grundsatz: »In extrema

necessitate omnia bona sunt communis« (In äußerster Not gehören alle Güter allen).

Als sittlich verwerflich gelten: Betrug im Handel, Zahlung ungerechter Löhne, Hochtreiben von Preisen, Spekulation, Korruption, Steuerhinterziehung, Fälschung von Schecks und Rechnungen, Beschädigung privaten und fremden Eigentums u. a. Es wird dann auf die Verpflichtung hingewiesen, Versprechen und Verträge einzuhalten.

Begangenes Unrecht fordert Wiedergutmachung.

Menschen dürfen nicht geknechtet, ihrer persönlichen Würde beraubt oder ausgetauscht werden.

Auf die Unversehrtheit der Schöpfung (Pflanzen, Tiere, Menschen) ist zu achten.

III. Soziallehre der Kirche (KKK 2419-2425)

Die Soziallehre der Kirche beschäftigt sich mit den Gesetzen des gesellschaftlichen Lebens und sucht sie im Lichte der Offenbarung zu deuten. Dabei werden alle wirtschaftlichen Organisationsprozesse, die der Würde des Menschen widersprechen, abgelehnt (so totalitäre, kollektivistische und atheistische Ideologien, die die grundlegenden »Rechte« des einzelnen hintansetzen wie solche, die den Profit zum letzten Zweck wirtschaftlicher Tätigkeit machen).

IV. Wirtschaftsleben und soziale Gerechtigkeit (KKK 2426-2436)

Wirtschaftsleben und Steigerung der Produktion haben den Bedürfnissen der Menschen zu dienen. Dabei muß der Wert der menschlichen Arbeit, durch die der Mensch seine natürlichen Fähigkeiten entfalten und die für ihn ein Mittel zur Heiligung sein kann, deutlich zur Geltung kommen. Allen Menschen soll der Zugang zur Arbeit und zum Berufsleben ermöglicht werden. Es gilt als Ungerechtigkeit, den gerechten Lohn zu verweigern.

Streik wird als ein sittlich gerechtes Mittel angesehen, berechtigte Forderungen durchzusetzen. Arbeitslosigkeit kann die Würde des Menschen verletzen.

V. Gerechtigkeit und Solidarität zwischen den Nationen (KKK 2437-2442)

Die reichen Nationen werden auf ihre große sittliche Verantwortung gegenüber den armen Völkern hingewiesen. Sie sind verpflichtet zur Solidarität, Liebe und Gerechtigkeit. Direkthilfe ist bei außerordentlichen Bedürfnissen (z. B. Naturkatastrophen, Seuchen) zu leisten.

Es wird noch betont, daß es Sache und Aufgabe der Laien ist, »mit christlichem Engagement die irdischen Bereiche zu durchdringen« und Mitarbeiter des Friedens und der Gerechtigkeit zu sein.

VI. Liebe zu den Armen (KKK 2443-2449)

Die Kirche muß sich der Armen und Notleidenden annehmen. Ihnen gilt ihre vorrangige Liebe. Werke der Barmherzigkeit zu üben, entspricht dem Gebot Christi. So ist Almosengeben ein Zeichen der brüderlichen Liebe.

Vierzehn Kurztexte (KKK 2450-2463) dienen der schnellen Information über den Inhalt des Artikels.

3.9.2 Kritische Reflexion

3.9.2.1 Was ist die ursprüngliche Bedeutung des Gebotes?

Es wird heute als sicher angenommen (vgl. von RAD, 1964, S. 43; NOTH, 1965, S.133), daß sich das Diebstahlverbot ursprünglich auf den Raub eines freien Menschen bezogen hat. Die Exegeten belehren uns, daß für unser deutsches Wort »stehlen« im hebräischen Urtext ein Begriff steht, der einen viel weiteren Sinn hat, nämlich »entführen«, »rauben«, »stehlen«, »täuschen«, wobei der Schwerpunkt bei unserem Gebot auf der Bedeutung »rauben und entführen« zu sehen ist. So wird in Ex 21, 16 gesagt: »Wer einen Menschen raubt... wird mit dem Tod bestraft.« Ganz ähnlich lesen wir Dtn 24, 7: »Wenn ein Mann dabei ertappt wird, wie er einen seiner Brüder, einen Israeliten, entführt, ihn als Sklaven kennzeichnet und verkauft, dann soll dieser Entführer sterben. Du sollst das Böse aus deiner Mitte wegschaffen.«
Für »entführen« oder »rauben« steht an beiden Stellen das selbe Wort wie im siebten Gebot für »stehlen«. Das Verbot schützt also zunächst die Freiheit des Nächsten; es wendet sich gegen den Diebstahl eines freien Mannes, um ihn dann als Sklaven zu verkaufen (vgl. auch EXELER, 1981, S. 161).
Freilich darf die andere Richtung dieses Gebotes nicht übersehen werden; es wendet sich natürlich auch gegen den Sachdiebstahl. Daß sich im Laufe der Zeit eine Verkürzung des Verbotes eingestellt hat, lag wohl an der Seltenheit des Menschenraubes, so daß man das Gebot verallgemeinerte.
Der ursprüngliche Sinn des siebten Gebotes, der sich in der jüdischen Tradition trotz der Verkürzung erhalten hat, scheint noch in 1 Tim 1, 9 f. vorzuliegen, wo die aufgezählten Sünden nach dem Dekalog geordnet sind und beim siebten Gebot die Sünde des Menschenraubes genannt wird.
Es wäre sicher sinnvoll gewesen, wenn der KKK bei der Umschreibung des siebten Gebotes (KKK 2401) diesen Aspekt, auch wenn er bereits beim fünften Gebot (KKK 2297) zur Sprache kam und in Abschnitt 2414 angedeutet wird, miteinbezogen hätte, zumal es auch heute noch Sklaverei, Menschenhandel und die moderne Version »Geiselnahme« gibt. In Abschnitt 2414 wird er dann ansatzweise thematisiert.

3.9.2.2 Privateigentum und seine Sozialpflichtigkeit

Eigentumsschutz und gleichzeitige Distanz gegenüber irdischen Gütern kennzeichnen die christlich-jüdische Tradition: Diebstahlverbot des Dekalogs auf der einen Seite, die kritischen Worte Jesu gegenüber dem Reichtum auf der anderen. Es ist eine Ethik, die das Privateigentum ebenso kennt wie dessen Infragestellung.
Das Verhältnis des Christen dem Eigentum gegenüber ist keinesfalls spannungsfrei, sondern ambivalent.
Aus biblischer Sicht ist die Schöpfung dem Menschen zum Gebrauch überlassen. Er ist nicht Besitzer der Schöpfung, sondern ihr Verwalter, der sie pfleglich und in mitmenschlicher Verantwortlichkeit zu nutzen hat.
Daraus ergibt sich für den einzelnen zwar ein Recht auf Eigentum, was zur persönlichen Existenzsicherung unerläßlich ist, aber dieses Recht darf nicht egoistisch mißbraucht werden.

Der KKK (vgl. KKK 2402 ff.) betont, entsprechend der katholischen Soziallehre, das Recht auf Privateigentum (KKK 2403), das durch das siebte Gebot geschützt werden soll, hebt aber gleichzeitig die Notwendigkeit des sozialpflichtigen Gebrauchs hervor (vgl. KKK 2404).

3.9.2.3 Die Unterscheidung: Diebstahl von oben – Diebstahl von unten

Zu kritisieren ist, daß im KKK ganz allgemein von der Verletzung des Eigentumsrechtes (Diebstahl) die Rede ist, als ob man nicht unterscheiden müßte zwischen einem Diebstahl, der durch Formen institutionalisierter Ungerechtigkeit bzw. durch diebische Elemente in der Struktur der Gesellschaft hervorgerufen wird und einem Diebstahl, der sich in jedweder Art des Betrugs durch das Individuum äußert. Diese Unterscheidung entspricht den heute oft verwandten Begriffen »Diebstahl von oben« bzw. »Diebstahl von unten«.
Im KKK sind beide Formen angesprochen, auch wenn man sich des Eindrucks nicht erwehren kann, daß mehr die individuelle Verletzung des Eigentumsgebots im Blick ist als der durch strukturelle Gewalt ausgeübte Diebstahl.
Was ist näherhin unter den beiden Formen des Sachdiebstahls zu verstehen?

- *»Diebstahl von oben«:*
  Darunter versteht man u. a.
  - Ungerechte Sozial- und Besitzstrukturen, ökonomischer Imperialismus wie wirtschaftliche Fremdbestimmung in weiten Teilen Lateinamerikas, die die Menschen in Abhängigkeit, Armut und Unterdrückung halten.
  - Das Verhältnis der reichen Industrienationen zu den Entwicklungsländern, das durch die Dependenztheorie charakterisiert werden kann, dessen Kernaussage sich *Johannes Paul II.* in seiner Eröffnungsansprache der Lateinamerikanischen Bischofskonferenz 1979 bei Puebla zu eigen gemacht hat, und die besagt, daß zwischen dem wachsenden Reichtum der westlichen Länder auf der einen Seite und der wachsenden Verarmung der Völker in Lateinamerika ein ursächliches Verhältnis bestehe.
  - Formen institutionalisierter Ungerechtigkeit wie Kapitalismus und Marxismus.
  - Ungerechte, ausbeuterische Arbeitsverhältnisse.

- *»Diebstahl von unten«:*
  Er äußert sich in allen Bereichen des individuellen menschlichen Lebens und darf nicht bagatellisiert werden.
  Im KKK (vgl. KKK 2409) werden Beispiele genannt: »Schlechte Ausführung von Arbeiten«, »Steuerhinterziehung«, Fälschung von Schecks«, »Verschwendung« u. a. Man könnte hinzufügen: Warenhausdiebstahl, fahrlässige Behandlung von öffentlichem Eigentum usw.
  Es ist nicht zu leugnen, daß in der Vergangenheit wie heute das siebte Gebot vor allem gegen den »Diebstahl von unten« eingesetzt wurde. Der KKK beweist diese These.

3.9.2.4 Der KKK und die Soziallehre der Kirche

In insgesamt sieben Abschnitten setzt sich der KKK mit der Soziallehre der Kirche auseinander (vgl. KKK 2419-2425).

Das »Lexikon für Theologie und Kirche« beschreibt die Katholische Soziallehre als »das Ganze der aus Naturrecht und Offenbarung gewonnenen Normen, die sich auf die Ordnung der Gesellschaft richten. Allerdings sind die Inhalte der Katholischen Soziallehre... zu einem so wesentlichen Teil dem Naturrecht entnommen, daß das System der Katholischen Soziallehre allein sozialphilosophisch und ohne Bezug zur Offenbarung begründbar ist« (KLÜBER, 1964, Sp. 917). Im KKK (KKK 2422) wird die Soziallehre der Kirche – nicht mehr Katholische Soziallehre – ein Lehrgefüge genannt, »das sich dadurch bildet, daß die Kirche die geschichtlichen Ereignisse unter dem Beistand des Hl. Geistes im Licht der gesamten Offenbarung Christi deutet«.

Hier stützt sich der KKK auf die Enzyklika »Sollicitudo rei socialis« aus dem Jahr 1987. Wir stellen hier neben einer veränderten Redeweise eine stattgehabte Änderung gegenüber der traditionellen kirchlichen Soziallehre fest. Die Begründung für Forderungen sozialethischer Art kommt nicht mehr aus einem statisch verstandenen System des Naturrechts, ohne daß dessen grundsätzliche Position aufgegeben worden wäre (vgl. TÜRK, 1978, S. 274). Es sind vielmehr die geschichtlichen Ereignisse, die im Lichte des Evangeliums gedeutet werden sollen. Das Naturrecht ist also hier keine objektivierbare selbständige Größe, sondern ein geschichtlicher Vorgang, »in dem aus Erfahrung und Vernunft immer besser erfaßt wird, was es um den Menschen und die menschliche Gesellschaft ist« (ebd.). Bei diesem Vermittlungsprozeß kann – abgesehen von Grundwerten allgemeiner Natur – nichts unveränderbar und unfehlbar bleiben. An solchen allgemeinen Grundwerten – z.B. Würde und Rechte der Einzelperson, das Wohl des Menschen, Primat der menschlichen Arbeit gegenüber den Gesetzen des Marktes – müssen sich die Produktions- wie Gesellschaftssysteme messen lassen (vgl. KKK 2424 ff.).

3.9.2.5 Die Bedeutung der menschlichen Arbeit

Der menschlichen Arbeit kommt im KKK (vgl. KKK 2427, 2428, 2432, 2436) ein hoher Rang zu. In ihr verwirklicht der Mensch »einen Teil seiner Fähigkeiten«; Arbeitslosigkeit verletzt seine Würde.

Im KKK wird zwar unter Berufung auf die Enzyklika »Centesimus annus« (1991) der »absolute Primat der Marktgesetze über die menschliche Arbeit abgelehnt« (KKK 2425), jedoch wird umgekehrt der Vorrang der der menschlichen Arbeit zukommt, nicht ausdrücklich festgeschrieben. Das wäre wünschenswert gewesen, weil Arbeit nicht einfach einer von vielen Kostenfaktoren ist, die man auf dem Arbeitsmarkt wie Maschinen und Materialien kauft. *Johannes XXIII.* stellt in der Enzyklika »Mater et Magistra« fest: »Die menschliche Arbeit überragt alle übrigen Elemente des wirtschaftlichen Lebens, die ja nur instrumentalen Charakter haben« (Nr. 67). Auch das 2. Vatikanische Konzil stellte die Arbeit als den Eckpfeiler der gesellschaftlichen Ordnung heraus.

Die Organisation der Wirtschaft und des Eigentums muß also dem Anspruch des arbeitenden Menschen unterstellt werden. Nicht Eigentum und Wirtschaft bestimmen die Ordnung der Arbeit – auch wenn es de facto so ist –, sondern die arbeitenden Menschen müssen die Norm der Wirtschaft sein und über ihre Gestalt und Abläufe entscheiden. In dieser Frage bleibt der KKK hinter den Aussagen der letzten Päpste wie des 2. Vatikanischen Konzils zurück.
Im KKK wird auch die Bedeutung der Gewerkschaften, die sich nicht nur um das Aushandeln von Löhnen, sondern um die Gesamtheit der Arbeitsbedingungen kümmern und durch die die Arbeitnehmer zu gleichwertigen Tarifpartnern werden, nicht gewürdigt. Sie sind die besten Garanten gegen Ausbeutung und »Diebstahl von oben«, nämlich das Vorenthalten des gerechten Lohnes. Dieser wird im KKK 2434 als »rechtmäßige Frucht der Arbeit« eingefordert. Da das letztlich nur mit Hilfe von starken Arbeitnehmerorganisationen (Gewerkschaften) möglich ist, sollte man dazu ermuntern, überall für ihre Gründung zu sorgen.
Was »gerechter Lohn« und von welchen Faktoren er abhängig ist (Leistung, materielle und kulturelle Bedürfnisse, Familie, Kinderzahl, Situation des Unternehmens, allgemeine Produktivität), wird nur z. T. angesprochen (vgl. KKK 2434). Von einem familiengerechten Lohn ist nicht die Rede.
Als schärfstes Mittel des Arbeitskampfes gilt der Streik. In KKK 2435 wird er grundsätzlich als sittlich erlaubt betrachtet, »wenn er ein unvermeidliches, ja notwendiges Mittel zu einem angemessenen Nutzen darstellt«. Streiks, die die Versorgung von Kranken, Siechen und Sterbenden zum Erliegen bringen, sind sittlich unannehmbar. Der KKK hätte darauf hinweisen können.

3.9.2.6 Gebrauch der Hl. Schrift – ein Beispiel

Im KKK 2414 wird gesagt, daß durch das siebte Gebot Handlungen verboten werden, durch die Menschen »wie Waren gekauft, verkauft oder ausgetauscht werden«. Es wird der Brief des Paulus an Philemon zitiert (V. 16), wo Paulus den Philemon bittet (Paulus »befahl« nicht; vgl. KKK 2414), seinen Sklaven Onesimus »nicht mehr als Sklaven, sondern als weit mehr: als geliebten Bruder« anzunehmen.
Die Anwendung dieses Schriftwortes trifft nicht den Sachverhalt, um den es geht. Der Status des Onesimus bleibt juristisch der gleiche. Er ist weiterhin Sklave seines Herrn, selbst wenn sein Sklavenstatus überboten wird durch die Verbundenheit mit Christus. Das Verhältnis Herr – Sklave hat eine grundlegende Verwandlung erfahren, so daß es letztlich nicht entscheidend ist, ob Onesimus Sklave oder Freier ist.
In Abschnitt 2414 geht es aber gerade darum, die Sklaverei als Sünde gegen die Menschenwürde zu brandmarken. Auch wenn ein zum Sklaven Gemachter wie ein Bruder in Christus behandelt werden sollte, ändert das nichts an der Tatsache, daß er der Menschenwürde beraubt wurde und sein Grundrecht auf Selbstbestimmung verloren hat. Paulus will die bestehende Sozialordnung nicht verändern, wohl aber humanisieren; das siebte Gebot jedoch verbietet uns, Menschen überhaupt in die Situation der Unfreiheit zu bringen.

3.9.3 Didaktische Hinweise

3.9.3.1 Konkretisierungen

Das siebte Gebot kann an den verschiedenen Themenbereichen festgemacht und konkretisiert werden.

1. Für den Grundschulbereich (4. Klasse) wird eine Unterrichtsreihe »Arm und reich« vorgeschlagen. Das Thema öffnet den Blick für die sozialen Probleme bei uns und in der Welt.

   Mögliche Lernziele:
   - Von Not und Armut in der Welt wissen und einen Zusammenhang erkennen können zwischen unserem Reichtum und der Armut der Dritten Welt.
   - Mutter Teresa kennenlernen und ihr Engagement für die Armen verstehen.
   - Aufmerksam werden auf Menschen, die bei uns arm und in Not sind.
   - Beispiele geben können für christlichen Umgang mit Eigentum.
   - Erkennen, daß das Sprichwort »Jeder ist sich selbst der Nächste« nicht der Botschaft Christi entspricht.

   Mögliche Inhalte:
   - Not und Armut in der Welt und bei uns.
   - Mutter Teresa (Glaube und Werk; Missionarin der Nächstenliebe)
   - Reichtum, Armut, Konsum und Verschwendung.
   - Wie steht Christus zu Reichtum und Armut?
   - Hilfsorganisationen (Adveniat, Brot für die Welt, Misereor, Unicef u. a.)
   - Unsere Möglichkeiten zu helfen.

2. Der Grundlagenplan für den katholischen RU im 5. bis 10. Schuljahr sieht in der 10. Klasse das Thema »Arbeiten müssen – arbeiten dürfen« vor (S. 92-93; 212-213). Diese Thematik ist in dieser Klasse besonders aktuell, weil die Jugendlichen vor dem Eintritt in die Arbeits- und Berufswelt stehen und bei ihnen Hoffnungen auf eine gute berufliche Arbeit mit Ängsten vor der noch unbekannten Arbeitswelt (bzw. vor möglicher Arbeitslosigkeit) einhergehen.

3.9.3.2 Literaturangaben

- EXELER, A.: In Gottes Freiheit leben. Die Zehn Gebote, Freiburg/Basel/Wien 1981
- FURGER, F.: Ethik der Lebensbereiche, Freiburg/Basel/Wien 1985
- GRUNDLAGENPLAN für den kath. Religionsunterricht im 5. bis 10. Schuljahr, München, o.J.
- HÄRING, B.: Frei in Christus, Bd. III, Freiburg/Basel/Wien 1989
- KALDEWAY, R./NIEHL, F. W.: Grundwissen Religion, München 1985
- NOTH, M.: Das zweite Buch Mose. Exodus, Göttingen 1965
- RAD, G. von: Das fünfte Buch Mose. Deuteronomium, Göttingen 1964

3.10 Das achte Gebot

3.10.1 Was steht im KKK? (2464-2513)

Das Gebot:
»Du sollst nicht falsch gegen deinen Nächsten aussagen« (Ex 20, 16).

Artikel 8 »Das achte Gebot« weist folgende Gliederung auf:

I. In der Wahrheit leben (KKK 2465-2470)
Es wird auf Gott als den Quell der Wahrheit verwiesen wie auf Christus, der sich selbst die Wahrheit genannt hat (Joh 14, 6). Ihm nachfolgen heißt, aus dem »Geist der Wahrheit leben«. Der Mensch, der von Natur aus nach Wahrheit strebt, ist auch moralisch verpflichtet, die Wahrheit zu suchen. Wahrhaftigkeit heißt, in seinem Tun, Reden und Handeln die Wahrheit bezeugen. Die Tugend der Wahrhaftigkeit ist für das menschliche Zusammenleben unabdingbar.

II. Für die Wahrheit Zeugnis ablegen (KKK 2471-2474)
Der Christ ist verpflichtet, Zeuge für das Evangelium zu sein, d. h., den Glauben in Wort und Tat weiterzugeben. Das Martyrium ist die extremste Form der christlichen Zeugenschaft.

III. Verstöße gegen die Wahrheit (KKK 2475-2487)
- Falsches Zeugnis und Meineid
- Schädigung des guten Rufs und der Ehre eines Menschen durch vermessenes Urteil, üble Nachrede und Verleumdung.
- Bestärkung des falschen Verhaltens und der schlechten Handlungen eines Menschen durch Schmeichelei, Lobhudelei oder Gefälligkeit. Solches Tun ist je nach der Situation schwere oder läßliche Sünde.
- Prahlerei oder Aufschneiderei sowie Ironie, die jemanden herabsetzt.
- Die Lüge als unmittelbarer Verstoß gegen die Wahrheit.
Verfehlungen gegen die Wahrheit und Gerechtigkeit verpflichten zur Wiedergutmachung.

IV. Achtung der Wahrheit (KKK 2488-2492)
Nächstenliebe, Achtung des Privatlebens, Vermeidung von Ärgernissen sowie Rücksicht auf das Gemeinwohl erfordern oft strikte Diskretion. Das Beichtgeheimnis darf nie verletzt werden. Berufsgeheimnisse oder vertrauliche Mitteilungen sollen unter das Siegel der Verschwiegenheit fallen.

V. Gebrauch der Massenmedien (KKK 2493-2499)
Es wird das Recht der Gesellschaft auf eine Infomation betont, »die auf Wahrheit, Freiheit, Gerechtigkeit und Solidarität gründet«.
Journalisten haben die Verpflichtung, der Wahrheit zu dienen. Der schlechte Gebrauch der Massenmedien soll durch Gesetze unterbunden werden. Die Verbreitung von Fehlinformationen ist durch nichts zu rechtfertigen. Die Verfälschung der Wahrheit in totalitären Staaten ist moralisch zu verurteilen.

VI. Wahrheit, Schönheit und sakrale Kunst (KKK 2500-2503)
Die Wahrheit kann auch durch die Schönheit der Kunstwerke zum Ausdruck gebracht werden.
Die sakrale Kunst ist dann wahr und schön, wenn sie »das transzendente Mysterium Gottes« erahnen läßt. Die alte und neue sakrale Kunst ist zu fördern.

Zehn Kurztexte (KKK 2504-2513) wollen schnell über die Aussagen des Artikels 8 (»Das achte Gebot«) informieren.

3.10.2 Kritische Reflexion

3.10.2.1 Die ursprüngliche Bedeutung des Gebotes

Es ging um eine sehr konkrete Sache, um die Zeugenaussage vor Gericht. Das Verbot des Falschzeugnisses war deshalb so wichtig, weil nach altisraelitischem Rechtsbrauch der Zeugenaussage eine ungeheure Bedeutung zukam, denn die Beweislast vor Gericht lag beim Beschuldigten und Angeklagten. Er mußte seine Unschuld gegenüber der Anklage beweisen. So konnte der Zeuge mit seiner Aussage zum Ankläger werden. Ja er mußte das Gericht, das aus den Ältesten bzw. allen freien Männern bestand, im Tor des Ortes zusammenrufen und Anklage erheben, wenn er ein Verbrechen beobachtet hatte. Von einer Falschaussage zweier Zeugen hing u. U. das Leben eines Menschen ab. Wie wir wissen, spielen auch im Prozeß Jesu falsche Zeugen eine entscheidende Rolle (vgl. Mk 14, 55 ff.).

Es finden sich in den Rechtstexten zahlreiche Warnungen vor falschen, meineidigen und lügnerischen Aussagen (vgl. Ex 23, 1 ff.; Dtn 16, 19 f.; 19, 16 ff.; Lev 19, 15 f. u. a.).

Daß im Falle der Verhängung der Todesstrafe eine Verurteilung nur bei zwei Zeugen zugelassen war, läßt erkennen, daß man sich der Gefahr bewußt war. Der durch falsches Zeugnis manipulierte Rechtsprozeß »war einer der am häufigsten benutzten Wege, den Nächsten und seine Familie zu Fall zu bringen« (CRÜSEMANN, 1993, S. 74).

Das achte Gebot muß auch, wie alle Gebote, im Zusammenhang mit der Befreiungstat Gottes gesehen werden. Der Bundesgott ist der Gott der Treue, der von seinem Volk die Antwort der Treue wie auch »von den einzelnen Mitgliedern untereinander die Haltung der Treue« erwartet (EXELER, 1981, S. 184). An verschiedenen Stellen des AT wird der Zusammenhang zwischen Wahrheit und der dem Mitmenschen geschuldeten Treue deutlich. Auch im Epheserbrief lesen wir: »Leget deshalb die Lüge ab, und redet untereinander die Wahrheit; denn wir sind als Glieder miteinander verbunden« (Eph 4, 25).

Im achten Gebot wird also verboten, den Mitmenschen durch Falschaussage vor Gericht dadurch an Leib und Gut zu schädigen, daß man ihm die Grundlage seiner Freiheit, die Gott ja erwirkt hat, entzieht oder in Frage stellt.

Die Wichtigkeit des achten Gebotes für den einzelnen wie für die Gesellschaft hätte im KKK durch einen Hinweis auf seine ursprüngliche Bedeutung hervorgehoben werden können.

3.10.2.2 Wahrheit und Wahrhaftigkeit

Sich entsprechend der Wahrheit zu verhalten und in ihr geübt zu sein, nennen wir Wahrhaftigkeit. Sie ist die Grundlage von Gemeinschaft und Zusammenleben.
Im menschlichen Gemeinschaftsgefüge bedeutet Wahrhaftigkeit, daß wahr sein soll, was wir sagen und daß das Handeln wahrhaftig sein muß. Es ist im Grunde die Haltung der Treue zum Wort und Tun, zu Abmachung und Versprechen. So findet sich das Verbot, unwahr zu sein, nicht nur im Dekalog, sondern auch in den Bestimmungen anderer Religionen. Im NT wird die Wahrhaftigkeit als selbstverständliche Forderung vorausgesetzt und eingeschärft, nirgends jedoch begründet.
Im Abschnitt des KKK »Verstöße gegen die Wahrheit« (KKK 2475-2487) sind die wichtigsten Vergehen aufgelistet und als verwerflich bezeichnet. Was die Verwerflichkeit angeht, differenziert man in zwei Fällen, die dann unterschiedlich qualifiziert werden. So wird von Lobhudelei (KKK 2480) und von Lüge (KKK 2484) in kasuistischer Manier einmal von schwerer (KKK 2480) bzw. Todsünde (KKK 2484), dann von läßlicher Sünde gesprochen. Ausschlaggebend für die Unterscheidung ist nach herkömmlicher katholischer Moralauffassung »das größere oder kleinere Gewicht des objektiven negativen Tatbestands« (WEBER, 1991, S. 291). Man kann davon ausgehen, daß bei den sonstigen genannten Verstößen gegen die Wahrheit (z. B. Meineid, Rufmord, Verleumdung u. a.) ein schwerwiegender Sachverhalt gemeint ist.
Bei dieser Auffassung ist zu kritisieren, daß ausschließlich der objektive Tatbestand, nämlich die schwerwiegende Sache (materia gravis) für die Todsünde wichtig scheint, während den subjektiven Momenten (klares Wissen, freie Zustimmung) keine eigenständige Bedeutung zukommt.
Das ist eine quantitativ-objektivistische Bestimmung, die sich immer wieder im KKK vorfindet.
Es müßte statt dessen zum Ausdruck kommen, daß für eine Todsünde, bei der es um Heil und Unheil geht, allein die subjektiv-personale Entscheidung maßgebend ist.
Das schließt nicht aus, Handlungen, die hinsichtlich des Tatbestandes von unterschiedlichem Gewicht sind (z. B. Meineid, Verleumdung, üble Nachrede, Prahlerei, Lüge) als schwere oder weniger schwere zu qualifizieren.
Was Todsünde ist, entzieht sich also jeder objektiven Beurteilung. Weder Papst, Bischof, Beichtvater noch Katechismus können einen Menschen – es mag sich dabei um einen schwerwiegenden Tatbestand (materia gravis) handeln – einer Todsünde zeihen.

3.10.2.3 Gebrauch der Massenmedien

Daß in der modernen Gesellschaft die Massenmedien (vgl. KKK 2493-2499) eine wichtige Rolle spielen, wird vom KKK hervorgehoben. Dennoch kommt in ihm das gestörte Verhältnis der amtlichen Kirche zu den Massenmedien zum Ausdruck.
Es ist von den Verpflichtungen der Kommunikationsmittel gegenüber dem Gemeinwohl die Rede und es wird vor ihren Gefahren gewarnt. Sie können die Meinung manipulieren, das Liebesgebot wie die Gerechtigkeit verletzen, die Sit-

te verderben, Passivität erzeugen, die Wahrheit verfälschen. Um der »wahren und echten Freiheit der Information« willen, bedarf es der gesetzlichen Regulierung durch die öffentliche Gewalt. Man spürt förmlich in allen Aussagen den erhobenen Zeigefinger.

Die Behörden sollen sozusagen der Zensor sein über das, was »wahr«, »falsch«, »manipulierend«, »schädlich« und »ärgerniserregend« in den Darstelllungen der Kommunikationsmittel ist.

Die negative Einstellung einer freien Presse gegenüber hat Tradition. So beklagte *Pius VII.* in seinem Apostolischen Brief »Post tam diuturnas« aus dem Jahre 1814 die in der neuen Verfassung u.a. vorgesehene Pressefreiheit: »Nicht weniger müssen Wir Verwunderung und Schmerz empfinden über die in Artikel 23 garantierte und genehmigte Pressefreiheit, die die Sitten und den Glauben den größten und verderblichsten Gefahren aussetzt... Es steht nämlich eindeutig fest, daß vor allem auf diesem Wege die Sitten der Völker zerrüttet und Wirren und Revolution entfacht wurden« (HILPERT, 1991, S. 140). Achtzehn Jahre später bezeichnet *Gregor XVI.* in seiner Enzyklika »Mirari vos« die verderbliche Freiheit der Presse als »nie genug zu verurteilend und zu verabscheuend« (vgl. FOX, 1990, S. 260). Die Pressefreiheit ist mitgemeint, wenn *Leo XIII.* seine Attacke gegen die neuen »zügellosen Freiheitslehren« in seinem Rundschreiben über den christlichen Staat (1885) in dem Satz zusammenfaßt: »So erhellt denn aus dem Gesagten, daß es keineswegs erlaubt ist, Gedanken-, Rede-, Lehr- und unterschiedslose Religionsfreiheit zu fordern, zu verteidigen und zu gewähren, als wären alle diese Freiheiten von Natur gegebene Rechte« (HILPERT, 1991, S. 142). Natürlich sind diese Positionen in der katholischen Kirche grundsätzlich seit dem 2. Vatikanischen Konzil überwunden. De facto wirken sie noch nach.

In der am 17. März 1992 veröffentlichten Pastoralinstruktion des päpstlichen Rates für die Sozialen Kommunikationsmittel (»Aetatis novae«) – eine Fortschreibung von »Communio et Progressio« aus dem Jahre 1971 – ist das in vieler Hinsicht zerbrechliche und massiv gestörte Verhältnis von Kirche und Medien unübersehbar. Es werden hohe moralische Forderungen erhoben und entsprechende Normen und Kriterien urgiert, die aber weitgehend in der Luft hängen, weil sie nicht genügend mit den realen Herausforderungen unserer Mediengesellschaft konfrontiert werden. Äußerst restriktiv geht eine Instruktion der Glaubenskongregation vom 30. März 1992 mit der Medienfreiheit im katholischen Bereich um: »Die katholischen Verleger sollen keine Schriften veröffentlichen, die, falls vorgeschrieben, keine kirchliche Erlaubnis haben.« (KIRCHLICHES AMTSBLATT, 1992, S. 113).

Statt Ermunterung und positiver Würdigung der Pressefreiheit findet man in den amtskirchlichen Äußerungen Mißtrauen und Angst. Davon hat sich auch der Weltkatechismus nicht freigemacht.

Nirgends wird in ihm z. B. die positive und unverzichtbare Rolle der seriösen Medien bei der Aufdeckung von Skandalen in Gesellschaft und Kirche, bei der Anprangerung von Machtmißbrauch, bei der Meinungsbildung im Hinblick auf notwendige Reformen, beim Kampf gegen jedwede autoritäre Strukturen und

nicht mehr kommunikable Gesetze, bei der Begleitung auch innerkirchlicher Vorgänge, bei der Überwindung von Vorurteilen, bei der Einforderung von demokratischem Umgangsstil, schließlich beim Einsatz für das von Papst *Johannes XXIII.* geforderte »Aggiornamento der Kirche« gewürdigt.
Die Leser der Katechismuspassagen über den »Gebrauch der Massenmedien« können sich des Eindrucks nicht erwehren, daß man der Pressefreiheit nicht so recht froh ist und sie nicht als eine der größten demokratischen Errungenschaften betrachtet.

3.10.3 Didaktische Hinweise

3.10.3.1 Zur Situation der Schüler des Sekundarbereichs I

Jugendliche dieser Altersstufe besitzen ein ausgeprägtes Feingefühl für Wahrhaftigkeit und Unwahrhaftigkeit, für Ehrlichkeit und Lüge in ihrem Lebensbereich. Dennoch fällt auf: Sie erkennen die Unwahrhaftigkeit und Verlogenheit der Mitmenschen sehr scharfsichtig; sie selbst aber sind häufig unkritisch gegenüber der Manipulation von Werbung, Trends, Ideologien oder was auch immer. Diese Manipulationen knüpfen an vorhandene Emotionen an, blockieren Denk- und Handlungsfähigkeit des jungen Menschen und machen ihn oft blind gegenüber der Realität.

3.10.3.2 Religionspädagogische Begründung des Themenfeldes: Wahrheit – Lüge

Das ehrliche Suchen nach der Wahrheit kennzeichnet den religiösen Menschen. Über das, was Wahrheit ist, haben Menschen aller Zeiten nachgedacht. Auf verschiedene Weise hat man versucht, Wahrheit auszudrücken. Eine Aussage ist wahr, wenn sie der Wirklichkeit entspricht. Ein Kunstwerk ist wahr, wenn es auf seine Weise Wirklichkeit vermittelt. Auch Märchen enthalten Wahrheit, oft in tieferer Dimension als Tatsachenberichte oder Protokolle. Wer Fakten und Aussagen außerhalb des Zusammenhangs darstellt (siehe Stasi-Akten), kann sogar ein unwahres Bild der Wirklichkeit erzeugen. So kann ein Protokollausschnitt lügen, obwohl jedes Wort wahr ist.
In der Bibel wird das Wort »Wahrheit« häufig gebraucht, im NT allein einhundertmal ohne das Adjektiv »wahr«, »wahrhaftig«. Im AT wird Gott selbst die Quelle aller Wahrheit genannt. Er ist die Wahrheit, d. h. er ist verläßlich; er steht zu seinem Wort. Auf ihn kann sich Israel verlassen. Seine Treue ist der Garant dessen, was er verheißen hat. Das aber verpflichtet den Menschen zu gleicher Wahrheit, d. h. zur Treue gegen den Bund, den Jahwe mit Israel geschlossen hat.
Im NT wird die Wahrheit immer eingeschärft. Im Johannes-Evangelium nennt Jesus sich selbst die Wahrheit und den Teufel den Vater der Lüge. Wer also die Unwahrheit sagt, lügt oder verlogen lebt, hat nicht Gott zum Vater.
Es ist darum Aufgabe des Christen, Lüge und alle ihre Formen zu entlarven und durch ihre Überwindung dem Dasein Sinn zu verleihen. Christus nachfolgen bedeutet in diesem Zusammenhang, IHN als die Wahrheit anzuerkennen, d. h. an IHN, seine Botschaft und Sendung zu glauben. Wahrheit ist ein permanenter Anspruch, der konkretes Engagement fordert.

Verantwortlich handeln und seine Identität finden kann nur, wer nach Wahrhaftigkeit strebt, wer sich also bemüht, Reden, Denken, Fühlen und Handeln miteinander in Einklang zu bringen.

3.10.3.3 Mögliche Ziele des Themenfeldes

Die Ziele sind entnommen den Themenfeldskizzen der Schuljahre 9/10, S. 62 f.
Die Schüler sollen:
- die Begriffe »Wahrheit«, »Wahrhaftigkeit«, »Ehrlichkei« richtig gebrauchen können;
- Kriterien für Wahrhaftigkeit nennen;
- erkennen, daß man auch durch sein Verhalten und durch Schweigen lügen kann;
- kritische Aufmerksamkeit entwickeln für die vielen Formen von Manipulation in ihrer Umgebung, besonders in den Massenmedien;
- verschiedene Formen und Grade der Lüge (Verleumdung, üble Nachrede, Meineid, Eidbruch) ihrem Wesen und ihrer Wirkung nach beschreiben können;
- die unvoreingenommene Offenheit als den einzigen Zugang zur Wirklichkeit erkennen;
- erkennen, daß es »objektive... Wahrheit gibt, die von den einzelnen Menschen und Zeiten subjektiv verschieden erfaßt werden kann.« (THEMENFELDSKIZZEN, 9/10, 1974, S. 62 f.).

Man könnte noch folgende Lernziele hinzufügen.
Die Schüler sollen:
- die Bedeutung einer freien, von Staat und Kirche unabhängigen Presse (das gilt auch für die anderen Kommunikationsmittel) für die Wahrheitsfindung einschätzen können;
- erkennen, warum autoritäre Regime alles daransetzen, die öffentlichen Kommunikationsmittel unter ihre Kontrolle zu bekommen;
- verstehen, warum auch die Kirche lange einer freien Presse ablehnend gegenüberstand;
- wissen, daß es auch heute noch Regeln, Normen und Beschränkungen für Publikationen im innerkirchlichen Bereich gibt (vgl. INSTRUKTION, 1992, S. 109-121).

3.10.3.4 Literaturangaben

- FURGER, F.: Ethik der Lebensbereiche, Freiburg/Basel/Wien 1984
- GRUNDRISS DES GLAUBENS, Katholischer Katechismus zum Unterrichtswerk ZIELFELDER RU, München 1980
- HÄRING, B.: Frei in Christus, Bd. II, Freiburg/Basel/Wien 1989
- HILPERT, K.: Die Menschenrechte, Düsseldorf 1991
- WEBER, H.: Allgemeine Moraltheologie, Graz/Wien/Köln 1991
- ZIELFELDERPLAN, Kath. Religionsunterricht, Themenfeldskizzen der Schuljahre 8/9, München 1974

3.11 Das neunte und zehnte Gebot

3.11.1 Was steht im KKK? (2514-2557)

Die Gebote lauten:
»Du sollst nicht nach dem Haus deines Nächsten verlangen. Du sollst nicht nach der Frau deines Nächsten verlangen, nach seinem Sklaven oder seiner Sklavin, seinem Rind oder seinem Esel oder nach irgend etwas, das deinem Nächsten gehört« (Ex 20, 17).
In der Exodusversion sind beide Gebote miteinander verwoben.

In der Deuteronomium-Fassung heißt es:
»Du sollst nicht nach der Frau deines Nächsten verlangen, und du sollst nicht das Haus deines Nächsten begehren, nicht sein Feld, seinen Sklaven oder seine Sklavin, sein Rind oder seinen Esel, nichts, was deinem Nächsten gehört« (Dtn 5, 21).

Der KKK spricht beim neunten Gebot dreimal von der Begierde bzw. Begehrlichkeit des Menschen (KKK 2514-2516), um dann im Abschnitt I (»Läuterung des Herzens«, KKK 2517-2519) die sechste Seligpreisung: »Selig, die ein reines Herz haben, denn sie werden Gott schauen« anzuführen und in Abschnitt II (»Kampf um die Reinheit«, KKK 2520-2527) Keuschheit, Reinheit, Schamhaftigkeit und ihre Verletzungen in den Blick zu nehmen.

Die Ausführungen zum zehnten Gebot sind in vier Abschnitte gegliedert:
I. Ungeordnetheit der Begierden (KKK 2535-2540). Hier werden Gier, Habsucht und Neid genannt.
II. Die Absicht des Heiligen Geistes (KKK 2541-2543). Die Gerechtigkeit Gottes ist uns zuteil geworden. Wer an Christus glaubt, hat seine Leidenschaften und Begierden gekreuzigt.
III. Armut des Herzens (KKK 2544-2547). Alle Christen sollen »im Umgang mit den Dingen der Welt« dennoch die Armen im Geiste sein und nach dem Himmelreich streben.
IV. »Ich will Gott schauen« (KKK 2548-2550). Das Volk Gottes muß kämpfen (die Begierden besiegen), »um die von Gott versprochenen Güter zu erlangen«.

Beide Gebote werden durch zusammenfassende Kurztexte (KKK 2528-2533; 2551-2557) abgeschlossen.

3.11.2 Kritische Reflexion

3.11.2.1 Das Gemeinsame beider Gebote und ihre ursprüngliche Bedeutung

Das gemeinsame Thema beider Gebote ist die Zurückweisung des ungeordneten Strebens. Das Böse beginnt nicht erst mit dem Handeln, sondern es entsteht im Herzen des Menschen.

Das Gebot (Ex 20, 17) ist im Hebräischen mit einem Verbum formuliert, das meist mit »begehren« übersetzt wird. Es geht aber nicht nur um eine innerliche Regung des Begehrens, sondern schließt den Versuch ein, sich etwas unrechtmäßig anzueignen. »Das Verbot handelt also von allen irgend möglichen Unternehmungen, sich des Habes und Gutes des Nächsten zu bemächtigen, sei es durch Diebstahl oder durch allerlei unlautere Machenschaften« (NOTH, 1965, S. 133).
Auch die Deuteronomiumstelle (Dtn 5, 21) benutzt ein Verb, mit dem sowohl das Begehren wie das Nehmen, das An-sich-Reißen ausgedrückt werden kann. *Gerhard von Rad* führt aus: »Wäre im letzten Gebot die Übersetzung des Verbs mit »begehren« zutreffend, so wäre das der einzige Fall, in dem sich der Dekalog nicht gegen eine Tat, sondern gegen eine innere Regung, also ein Gesinnungsdelikt, wendet« (RAD, von 1964, S. 43).
In der Übersetzung »trachten nach«, »streben nach«, »verlangen nach« (so dreimal in der Einheitsübersetzung) kommt stärker als im Begehren die aktive Bemühung zum Ausdruck, das Begehrte auch zu erlangen und die Wünsche in die Tat umzusetzen. Der Prophet Micha – hier steht das gleiche Verb wie Dtn 5, 21 – drückt plastisch aus, was gemeint ist: »Sie wollen Felder haben und reißen sie an sich, sie wollen Häuser haben und bringen sie in ihren Besitz. Sie wenden Gewalt an gegen den Mann und sein Haus, gegen den Besitzer und sein Eigentum.« (Mi 2, 2).
Die Frau, die mit den Gütern aufgezählt wird – einmal an erster Stelle –, gilt als Besitzstück des Nächsten, das zum Hauswesen gehört.

Die aufgezählten Güter sind in beiden Textfassungen nicht ganz identisch:

Ex 20, 17	**Dtn 5, 21**
Haus Frau Sklave Sklavin Rind Esel – unbestimmt: irgend etwas, das deinem Nächsten gehört!	Frau Haus Feld Sklave Sklavin Rind Esel unbestimmt: nichts, was deinem Nächsten gehört!

Ohne Zweifel zeigt sich in diesen Geboten »die Gebundenheit ihrer Formulierung an kulturelle Verhältnisse, die sich von den unsrigen erheblich unterscheiden (EXELER, 1981, S. 193).
Der KKK läßt nichts von der ursprünglichen Bedeutung der Gebote erkennen. Das Stichwort, das es ihm ermöglicht, im neunten Gebot wieder in den sexuellen Bereich einzusteigen, lautet »Begehrlichkeit« bzw. »Begierde«.

3.11.2.2 Zur Aktualisierung beider Gebote

Die Aktualisierung dieser Gebote setzte in späterer Zeit ganz auf das Begehren im Sinne der bösen Begierden, deren drei im ersten Johannesbrief – der Brief ist in der johannäischen Schule in der ersten Hälfte des zweiten Jahrhunderts entstanden – unterschieden werden: »Begierde des Fleisches«, »Begierde der Augen« und »das Prahlen mit dem Besitz« (1 Joh 2, 16) – im KKK wiedergegeben mit »Hoffart der Welt«.

Gemäß der katechetischen Tradition bezieht auch der KKK das neunte Gebot auf die »fleischliche Begierde« und das zehnte Gebot auf die »Begierde nach fremdem Besitz« und verbietet sie.

Die Gleichsetzung von Begehren und böser Begierde und diese wiederum mit einseitiger Akzentuierung auf die Sexualität ist auf den Einfluß *Augustins* (354-430) zurückzuführen. Gegen den Optimismus der Pelagianer und gegen den Pessimismus der Manichäer hielt er daran fest, daß Gott einen guten Leib geschaffen habe, der aber von der Sünde her vorbelastet sei und in seinen sinnlichen Regungen – vornehmlich im Sexuellen – zum Bösen neige.

Bedenklich an dieser Position, die sich im Kern in der Lehrtradition der Kirche bis in unser Jahrhundert hinein erhalten hat, zu grotesken amtskirchlichen Stellungnahmen führte und pathologische Folgen zeitigte, ist nicht die Annahme der bösen Begierlichkeit (auch Konkupiszenz genannt), sondern ihre Lokalisierung ausschließlich im sinnlich-vitalen Bereich und die Unterdrückung jedweden Begehrens in Moral und Askese, was als lebensfeindlich und anthropologisch fragwürdig erscheint.

In einem Leitsatz der Fuldaer Bischofskonferenz aus dem Jahre 1925 zur Katholischen Schulorganisation heißt es u. a.:

»Das Turnen muß nach Geschlechtern getrennt geschehen, und der Turnunterricht muß von Lehrkräften des gleichen Geschlechts wie die Turnenden erteilt werden. ... Für die Mädchen ist jede Turnkleidung abzulehnen, die die Körperformen aufdringlich betont... Mädchenturnen soll nur in Hallen und auf Plätzen veranstaltet werden, wo die Öffentlichkeit ausgeschlossen ist. Schauturnen und Wettkämpfe der Mädchen und Frauen sind abzulehnen...« (LANGER, 1986, S. 102).

Hier wirkt der latente Manichäismus nach, der überall sexuelle Gefahren wittert; die Bischofskonferenz steht dem in den damaligen Jahren aufkommenden Leibgefühl mit warnender Skepsis gegenüber. In entsprechender Kleidung turnende Mädchen könnten die »Fleischeslust« wecken.

Das ist nicht mehr der Stil heutiger Dokumente, auch der KKK gibt sich moderat. Dennoch kann er die traditionelle Grundeinstellung nicht verbergen, die mehr vor Gefahren – auch der Freiheit – warnen möchte, als positiv auf die Fähigkeit zur Lust am Menschen und an allem, was die Sinne an ihm wahrnehmen können, zu setzen.

3.11.2.3 Das neunte Gebot

Wenn man erkannt hat, daß das neunte Gebot (KKK 2520-2527) nicht eine rein innere, sich im Herzen abspielende Regung der Begierde oder des Begehrens verbietet, sondern den Versuch, die Ehe des Nächsten selbstsüchtig zu zerstören, daß es also keineswegs untersagt ist, eine schöne Frau begehrenswert zu finden, dann

hätte es der eigentlichen Intention dieses Gebotes mehr entsprochen, wenn im KKK aufgezeigt worden wäre, daß es letztlich gegen egozentrische Selbstbehauptung und Selbstverwirklichung gerichtet ist, die die Liebe zerstören und daß es um eine Kultur des Begehrens – nicht um seine Verteufelung – geht, die zwar Disziplin und Verzicht verlangen, sich aber nicht in reiner Negation erschöpfen darf.
Im KKK steht die Warnung vor der stets drohenden Verführung zur Sünde (KKK 2527), vor der irrigen Auffassung von der menschlichen Freiheit und vor einer Permissivität der Sitten (KKK 2526) im Blick.
Wenn es in KKK 2525 heißt: »Die christliche Reinheit erfordert eine Reinigung des gesellschaftlichen Umfeldes«, dann muß man doch fragen, was christliche Reinheit überhaupt ist und wie sie sich von der Reinheit der übrigen Welt, die sich nicht als christlich bezeichnet, unterscheidet? Sollte sie etwa eine andere sein? Wie kann sie dann aber in einer säkularen, pluralistischen Gesellschaft als Maßstab und Kriterium gelten? Weiterhin, wer soll die Reinigung des gesellschaftlichen Umfeldes überhaupt vornehmen? Hier ist wohl der Gesetzgeber gemeint. Sicher helfen keine – von Ausnahmen z. B. im Sinne des Jugendschutzes abgesehen – staatlichen Verbote. »Kampagnen gegen gemischte Bäder, Nacktheit u. ä., die christliches Ethos z. T. bis in die Neuzeit prägten, nützen ebensowenig wie scharfe Zensurbestimmungen, die entweder totalitäre Tendenzen fördern oder unterlaufen werden« (FURGER, 1984, S. 109). Wenn es eine Gegenmaßnahme gibt, dann nur eine leib- und sexualfreundliche Bewußtseinsbildung, die darauf setzt, daß der Mensch »seine Triebsteuerung eigenverantwortlich wahrnehmen und entsprechend einüben muß« (ebd.).
Dabei werden ein christliches Menschen- und Eheverständnis, die nicht vom Sexualpessimismus vergangener Zeiten geprägt sind, diese Ansätze zu vertiefen haben und »mit der gegenproduktiven Sündigkeit als unbeherrschtem Hang zu Egoismus rechnen« (ebd.).
Auch sollten die Werte von Schamhaftigkeit und Keuschheit – natürlich befreit von leibfeindlichen Verengungen – einen neuen Sinngehalt ausweisen, indem Keuschheit etwa im Sinne des lateinischen »castus« (= rein, lauter, züchtig, uneigennützig) verstanden wird und Schamhaftigkeit vom Grundwort »verecundia« (= Takt, Feingefühl, Bescheidenheit, Rücksicht) her seine Bedeutung erhält.
Es geht hier um Haltungen und Werte, die allgemeinmenschlicher Art und für das Zusammenleben unabdingbar sind, weil sie Achtung vor der Intimsphäre und personalen Integrität des Mitmenschen in allen Bereichen des Lebens (nicht nur im sexuellen) beinhalten und gegen jedwede Herabwürdigung des Nächsten zum reinen (Sexual-)Objekt eine Schranke aufrichten.

3.11.2.4 Das zehnte Gebot

Die ungeordnete Begierde nach Besitz und die aus ihr erwachsenden Haltungen »Gier«, »Habsucht«, »Neid«, die den Menschen dazu bringen, mit allen Mitteln und unter allen Umständen das Erstrebte zu erlangen, sind das Thema des zehnten Gebotes (KKK 2535-2540). Hier ist die Aktualisierung der ursprünglichen Intention im KKK besser gelungen als beim neunten Gebot. Habsucht und Neid ma-

chen letztlich unfähig, die grundlegenden Aufgaben des täglichen Daseins zu lösen. Sie vergiften alle menschlichen Beziehungen, weil sie Ursachen von Streit, zerstörerischen Konflikten, ja von Kriegen sind.
Daß man den »Römischen Catechismus« bemüht hat, um von Menschen zu reden, die »gegen das Laster der Begierlichkeit besonders zu kämpfen haben« (KKK 2537) – eine naive Ausdrucksweise –, zeugt von wenig Fähigkeit zur Aktualität. Man hätte genügend passende Beispiele der Gegenwart gefunden (z. B. Waffenhandel, Drogenhandel, Geschäfte mit Giftmüll, Schutzgelderpressung, Prostitution u. a.), das verbrecherische Begehren von Einzelpersonen und Syndikaten anzuprangern.
Auch bei diesem Gebot geht es letztlich um eine Kultur des Begehrens – hier den materiellen Gütern gegenüber –, die damit beginnt, daß man schon vor jeder Tat die Bedeutung des Denkens und Wollens ernst nimmt.

3.11.2.5 Ein Plädoyer für die »Begierlichkeit«

Nach der traditionellen katholischen Lehre – sie geht auf *Augustinus* zurück und wurde von *Thomas von Aquin* weiterentwickelt – versteht man unter der »Begierde« oder »Begierlichkeit« (Konkupiszenz) das Widerstreben des sinnlichen Triebes (meist im Sexuellen lokalisiert) gegen den Geist. Sie gehört – so *Thomas* – zur Konstitution des Menschen als eines leib-seelischen Wesens. In ihrer heutigen Gestalt jedoch wird sie wegen der erbsündlichen Verfallenheit des Menschen, die ihm seine Integrität geraubt und eine Kluft zwischen Geist und Leib gebracht habe, immer zur »bösen« Begierlichkeit, die zur Sünde drängt. Zwar gibt die Taufe dem Menschen die verlorene, übernatürliche Gerechtigkeit zurück, aber die Verwundung – und damit die böse Begierlichkeit – bleibt weiterhin sein Schicksal.
Diese herkömmliche Auffassung wird heute für unzulänglich gehalten.
Für *Karl Rahner* ist nicht die Unterscheidung von Sinnlichkeit und Geist das Entscheidende, sondern die von Natur und Person. Unter Natur versteht er die Freiheit, die dem Menschen vorausliegt, während Person den Menschen meint, der sich frei und bewußt entscheidet und damit selbst verwirklicht.
Rahner sieht zwischen Natur und Person eine zeitlebens bestehende Spannung, da es der Person nie gelingt, das ihr Vorgegebene (ihre Natur) ganz zu durchdringen. Das Vorgegebene, dem der Mensch nicht ausweichen kann, setzt der personalen Durchformung ständigen Widerstand entgegen, denn die Person holt die Natur nie restlos ein.
In dieser Spannung liegt die Begierlichkeit (Konkupiszenz), die nicht von Anfang an als Negativum identifiziert werden darf. Sie kann sich sowohl gegen eine gute wie schlechte Entscheidung der Person richten. So zeigt sie sich nicht nur da, wo sich die Trägheit gegen einen selbstlosen Einsatz wehrt, sondern z.B. auch da, wo ein Mensch errötet, wenn er lügen will; also auch gegen eine böse Absicht kann sich die Begierlichkeit wenden.
Für *Rahner* ist sie damit eine neutrale Wirklichkeit, die nicht von vorneherein als »böse«, »unordentlich« und »schlecht« zu charakterisieren ist, denn die Begierlichkeit kann sich »ebenso gut in einem positiven Sinn auswirken als Widerstand der Natur gegen die schlechte sittliche Entscheidung« (RAHNER, 1954, S. 401).

Insofern sie also eine Richtung sowohl zum Guten wie zum Bösen annehmen kann, »kann sie auch in diesem theologischen Sinn in sich betrachtet nicht als moralisches Übel, geschweige denn als Sünde bezeichnet werden« (ebd.).
So wie die Begierlichkeit (bzw. das Begehren) theologisch gesehen ambivalent ist, so ist sie auch vom Anthropologischen her ein ambivalentes Phänomen. Sie ist eine menschliche Grundanlage, die letztlich der Selbsterhaltung des Menschen dient, natürlich im umfassenden Sinn verstanden. Das Verlangen (man kann auch sagen die Begierde) nach Speise, Trank, Kleidung, Besitz, Erfolg, Liebe ist die Folge eines Lebensdurstes, der für die menschliche Reifung unerläßlich ist. Die Ambivalenz des Begehrens liegt darin, daß es eine belebende wie destruktive Wirkung zeitigen kann. Aus moralpädagogischer Sicht bedarf es der Kultivierung.
Die Begierde, die zur Reifung, Selbstwerdung und Selbstverwirklichung der menschlichen Person unabdingbar ist, wird im KKK, wo sie nur in traditioneller Sicht als »böse Begierde« begegnet, in ihrer Ambivalenz nicht aufgezeigt.

3.11.3 Didaktische Hinweise

Es sollen einige Überlegungen der Moralpädagogik hinsichtlich des neunten und zehnten Gebotes zum Nachdenken anregen.
Es geht grundsätzlich um eine Kultur des Begehrens, die sich je nach Gebot in unterschiedlichen Bereichen konkretisiert. Das ist im RU der Sekundarstufe I zu thematisieren.

3.11.3.1 Was trägt zu einer Kultur des Begehrens bei? – Neuntes Gebot/Zehntes Gebot

1. Wünsche und Begierden sind normal und haben mit Sünde nichts zu tun. Eine sexualfreundliche Bewußtseinsbildung, die erkennt, daß der Mensch seine Triebsteuerung eigenverantwortlich wahrnehmen und einüben muß, die Achtung vor der Intimsphäre und der personalen Integrität des Mitmenschen wie – wo nötig – die Bereitschaft des Verzichts aufbringt, kennzeichnen Richtung wie Grenzen der geschlechtlichen Selbstverwirklichung.
2. Wahrnehmen und herausarbeiten, daß jungen Menschen vielfach Sexualität als Konsummöglichkeit angeboten und von vielen als Ersatz für den Mangel an Liebe und Geborgenheit akzeptiert wird.
3. Erkennen, daß ein konsumorientiertes Leben, dessen Weltanschauung »Glück durch Kaufen« heißt, Gefahren und Konsequenzen mit sich bringt. Diese Suche nach Glück durch Kaufen stößt an die Grenze von Notwendigkeiten, die nicht durch Käufe umgangen werden können. Beispielsweise: Nicht-jung-bleiben-können, Krankwerden, Altwerden, Sterben, Geliebtwerden und Geborgensein. Das Prinzip des Lebens »Glück durch Kaufen« findet eine lebensimmanente Grenze. Mannigfache Momente des Lebens sind mit der Konsumorientiertheit nicht zu fassen. Sie kann z. B. keine Antwort geben auf die Frage nach dem Leid, der Einsamkeit und dem Bedürfnis nach Liebe und Geborgenheit.

4. Wird Sexualität auf dem Hintergrund der Konsumorientiertheit gesehen, dann werden Mitmensch und die eigene Persönlichkeit nur unter dem Aspekt des Lustgewinns betrachtet. Subjektivität wird thematisiert als Objekt von Perspektiven der Lust. Sexualität als Ausdruck der Liebe wird von anderen Aspekten wie Angenommensein und Geliebtwerden isoliert.
5. Das sexuelle Begehren darf nicht auf genitale Verhaltensweisen beschränkt bleiben. »Sexualität steht (vielmehr) für geschlechtliche Identität..., für alle Erlebnisweisen (Phantasie, Gefühle) und Handlungsformen, die mit der körperlichen Beziehung von Mann und Frau zu tun haben« (BARTHOLOMÄUS, 1986, S. 323).
6. Es ist der Versuchung zu widerstehen, zur eigenen vermeintlichen Selbstverwirklichung den Nächsten zu verzwecken. Das kann überall geschehen, ja bis in den Raum der Ehe hinein gegeben sein.
7. Die Einsicht muß wachsen, daß dort, wo nur die Bedürfnisstruktur das Leben bestimmt – es wird uns von der Konsumgüterwerbung täglich suggeriert -, das Leben nicht in seiner Fülle gelebt werden kann. Allein der christliche Glaube drückt die Sehnsucht aus, die alle Bedürfnisse des Menschen übersteigt. Kinder und junge Leute sollen zum Teilen ermutigt werden.
8. Sexuelles Begehren, das ohne die Zerstörung der personalen Integrität eines anderen nicht erfüllt werden kann, verlangt Verzicht und Askese. »Verantwortliche Gestaltung der Sexualität ist immer Bewältigung des Konfliktes zwischen Wünschen und Verzichten. Das gilt sowohl für Ehelose als auch für Verheiratete« (DENKSCHRIFT DER EKD, 1973, S. 25).

3.11.3.2 Literaturangaben

- BARTHOLOMÄUS, W.: Lust aus Liebe. Die Vielfalt sexuellen Erlebens, München 1993
- CRÜSEMANN, F.: Bewahrung der Freiheit, Gütersloh 1993
- EXELER, A.: In Gottes Freiheit leben. Die Zehn Gebote, Freiburg 1981
- FURGER, T.: Ethik der Lebensbereiche, Freiburg/Basel/Wien 1984
- HAAG, H./ELLIGER, K.: Stört nicht die Liebe, Die Diskriminierung der Sexualität – ein Verrat an der Bibel, Olten 1986
- LANGER, M.: Kath. Sexualpädagogik im 20. Jahrhundert, München 1986
- NOTH, M.: Das zweite Buch der Bibel, Exodus, Göttingen 31965

3.12 Exkurs: Das Gewissen

Der fundamentale Abschnitt über das Gewissen (vgl. KKK 1776-1802) beginnt mit einem ausführlichen Zitat aus der Pastoralkonstitution des II. Vaticanums über die Kirche in der Welt von heute (Nr. 16), daß der Mensch »im Innersten seines Gewissens ein Gesetz (entdeckt), das er sich nicht selbst gibt, sondern dem er gehorchen muß..., ein Gesetz, das von Gott seinem Herzen eingeschrieben ist, dem zu gehorchen eben seine Würde ist...« (vgl. KKK 1776). Das Konzil sagt weiter,

daß das Gewissen »der verborgenste Kern und das Heiligtum des Menschen (ist), in dem er allein ist mit Gott, dessen Stimme in seinem Innersten widerhallt«.
Es ist im Weltkatechismus dann die Rede von Gewissensurteil (KKK 1777-1762), das zur gegebenen Zeit gebietet, das Gute zu tun und das Böse zu lassen und von der Gewissensbildung (KKK 1784-1785), die lebenslange Erziehung des Gewissens erforderlich macht. Was es heißt, nach dem Gewissen zu entscheiden (KKK 1786-1789) und »dem sicheren Urteil seines Gewissens« zu folgen, selbst wenn es irrt (KKK 1790-1794), behandelt der KKK in den letzten beiden Abschnitten des Artikels über das Gewissen.

3.12.1 Einwände

Schon im Kommentar zum zitierten Konzilstext (LThK, DAS ZWEITE VATIKANISCHE KONZIL, Bd. III, 1968, S. 329) wird kritisiert, daß zwar der Transzendenzcharakter des Gewissens deutlich zum Vorschein komme (»Es ist das im Herzen von Gott eingeschriebene Gesetz«), aber das Problem »vereinfacht und die erkenntnistheoretische Fragestellung ebenso übersprungen« (ebd.) werde, wie die psychologischen und soziologischen Faktoren keine Berücksichtigung fänden.
Der Kommentar bemängelt das vorkritische Denken, das sich durch die »mangelnde Verarbeitung der Einsichten moderner Philosophie und ihrer angrenzenden Wissenschaften« (ebd.) kundtut.
Diese kritische Sicht des Gewissensartikels (16) der Konzilskonstitution dürfte den Katechismusautoren bekannt gewesen sein. Um so unverständlicher ist, daß auch im KKK die humanwissenschaftlichen Faktoren ausgeklammert bleiben, zumal diese »aus der faktischen Gestalt des Gewissens... nicht weggedacht werden können« (ebd.). Was hätte im KKK berücksichtigt werden müssen?

3.12.2 Was ist das Gewissen?

Ist es eine Anlage der menschlichen Natur, in der die Richtlinien des Handelns bereit liegen? Ist es die Stimme Gottes wie es im Konzilstext und im KKK heißt, die gebietet, das Gute zu tun und das Böse zu lassen?
Man sollte heute mit solchen Formeln vorsichtig umgehen, denn das Gewissen, so sagt uns die Psychologie, ist mitnichten ein ganz innerliches, von jeder menschlichen Erfahrung unabhängiges Organ, weil es in die sozialen und geschichtlichen Gegebenheiten der Situation hineingeflochten ist. Die Stimme des Gewissens ist zunächst die Gesamtheit der Wertvorstellungen und Verhaltensweisen, die im Lebensraum (Familie, Gesellschaft) eines Menschen gelten, die durch Erziehung in sein Inneres verpflanzt sind und sich durch seine sozialen Wechselbeziehungen allmählich entwickeln.
Im Grunde ist Gewissen die Stimme einer nach innen verlagerten äußeren Autorität (so spricht *Erich Fromm* vom »autoritären« Gewissen und *Siegmund Freud* vom »Über-Ich«), die der Mensch zum personalen Gewissen weiterentwickeln muß. Menschen freilich, die sich immer nur blind nach überkommenen Verhal-

tensmustern – seien sie auch von der Kirche vorgeschrieben – richten und kein persönliches Verhältnis zur Wirklichkeit gewinnen, kommen über das autoritäre Gewissen bzw. Über-Ich nicht hinaus und bleiben im ethischen Bereich unmündig, unpersönlich, ja infantil.
Kann man nach dem Gesagten vom Gewissen noch als der Stimme Gottes oder einer Anlage der Natur sprechen? Wenn auch zu seinem Verständnis die psychosozialen Gegebenheiten unabdingbar sind, läßt sich das Gewissen doch nicht ausschließlich als psychischer Mechanismus erklären.
Den Menschen trifft im Gewissensspruch der Anspruch des Unbedingten, dem man sich nicht entziehen kann. Das Gewissen ist Urinstinkt des Geistes; es ist die von der Ganzheit der Seelenpotenz getragene Beurteilung des Sittlichen, die unter erzieherischer Einwirkung und aller sozio-kultureller Faktoren ihre Prägung erhält; es ist die Mitte der personalen Existenz und damit ein Moment der Unverfügbarkeit, das der gläubige Mensch auf die göttliche Schöpfung durch das »Wort« zurückführen kann. Wo immer der Mensch Wahrheit und Verbindlichkeit erfährt, ist er letztlich auf die Spur Gottes gestoßen. Diese Verwiesenheit des Menschen an eine ihn transzendierende personale Wirklichkeit macht für den Gläubigen eine vorsichtige, eingeschränkte, in kritischer Differenzierung gebrauchte Redeweise vom Gewissen als der Stimme Gottes möglich.
Dieser Gedanke ist bereits in der »Stoa« (3. Jhd. v. Chr. bis 2. Jhd. v. Chr.) vorgebildet, in der das Gewissen als ein unsere Taten beobachtender und uns zu bewahren suchender »Gott in uns« (Deus in nobis) gilt.

3.12.3 Autorität und Gewissen

Der in Abschnitt 1776 zitierte Konzilstext unterstreicht das »Gehorchen« durch eine Verdoppelung und bezeichnet es als »Würde des Menschen«, dem seinem Herzen von Gott eingeschriebenen Gesetz zu gehorchen.
Der Konzilstext spielt hier auf die Römerbriefstelle 2, 14-16 an, in der Paulus von den Heiden spricht, die »außerhalb der Erfahrungstradition Israels mit Gott und seinem Wort leben« (WILKENS, [2]1987, S. 142) und denen er das Gewissen als Zeuge des göttlichen Willens zuerkennt. Damit wird Religion als übernatürliches Existential oder real-ontologische Bestimmung bzw. als »anthropologisch-konstitutionelle Verwiesenheit auf Gott bei allen Menschen« (ebd.) vorausgesetzt. Nur unter dieser Voraussetzung kann das Gewissen hinreichend begründet und die Redeweise vom Gewissen als der Stimme Gottes toleriert werden.
Der KKK hat sich auf die Frage eines möglichen Dissenses zwischen Gewissensspruch und kirchlicher Autorität nicht näherhin eingelassen. Wohl werden in Abschnitt 1792 Fehlurteile im sittlichen Verhalten – ob es immer solche sind, wäre zu prüfen – »auf eine falsch verstandene Gewissensautonomie, Zurückweisung der Autorität der Kirche und ihrer Lehre, Mangel an Umkehrwillen und christlicher Liebe« (KKK 1792) oder unüberwindliche Unkenntnis zurückgeführt, also auf schuld- oder nichtschuldhafte subjektive Defizite im Menschen. Die Perspektiven des Kardinals *Newman,* nach der der einzelne unmittelbar von Gott gerufen ist

und darum sein Gewissen »die innere Ergänzung und Begrenzung des Prinzips Kirche« darstellt (LThK, DAS ZWEITE VATIKANISCHE KONZIL, Bd. III, 1968, S. 328), werden nicht aufgegriffen und weitergeführt. *Newman* hat in einem offenen Brief an den Herzog von Norfolk den Vorrang des Gewissens auch gegenüber dem Papst folgendermaßen ausgedrückt: »Es gibt also, so scheint es, außergewöhnliche Fälle, in denen das Gewissen mit dem Wort eines Papstes in Widerstreit geraten kann und man dem Gewissen trotz jenes Wortes folgen muß. ...Deshalb ist es niemals erlaubt, gegen unser Gewissen zu handeln, wie das Vierte Laterankonzil sagt... Wenn ich genötigt wäre, bei den Trinksprüchen nach dem Essen ein Hoch auf die Religion auszubringen (was freilich nicht ganz das Richtige zu sein scheint), dann würde ich trinken – freilich auf den Papst, jedoch zuerst auf das Gewissen und dann erst auf den Papst« (NEWMAN, 1959, S. 160-162, 171). Aus dem gleichen Brief wird auch im KKK zitiert (vgl. KKK 1778), ohne jedoch diese Passagen zu erwähnen. Der KKK stellt mit der Transzendenz des Gewissens »seine Unbeliebigkeit und Objektivität« heraus; Gehorsam gegenüber dem Gewissen ist ein Abgehen von Willkür und Subjektivismus »und die Angleichung an die objektiven Normen des sittlichen Handelns« (LThK, DAS ZWEITE VATIKANISCHE KONZIL, Bd. III, 1968, S. 328).

3.12.4 Zusammenfassende Überlegungen

1. Die Tatsache, daß das Gewissen unter dem Einfluß von sozio-kulturellen Gegebenheiten steht, macht uns kritisch gegen eine allzu idealistische Sicht des Gewissens.
2. Als »Stimme Gottes« in uns kann das Gewissen nur in sehr differenzierter und eingeschränkter Weise identifiziert werden, insofern es der innerste Kern des Menschen ist, der unabhängig von jeder religiösen Prägung den Menschen transzendiert und ins unendliche Geheimnis Gottes verweist und in dem uns der Anspruch des Unbedingten entgegentritt.
3. Das Gewissen unter dem Einfluß von Erziehung und Umwelt macht uns auch skeptisch gegen eine Überschätzung der menschlichen Autonomie. Dennoch sind uns durch das Gewissen Freiheit , Würde und sittliche Autonomie geschenkt, so daß wir bei aller Prägung durch von außen kommende Faktoren von echter Verantwortlichkeit sprechen können.
4. Die positive Einschätzung des Gewissens einerseits wie das Wissen um seine Abhängigkeit und damit Verführbar- und Manipulierbarkeit andererseits machen Gewissensbildung und Gewissenserziehung notwendig (vgl. KKK 1783-1785). Das Gewissen ist nicht ausschließlich ein psychischer Mechanismus oder der Reflex auf wechselnde Umwelteinflüsse, sondern ein formbares Organ, das sich durchaus verändern und auf größere Selbständigkeit hin entwickeln kann.
5. Einem in Verantwortung gebildeten Gewissen kommt letzte subjektive Verbindlichkeit auch gegenüber herrschenden Meinungen (selbst wenn es die Meinung des Papstes ist) zu. Damit steht der Mensch allein mit seiner Verantwortung vor Gott!

Die Berufung auf das Gewissen darf nicht als subjektive Willkür mißverstanden werden. Der Gewissensanspruch erhält seine Ernsthaftigkeit dadurch, daß er sich vor Gott verantworten muß.

3.12.5 Gedanken zur Gewissensbildung

- Das Gewissen ist eine entwicklungsfähige Anlage, die in einem lebenslangen Lernprozeß durch die verschiedenen Stadien hindurch zur Reife und Autonomie gelangt.
- Es gehört zur Gewissensbildung, die in einem durch die verschiedensten Faktoren hervorgerufenen Lernprozeß die Wechselbeziehung von Befreiung und eigener Verantwortlichkeit zu erfahren sucht. Dabei ist die Notwendigkeit von Normen anzuerkennen und für die christliche Lebensgestaltung nutzbar zu machen.
- Dennoch kann Gewissensbildung nicht vorrangig darauf ausgerichtet sein, die Einpassung des Individuums in vorgegebene Normen zu betreiben. Aufgabe ist es vielmehr, »Hilfe zur biographisch-personalen Integration von überindividueller Norm und individueller Notwendigkeit im Interesse größerer Mündigkeit und Entscheidungsfreiheit« bereitzustellen (STOLLBERG, 1971, S. 154).
- Das Problem liegt darin, wie unter kritischer Einbeziehung sozio-kultureller wie sozial-psychologischer Wirkungszusammenhänge das spezifisch Theologische am Gewissen in den Handlungsvollzügen deutlich werden kann.
- Einzusetzen ist bei der »Gewissenserziehung der Lehrer als Voraussetzung der Gewissenserziehung der Kinder« (ebd., S. 156). Der außerfamiliären bzw. nachfamiliären Sozialisation kommt nur begleitende und unterstützende Funktion zu. So können auch Religions- und Ethikunterricht die Grundbildung des Gewissens nur ergänzen.
- In die gewissenhafte Prüfung einer Entscheidung sind die objektiven Normen miteinzubeziehen. Das individuelle Gewissensurteil des einzelnen bleibt in jedem Fall verpflichtend.
- Das Freud'sche heteronome Gewissen des Über-Ich wie das Fromm'sche autoritäre Gewissen haben als Anfangs- und Durchgangsstufe ihre Berechtigung; sie müssen jedoch bei einem bestimmten Reifestand des Menschen zu Ende gehen (vgl. WEBER, 1991, S. 183 f.).
- Für die Sensibilisierung, Entfaltung und nähere Ausgestaltung der elementaren Gewissensinhalte sind Umwelt und Erziehung unerläßlich. Hier ist manches abhängig von den sozio-kulturellen Gegebenheiten, also von Kultur, Gesellschaft und sozialer Gruppe, in der jemand lebt. So wurden etwa noch vor zwanzig Jahren Umweltsünden (z. B. Verschmutzung des Bodens und der Gewässer, Verschleuderung von Ressourcen u. a.) als Kavaliersdelikte betrachtet, während sie heute durch eine allgemeine Sensibilisierung – auch moralisch gesehen – als schwerwiegende Vergehen gelten.

- Mit einer Zukunfts- und gesellschaftsbezogenen Ethik ist ein Gewissen zu entwickeln, das die Elemente enthält, die dazu verhelfen, den modernen Herausforderungen zu begegnen. Für ein solches Gewissen müßten folgende Einstellungen und Fähigkeiten kennzeichnend sein:
  »Vorurteilsfreiheit und Hellsichtigkeit für Sachverhalte, Sensibilität, Eigenständigkeit und Veränderungsbereitschaft, Situationsbezogenheit mit der Fähigkeit, das Neue und Noch-nicht-Dagewesene zu erkennen und zu verarbeiten« (MISSALLA, 1978, S. 789) u. a. Das, was hier Gewissen genannt wird, ist mit dem verwandt, was *Thomas von Aquin* »Praktische Vernunft« nennt. Sie ist ein Grundvermögen sittlicher Orientierung.

3.12.6 Literaturangaben

- AUER, A.: Autonome Moral und christlicher Glaube, Düsseldorf 1971
- FROMM, E.: Psychoanalyse und Ethik, Zürich 1954
- FURGER, F.: Ethik der Lebensbereiche, Freiburg/Basel/Wien 1986
- HÄRING, B.: Frei in Christus, Bd. II, Freiburg 1989
- KURZ, W. K.: Ethische Erziehung als religionspädagogische Aufgabe, Göttingen 1987
- MOKROSCH, R./SCHMIDT, H. P./STOODT, D.: Ethik und religiöse Erziehung, Berlin/Köln/Mainz 1980
- NIPKOW, K. E.: Moralerziehung, Pädagogische und theologische Antworten, Gütersloh 1981
- WEBER, H.: Allgemeine Moraltheologie, Graz/Wien/Köln 1991

Wolfgang Pauly

4 Das christliche Gebet – Spiritualität

4.1 Was steht im KKK? (2558-2865)

Der KKK widmet dem Thema Gebet gemäß der Tradition (vgl. Teil 1, 2) ein eigenes Kapitel und untergliedert es in zwei Hauptteile: »das Gebet im christlichen Leben« (KKK 2558-2758) und als Paradigma und Konkretion »das Gebet des Herrn ›Vater-unser‹« (KKK 2759-2865). Die anthropologischen Voraussetzungen des Gebetes werden in den ersten Abschnitten des ersten Hauptteils benannt: Der Mensch ist ein offenes, nicht fest-gestelltes Wesen. Er »ist auf der Suche nach Gott« (KKK 2566). Dieser Intention des Menschen geht eine Heilserfahrung voraus: »Bevor der Mensch nach Gott ruft, ruft Gott den Menschen« (KKK 2567). Diese Beziehung zwischen Gott und Mensch nennt der Weltkatechismus Gebet (KKK 2558, vgl. auch KKK 2562-2565). Wie alle wesentlichen Vollzüge des Menschen ist auch das Gebet letztlich nicht »machbar«, es ist eine Gabe Gottes (KKK 2559-2562).

Alle Quellen und Schriften des Alten Testamentes sprechen – wenn auch auf sehr unterschiedliche Weise – vom Gebet. Bereits in der Urgeschichte finden sich Gebetsszenen (vgl. Kain und Abel, Gen 4, 4; vgl. KKK 2569); Abraham als »Vater des Glaubens« errichtet Altäre, aber auch indem er dem an ihn ergangenen Ruf folgt, vollzieht er ein »Gebet des Glaubens« (KKK 2570-2573). Die zentrale Führergestalt Israels, Mose, ist ein Beter (vgl. KKK 2574-2577), wobei als wichtig festzuhalten ist, daß er »nicht für sich, sondern für das Volk, das Gott sich erworben hat«, betet (vgl. KKK 2577). David (KKK 2578-2580) wie auch die Propheten (KKK 2581-2584) gelten als weitere wichtige Zeugen des Gebetes. Allerdings wird David der Bau eines Tempels als Gebets- und Kultort untersagt (KKK 2580). Auch die bewußte Distanz der Propheten zum offiziellen Kultbetrieb – im KKK nur angedeutet – sollte vermerkt und reflektiert werden (vgl. KKK 2583 f.).

Das Gebetbuch des Alten Testamentes ist der Psalter (KKK 2885-2889): »Die Psalmen sind Nahrung und Ausdruck des Gebetes des Gottesvolkes, das sich zu den großen Festen in Jerusalem und jeden Sabbat in den Synagogen versammelt. Dieses Gebet ist zugleich persönlich und gemeinschaftlich« (KKK 2585).

Ist für die Christen in der Person und dem Werk Jesu Christi die »Fülle der Zeit« angekommen, so wird in ihm für sie auch paradigmatisch deutlich, was ein Gebet ist und wie gebetet werden soll. Zunächst betrachtet der KKK die Gebetspraxis Jesu (KKK 2599-2606), es folgen die jesuanischen Hinweise für ein Gelingen des Gebetes (KKK 2607-2615). Jesus hat auch die an ihn selbst gerichteten Bitten erhört (KKK 2616). Maria wird insofern exemplarisch als betende Frau vorgestellt, als sie sich als »demütige Magd« ganz in den Dienst des Gottessohnes stellt (KKK 2617 f.). Der »Magnificat-Hymnus« ist demzufolge für den KKK zugleich das Loblied der Gottesmutter und der Kirche, der Lobgesang der Tochter Zion und des neuen Gottesvolkes (KKK 2619).

Die folgende »Zeit der Kirche« (KKK 2623-2946) versteht sich als eine Zeit, für die Geist-Erfahrung konstitutiv ist (KKK 2623). Für das geist-volle Gebet gelten gemäß KKK zwei Grundsätze: »Das Gebet der Kirche gründet auf dem Glauben der Apostel, wird durch die Liebe beglaubigt und in der Eucharistie genährt« (KKK 2624). Einschränkend dazu heißt es dann: »Die **Gebetsformen,** die in den kanonischen Schriften der Apostel weitergegeben werden, bleiben für das christliche Gebet maßgebend« (KKK 2625).
Solche Formen des Gebetes sind: Segen und Anbetung (KKK 2626-2628), Bittgebet (KKK 2629-2633), Fürbittgebet (2634-2636), Dankgebet (KKK 2637-2638) und schließlich das Lobgebet (KKK 2639-2643).
Als Wege der »Überlieferung des Gebetes« werden genannt: die Heilige Schrift (KKK 2653), die kirchliche Liturgie (KKK 2655) und die »göttlichen Tugenden« des Glaubens, der Hoffnung und der Liebe (KKK 2656-2658). Gebet ist aber mehr als verbale Kommunikation. Als **Grundvollzug des menschlichen Lebens** ist es nicht auf begrenzte und fixierte Zeiten und Orte einzuengen Es vollzieht sich »heute«, immer und überall: »Sein Geist wird uns zu jeder Zeit, in den Ereignissen eines **jeden Tages,** als Quelle des Gebetes geschenkt« (KKK 2659). Dabei ist es wichtig, »die schlichten und alltäglichen Situationen mit Hilfe des Gebetes zu durchdringen« (KKK 2660).
Konkrete Gebetsformen sind dabei so unterschiedlich wie die betenden Menschen und deren Gemeinschaften: »Jede Kirche bietet in der lebendigen Überlieferung des Gebetes dem geschichtlichen, gesellschaftlichen und kulturellen Umfeld entsprechend ihren Gläubigen die Sprache des Betens in Worten, Gesängen, Gebetshaltungen und Bildern an« (KKK 2663). Das »Lehramt« allerdings überprüft die **Konformität des Pluralismus!** Kriterium dabei ist zunächst dessen trinitarische Ausrichtung (KKK 2664-2672). Auch sollte es sich im Sinne und in »Gemeinschaft mit der heiligen Gottesmutter« vollziehen (KKK 2673-2679). In diesem Kontext stellt der KKK auch eine meditative Betrachtung über das traditionsreiche Mariengebet »Ave Maria« an (KKK 2676 f.) und bezeugt die lange Tradition des Rosenkranzgebetes (KKK 2678).
Hilfestellungen, d. h. »Führer zum Gebet« können sein: »Die von der Kirche anerkannten Heiligen« (KKK 2683), mit je unterschiedlichen Formen der Spiritualität (KKK 2684); die »christliche Familie« (KKK 2685); die »geweihten Amtsträger« (KKK 2686); die »Ordensleute« (KKK 2687); die Katecheten (KKK 2688); Gebetsgruppen (KKK 2689) und geistliche Leiter, wobei letztere »Männer und Frauen sein können« (KKK 2690).
Neben einer Fülle möglicher Gebetsorte bleibt »die Kirche, das Haus Gottes,... für die Pfarrgemeinde der eigentliche Ort des liturgischen Gebetes« (KKK 2691).
Der dritte und letzte Teil der allgemeinen Ausführungen über das Gebet beinhaltet die Gebetspraxis. Vom Gebet als Gesamtvollzug heißt es zwar einerseits: »Das Gebet ist das Leben des neuen Herzens. Es muß uns immerzu beseelen«. Andererseits bedarf es einer Struktur: »Aber man kann nicht jederzeit beten, wenn man nicht zu gewissen Zeiten bewußt betet. Diese Augenblicke sind dann in ihrer Tiefe und Dauer Höhepunkte christlichen Betens« (KKK 2697). Eine sol-

che Struktur erhält das Gebetsleben sowohl durch den Rhythmus der Gebete zu verschiedenen Tageszeiten als auch durch das Kirchenjahr (KKK 2698).
Unterschiedliche Formen kann das Gebetsleben annehmen: z. B. »mündliches Gebet« (KKK 2700-2704); »betrachtendes Gebet« (KKK 2705-2708) und kontemplatives »inneres Gebet« (KKK 2709-2719).
Der KKK verschweigt nicht, daß es **Schwierigkeiten beim Gebet** gibt. Diese können zunächst von außen verursacht sein, indem z. B. manche »im Gebet lediglich einen psychologischen Vorgang« sehen (KKK 2726). Wenn es in der Gegenwart Tendenzen gibt, die behaupten, »daß nur das wahr ist, was durch Vernunft und Wissenschaft nachgeprüft werden kann«; wenn weiterhin nur »Produktion und Gewinn« als wertvoll erachtet werden oder nur »Sinnlichkeit und Bequemlichkeit« als Maßstab gelten, oder wenn Gebet als »Weltflucht« hingestellt wird, dann scheint für diesen Ausdruck des menschlichen Lebensvollzuges kein Platz zu sein (KKK 2727). Dagegen betont der KKK: »Doch ist das christliche Gebet nicht ein Rückzug aus der Geschichte; es ist auch kein Bruch mit dem Leben« (KKK 2727).
Es gibt laut KKK allerdings auch Schwierigkeiten, die in der Gebetspraxis selber liegen. Er zählt dazu »Entmutigung angesichts unserer Trockenheit«, »Traurigkeit«, »Enttäuschung«, »Zerstreuung«, »Mangel an Glauben« und »Überdruß« (KKK 2728-2733).
Trotz aller Krisen und Schwierigkeiten gilt für den KKK: »Beten ist immer möglich« (KKK 2743), es ist »lebensnotwendig« (KKK 2744) und gehört zum christlichen Leben untrennbar dazu (KKK 2745).
Zwei Modelle sollen praktische – an Jesus orientierte – Beispiele bieten: das sogenannte »hohepriesterliche Gebet« (KKK 2746-2751) und das »Vater unser«. Letzteres wird sehr ausführlich dargestellt als **das** zentrale Gebet Jesu (KKK 2762-2764), als solches wird es sowohl »Gebet des Herrn« (KKK 2765-2766) als auch »Gebet der Kirche« genannt (KKK 2767-2772).
Eine meditative Betrachtung der einzelnen Bitten schließt die Ausführung über die Spiritualität ab (KKK 2777-2863).

4.2 Kritische Reflexion

Der KKK sieht mit Recht im Menschen ein Wesen, das weltoffen ist, das heißt, das nicht durch seine Instinkte in seinem Verhalten festgelegt ist wie die Tiere. Der Mensch aber ist auch sinn-offen. Sein bloßes Vorhandensein erfüllt ihn nicht, er ist auf der Suche nach sinn-voller, glück-hafter Erfahrung: »Alle Religionen zeugen von diesem Suchen, das dem Wesen des Menschen entspricht« (KKK 2566).
Da aber der Mensch zudem ein geschichtliches Wesen ist, artikuliert sich dieses Suchen in verschiedenen Zeiten recht unterschiedlich. Der KKK bezeichnet z. B. eine Art des Gebetes als »eine Bundesbeziehung zwischen Gott und dem Menschen in Christus« (KKK 2564). Neben dieser – an der alttestamentlichen Sinai-

Bundestheologie orientierten – Form des Gebetes steht die quasi intimere Form des Gespräches analog dem Reden von Kindern zu ihrem Vater (KKK 2759 f.).
Wenigstens zwei Grundmodelle des Gebetes lassen sich geschichtlich aufzeigen. Sie sind sozusagen Paradigmen auch aktuellen Betens (vgl. PAULY, 1993a). Letztlich dokumentieren sich in beiden Grundmodellen je unterschiedliche Gottesbilder.
Der **mythische** Mensch lebt in einem homogenen, in sich geschlossenen Weltbild. Die Phänomene der Wahrheit, der normativen Richtigkeit, aber auch die Fragen der Ästhetik werden nach den gleichen Maximen beurteilt. Die Welt als Schöpfung eines oder mehrerer welttranszendenter Götter kann vom Menschen dadurch erkannt werden, daß er seinen Verstand möglichst eng mit dieser vorgegebenen Welt korrespondieren läßt. Aus der Natur – ebenfalls verstanden als Schöpfung – entnimmt er die Richtlinien für sein Handeln. Auf dem Gebiet der Ästhetik ist das schön, was dieser Schöpfung möglichst nahe kommt und sie dadurch verherrlicht. Viele numinose Kräfte, ein Pantheon vieler Göttergestalten oder die Gestalt eines einzigen Herr-Gottes stellen unterschiedliche Stufen dar, auf denen diese Wirklichkeit religiös erfahren und gedeutet wird. Dabei ist eine Entwicklung zu einer verstärkten Rationalisierung und Verobjektivierung zu beobachten.
Das **Weltbild der Moderne** zeichnet sich nun gerade dadurch aus, daß sich alle Aspekte des mythischen Weltbildes aus dessen Gesamtzusammenhang emanzipiert haben und nach je eigenen Gesetzen und Plausibilitätsstrukturen zu beurteilen sind. Moralische Normen sind z.B. nicht länger naturrechtlich abzuleiten und zu begründen. Sie sind dem Menschen nicht mehr vor-, sondern vielmehr aufgegeben. Ob eine Handlung gut oder schlecht ist, steht nicht von vornherein fest, sondern bedarf eines – in Grenzfällen oft schwierigen – Lösungsprozesses. Wie aber steht es mit der Religion, die als Klammer die Einzelaspekte dieses Weltbildes zusammenhielt?
Der neuzeitliche Mensch reagiert oft mit großer existentieller Betroffenheit auf diese – wohl unumkehrbare – Entwicklung: »Es war leicht zu beten, als ich in der Einfalt meines Herzens noch niederknien konnte und einen Herrn im Himmel wußte, der mich ansah. Ich konnte meine Nöte und Freuden vor Gott ausbreiten und wußte um seine Erhörung, auch wenn sie nicht immer erfahrbar war« (HASENHÜTTL, 1980, S. 242).
Wenn aber Gebet wirklich ein Grundvollzug des Menschen und sozusagen das »Atmen der Seele« ist (vgl. PAULY, 1993a), dann würde ein Wegfall desselben den Menschen selbst treffen, seine Lebensdimensionen wären beschnitten. Insofern ist die Kritik des KKK an derartigen neuzeitlichen Tendenzen berechtigt (vgl. KKK 2726-2728). Es bleibt allerdings die Frage, ob gerade eine katechismusartig verobjektivierte Darstellung des Glaubens in der Moderne eine Alternative zu diesen Einwänden darstellt. Es wäre sogar zu fragen, ob bestimmte Formen der Glaubensvermittlung nicht gerade jene Einwände und deren praktische Folgen provozierten.
Wenn eine Rückkehr in den Mythos existentiell wie intellektuell nicht möglich ist (vor dem Paradies der Geborgenheit stehen Engel mit einem lodernden Flammenschwert, die jeden Rückzug verhindern, wie die Genesis dieses Phänomen

sehr plastisch darstellt (vgl. Gen 3, 24)), wenn andererseits eine gebetslose Zeit im wahrsten Sinn des Wortes gottlos wäre, dann stellt sich die Frage, wie dieser existentielle Grundvollzug des Gebetes auch heute noch verantwortungsvoll geschehen kann. Soll es dabei im engeren Sinn ein christliches Gebet sein, muß es sich auch gegenüber den neutestamentlichen Schriften verantworten können.

Das Johannes-Evangelium schildert die einprägsame Begegnung Jesu mit einer Frau aus Samaria. Zentraler Streitpunkt zwischen den Juden und den Samaritern war, ob Jahwe im Jerusalemer Tempel oder auf dem samaritanischen Bergheiligtum Garizim verherrlicht und angebetet werden soll: »Sagt die Frau zu ihm: Herr, ich schaue: Du bist ein Prophet. Unserer Väter haben auf dem Berg sich tief verneigt. Doch ihr sagt, in Jerusalem sei der Ort, wo man sich tief verneigen müsse. Sagt Jesus zu ihr: Glaube mir, Frau, die Stunde kommt, da ihr euch weder auf diesem Berg noch in Jerusalem vor dem Vater tief verneigen werdet... Die Stunde kommt – und jetzt ist sie da – wo jene, die sich wahrhaft tief verneigen, sich vor dem Vater in Geist und Wahrheit tief verneigen werden« (Joh 4, 19-23).

Ort des Gebetes und Gebetszeiten werden zwar nicht einfach der Beliebigkeit überlassen. Sie bekommen allerdings einen neuen Orientierungspunkt. In der Offenbarung des Johannes heißt es von der apokalyptischen Stadt der Endzeit: »Und einen neuen Tempel sah ich nicht in der neuen Stadt. Denn der Herr, Gott, der Allumwaltende, ist ihr Tempel – und das Lamm« (Offb 21, 22).

Diese »apokalyptischen« Zustände scheinen gegenwärtig bereits eingetreten: Zwar sieht man noch immer zahlreiche Tempel/Kirchen in den Städten, doch die meisten bleiben – fast – leer. Vom beschriebenen Zustand allerdings, daß Gott, statt im Tempel verehrt zu werden, »der Allumwaltende« ist, der auch jenseits von Kirchenmauern erfahren wird, dies scheint in unabsehbare Zukunft gerückt.

Die Pointe des Gespräches Jesu mit der samaritanischen Frau liegt nun allerdings gerade darin, daß diese messianisch-eschatologische Zeit bereits jetzt Gegenwart geworden ist: »Sagt die Frau zu ihm: ich weiß, der Gesalbte – der Messias Genannte – kommt. Wenn er kommt, tut er uns alles kund. Sagt Jesus: Ich bin es – ich –, der zu dir redet« (Joh 4, 25 f.).

In der Perspektive einer präsentischen Eschatologie ist für das Johannes-Evangelium diese Endzeit bereits gegenwärtig erfahrbar, »heute« ist eine der dort am meisten gebrauchten Zeitbestimmungen. Allerdings benennt es auch Kriterien der Echtheit des Gebetes jenseits aller fixen Zeiten und Orte: der Geist und die Wahrheit. Das aber bedeutet: Wo der Mensch geist-voll mit Esprit und zu sich selbst und anderen wahrhaftig lebt, dort kommt es zum eschatologischen Gebet.

Gefordert ist somit eine neue Spiritualität, die zwar keineswegs traditionelle Orte, Zeiten und Formen des Gebetes verachtet (insofern haben die Äußerungen des KKK ihre Berechtigung, vgl. KKK 2691 f.). Diese werden aber insofern relativiert, daß sie in ihrer Vorläufigkeit erkannt werden.

Das Gebet als das »Leben des neuen Herzens« (KKK 2697) kennt dieses johannäische »heute« und versteht es, »in den Ereignissen jeden Tages und jeden Augenblickes zu beten«, »ihm ist es wichtig, die schlichten und alltäglichen Situationen mit Hilfe des Gebetes zu durchdringen« (KKK 2660).

Diese Spiritualität impliziert eine neue Lebenseinstellung: »Eine bestimmte Kultur des **Lebens** ist die erste Voraussetzung für das Beten-Können: offen, teilnehmend, aufmerksam sein – für die Welt, für die Mitmenschen, für mich selbst. Der Grad der Intensität, mit der so das eigene und das fremde Leben wahrgenommen wird, entscheidet schon über die Möglichkeit des Betens« (BITTER, 1986, S. 376). Gemeint ist somit im paulinischen Sinn ein »Beten ohne Unterlaß« (1 Thess 5, 17). Das aber bedeutet: »Gebet ist also der Grundvollzug der menschlichen Existenz als Antwort auf die Gotteserfahrung, die der einzelne bzw. die Gemeinschaft gemacht hat und die sich als Akt der Bezeugung oder der freien Aussprache artikuliert« (HASENHÜTTL, 1980, S. 242). Die konkreten Formen der Ausgestaltung sind dann so vielfältig wie das Leben selbst (vgl. KKK 2626-2643).
Auch diese Spiritualität ist nicht machbar, herstellbar. Sie ist letztlich – wie alle gelungenen existentiellen Vollzüge – nur als Geschenk verstehbar (vgl. KKK 2567). Wird sie aber erfahren, dann als Befreiung und Heil: »Die christliche Spiritualität ist das offene Land der Freiheit des Christen, denn die Führung des Geistes macht uns frei, frei von jedem Zwang, der von außen kommt« (GUTIÉRREZ, 1992, S. 642). Insofern wird in ihr ein Vorschein des »neuen Jerusalem« hier und heute erfahrbar. Daß dies nie individualistisch verengt gesehen werden darf, zeigt gerade der Hymnus des Magnificat. Zu bedauern ist allerdings, daß der KKK gerade dessen gesellschaftlichen und politischen Indikationen und Relativierungen verschweigt (vgl. KKK 2619; vgl. auch Lk 1, 51 f.). Auch die der Mystik entnommene Begrifflichkeit bedürfte einer Klärung (vgl. »Trockenheit«, KKK 2728). Letztlich aber wird sich die Frage des Gebetes nur beantworten lassen im Kontext der jeweiligen Gottesvorstellung. Ein Rückfall in den Mythos erscheint dabei als Holzweg (vgl. Zweiter Teil, 1.1).

4.3 Didaktische Hinweise

Die beschriebenen Probleme mit dem Gebet schlagen sich voll und ganz auch im Schulalltag nieder. Auch hier wären sowohl die Beibehaltung traditioneller Formen als selbstverständlich wie auch das Ausklammern des Themas Gebet aus dem Religionsunterricht ein Holzweg. Wenn Gebet ein elementarer Lebensvollzug ist, wenn weiterhin in der tradierten Form des Gebetes ein wertvolles Kulturgut enthalten ist und wenn letztlich ein Gebet auch immer den Blick für die soziale Dimension des Lebens öffnet, dann gehört Gebetserziehung wesentlich zur religiösen Unterweisung (vgl. PAULY, 1993b). Allerdings ist die praktische Ausführung dessen genau so wenig selbstverständlich wie die Möglichkeiten und Grenzen heutigen Sprechens von Gott.
Eine wesentliche Voraussetzung des Gebetes ist gerade in dem heutigen Schulalltag die Stille: »Unsere Zeit ist der Stille völlig entgegengesetzt. Sie ist erfüllt von Dynamik, Geschäftigkeit und Lärm... Dennoch kann alle Veräußerlichung ein geheimes, meist unbewußtes Verlangen nach dem Segen der Stille nicht ersticken. Es ist das Wissen, daß uns die Stille mit dem Wurzelgrund der ei-

genen Existenz verbindet« (HALBFAS, 1991, S. 43). Insofern hat das Gebet auch in der Schule eine korrigierende Funktion (vgl. KKK 2729-2733).
Gerade weil aber die Schule sich nicht in einer Sonderwelt, sondern mitten in der Welt befindet, bedarf es großer Anstrengung, dieses Ziel zu erreichen. Der Weg der Gebetserziehung sollte dabei mit möglichst einfachen Elementen beginnen: »Es gibt nichts Radikaleres und Einfacheres als sich entspannt hinzusetzen und zu schweigen«. Aber der Religionspädagoge *Stachel* weiß um die Probleme: »Allerdings ist das Einfachste oft am schwersten zu erlernen« (STACHEL, 1982, S. 207). Erforderlich ist somit ein praktisches Einüben, das situations- und altersstufenbezogen variiert werden muß. Elementare Formen sind bereits das bewußte Stehen, Gehen und Atmen (vgl. HALBFAS, 1986, S. 379-385). Eine Fülle praktischer Beispiele zeigt Gebet als existentiellen Lebensvollzug insofern auf, als es sensibilisiert für den eigenen Körper, das eigene Leben als auch für das Leben anderer (vgl. z. B. HALBFAS, 1991, S. 49 f.). Der Blick in allgemeinpädagogische Arbeiten und deren praktische Lösungsangebote kann auch den Religionsunterricht bereichern (vgl. z. B. BRUNNER, 1991; BURK, 1984). Gerade auch Musik und Spiel können dabei wichtige Medien sein (vgl. SCHMITT, 1983).
Insofern können »Vorräume des Betens« bereitet werden (FOX, 1986, S. 187).

Zur eigentlichen Thematisierung des Gebetes im Religionsunterricht – im Unterschied etwa zur Katechese in der Gemeinde – können folgende allgemeine Richtlinien dienen:

- »Unterrichtseinheiten über das Gebet sind im Primar- und Sekundarbereich unerläßlich; das Beten muß im Religionsunterricht thematisiert werden.
- Die Gebetspraxis anderer Völker und Religionen kann für das Gebetsleben der Schüler motivierend sein.
- Das Gebet im Religionsunterricht kann nur erfolgen, wenn die Klassensituation es zuläßt.
- Die Schüler sollen angeleitet werden, ihre religiösen Erfahrungen, aber auch ihre Zweifel, in selbstformulierten Gebeten zum Ausdruck zu bringen.
- Christliches Engagement kann ausdrückliches Beten sein.« (FOX, 1986, S. 188).

Alle diese Hinweise bedürfen einer situativen und altersspezifischen Differenzierung: Genormte Patentlösungen würden gerade die Lebendigkeit der Meditation, der Stilleübungen und des Gebetes beschränken. »Werden aber diese Beispiele kreativ und phantasievoll in die je unterschiedliche Schulpraxis umgesetzt, werden dazu auch die räumlichen und athmosphärischen Rahmenbedingungen mitbedacht und entsprechend gestaltet, dann können diese Einheiten der Stille, (des Gebetes) und der Meditation im Religionsunterricht mit dazu beitragen, die Schule nicht nur zum Ort der Wissensvermittlung, sondern auch eines wahrhaft menschlichen Zusammenlebens werden zu lassen (PAULY, 1993b, S. 14). Insofern werden die dort gemachten Erfahrungen ausstrahlen auf den ganzen Lebensvollzug, sie werden als heil-sam erlebt für den jeweiligen Schüler und sein Verhältnis zum anderen.

Literatur

ALBERICH, E.: Der Weltkatechismus: Hindernis oder Katalysator im Prozeß der Inkulturation? In: Concilium 25 (1989), S. 343-348

ALLENSBACH, Institut für Demoskopie: Religionsunterricht heute. Eine Befragung von Religionslehrern über Aufgaben und Möglichkeiten, Gestaltung und Resonanz des Religionsunterrichts, Allensbach 1988

ANSELM VON CANTERBURY: Warum Gott Mensch geworden (lateinisch-deutsch), Darmstadt 1970

APOSTOLISCHE ÜBERLIEFERUNG, siehe LEHRE DER »ZWÖLF APOSTEL«

ARIES, Ph.: Geschichte der Kindheit, München [10]1992

AUER, A.: Autonome Moral und christlicher Glaube, Düsseldorf 1971

AUGUSTINUS: Ep. 166 (PL XXXIII, 720)

DERS.: Vom ersten katechetischen Unterricht, München 1985

BARRETT, Ch. K.: Das Evangelium nach Johannes, Göttingen 1990

BARTHOLOMÄUS, W.: Einführung in die Religionspädagogik, Darmstadt 1983

DERS.: Sexualpädagogik, in: BITTER, G. und MILLER, G. (Hrsg.): Handbuch religionspädagogischer Grundbegriffe, Bd. 1, München 1986, S. 322-327

BAUDLER, G.: Jesus erzählt von sich. Die Gleichnisse als Ausdruck seiner Lebenserfahrung, Freiburg 1989

BEN-CHORIN, Sch.: Bruder Jesus, Mensch – nicht Messias, München 1967

BERG, H. K.: Ein Wort wie Feuer. Wege lebendiger Bibelauslegung, München 1991

BISER, E.: Glaubensbekenntnis und Vater unser. Eine Neuauslegung, Düsseldorf 1993

BITTER, G. / MILLER, G. (Hrsg.): Handbuch religionspädagogischer Grundbegriffe, 2 Bde., München 1986

BITTER, G.: Artikel Beten / Lobpreisen, in: BITTER, G. / MILLER, G. (Hrsg.): a.a.O., München 1986, Bd. 1, S. 376-383

BLANK, J.: Was ich gegen einen Katechismus habe, in: Katechetische Blätter 101 (1976), S. 755-757

BLINZLER, J.: Die Brüder und die Schwestern Jesu, Stuttgart 1967

BOTSCHAFT DES GLAUBENS. Ein katholischer Katechismus, hrsg. v. BAUR A. / PLÖGER, W., Donauwörth/Essen 1979

BROCHER, T.: Wenn Kinder trauern, Zürich 1980

BROSSEDER, J.: Taufe / Firmung, in: EICHER, P. (Hrsg.): Neues Handbuch theologischer Grundbegriffe, Bd. 4, München 1985, S. 167-182

BRUNNER, R.: Hörst du die Stille? Meditative Übungen mit Kindern, München 1991

BURK, K. (Hrsg.): Kinder finden zu sich selbst. Disziplin, Stille und Erfahrung im Unterricht, Frankfurt a.M. 1984

CATECHISME POUR L'EGLISE UNIVERSELLE, projet révisé, texte provisoire, Vatican City 1989

CODEX IURIS CANONICI, Codex des kanonischen Rechtes, Kevelar [3]1989

CRÜSEMANN, F.: Bewahrung der Freiheit. Das Thema des Dekalogs in sozialgeschichtlicher Perspektive, Gütersloh 1993

DAS NEUE GLAUBENSBUCH, siehe FEINER, J. und VISCHER, L., Freiburg/Basel/Wien 1973

DENKSCHRIFT DER EKD zu Fragen der Sexualethik, Gütersloh 1973

DENZINGER, H. / HÜNERMANN, P. (Hrsg.): Kompendium der Glaubensbekenntnisse und kirchlichen Lehrentscheidungen, lateinisch-deutsch, Freiburg [37]1991

DIDACHÉ, siehe LEHRE DER ZWÖLF APOSTEL

DOGMATISCHE KONSTITUTION ÜBER DIE KIRCHE (Lumen gentium), in: LThK, Das Zweite Vatikanische Konzil, Bd. 1, Freiburg/Basel/Wien, S. 156-347

DREWERMANN, E.: An ihren Früchten sollt ihr sie erkennen, Olten 1988 (= 1988a)

DERS.: Strukturen des Bösen, 3 Bde., Paderborn [6]1988 (=1988b)

ELCHINGER, L. A.: Hospitalité eucharistique pour les foyers mixtes, Straßburg 1973

EMEIS, D.: Jesus Christus - Lehrer des Lebens. Katechetische Christologie, Freiburg 1985

ERKLÄRUNG ÜBER DIE RELIGIONSFREIHEIT, in: LThK, Das Zweite Vatikanische Konzil, Bd. 2, Freiburg/Basel/Wien 1967, S. 712-747

EXELER, A.: In Gottes Freiheit leben – Die Zehn Gebote, Freiburg/Basel/Wien 1981

FEIFEL, E.: Geschlechtsrolle und Geschlechtsmoral im Jugendalter, in: ders. (Hrsg.): Vorlesungen der Universität München, Wintersemester 1983/84
FEIL, E.: Der christliche Glaube – unverändert und unverkürzt für die ganze Welt? Zum neuen »Katechismus der Katholischen Kirche«, in: Stimmen der Zeit 1993, S. 579-593
FEINER, J. / VISCHER, L. (Hrsg.): Das Neue Glaubensbuch. Der gemeinsame christliche Glaube, Freiburg/Basel/Wien 1973, Neuausgabe 1993
FISCHER, F.: Die Frage nach Jesus Christus im kath. RU der Grundschule, Donauwörth 1990
FOX, H.: Die Theologie Max Thurians. Ein Beitrag zum ökumenischen Dialog, in: Trierer Theologische Studien 27, Trier 1971
DERS.: Ökumene - Hoffnung oder Illusion?, Trier [2]1977
DERS.: Wieviel Freiheit für die Andersdenkenden? in: Imprimatur 23(1990), S. 256-261
DERS.: Erinnerung an ein vergessenes Dokument, in: StdZt 209 (1991), S. 707-711
DERS.: Kompendium Didaktik. Katholische Religion, München [2]1992
FLUSSER, D.: Jesus, Reinbeck 1968
FRIES, H.: Fundamentaltheologie, Graz/Wien/Köln 1985
FURGER, F.: Ethik der Lebensbereiche. Entscheidungshilfen, Freiburg/Basel/Wien 1985

GANOCZY, A.: Einführung in die katholische Sakramentenlehre, Darmstadt [3]1991
GAUDIUM ET SPES, Pastoralkonstitution über die Kirche in der Welt von heute, in: LThK, Das zweite Vatikanische Konzil, Bd. 3, Freiburg/Basel/Wien 1968, S. 280-592
GEMEINSAME SYNODE der Bistümer in der Bundesrepublik Deutschland, Offizielle Gesamtausgabe 1, Freiburg/Basel/Wien 1976
DERS.: Offizielle Gesamtausgabe 2, Ergänzungsband, Freiburg/Basel/Wien 1977
GLAUBENSVERKÜNDIGUNG FÜR ERWACHSENE, Deutsche Ausgabe des Holländischen Katechismus, Nimwegen 1968, Freiburg 1971
GNILKA, J.: Jesus von Nazaret. Botschaft und Geschichte, Freiburg 1990
GRÜNDEL, J.: Krieg und Frieden (VI), in: FEINER, J. / VISCHER, L. (Hrsg.): a.a.O., S. 519-526
DERS.: Der Weltkatechismus, Hilfe oder Hindernis für die Glaubensverkündigung? in: SCHULZ, E. (Hrsg.): Ein Katechismus für die Welt. Informationen und Anfragen, Düsseldorf 1994, S. 116-140
GRUNDRISS DES GLAUBENS. Katholischer Katechismus zum Unterrichtswerk ZIELFELDER RU, hrsg. vom DKV, München 1980
GUTACHTEN DER MEHRHEIT (Hauptgutachten), in: Herder Korrespondenz 21 (1967), S. 422-429
GUTIÉRREZ, G.: An der Quelle trinken, in: Concilium 28 (1992), S. 640-648

HAAG, H.: Dekalog, in: Ders. (Hrsg.): Bibellexikon, Einsiedeln 1956, S. 316-320
DERS.: Der Dekalog, in: STELZENBERGER, J. (Hrsg.): Moraltheologie und Bibel (Abhandlungen zur Moraltheologie), Bd. 4, Paderborn 1964, S. 9-38
DERS. / ELLIGER, K.: Stört nicht die Liebe. Die Diskriminierung der Sexualität – ein Verrat an der Bibel, Olten 1986
HAENCHEN, E.: Die Apostelgeschichte, Göttingen 1965
HALBFAS, H.: Religionsunterricht in der Grundschule, Lehrerhandbuch, Bde. 1-4, Düsseldorf 1983-1986
HÄRING, B.: Das Gesetz Christi. Moraltheologie dargestellt für Priester und Laien, 3 Bde., Freiburg [1]1954, [8]1967
DERS.: Frei in Christus, 3 Bde., Freiburg 1979/81, Sonderausgabe, Freiburg/Basel/Wien 1989
HASENHÜTTL, G.: Kritische Dogmatik, Graz/Wien/Köln 1979
DERS.: Einführung in die Gotteslehre, Darmstadt 1980
HAUPTGUTACHTEN siehe GUTACHTEN DER MEHRHEIT
HEILIGENTHAL, R.: Der Lebensweg Jesu von Nazaret, Stuttgart u.a. 1994
HILBERATH, B. J.: Pneumatologie, in: SCHNEIDER, Th. (Hrsg.): Handbuch der Dogmatik, Bd. I, Düsseldorf 1992, S. 445-552
DERS.: Pneumatologie, Düsseldorf 1994
HILPERT, K.: Die Menschenrechte. Geschichte, Theologie, Aktualität, Düsseldorf 1991
HIRSCHER, J. B. von: Katechetik, Tübingen 1831
HOFMANN, P.: Priestertum und Amt im Neuen Testament, in: ders. (Hrsg.): Priesterkirche, Theologie zur Zeit 3, Düsseldorf [2]1989, S. 12-61
HOLLÄNDISCHER KATECHISMUS siehe GLAUBENSVERKÜNDIGUNG
HOSSFELD, F.-L.: RASAH, in: Theologisches Wörterbuch zum Alten Testament, hrsg. v. FABRY, H.-J. / RINGGREN, H., Bd. 7, Stuttgart/Berlin/Köln 1993, Sp. 652-663

INSTRUKTION über einige Aspekte des Gebrauchs der sozialen Kommunikationsmittel bei der Förderung der Glaubenslehre, hrsg. von der Kongregation für die Glaubenslehre, in: Kirchliches Amtsblatt für das Bistum Trier 136 (1992), S. 109-113
IRENÄUS VON LYON: Epideixis – Darlegung der apostolischen Verkündigung und Adversus Haeresis – Gegen die Häresien I, übersetzt und eingeleitet von BROX, N., Freiburg 1993
ISENSEE, J.: Menschenrechte – Staatsordnungen – Sittliche Autonomie. Gestalt der menschlichen Freiheit im Verfassungsstaat, in: SCHWARTLÄNDER, J. (Hrsg.): Modernes Freiheitsethos und christlicher Glaube. Beiträge zur juristischen, philosophischen und theologischen Bestimmung der Menschenrechte, München/Mainz 1981, S. 70-103

JOHANNES PAUL II.: Enzyklika Veritatis splendor vom 06. August 1993, in: Verlautbarungen des Apostolischen Stuhls 111, hrsg. vom Sekretariat der Deutschen Bischofskonferenz, Bonn 1993
JÜNGEL, E.: Tod, Stuttgart 1971
DERS.: Gott als Geheimnis der Welt, Tübingen 1977
JUNGMANN, J. A.: Katechetik, Freiburg 1955

KAISER, M.: Warum dürfen wiederverheiratete Geschiedene (nicht) zu den Sakramenten zugelassen werden?, in: StdZA 118 (1993), S. 741-751
KALDEWEY, R. / NIEHL, F.W.: Grundwissen Religion. Begleitbuch für Religionsunterricht und Studium, München ²1985
KASPER, W. (Hrsg.): Einführung in den katholischen Erwachsenen-Katechismus, Düsseldorf 1985
KATECHISMUS DER KATHOLISCHEN KIRCHE, München 1993
KATHOLISCHER ERWACHSENENKATECHISMUS; Das Glaubensbekenntnis der Kirche, hrsg. v. der Deutschen Bischofskonferenz (DBK), Bonn ²1985
KATHOLISCHER KATECHISMUS (Grüner Katechismus), Ausgabe für das Bistum Trier, Trier 1955/56
KERBER, W.: Todesstrafe – ja oder nein?, in: StdZt, 195 Bd., 102 (1977), S. 793-794
KERÉNYI, K.: Die Mythologie der Griechen, Bd. 1 u. 2, München 1966
KESSLER, H.: Christologie, in: SCHNEIDER, Th. (Hrsg.): Handbuch der Dogmatik Bd. 1, Düsseldorf 1992, S. 240-442
KLEMENS VON ALEXANDRIEN: Ausgewählte Schriften zur Pädagogik, hrsg. von KANZ, H., Paderborn 1966
KLÜBER, F.: Soziallehre, in: LThK, Bd. 9, Freiburg 1964, Sp. 917-920
KRAMER, H.: Ehe war und wird anders, Düsseldorf 1982
DERS.: Wie moralisch sind dokumentenfreie Lebensgemeinschaften?, in: StdZt 109 (1984), S. 579-590)
KÜNG, H.: Christsein, München/Zürich 1974
DERS.: Credo. Das Apostolische Glaubensbekenntnis. Zeitgenossen erklärt, München 1992

LÄPPLE, A.: Arbeitsbuch zum Katechismus der Katholischen Kirche, Augsburg 1993
LAMBERT, B.: Spur des Lebens – Spuren des Glaubens. Ein Arbeits- und Lesebuch zum katholischen Erwachsenen-Katechismus, Kevelaer 1989
LANGER, M.: Katholische Sexualpädagogik im 20. Jahrhundert, München 1986
LANGER; W.: Ethische Erziehung/Moralpädagogik, in: BITTER, G. / MILLER G. (Hrsg.): a.a.O., Bd. 1, S. 265-274
LEHMANN, K.: Auferweckt am 3. Tage, Freiburg 1969
DERS.: Gegenwart des Glaubens, Mainz 1974
DERS.: Nichteheliche Lebensgemeinschaften und christliche Ehe. Der Fastenhirtenbrief des Bischofs von Mainz 1984, in: Herder Korrespondenz 38 (1984), S. 171-175
LEHRE DER ZWÖLF APOSTEL, übersetzt und eingeleitet von SCHÖLLGEN, G., Freiburg 1991
LEHRPLAN für das Fach Katholische Religonslehre an den beruflichen Schulen im Saarland, Saarbrücken 1986
LEITLINIEN südwestdeutscher Bischöfe zur Frage der Wiederverheirateten Geschiedenen, in: Herder Korrespondenz 47 (1993), S. 460-467
LENTZEN-DEIS, W.: Artikel Umkehren, in: BITTER, G. / MILLER, G. (Hrsg.): a.a.O., Bd. 1, S. 356-360
LESSING; G. E.: Die Erziehung des Menschengeschlechts, München ²1964
LUMEN GENTIUM, Dogmatische Konstitution über die Kirche, in: LThK, Das Zweite Vatikanische Konzil, Bd. 1, Freiburg/Basel/Wien 1966, S. 156-347
LUTHER; M.: Der große Katechismus und die Schmalkaldischen Artikel, hrsg. von METZGER, W., Stuttgart ²1977
LUTZ, V.: Das Evangelium nach Matthäus, Mt. 8-17, (EKK I/2), Zürich/Braunschweig 1990

MÄRZ, F.: Klassiker christlicher Erziehung, München 1988
MATRIMONIA MIXTA, Motu proprio vom 31. März 1970, in: Herder Korrespondenz 24 (1970), S. 269-271
METZ, J.-B.: Kleine Apologie des Erzählens, in: Concilium 9 (1973); S. 334-341
DERS.: Einheit und Vielheit. Probleme und Perspektiven der Inkulturation, in: Concilium, 25 (1989), S. 337-342
MISALLA, H.: Curriculumtheorie – Kairos – Gewissensbildung, in: KatBl 103 (1978), S. 786-794
MOKROSCH, R.: Stufen kognitiv-moralischer Entwicklung, in: MOKROSCH, R. / SCHMIDT, H. P. / STOODT, D. (Hrsg.): Ethik und religiöse Erziehung, Berlin/Köln/Mainz 1980, S. 63-100
MORALTHEOLOGISCHES FACHGUTACHTEN, in: Herder Korrespondenz 21 (1967), S. 439-443
MOSER; T.: Gottesvergiftung, Frankfurt/Main 1976

NACHKONZILIARE TEXTE ZU KATECHESE UND RELIGIONSUNTERRICHT, hrsg. vom Sekretariat der Deutschen Bischofskonferenz, Bonn 1989
NASTAINCZYK, W.: Der Synodenbeschluß zum Religionsunterricht – Geschichte und Zukunft, in: Religionsunterricht 20 Jahre nach dem Synodenbeschluß, hrsg. vom Sekretariat der Deutschen Bischofskonferenz, Bonn 1993
NEWMAN, J. H.: Offener Brief an den Herzog von Norfolk, in: LAROS, M. / BECKER, W. (Hrsg.): John Henry Newman, Polemische Schriften, Bd. 4 der ausgewählten Werke, Mainz 1959
NOSBÜSCH, J.: Als ich bei meinen Kühen wacht... Geschichte einer Kindheit und Jugend in den dreißiger und vierziger Jahren, Landau 1993
NOTH, M.: Das zweite Buch Mose. Exodus, in: Das Alte Testament Deutsch, Teilband 5, Göttingen [3]1965

OERTER, R.: Kindheit, in: ders. / MONTADA, L. (Hrsg.): Entwicklungspsychologie, München/Wien/Baltimore 1982, S. 195-241
OHLIG, K.H.: Fundamentalchristologie. Zum Spannungsfeld von Christentum und Kultur, München 1986
DERS.: Das Ziel der ökumenischen Bewegung, in: MERCKER, H. / WIBBING, S. (Hrsg.): Ökumenisch leben – Festgabe für Helmut Fox zum 60. Geburtstag, Landau 1990, S. 193-207
PASTORALKONSTITUTION über die Kirche in der Welt von heute (Gaudium et spes) in: LThK, Das Zweite Vatikanische Konzil, Bd. 3, Freiburg/Basel/Wien 1968, S. 280-592
PAUL, E.: Geschichte der christlichen Erziehung, Bd. 1, Freiburg 1993
PAUL VI.: Enzyklika Populorum progressio vom 26. März 1967, in: Beilage zum Kirchlichen Amtsblatt für das Bistum Trier, Nr. 4, Trier 1967, S. 1-31
PAULY, W.: Wahrheit und Konsens. Die Erkenntnistheorie von Jürgen Habermas und ihre theologische Relevanz, Frankfurt u.a. 1989
DERS.: Vom Atmen der Seele. Prolegomenon zu einer Theologie des Gebetes in der Moderne, in: HILPERT, K. / OHLIG, K. H.: Der eine Gott in vielen Kulturen, Zürich 1993, S. 329-337 (=1993a)
DERS.: Weg in die Stille. Beispiel des Religionsunterrichts, in: Schulmagazin 5 bis 10, Nr. 7, (1993), S. 12-14 (=1993b)
PESCH, R.: Das Markusevangelium, 2. Teil, Freiburg/Basel/Wien 1977
PISSAREK-HUDELIST, H.: Ein Katechismus für die Weltkirche?, in: Herder Korrespondenz 44 (1990), S. 237-242
PIUS XI.: Rundschreiben über die christliche Ehe (Casti conubii) vom 31. Dezember 1930, Freiburg 1946

RAD, G. von: Theologie des Alten Testaments I, München 1961
DERS.: Das fünfte Buch Mose. Deuteronomium, in: Das Alte Testament, Deutsch, Göttingen 1964
RAHNER, K.: Zum theologischen Begriff der Konkupiszens, in: Schriften zur Theologie 1, Einsiedeln/Zürich/Köln 1954, S. 377-414
DERS.: Sendung und Gnade. Beiträge zur Pastoraltheologie, Innsbruck/Wien/München 1959
DERS.: Schriften zur Theologie 4, Einsiedeln/Zürich/Köln 1960
DERS.: / VORGRIMLER, H. (Hrsg.): Kleines Konzilskompendium, Freiburg 1966
DERS.: Die Rücksicht auf die verschiedenen Aspekte der Frömmigkeit, in: Handbuch der Pastoraltheologie, Bd. 2/1, hrsg. v. ARNOLD, F. X. / RAHNER, K., u. a., Freiburg/Basel/Wien 1966, S. 61-79
DERS.: Grundkurs des Glaubens. Einführung in den Begriff des Christentums, Freiburg/Basel/Wien 1976, [2]1977
DERS.: Grundriß des Glaubens, in: KatBl 105 (1980), S. 545-547
RATZINGER, J.: Einführung in das Christentum, München [2]1971
DERS.: Die Krise der Katechese und ihre Überwindung, Einsiedeln 1983

DERS.: Theologie und Verkündigung im Holländischen Katechismus, in: Ders.: Dogma und Verkündigung, München u. a. 1973, S. 65-83
DERS.: / SCHÖNBORN, CH.: Kleine Hinführung zum Katechismus der Katholischen Kirche, München u. a. 1993
REINERS, H.: Grundintention und sittliches Tun, in: QD 30, Freiburg/Basel/Wien 1966
RELIGION IN DER HAUPTSCHULE 5/6/7/8/9, München 1981
RÖMISCHER CATECHISMUS nach dem Beschluß des Konzils von Trient, Kirchen/Sieg 1970
ROLFES, H.: Atheismus/Theismus, in: EICHER, P. (Hrsg.): Neues Handbuch theologischer Grundbegriffe, Bd. 1, München 1985, S. 61-78
ROLFUS, H.: Katholischer Katechismus, Einsiedeln/Waldshut/Köln 1897
RUH, U.: Der Weltkatechismus. Anspruch und Grenzen, Freiburg u. a. 1993

SATTLER, D ./ SCHNEIDER, Th.: Schöpfungslehre, in: SCHNEIDER, Th. (Hrsg.): Handbuch der Dogmatik Bd. 1, Düsseldorf 1992, S. 120-238
SAUER, R.: Erziehung zum Beten. Eine Aufgabe der Schule, in: Relilgonspädagogische Beiträge, 4/1979, S. 49-68
SCHLIER, H.: Über die Auferstehung Jesu Christi, Einsiedeln 1968
SCHMITT, R.: Musik und Spiel in Religionsunterricht und Jugendarbeit, München 1983
SCHLUSSDOKUMENT DER AUSSERORDENTLICHEN BISCHOFSSYNODE 1985, hrsg. von dem Sekretariat der Deutschen Bischofskonferenz (= Verlautbarungen des Apostolischen Stuhls, Nr. 68, Bonn 1985)
SCHNACKENBURG, R.: Die Person Jesus Christus im Spiegel der vier Evangelien, Freiburg u. a. 1993
SCHNEIDER, Th.: Was wir glauben. Eine Auslegung des Apostolischen Glaubensbekenntnisses, Düsseldorf 1985
SCHNIDER, A.: Mit jungen Menschen von Gott sprechen, Graz u. a. 1988
SCHULZ, E. (Hrsg.): Ein Katechismus für die Welt. Informationen und Anfragen, Düsseldorf 1994
SMETS, W.: Des hochheiligen, ökumenischen und allgemeinen Concils von Trient Canones und Beschlüsse nebst den darauf bezüglichen Bullen und Verordnungen, Bielefeld, Velhagen u. Klasing 1869, Fotomechanischer Nachdruck, Sinzig 1989
SOBRINO, J.: Geist der befreit. Lateinamerikanischen Spiritualität, Freiburg u. a. 1989
STACHEL, G.: Ethische Inhalte in der Sicht des Religionspädagogen, in: KatBl 102 (1977), S. 24-33
DERS.: Erfahrungen interpretieren. Beiträge zu einer konkreten Religonspädagogik, Zürich/Köln 1982
STOLLBERG, D.: Das Gewissen in pastoralpsychologischer Sicht, in: WuD 23(1971), S. 141-158

TEILHARD DE CHARDIN, P.: Die Entstehung des Menschen, München 1961
THEMENFELDSKIZZEN ZIELFELDERPLAN, 5/6; 7/8; 9/10 (Hrsg. DKV) München 1974
THOMAS VON AQUIN: Summe der Theologie, 3 Bde. hrsg. von BERNHART, J., Stuttgart [3]1985
TRACY, D.: Weltkirche – Weltkatechismus: das Problem der Eurozentrik, in: Concilium, 25 (1989), S. 309-315
TRADITIO APOSTOLICA, siehe LEHRE DER ZWÖLF APOSTEL
TRIERER IMPULS-PAPIERE (TIP) 6, hrsg. v. Katechetischen Institut des Bistums Trier: Freundschaft und Liebe, Trier (ohne Erscheinungsjahr)
TÜRK, H. J.: Veränderungen in der Soziallehre der Kirche? in: rhs 21(1978), S. 267-274

VERWEGEN, H.: Der Weltkatechismus. Therapie oder Symptom einer kranken Kirche? Düsseldorf 1993
VORGRIMLER, H.: Sakramententheologie, Düsseldorf 1987
DERS.: Theologische Gotteslehre, Düsseldorf 1987

WALDENFELS, H.: Kontextuelle Fundamentaltheologie, Paderborn/München/Wien/Zürich 1985
WEBER, H.: Allgemeine Moraltheologie, Graz/Wien/Köln 1991
WEISER, A.: Die Apostelgeschichte, Kap. 1-12, Ökumenischer Taschenbuchkommentar 5/1, hrsg. von GRÄSSER, E. / KERTELGE, K., Gütersloh/Würzburg 1981
WERBICK, J.: Trinitätslehre, in: Handbuch der Dogmatik, Bd. 2, hrsg. von SCHNEIDER, Th., Düsseldorf 1992, S. 481-576
WILCKENS, U.: Der Brief an die Römer (1-5), in: EKK VI/1, Zürich/Einsiedeln/Köln 1987
WILSON, R. McL.: Gnosis und Neues Testament, Stuttgart 1971

ZAHRNT, H.: Leben als ob es Gott gibt. Statt eines Katechismus, München 1992
ZIELFELDER RU, 5/6; 7/8; 9/10, München 1980